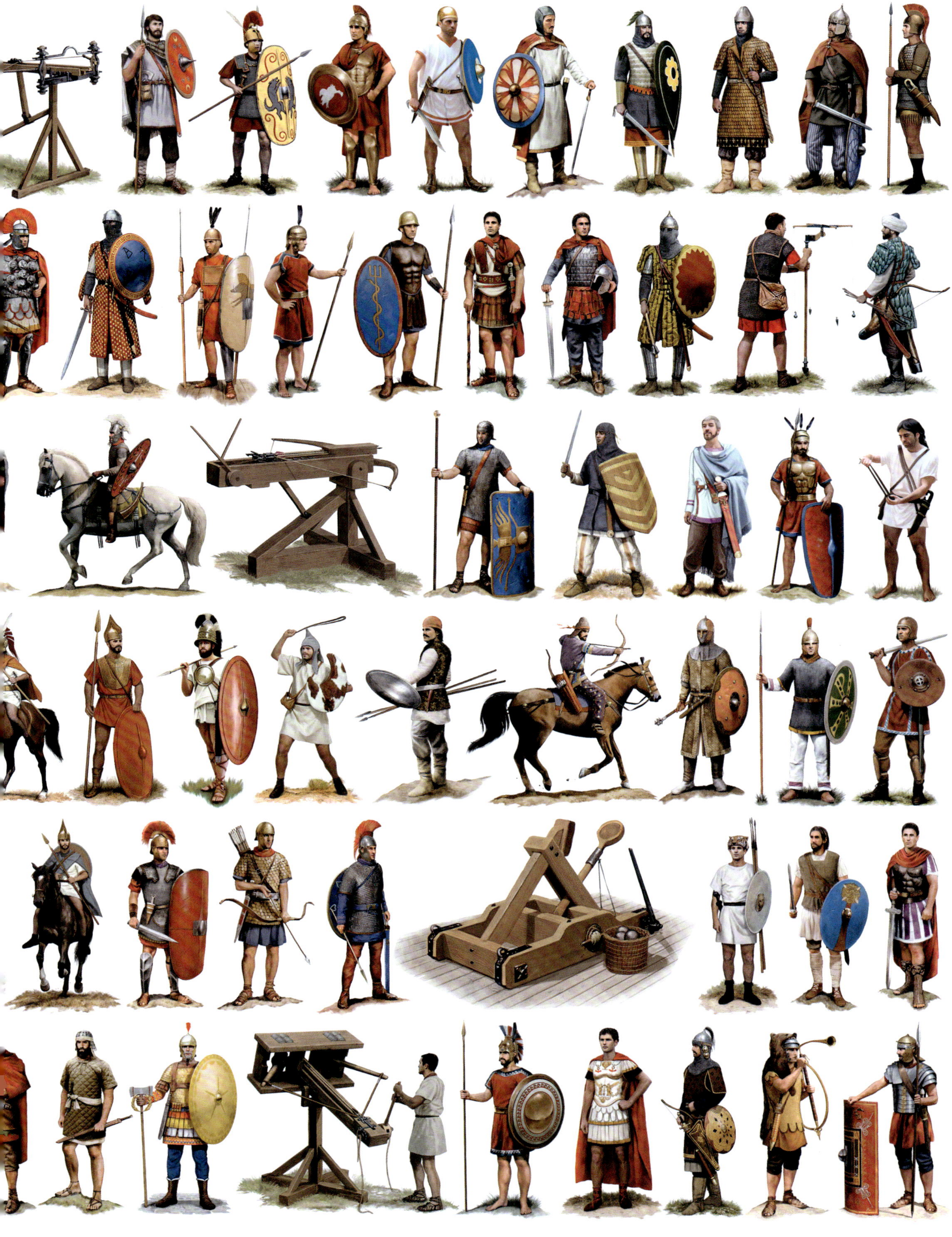

AN ILLUSTRATED ENCYCLOPEDIA OF
THE UNIFORMS OF THE ROMAN WORLD

罗马世界
甲胄、兵器和战术图解百科

罗马军队及其敌人的装备详解

一部关于西方冷兵器时代的专业指南，包括罗马人、伊特鲁里亚人、撒姆尼人、迦太基人、凯尔特人、马其顿人、高卢人、日耳曼人、匈人、波斯人和突厥人的史实军备

【美】凯文·F.基利 著　　　黄锴 译

【英】杰里米·布莱克（大英帝国勋章获得者）顾问　刘晓 锤盾历史复原俱乐部 审校

吉林文史出版社
JILINWENSHICHUBANSHE

AN ILLUSTRATED ENCYCLOPEDIA OF THE UNIFORMS OF THE ROMAN WORLD by KEVIN F. KILEY

Copyright in design, text and images © Anness Publishing Limited, U.K, 2015
This edition arranged with ANNESS PUBLISHING LTD
through BIG APPLE AGENCY, LABUAN, MALAYSIA.
Simplified Chinese edition copyright:
2019 ChongQing Zven Culture communication Co., Ltd
All rights reserved.

中文简体字版权专有权属吉林文史出版社所有
吉林省版权局著作权登记图字：07-2019-0022

图书在版编目（CIP）数据

罗马世界甲胄、兵器和战术图解百科：罗马军队及
其敌人的装备详解／(美) 凯文·F. 基利著；黄锴译.
－－长春：吉林文史出版社，2019.5
ISBN 978-7-5472-6133-0

Ⅰ.①罗… Ⅱ.①凯… ②黄… Ⅲ.①军服－古罗马
－图解②兵器－古罗马－图解③战术－古罗马－图解
Ⅳ.①E546.9-64

中国版本图书馆CIP数据核字(2019)第073479号

LUOMA SHIJIE JIAZHOU、BINGQI HE ZHANSHU TUJIE BAIKE
LUOMA JUNDUI JIQI DIREN DE ZHUANGBEI XIANGJIE

罗马世界甲胄、兵器和战术图解百科
罗马军队及其敌人的装备详解

著 /（美）凯文·F.基利　译 / 黄锴
责任编辑 / 吴枫　特约编辑 / 刘博予
装帧设计 / 王涛
策划制作 / 指文图书　出版发行 / 吉林文史出版社
地址 / 长春市福祉大路出版集团 A 座　邮编 / 130117
印刷 / 重庆长虹印务有限公司
版次 / 2019年5月第1版 2019年5月第1次印刷
开本 / 889mm×1194mm　1/16
印张 / 16.25　字数 / 340千
书号 / ISBN 978-7-5472-6133-0
定价 / 169.80 元

目录

AN ILLUSTRATED ENCYCLOPEDIA OF
THE UNIFORMS OF THE ROMAN WORLD

罗马世界
甲胄、兵器和战术图解百科

罗马军队及其敌人的装备详解

导 言

罗马，无论是共和国时期还是帝国时期，都对欧洲文明产生了不可磨灭的影响。罗马最初只是意大利中部台伯河（Tiber River）沿岸的小村落，在充满敌意的邻居中挣扎着生存。罗马人凭借与生俱来的顽强，以及生存与征服的意志，能适应任何逆境，战胜任何灾难，并抱定最终胜利的信念，从而获得了无上的权威。罗马人并不是每次都能获胜，不过他们的精神传承了两千多年。

在回顾或研究罗马人的时候，通常所指的时期，是从公元前8世纪罗马建城，到公元前476年西罗马陷落且最后一位罗马皇帝被推翻。不过，罗马，更恰当地说是罗马帝国，被帝国的东半部分所延续，又持续存在了一千年。直至1453年，东罗马才最终被奥斯曼土耳其（Ottoman Turks）以压倒性的优势灭亡。在这两千年里，罗马文明的东西两部分，都对全世界的文化、艺术、法律、政治和军事产生了无可匹敌的影响。本书所专注的，是军事方面。

▼ 罗马的凯旋式，这是对取得了重大胜利的罗马将军的奖励。

▲ 罗马式建筑对现代的欧洲、中东和北非依然有较大的影响。图中是艺术家想象的罗马帝国时代的温达博纳（Vindabona），也就是现代的维也纳（Vienna）。

罗马的战争之路

古代世界是非常残忍的，这体现于罗马的战争中。被抓获的俘虏或被击败的敌人，都不会得到善待。无论抓到什么样的俘虏，不管是士兵、战士或平民，也不管是显贵或无名之辈，全部会得到一样的对待。他们要么被卖去做奴隶，要么被处决。

如果城市被攻占，无论敌人是通过强攻还是围困得手的，通常都会被抢劫和掠夺，但这样的行动并不是每次都会进行。罗马人会有计划地抢劫城市。在夺取城市之前，他们就会把城市划分给各个不同的部队，这些部队只能抢劫自己分到的区域。在指挥官限定的时间结束后，所有劫掠都应停止，此后罗马士兵会为幸存者恢复秩序。

罗马军团

赫赫有名的罗马军队是由沉着冷静、训练有素、纪律严明的罗马步兵组成，是罗马征服其他民族最主要的工具。军团起源于共和国早期，随着罗马帝国权势的衰落，它的战斗力逐渐下降，在西罗马灭亡之前已经荒废不堪。无论军团的编制如何，它的核心一直是军团步兵，即剑盾武装起来的步兵。这些步兵由坚定的军团百夫长们指挥，他们是罗马军团的坚实基础。

罗马的敌人

罗马征服了无数的敌人，之后便忙于保卫这个庞大的帝国。罗马人最初与意大利本土的民族作战，然后与凯尔特人（Celts）、高卢人（Gauls）、布立吞人（Britons），以及欧洲西北部和中部形形色色的日耳曼（Germanic）部族作战。而迦太基人（Carthaginians）、希腊人（Greeks）和马其顿人（Macedonians），加上东部的帕提亚人（Parthians）、萨尔马提亚人（Sarmatians）、叙利亚人（Syrians）和犹太人（Jews）都被罗马人征服了，他

▲这幅浮雕描绘了罗马人修路的场景，罗马境内四通八达的道路提高了军队的机动力。

们若是反抗，罗马将再次进行征服。有时候，罗马军队会被击败，有些战败甚至是灾难性的，比如公元9年的条顿堡森林（Teutoborg Forest）之战。另外，罗马在东方遇到了令人生畏的军队，后者主要以弓骑兵和重骑兵为主力，这是与罗马截然不同的战术。此后，罗马在大迁徙时代遇到了游牧的蛮族，比如哥特人（Goths）、汪达尔人（Vandals）和匈人（Huns），西罗马在他们的攻势下多次战败，最终走向灭亡。

东罗马

　　东罗马帝国以君士坦丁堡（Constantinople）为中心，在蛮族的多次进犯中屹立不倒，也从西罗马的灭亡中吸取了教训。他们建立了一支与旧罗马军团截然不同的军队，其基础是新兴的战场主力——骑兵。东罗马依然训练优秀的重步兵，不过他们不再是军队主力。作为军队中坚力量的重骑兵披着铁甲，在弓骑兵的辅助下作战。东罗马这支新型军队在几个世纪里都是令人印象深刻的精锐之师，维持着帝国的大部分领土。不过，东罗马军队在1071年遭到了灾难性打击，帝国从此缓慢地走向衰落，直至1453年灭亡。对于西罗马灭亡之后涌现出来的西欧新兴国家来说，东罗马是他们的屏障。西方长期忽视和低估的是，东罗马帝国将数量巨大的敌人挡在了东方，使得欧洲的新兴国家得以发展和繁荣。他们和阿瓦尔人（Avars）、罗斯人（Russians）、保加利亚人（Bulgars）、斯拉夫人（Slavs）以及阿拉伯人（Arabs）作战，后来又遭遇了强大的突厥人。

罗马的霸权

　　罗马繁荣时期的文化影响很大，在罗马最终灭亡之后，被后继的国家传承了下去。在罗马帝国广袤的领土（欧洲、西亚和北非）上，西罗马律法和东罗马《查士丁尼法典》（the Code of Justinian）都对法律的发展产生了持久影响。罗马的艺术和建筑被世界各地模仿，尤其是在18世纪末和19世纪初的拿破仑统治下的法国和新成立的美国。最后一点，罗马军队，无论是步兵还是骑兵，都有纪律严明的传统，这对文艺复兴时期的军事思想和现代欧洲历史产生了深远影响。

罗马的武器、护甲和装备

　　东西罗马的军队都不穿现代意义上的军服，这对他们来说是未来的概念。不过，西罗马的军团和东罗马的禁卫军都有相同的特点，那就是同一部队的护甲是相似的，而士兵与军官使用的兵器也非常相似。部队通过指定的编号和称号进行区分，并且通常通过彩色的头盔装饰、羽毛和旗帜来分辨。每支部队的战袍都是相同的颜色，在列成战斗队形的时候，罗马军队表明自己是一支整齐划一、训练有素的部队，随时准备与任何对手作战。这是一支充满胜利信心的军队——罗马必胜！

▼这三个士兵分别是罗马共和国、罗马帝国和东罗马帝国时期的。在左边的罗马共和国士兵展现出马略（Marius）改革之后的一些特点，中间的士兵是罗马帝国时代军团士兵的完美描绘，而右边的画像是一位来自山陵地带的东罗马重骑兵。

荣耀属于罗马

    罗马，这个名字意味着高耸的建筑、笔直的道路、行进的军团、巨大的竞技场和浴血奋战的角斗士。不过，公元前8世纪中叶的罗马，还只是意大利台伯河畔的小村落。当时的罗马人，只是试图在敌人环伺中生存下来的拉丁部落之一。后来，罗马人成为史诗般的主宰，为意大利文明烙下了自己的印记，其影响扩大到地中海地区乃至全世界。军事技术是罗马帝国崛起的基础，它诞生于早期的战争中，逐步磨炼到炉火纯青的水平，使得罗马的影响遍布已知世界。它在公元5世纪的崩溃可谓世界末日，此后的西欧进入了黑暗时代。

▲最初的罗马士兵是共和国时代的公民兵，他们虽然不是职业军人，但依然是最令人生畏的对手。

◀罗马建筑受到希腊风格的巨大影响。不过，随着帝国的壮大，罗马发展出了自己的风格。左图是18世纪绘画中的罗马建筑，塞普蒂穆斯·塞维鲁（Septimus Severus）时期的建筑和图拉真（Trajan）时期的立柱到现代依然保存完好。

罗马的建立

关于罗马的建立有两个传说，第一个传说认为，罗马人是特洛伊（Troy）陷落后的幸存者，他们在埃涅阿斯（Aeneas）的带领下穿过地中海，最终定居于台伯河畔的7座山丘上；第二个传说更加具有神话色彩，古希腊和古罗马神话中的众神可以化为凡人形象，经常来到凡间为所欲为。所以，罗慕路斯（Romulus）与雷穆斯（Remus）的传奇就此开始。

战争之神马尔斯（Mars）下凡，发现了美丽的公主雷亚·西尔维娅（Rhea Silvia）。公主的父王最近丢掉了王位，篡位的是她背信弃义的兄弟阿尔巴（Alba）。公主拒绝战神的求爱之后，被战神强暴，因此怀上了双胞胎。婴儿在出生时被起名为罗慕路斯与雷穆斯。他们的叔叔害怕他们长大后复仇，于是将他们从母亲身边夺走，丢弃在台伯河岸边。一只母狼找到了他们，又哺育、照顾他们，直到一位善良的牧羊人发现并抚养了他们。最终，他们知道了自己的身份以及老国王的遭遇，对舅舅展开了复仇，夺回了王位，并帮助外祖父复职。

神话还记录，兄弟两人离开阿尔巴去建立自己的王国，在台伯河边争论建立新王国的地点，两兄弟各自挑选了不同的山脉。在随后发生的纷争中，罗慕路斯杀死了自己的兄弟，并开始着手建立定居点，将之命名为罗马。

萨宾人妇女

罗慕路斯很快意识到他建立的定居点缺少妇女，于是对萨宾人（Sabines）发动了巧妙的进攻，这是罗马附近地区的一个部族。罗慕路斯使用了计谋而不是蛮力，他安排了一次宴会，让自己的追随者与萨宾男人喝酒。等萨宾男人醉倒之后，罗慕路斯和自己的手下匆忙带着萨宾妇女离开。萨宾妇女在被强行带走的震惊中恢复了过来，最终同意留下。后来，罗慕路斯设法与剩下的萨宾人和解。

罗慕路斯的最终结局有两个版本。一种说罗慕路斯在变得极度自负后，被厌恶他的手下所杀；还有一个版本认为，罗慕路斯在与众神会面的路上遇到风暴，就此消失。罗马人将罗慕路斯尊为神灵，称之为奎里纳斯（Quirinus）。

历史基础

抛开传说故事，我们知道主要有两个民族居住在意大利半岛。其中之一是拉丁人，包括罗马人和古意大利人。除此之外，另一个重要民族是伊特鲁里亚人（Etruscans），他们居住的地区，后来被称为托斯卡纳（Tuscany）。作为一个拉丁部落，罗马选择在台伯河沿岸的七座山丘上定居，这个地方靠近大海。罗马开始蓬勃发展，从定居点发展为城市。他们不是第一批在意大利中部建立定居

▼母狼抚育罗慕路斯与雷穆斯。这幅想象图中的故事是罗马建城神话的核心。

▲这幅画描绘了罗慕路斯在征服阿克伦（Acron）之后带着战利品返回的场景，其衣着、盔甲和武器呈现出稍晚时代的风格，并不像公元前8世纪的。

点的拉丁人，也不是最强大的部落。在最初的时代里，伊特鲁里亚人曾一度统治罗马人。但是，罗马人很勤奋，渴望交易和扩张。他们从一开始就是一个积极进取的民族，愿意在必要时付出资源和牺牲，以确保自己的生存。

▼雕版画艺术家想象的罗慕路斯时代的罗马。

伊特鲁里亚国王

最初，罗马不是共和国，而是实行君主制。公元前650年左右，伊特鲁里亚王朝开始统治罗马。到了大约公元前509年时，传说中的伊特鲁里亚七国王中的最后一位，塔奎尼乌斯·苏必布斯（Tarquinius Superbus）被自己的罗马臣民推翻。这一段历史使罗马人对专制君主极其不信任，直接导致了共和国的诞生。从此之后，罗马由"元老院和罗马人民"（Senate and the people of Rome）来统治。

随着伊特鲁里亚王朝统治的终结，

罗马人要么与其他拉丁人结盟，要么将他们征服，因此罗马很早就确立了国家的行事风格。早期的失败和屈辱使罗马人采取了一种"征服或死亡"的态度，确定了未来罗马战争的基调。这虽然无情，但有益于罗马文明的传播。从一开始，罗马人就把异族战俘当作奴隶，并公开侮辱和处决他们的领袖，赢得胜利的罗马指挥官则会受到赞扬。

▼这是著名的马克西姆（Maxima）下水道，是伊特鲁里亚王朝初期修建的，也是古代意大利最早的下水道系统之一。

共和国的诞生

通过驱逐塔奎尼乌斯，伊特鲁里亚国王被选举出来的罗马官员取代，但他们建立的民事组织仍然发挥着作用。

伊特鲁里亚遗产

我们对历史上的伊特鲁里亚知之甚少。它最有可能建立在罗马北部的托斯卡纳。在古罗马，伊特鲁里亚写作"伊特鲁西"（Etrusci），有时缩写为"图西"（Tusci）。早期的罗马军事传统和宗教习俗是从伊特鲁里亚那里学到的，年轻的罗马男孩会被派往伊特鲁里亚的学校学习纪律——他们的道德准则。罗马传说中的七位伊特鲁里亚国王可能在现实中并不存在，但可以肯定的是，复杂而强大的伊特鲁里亚社会对罗马人影响很大。

政治和社会结构

罗马元老院这个著名的机构最初是由精选的100人组成，他们可能是国王的顾问。伊特鲁里亚国王被推翻后，元老院的规模和影响力都扩大了，最终成为一个立法机构，并挫败了多次复辟企图而生存下来。元老院及其成员成为共和国的象征，在罗马社会受到普遍的尊重。

罗马人分为两类，即贵族和平民，而且两者之间的社会差别是深刻而明显的。元老院成员从贵族阶层中选举产生，最终扩大到300人，这说明越来越多的意大利部族被罗马吸收。这是政治家们追名逐利而造成的腐败迹象，也是对权力的妥协。

元老院的职能包括监督国家宗教及其仪式、制定法律、决定外交政策和监督财务事宜。元老院还会任命战争时期的官员，并任命军队指挥官，不管他们是否具备履行职务的能力。对于被元老院任命的人来说，最重要的是政治上的人脉，以及适当的家庭背景。

▲伊特鲁里亚人派遣乐师带着乐器进入战场，一幅公元前5世纪的壁画描绘了这些乐师。

▼伊特鲁里亚露天宗教庆典中的罗马人。

▲这尊美丽的阿波罗（Apollo）雕像，由伊特鲁里亚人塑造于公元前 6 世纪，是韦约的波尔托纳乔神庙（the Temple of Veioin Portonaccio）的一部分。

建筑和工程

罗马人逐渐成为杰出的工程师，但无论是公共建筑，还是私人建筑，几乎都不是原创的。他们的大部分建筑都模仿希腊建筑，尤其是在使用不同风格的柱子这方面。随着共和国的扩张，罗马人统治的领土不断扩大。他们建成了完善的道路系统，将城市和各地领土连接起来，并用巧妙设计的水渠将水引到城市。罗马的桥梁建筑也发展到很高的水平。罗马的道路、桥梁和引水渠历经岁月流逝，至今仍然在欧洲许多地方可以看到。欧洲的许多罗马桥还在使用中，特别是在西班牙和德国——这体现出罗马工程师出色的规划和施工能力。

▲罗马帝国的城市道路都是交叉状的。横穿城市广场的圣道（Via Sacra）是罗马最古老的街道。根据另外一个传说，罗慕路斯和萨宾国王提图斯（Titus）在这条路上签订了和平条约。

▼这是现存的罗马桥梁，名为法布里库斯（Fabricus）桥。它始建于公元前 62 年，横跨罗马的台伯河，是世界上最古老的桥梁之一，其几何形状堪称完美。

罗马共和国大事记
公元前 753 年—公元前 132 年

公元前 753 年 罗马建立。

公元前 650 年 伊特鲁里亚国王开始统治罗马。

公元前 578 年—公元前 535 年 塞尔维乌斯·图利乌斯（Servius Tullius）执政时，第一个罗马议会建立。这个议会被称作百人会议（comitia centuriata）。

公元前 534 年—公元前 509 年 最后一位伊特鲁里亚国王塔奎尼乌斯·苏必布斯被逐出罗马。国王的时代就此终止，罗马共和国建立。在此之后，罗马官员是选举产生的。与此同时，罗马与迦太基签订了第一个和平条约。

公元前 496 年 罗马人在雷古拉斯湖（Lake Regullus）之战中击败了拉丁人。胜利之后，罗马人与拉丁人签订了条约。

公元前 440 年 罗马通过了一部法律，名叫《卡努勒亚法》（Lex Cannuleia），这部法律确定了贵族与平民之间的平等。

公元前 425 年 罗马人进攻伊特鲁里亚的弗伊（Veii）地区，夺取了菲丹内（Fidanae）镇。

▼图中的石碑是个纪念标志，描绘了一位公元前 4 世纪的手持圆盾的伊特鲁里亚战士。这种石碑常在葬礼上使用，或者直接作为墓碑。

公元前 405 年—公元前 396 年 罗马人包围了弗伊，在漫长的围困后夺取了这座城。

公元前 400 年—公元前 390 年 凯尔特人从高卢突袭意大利北部和中部，横扫了大部分地区。随后，他们入侵并洗劫了罗马。

公元前 378 年 罗马修筑了塞维城墙（Servian Wall），以此防止城市被再次攻占和洗劫。这是罗马人第一次在自己的本土城市修筑工事。

公元前 343 年—公元前 341 年 罗马赢得了第一次撒姆尼（Samnite）战争的胜利。

公元前 338 年 罗马击败并瓦解了拉丁联盟，其势力和影响扩展到整个意大利。

公元前 329 年 罗马在泰拉奇纳建立了殖民地。

公元前 326 年 第二次撒姆尼战争开始。

公元前 321 年 撒姆尼人在科德内路口（Caudine Forks）之战中击败罗马人，并羞辱了战俘。罗马人计划对撒姆尼人进行复仇。

公元前 312 年 罗马人开始建筑第一条连接帝国各地的道路，也就是从罗马延伸至卡普阿（Capua）的亚壁古道（Appian Way）。同时，罗马的第一座引水渠，即阿庇亚水道（Aqua Appia）也修建完毕，它把淡水引入罗马。

公元前 298 年—公元前 290 年 第三次撒姆尼战争。

公元前 295 年 罗马在森蒂努姆之战中打败了撒姆尼人，一雪科德内路口之战的耻辱。

公元前 287 年 罗马进行了平民表决，也就是由人民投出赞成或者否决票，表决结果成为罗马的法律。这就是《霍尔腾西亚法》（Lex Hortensia）。

公元前 283 年 罗马在意大利北部建立了山南高卢（Cisalpine Gaul）行省。

公元前 280 年—公元前 275 年 罗马与伊庇鲁斯国王皮洛士（King Pyrrhus of Epirus）发生了战争。"皮洛士式胜利"（Pyrrhic Victory）这个词就是在与皮洛士进行代价高昂的战争之后诞生的。最终，罗马于公元前 275 年击败了皮洛士。

公元前 272 年 希腊殖民地他林敦（Tarentum）向罗马投降，希腊的其他殖民地也归顺了罗马。

公元前 264 年—公元前 241 年 罗马与迦太基进行了第一次布匿（Punic）战争。

公元前 260 年 罗马海军诞生。为了与迦太基的海上力量交战，罗马人建立了自己的第一支舰队。

公元前 259 年 罗马人在米列海战中战胜了迦太基人。

公元前 256 年—公元前 255 年 雷古拉斯（Regulus）入侵非洲，不过被迦太基人击败。

公元前 249 年 迦太基人在德拉帕纳（Drapana）之战中再次击败罗马人。

▼亚壁古道可能是罗马最著名的一条道路，这是它的一张照片。它把罗马和卡普阿连接起来，是军民两用的交通要道。

▲ 普桑（poussin）绘制的这幅油画名为"西庇阿（Scipio）的自制力"。"非洲征服者"西庇阿拒绝了一位被俘的迦太基公主的恩惠，以防止自己被战利品腐化。

公元前241年 罗马人在埃加迪群岛（Aigates Islands）海战中击败了迦太基人。罗马人夺取了西西里（Sicily），将其变为罗马的殖民地。

公元前238年 科西嘉（Corsica）岛和撒丁（Sardinia）岛被罗马吞并。

公元前223年 罗马在一次军事胜利之后，于山南高卢建立了殖民地。

公元前219年 迦太基的汉尼拔发动西班牙战役，夺取了萨古托城。

公元前218年—公元前201年 迦太基人发动了第二次布匿战争。

公元前218年—公元前217年 汉尼拔带着他的军队成功翻越阿尔卑斯山，入侵意大利北部。他在特雷比亚和塔斯米尼湖击败了罗马人，对罗马造成了极大威胁，罗马因此组建了新的军队去对抗他。

公元前216年 汉尼拔在坎尼战役中全歼罗马军队。迦太基与马其顿的腓力五世（Phillip V）结盟，后者也是罗马的敌人。罗马的一些意大利盟友加入了汉尼拔的军队，帮助汉尼拔对付罗马。

公元前214年 阿基米德参与设计的守城器械击败了罗马军队，解除了罗马人对叙拉古（Syracuse）的围困。

公元前213年—公元前211年 罗马人继续包围西西里的叙拉古。

公元前211年—公元前206年 罗马将军西庇阿在西班牙展开针对迦太基人的军事行动。

公元前209年 西庇阿在西班牙获胜，夺取了迦太基的卡塔赫纳城。

公元前203年 被称为"非洲征服者"的西庇阿入侵北非，而不顾在意大利的汉尼拔。西庇阿进军迦太基，在大平原（Great Plains）之战中击败了他们。

公元前202年 汉尼拔从意大利撤退，在迦太基城外的扎马（Zama）迎战西庇阿。汉尼拔惨败，战争结束。

公元前200年—公元前196年 在第二次马其顿战争中，马其顿的腓力五世战败，他被迫放弃了希腊的所有领土。

公元前197年—公元前179年 格拉古（Gracchus）成功地在西班牙以及两块新殖民地上结束了战争。马其顿的腓力五世再次被击败。

公元前195年 罗马发动拉哥尼亚（Laconian）战争，与斯巴达（Sparta）作战。

公元前194年 罗马从希腊撤出。

公元前192年 叙利亚（Syrian）战争爆发，罗马与塞琉古（Seleucid）帝国的安条克大帝（Antiochus the Great）作战，这场战争于公元前188年结束。

公元前191年 意大利北部（山南高卢）最终被罗马征服。

公元前181年 罗马与近西班牙（Hispania Citerior）的部族进行了第一次凯尔特—伊比利亚（Celtic-Iberian）战争。

公元前179年 罗马在台伯河上修建了第一座石桥，即"阿梅利安桥"（Amelian Bridge）。

公元前168年 珀尔修斯治下的马其顿人最终在皮德纳（Pydna）之战中被击败。马其顿没有被当作附属国，而是成为罗马的领土。

公元前167年 罗马人夺取并洗劫了伊庇鲁斯，俘获10万多名希腊人为奴隶。元老院免除了罗马公民的直接税。

公元前154年 第一次努曼提亚战争和第二次凯尔特–伊比利亚战争。

公元前149年—公元前146年 第三次布匿战争。罗马人包围了迦太基，最终攻占并洗劫了这座城市。罗马人摧毁了这座城市，消灭了其居民，那些在长期围困中幸存下来的人被当作奴隶卖掉。亚该亚（Achaea）和马其顿于公元前146年成为罗马的行省。

公元前143年 第二次努曼提亚战争和第三次凯尔特–伊比利亚战争。

公元前135年—公元前132年 第一次西西里奴隶战争。

公元前133年 珀加蒙的阿塔罗斯三世（Attalus Ⅲ of Pergamum）去世。根据他的遗愿，他的王国并入罗马。地中海成为罗马的内海，并被罗马人称为"我们的海"（Mare Nostrum）。

►北非城市迦太基的废墟。罗马人在第三次布匿战争后彻底摧毁了迦太基首都，不过他们后来在原址上重建了这座城市。

共和国的战役

罗马人是积极进取的民族，善于从成功中总结经验，从失败中吸取教训。他们很快发展出适合其扩张主义观念的军队。他们建立的军队是古代世界最有效、最有组织和最有纪律的军队。罗马军队是最具韧性的，能够承受灾难性失败，也就是在人力和装备损失惨重的情况下，仍然能振作起来，并再次回到战场，而且通常会获胜。罗马军事体系的成功，归功于严格的纪律。无论是在战场内外，罗马人都能忍受困难并适应不同的形势、气候和敌人。

▼失明的罗马政治家阿皮奥·克劳狄奥·切科（Appio Claudio Cieco）向元老院请求，不要接受伊庇鲁斯国王皮洛士提出的和平条件。

虽然罗马军队取得了成功，远远超过了亚历山大大帝的马其顿军队的成就，但这不是一支没有败绩的军队，也不是不可战胜的。罗马军队在其悠久的历史中经历过多次惨败，有时候在面对比自己弱小的敌人时，也被对手全部消灭。

伊庇鲁斯国王皮洛士

公元前295年，罗马人终于在森蒂努姆之战中击败了撒姆尼人、高卢人和翁布利亚人（Umbrians）的军队。这无疑加快了罗马统一意大利的步伐，但意大利南部的希腊居民仍在抵挡罗马的入侵。此时，希腊地区的一位国王皮洛士介入，这位国王统治着伊庇鲁斯。当时，他林敦已经和罗马开战，皮洛士受到他林敦人的邀请，也加入了对抗罗马的同盟。皮洛士是一位才华横溢的国王和指挥官，但他在意大利南部和西西里岛战败了，这些地区最终被罗马统治。

布匿战争（公元前264年—公元前146年）

罗马人和迦太基人的三场战争持续了一个多世纪。迦太基被罗马人称为"布匿"（拉丁语"punicus"），是由腓尼基（Phoenician）移民建立的国家。布匿战争不仅是两个扩张中的帝国之间的利益冲突，也是邻国之间的领土争端。

公元前3世纪，在漫长的第二次布匿战争中，罗马人在面对杰出的迦太基将军汉尼拔时，遭遇了三次大败。汉尼拔最著名的胜利是公元前216年的坎尼之战，这是一场真正的歼灭战，此战中的罗马军队被包围，几乎全军覆灭。在此之前，汉尼拔曾在特雷比亚和塔斯米尼湖击败了罗马军团及其盟军。

汉尼拔是一位出色的战术家和战略家，他指挥军队穿过西班牙，再翻越阿尔卑斯山进入意大利，把战争引入罗马本土。在罗马人的对手中，汉尼拔是最有才华的将军，也是罗马在蛮族入侵之前所受最严重的威胁。

然而，无论汉尼拔赢得多少次战斗的胜利，或是对罗马人造成多少损失，都无法战胜罗马人。罗马人能源源不断地组建新的军团，将他们派去迎战孤立的迦太基人，而远离家乡的汉尼拔几乎得不到任何后方支援。

罗马人依靠本族士兵，而不是像迦太基人那样使用雇佣军，这是罗马人在战争期间能够不断组建新军团的主要原因之一。汉尼拔在意大利度过了15年，却没有取得对罗马的最终胜利，不得不撤回到北非。在此之前，罗马已经派出一支军队渡过地中海，直接进攻迦太基本土。罗马远征军的总指挥是西庇阿，后来他在公元前202年的扎马战役中击败了汉尼拔，赢得了"非洲征服者"的头衔。

征服伊比利亚半岛（公元前154年—公元前133年）

迦太基在伊比利亚海岸（属于现在的西班牙）建立了殖民地，罗马在布匿战争中击败迦太基人后，派军队征服了伊比利亚半岛，统治了西班牙人。努曼提亚人击败了曼奇努斯（Mancinus）指挥的罗马军队，迫使后者于公元前137年投降。

不过，伊比利亚最重要的战事是西庇阿·埃米利安努斯（Scipio Aemilianus）率军围困努曼提亚。努曼提亚在杜罗（Duoro）河建造了出类拔萃的防御工事，这条河使防御者能获得稳定的给水。

西庇阿不仅在努曼提亚附近建立了卓有成效的包围圈，还封锁了城市两端的河流，以阻止补给进入城内。在长达8个月的围城战中，罗马的投射武器表现突出，成功迫使陷入饥饿的守军于公元前133年投降。在此期间，城市的补给

▼公元前202年的扎马之战是第二次布匿战争中的决定性战役，罗马将军西庇阿在这次会战中击败了汉尼拔。

▲迦太基是个繁荣的商业港口，并有强大的海军保护。这幅画表现了城市的一些工事，其中包括巨大的海军港口。

完全被切断，据说发生了人相食的惨剧。最终，努曼提亚无条件投降，活下来的4000名守军和居民成为罗马人的俘虏。

努米底亚的朱古达（公元前112年—公元前106年）

北非的统治者，努米底亚的朱古达（Jugurtha of Numidia）国王是罗马的旧盟友马西尼萨（Masinissa）之孙。在赢得扎马战役的大胜之后，罗马成为努米底亚的巨大威胁，但马西尼萨依然是西庇阿的朋友。随着马西尼萨的去世，罗马将努米底亚王国划分为三个部分，每一部分都交给马西尼萨的一个孙子统治。不过，朱古达成功地重新统一了努米底亚。在罗马入侵的威胁下，朱古达准备用谈

判和贿赂解决问题。

为了阻止罗马的入侵，朱古达来到了罗马，并通过积极贿赂罗马的关键官员，让元老院相信了他的说法。然而，罗马还是在不久之后派兵讨伐努米底亚。朱古达回到了努米底亚，并击败了罗马军队。最终，罗马将军卢修斯·科尔涅利乌斯·苏拉（Lucius Cornelius Sulla）俘虏了朱古达。作为朱古达的盟友，毛里塔尼亚（Mauretania）国王博胡斯（Bocchus）背叛了他，投降了罗马人。在与罗马人的谈判中，博胡斯有机会背叛苏拉而投向朱古达，不过他明智地选择了另外一条路。对于背叛自己的盟友，罗马人的报复是非常凶狠的。战争结束后，罗马军队举行了凯旋式，而朱古达死在了监狱里。

马其顿战争（公元前214年—公元前167年）

罗马与迦太基打了三次战争，双方进行了残酷的生死搏杀。与此同时，马其顿人和希腊人依然在给罗马人制造麻烦。罗马必须调动军队到另一条战线上去对付马其顿与希腊，这就分散了原本与迦太基作战的兵力。罗马人在这些战争中展现出无比强大的军事力量，这在历史上是非常罕见的。在战场上，罗马军队的专业和坚韧令人惊叹。

第一次马其顿战争实际上发生于公元前214年至公元前205年，第二次马其顿战争发生于公元前200年至公元前196年，第三次马其顿战争发生于公元前172年至公元前167年。第一次战争由马其

▲公元前88年，在一场内部冲突中，罗马执政官苏拉将军率军强行进入罗马城。

顿国王腓力五世与迦太基联合发动，是罗马不愿意参加的一次战争，其过程十分漫长，结束的时间也很难确定。第二次马其顿战争由罗马人发动，原因是他们认为东方的腓力五世变得太强大了，而且这位国王的战略目标与罗马有直接冲突。公元前196年，腓力五世在决定性的会战中被击败。最终，在公元前168年的皮德纳之战中，珀尔修斯指挥的马其顿人败于罗马人，这是他们第三次也是最后一次被击败。此时，罗马的霸权开始扩展到东地中海。

日耳曼人的威胁（公元前131年—公元前101年）

一些从北欧日德兰（Jutland）半岛南部迁徙出去的部族，与高卢和日耳曼尼亚（Germania）的各种日耳曼部落开始了长期的冲突，这种情况一直持续到公元5世纪，罗马最终屈服于蛮族入侵。罗马与三个主要的日耳曼部落——条顿人（Teutones）、阿姆布昂人（Ambrones）和辛布里人（Cimbri）——发生了纠纷与冲突，并在诺里库姆（Noricum，今奥地利南部）遭遇惨败。

日耳曼人不能或不愿意越过阿尔卑斯山进入意大利，而选择迁往高卢。公元前105年，罗马人想要阻止他们，不过却在阿劳西奥（Arausio）战败，他们的军队几乎全军覆没。罗马把高卢地区的作战指挥权交给了当时最有能力的将军之一——马略，他最终击败了日耳曼部落。在消除条顿人的威胁之后，马略又率军向北移动，击败了辛布里人。

罗马内战（公元前88年—公元前31年）

在历史的镜头下，罗马有时被视为一块稳定的政治巨石。然而，作为一个没有长久国家元首的共和国，当各个显贵家族的人争夺权力时，就会导致政治的不稳定。人们非常熟悉尤利乌斯·恺撒（Julius Caesar）和格涅乌斯·庞培（Gnaeus Pompey）之间的斗争，后者时常被冠以"伟人"（the Great）的称号。不过，在这次巨人之间的斗争之前，是卢修斯·科尔涅利乌斯·苏拉和盖乌斯·马略（Gaius Marius）之间的对决，恺撒和庞培当时都还年轻，并目睹了这次内战。

苏拉、马略和元老院三者之间的斗争发生在同盟大战（公元前91年—公元前88年）之后，这次大战是罗马的意大利同盟城邦最后一次寻求独立的大起义。公元前88年，苏拉率领自己的军队向罗马进军，控制了这座城市。他把自己的意志强加给元老院，让元老院任命自己为"独裁官"（dictator），这是在国家面临危机之时才使用的头衔。

这场内战发生于米特拉达梯（Mithridates）战争期间，马略死于公元前86年，而米特拉达梯战争直到公元前66年才结束。内战耗尽了罗马的税收，当苏拉于公元前78年去世时，这一问题仍然没有得到解决。此次内战以臭名昭著的屠杀而闻名，屠杀的对象是敌人的

▲ 庞培的一座半身像，他是罗马的"前三头同盟"之一，另外两个人是尤利乌斯·恺撒和马库斯·李锡尼·克拉苏（Marcus Licinius Crassus）。

▲ 罗马元老院在"库里亚"（Curia）或者会议厅召开会议的情形。罗马历史上有数个这样的建筑。

支持者及其家族，这些都是为了解决旧纷争而采取的行动。不过，后来发生的事情使这场血腥动乱变得微不足道，并导致了罗马共和国的覆灭。

公元前59年，恺撒和庞培在罗马建立了"前三头同盟"，第三个执政官是马库斯·李锡尼·克拉苏，他镇压了斯巴达克斯（Spartacus）领导的奴隶起义。公元前53年，罗马人在第一次卡莱（Carrhae）战役中被帕提亚人击败，克拉苏战死沙场。到了公元前49年，罗马已经被恺撒和庞培以及他们的政治派系（分别是平民派和贵族派）所统治。

当恺撒越过卢比孔（Rubicon）河时，他已经触犯了元老院的底线，政治斗争开始转变为公开战争。内战爆发后的公元前48年，恺撒终于在法萨卢斯（Pharsalus）战役中击败庞培，但内战一直延续到了公元前45年。恺撒紧追逃往埃及（Egypt）的庞培，一登陆就看见了装有庞培首级的袋子，这让他感到厌恶。

在此后的4年里，恺撒以独裁者的身份统治着罗马。不过，反对恺撒的元老院成员一直在秘密策划行动，并于公元前44年将他暗杀。公元前43年，恺撒的侄子屋大维（Octavian）、恺撒的忠实部将马克·安东尼（Mark Antony）和马尔库斯·雷必达（Marcus Lepidus）组成了"后三头同盟"。后来，这个同盟变质为马克·安东尼与屋大维之间的内战。屋大维获得了最终胜利，并以"奥古斯都"（Augustus）的名义成为罗马的第一位皇帝，古老的罗马共和国从此名存实亡。

▶ 罗马女神，象征着罗马本身。她在卢比孔河边向恺撒显灵，告诉恺撒，渡河是他的命运。

罗马军事体系

罗马军事力量的发展大致可以分为几个关键阶段：最开始是早期罗马战团，然后是由战团逐渐演化而来的公民兵，最后发展为罗马军团编制。军团的组织形式有两种，第一种是步兵中队组成的军团，第二种是步兵大队组成的军团。就这样，罗马军队逐渐从公民武装力量变成了由职业军人组成的常备军。

此后，为了应对蛮族部落的威胁，再加上帝国分为东西两部分，罗马军队从步兵部队戏剧性地转变为骑兵部队。骑兵成为东罗马军队的主力兵种，而训练有素且令人生畏的步兵成为辅助兵种。这是罗马人主要作战手段的彻底改变，反映了罗马人在面对不同敌人时做出的调整。

战团

战团是罗马人建立的早期军事组织。酋长们把氏族的男性成员组织起来，让这些农民兼任战士。他们袭击自己的邻近部落，或者被召集起来保卫自己的土地，抵抗外来者的侵略。冲突通常会通过一次战斗得到解决，战士们会在战斗结束后回归农民身份，直至下一次纠纷或者袭击发生的时候。

战团通常由久经沙场的战士指挥，而且是由指挥官钦点的人来挑选成员。武器和护甲价格昂贵，战团内的战士并非武器护甲齐全，有些人根本没有护甲。如果战团在与敌人的交战中获胜，那么他们就从敌方死者身上获取武器和护甲。罗马战团袭击敌人的领土，夺取或者摧毁敌人的村落或城镇，抓捕妇女儿童作为人质或奴隶，或将敌人同化为罗马人。这是低效的战争方式，非常杂乱无章。战团由战士组成，而不是士兵。战士们各自为战，不是一个整体，不能看作一支训练有素的部队，因为部队中的士兵会受到统一训练，并尽可能配备武器和

护甲。战士们缺乏凝聚力，尤其是在长时间的战斗中。此外，在战场上，指挥层会对战士产生重大影响。即使有一位平庸的指挥官，一支军队也可以生存下来，甚至可以获胜，而一群战士很难做到这点。

希腊的影响

罗马人的作战编制逐渐受到希腊人的影响，特别是对希腊步兵方阵的模仿。有证据显示，早期的罗马人以及意大利半岛的其他拉丁人，都曾使用希腊式的武器和护甲。希腊人在意大利沿海建立了殖民地，并在此进行贸易，伊特鲁里亚人和罗马人皆深受希腊人的影响。显

▲这是一副镶嵌画，描绘了意大利之外的罗马守军，创作于大约公元前 80 年。从盾牌、白色战袍、羽饰和肌肉胸甲可以判断，他们似乎是军事保民官。

然，罗马人采用了伊特鲁里亚人的方阵，而不是直接向希腊人学习。在作战服饰和武器装备方面，早期的罗马战士无疑模仿了希腊人。

为了使方阵在战场上发挥作用，大量的训练是必不可少的。方阵如果能保持由盾牌和长矛组成的坚固正面，就几乎是不可战胜的，完全可以横扫战场。方阵的纪律非常严格，若出现伤亡，后排士兵会向前补位，取代倒下的人。

方阵、步兵中队与步兵大队

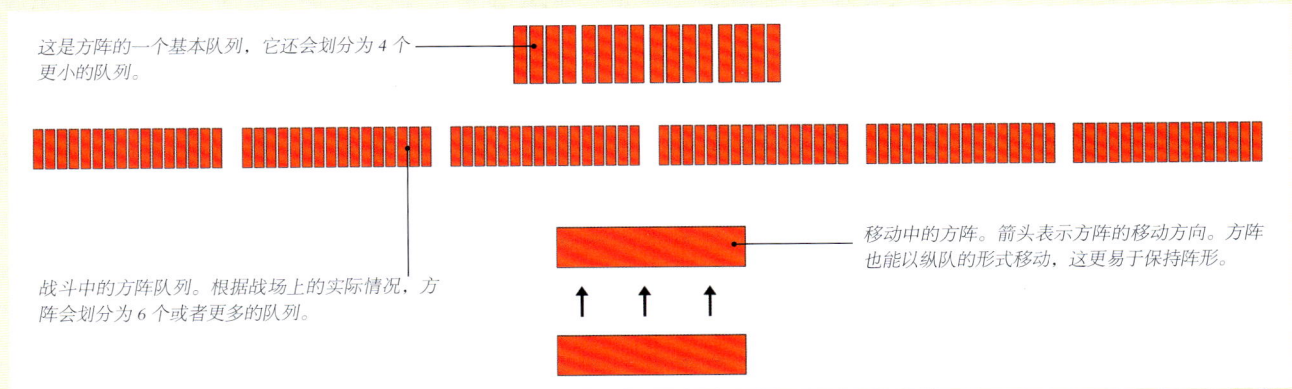

这是方阵的一个基本队列，它还会划分为4个更小的队列。

战斗中的方阵队列。根据战场上的实际情况，方阵会划分为6个或者更多的队列。

移动中的方阵。箭头表示方阵的移动方向。方阵也能以纵队的形式移动，这更易于保持阵形。

方阵： 受意大利南部和西西里岛的希腊人影响，罗马人也使用方阵。方阵的优势在于拥有坚实的正面——重装长矛兵。根据不同的地形和对手，方阵的纵深也有所不同，从最少4人到最多32人。在执行特殊任务时，希腊方阵会有50人的纵深，但这是不寻常的。方阵的正常纵深是8个人的队列，而其宽度则四倍于此。大约公元前4世纪，罗马人在意大利中部与撒姆尼人作战时发现，方阵在丘陵地带处于不利地位，往往会被敌人包抄并打垮。

▲一个希腊或者罗马方阵的战斗队形。重步兵列阵迎敌。

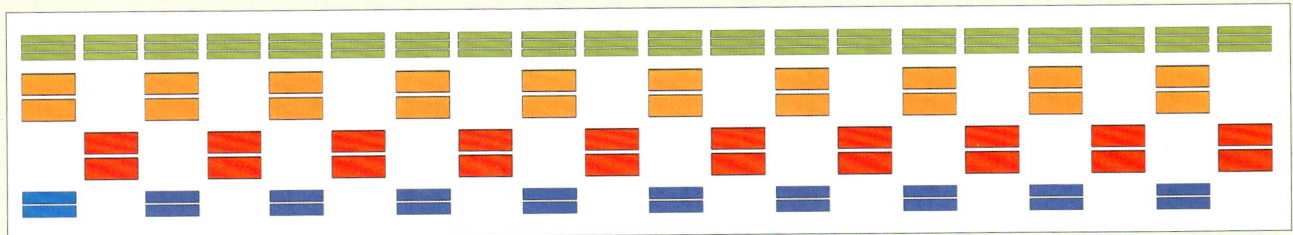

步兵中队军团： 在与撒姆尼人作战之后，罗马人将自己的军队改编为大约6000人的军团。军团的基础是三种重步兵：青年兵、壮年兵和预备兵。前两种是年轻士兵，他们使用最好的武器和装备，预备兵则是年龄较大的老兵。轻步兵常被用作散兵，以支援军团里的主力重步兵。每个小队由60人组成，但预备兵小队的战斗力通常只有青年兵与壮年兵的一半。每一种重步兵都有10个小队，他们在战场上按照棋盘式队形排成三条战线。

▲步兵中队军团的战斗队形。黄色、红色、蓝色方块分别代表三种重步兵。绿色方块代表轻步兵，他们在队伍的前面进行接敌骚扰。

步兵大队军团： 虽然步兵中队军团比方阵更有优势，但单个步兵中队军团无法单独执行任务。公元前1世纪，在马略的大规模军事改革中，军队进行了重组。步兵中队在理论上依然存在，但三种类型的重步兵减少为一种，而军团的兵力被定为5000名重步兵加上辅助部队，其中小队的兵力增加至80人。步兵大队和小队的数目维持不变，不过此时小队被编入更为关键的步兵大队，每个大队下辖六个小队。第一步兵大队的规模加倍，其他9个大队是同样的兵力和编制。

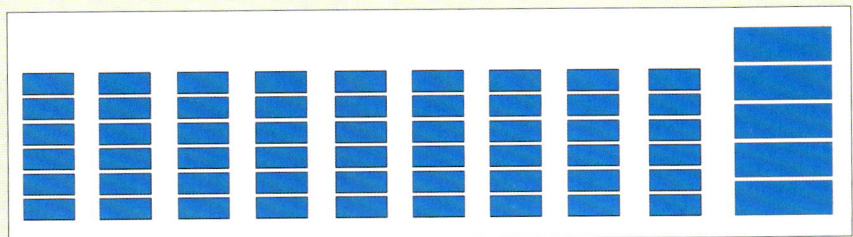

▲步兵大队军团的战斗队形。最右边是第一大队，其兵力是其他9个大队的两倍。

▲贺雷修斯在台伯河的叙布坎（Sublican）桥上英勇抵抗伊特鲁里亚人。

当大批部队结成坚定推进的队形，这无疑是可怕的。前两排士兵会端平长矛，与遭遇的一切敌人交战，而后方士兵则会将长矛高举，避开前几排，这是无法从正面攻破的阵形。他们一边发出战吼，一边向前推进，意图是使对手丧失勇气，或者会完全沉默地推进。后一种更加可怕，因为唯一能听到的是几乎整齐划一的脚步声。紧接着，他们会把可怕的锋利长矛直接刺向进攻者。士兵们唯一需要做的，是为抵挡敌军的冲击做好准备。

方阵在开阔而平坦的平原上非常有效。但是，罗马人发现了其缺陷，那就是在地形崎岖的野外或者丘陵地带，方阵很难维持阵形，特别是正面的防守。方阵是最适合平原的阵形，而在丘陵地带或差不多贯穿意大利"靴子"的亚平宁山脉脚下的战斗中，它并不是理想的阵形。如果敌人选择在崎岖的地形战斗，那么方阵对己方可能是致命的。它需要协调和纪律，而不是依赖个人的勇武。

正是在这段时间里，产生了一个传说，那就是贺雷修斯（Horatius）英勇抵抗试图夺取罗马的伊特鲁里亚军队。很

难考证贺雷修斯是否为真实存在的人物，但在台伯河桥梁上布置防御，显然能发挥阻挡伊特鲁里亚人入侵的作用。据说，贺雷修斯最终单枪匹马地在渡河点作战，直至最后撤退进罗马城。后来，一首史诗"记录"了他只身在桥上作战的英勇之举。

此外，贺雷修斯还有一段英雄事迹。当时，交战双方派出斗士，进行三对三战斗。在战斗中，贺雷修斯的两名同伴被敌人杀死，贺雷修斯面临着一对三的劣势。不过，他的两个敌人已经被他死去的战友打伤。经过激烈的战斗，贺雷修斯赢得了胜利。

公民兵

罗马的公民军队，也许可以追溯至公元前579年至公元前534年的塞尔维乌斯·图利乌斯执政的时代。这些"塞维人"（Servian）进行了改革，规定所有男性公民都有应召入伍的义务，并根据他们所属的阶层武装自己。公民兵部队根据每个公民的财产，划分为五个阶层。这些阶层又进一步划分为"百人队"（centuries），这是罗马军团一直延续到西罗马帝国灭亡时的基本编制。

在每个阶层中，有一半的百人队由47至60岁的士兵组成，这些老兵通常作

为守备部队部署，并不随主力部队出现在战场上。另外一半的百人队由17至46岁的士兵组成，是排成战斗队形作战的主力。每个阶层拥有百人队的数量并不相同，原因是富人能用更好的武器和护甲。所以，第一阶层由80个百人队组成，第二阶层至第四阶层分别包含20个百人队，而第五阶层包含30个百人队。还有18个百人队是最富裕的罗马人，他们组成了骑兵，而且这些"贵族"（aristocrats）拥有特权。

步兵中队军团

罗马军团有两种形式，步兵中队和步兵大队。步兵中队是罗马放弃希腊方阵之后，首次重组军团采用的形式。当罗马人在意大利丘陵地带以及崎岖不平的地区作战时，战况总是陷入不利。于是，罗马人放弃了希腊方阵，将军团划分为下辖两个百人队的步兵中队。在这种情况下，步兵中队是军团的基本战斗单位，而不是百人队。步兵中队这个词，即拉丁语 manipulus，意思是少数。据说，这个词来源于罗马早期用作旗杆的"少数"

▼一座大理石浮雕，年代大约是公元前100年，表现的是共和国晚期的罗马军团。无论是几乎呈矩形的罗马盾牌，还是头盔、武器和链甲，都是非常写实的。

▲罗马人用表现军事征服的浮雕装饰自己的墓室。卢多维西（Ludovisi）石棺的这部分浮雕表现了大约公元前 250 年到公元 80 年时，罗马军团与蛮族作战的情形，基本可以准确地看出其武器和盔甲。

秸秆，秸秆分配给专门的人员。军团有 30 个步兵中队，每个步兵中队都由三种重步兵组成：青年兵、壮年兵和预备兵。

青年兵部署在军团的第一条战线，是军团中最年轻、经验最少的士兵，每个百人队包括 60 名青年兵。青年兵的百人队配备 20 名轻步兵（装备标枪的轻型护甲步兵），不过他们不与百人队一起作战，而是像散兵一样部署在军团的前方。

壮年兵组成了军团的第二条战线。他们与青年兵的组织方式相同，拥有同样的战斗兵力，但比青年兵拥有更丰富的战斗经验，会按照命令在作战中支援青年兵的战线。预备兵部署在军团的第三条战线，其数量通常少于青年兵和壮年兵。"他们是老年的步兵，和其他 120 人的重步兵中队不同，他们只有 60 人。"

步兵中队军团还有另外两种士兵：轻步兵和骑士（equites）。战斗时，轻步兵大批部署在军团正面，是第一个接敌的部队。当他们撤退到步兵大队的第一条战线之时，青年兵将去接敌。在作战时，青年兵首先投掷标枪，然后拿起剑盾作战。

百人队由军团的百夫长（centurion）指挥。每个百人队有两个百夫长——指挥百人队的百夫长和作为后备人选的副职，后者部署在百人队后方。每个百人队有两个旗手，号手也是两个，其拉丁文写法分别是 signifier 和 comicen。每个军团只有一个旗手，所以每个百人队设置两个旗手可能是为了防备伤亡。

百夫长一般由上级军官任命，或者通过选举产生，不过他们必须当过兵，这样才能赢得下属的尊敬。军团的首席百夫长（primus pilus）是第一大队的队长，比其他百夫长地位高，身份显赫且受人尊敬。

每个军团的骑士大约有 300 人。这 300 名骑兵编为 10 个骑兵中队，每队 30 人。在每个骑兵中队中，有 3 位十骑长（decurions）担任指挥职务，并配有副手作为后备人选。

为了与普通士兵进行区别，十骑长的装备与百夫长基本一样，其头盔上有交叉马尾式样的盔缨。

这一时期的罗马军团学会了修筑带有工事的营地，而且将其规定为战争期间每天行军结束后必须进行的工作。罗马营地被防御墙和壕沟环绕，非常适合防御，并布置了前哨和守卫，以防止敌人的夜袭。

步兵大队军团

在马略的军事改革中，步兵中队军团被改为步兵大队军团，拥有六个百人队的步兵大队成为军团的基本单位。这使罗马军队的组织更简单，并且在战场上比按照步兵中队编组的军团更加灵活。它为军团提供了更强大的内部编制，这种编制在小型作战或独立作战时有着更强的战斗力。在战场上，军团派出的"特遣队"是一个步兵大队加上支援部队，他们分配到的任务可能是支援军团的整个阵形。在这种编制中，青年兵、壮年兵和预备兵的划分被废除，所有军团步兵的职能、站位、护甲和武器变得难以区分。事实上，在重组之前，步兵中队军团预备兵的兵力已经被提升至青年兵和壮年兵的水平。

军团辅助部队

军团骑兵最初是由罗马的本国公民组成。后来,骑兵部队,或者称作"两翼",是从异族骑兵中招募的,比如凯尔特人(特别是伊比利亚半岛的凯尔特人)、色雷斯人(Thracians)、归顺的日耳曼人和高卢人。这些部族被认为是最优秀的骑兵,他们给罗马人的一般印象是"在马鞍上出生的"。

几乎所有种类的辅助部队都被整合进了罗马军队。虽然罗马军队的主力依然是军团步兵,但训练有素的弓箭手和投石兵支援着他们。辅助部队训练有素,得到了与军团步兵一样的待遇,极大地增强了罗马军队的战斗力。不过,当外族辅助部队超过本国士兵的时候,罗马军队已经无力保卫这个庞大帝国。

"再拿一根"

当人们研究古代军队的时候,特别是研究罗马军队或东罗马军队这样的杰出军队时,总会认为军中服役的士兵是坚如磐石的。人们认为所有士兵的面孔、行动和信念都一样,不仅一个军团都一样,而且所有军团都一样,而不管他们的服役方式、招募地点、战场成就和最终命运的巨大差异。人们也认为战争中的士兵很少受到情绪的左右,领导士兵的百夫长也是如此。因此,有趣的是,我们可以在某个特定军团中,找出大多数人都熟悉的特定人物,即大约公元35年的著名的第10军团。这支军团曾是尤利乌斯·恺撒最优秀、最忠实的部队,也是当时驻扎在巴勒斯坦(Palestine)的两个军团之一。

接下来,就是某个百夫长的故事——"再拿一根"。葡萄藤棍是百夫长身份和权威的象征,每个军团大约有60位百夫长,首席百夫长被称作"矛尖"(spear point)。"再拿一根"是某位百夫长的部下为他起的外号,当他用葡萄藤棍体罚士兵时,如果藤棍损坏,那么他会生气地命令其他士兵"再拿一根"。毫无疑问,士兵会迅速为这位百夫长再拿一根葡萄藤棍。

这位特别的百夫长总是关注不服从纪律的士兵,也许不会受士兵欢迎,但却一定会得到尊敬。当这位百夫长需要替换棍棒时,任何士兵都会毫不犹豫地给他"再拿一根"。

▲ 罗马坟墓中的浮雕,描绘的是公元前1世纪的一位罗马长官和两位百夫长。三个人的武器和盔甲都很精良,不过军官的盔甲更加华丽。

罗马的敌人

罗马的敌人数量众多，形形色色。他们中有希腊人和迦太基人，这些敌人拥有组织严密的军队，在战斗中给了罗马人极大的考验，并使罗马军团遭到惨痛的失败。此外，罗马还与沙漠中的部落作战，并在北方对抗凯尔特人和日耳曼人。

最初，罗马人面对的是其他意大利人和拉丁部族。这些部族最终被罗马吸收，他们的战士也追随了罗马人。罗马军队学习了邻国的技术，其发展也受到了他们的影响。

在罗马的扩张过程中，伊特鲁里亚人、撒姆尼人和希腊人都是令人生畏的敌人。伊特鲁里亚人在相当一段时间里统治着罗马人，而罗马人和伊特鲁里亚人在文化和军事方面最终融合在了一起。希腊人在意大利和西西里岛控制着重要的地区，希腊人的武器、护甲和战斗技术对罗马人产生了很大影响。

凯尔特人和高卢人

凯尔特人在欧洲的许多地方出现，特别是早期历史中，而罗马人直至帝国后期撤出不列颠时，才不用跟凯尔特军队和劫掠者作战。凯尔特人形形色色，是喜好独自为战的战士，而不是士兵，一般来说会不拘一格地作战。伟大的指挥官，比如汉尼拔，能够驯服凯尔特人的战士精神，使他们成为富有战斗力的雇佣军。不过，汉尼拔的军事才能在历史上非常罕见。凯尔特人的武器和护甲常被罗马人吸纳采用。

高卢人是天性凶残的战士，与罗马人进行了漫长而艰苦的战争。尤利乌斯·恺撒在自己的政治野心暴露之前，曾长期与高卢人作战，并将这一段经历写进《高卢战记》。在此之后，罗马因内战而分裂。恺撒对阿莱西亚（Alesia）这座在现代法国境内的高卢要塞的围困，是围城打援战术的典型例子。

迦太基人

迦太基位于现在的突尼斯，是公元前9世纪腓尼基人的殖民地。腓尼基人

▼共和国晚期，罗马的领土横跨欧洲和北非。此后，帝国向北扩张至不列颠岛，向东扩张至亚洲地区。

公元前44年，恺撒去世时
公元14年，奥古斯都去世时
公元180年，马克·奥勒留去世时

苏格兰　北海　波罗的海
爱尔兰　不列颠尼亚　伦敦　弗里西　苏维汇　赫尔维翁　加林德尔
爱尔兰海　比利时　日耳曼尼亚　卢吉尔　巴斯塔奈　阿玛多齐　阿兰
比斯开湾　高卢　雷蒂安　诺里库姆　高加索
吕格杜努姆　阿基塔尼亚　拉文纳　达契亚　黑海　亚美尼亚
科西嘉　意大利　罗马　色雷斯　马其顿　君士坦丁堡　米底
西班牙　撒丁尼亚　西西里　帕加马　尼西亚　安塔利亚　阿拉伯
巴伦西亚　迦太基　以弗所　雅典
毛里塔尼亚　地中海　克里特　塞浦路斯　叙利亚
阿非利加　莱普蒂斯马格纳　昔兰尼　亚历山大　纳巴泰
努米底亚　埃及

▲罗马军队在与沃尔斯奇人（Volscians）恶战时，一名罗马指挥官把军团旗帜掷向敌军的战线。因为丢失军旗会给军团带来耻辱，所以这一手段会激励军团步兵再次发起进攻，以夺回部队的旗帜。

是一个航海民族，驾驶着船在地中海漫游，寻找贸易和财富。罗马人将迦太基人称为腓尼（Poeni）人，这是从"布匿"这个词演化而来，"布匿战争"也源自这个拉丁词汇。提尔（Tyre）可能是迦太基人的故乡，这个城市在公元前6世纪被尼布甲尼撒（Nebuchadnezzar）指挥的巴比伦（Babylonians）军队摧毁。后来，迦太基成为地中海最强大的海上力量。

迦太基人是扩张主义者，想要统治地中海。他们既夺取了伊比利亚半岛、西西里岛、撒丁岛和巴利阿里（Balearic）群岛，又穿过直布罗陀（Gibraltar）海峡，沿着非洲西海岸扩张，还在加那利（Canary）群岛、摩洛哥（Morocco）、毛里塔尼亚、几内亚（Guinea）、塞内加尔（Senegal）和马德拉（Madeira）建立了殖民地。

▲这幅共和国时期的浮雕清楚地展示了罗马式肌肉胸甲、短剑或者叫角斗士剑，还有特色鲜明的罗马式头盔，这种头盔配有护颊以保护佩戴者的面部。

当罗马人征服了意大利半岛的大部分地区，不断壮大的迦太基帝国不可避免地与罗马发生了冲突。公元前264年，第一次布匿战争爆发，双方争夺的焦点是西西里这座大岛的归属。罗马人在西西里岛、地中海和北非都赢得了胜利，迦太基人乞和。罗马人坚持非常苛刻的和平条件，被迦太基人拒绝。于是战争继续进行，双方互有胜负，直到罗马人在埃加迪群岛的海战中击败了迦太基舰队。这次胜利使第一次布匿战争于公元前241年结束，迦太基人向罗马人求和，并割让西西里岛。

在第二次布匿战争（公元前218年—公元前202年）中，汉尼拔围困了西班牙的希腊城市萨古托（Saguntum），这是罗马的盟友之一。在长达8个月的围困之后，汉尼拔于公元前218年夺取了这座城市。第二年，他带着包括战象在内的军队，开始了对意大利的那场著名入侵。他在提契努斯（Ticinus）之战和特雷比

◀一幅保存完好的公元前4世纪的墓葬壁画，描绘了两个撒姆尼步兵。他们穿着非常短的战袍，拿着圆盾，戴着独特的头盔，头盔上有与众不同的盔缨。

亚之战中击败了罗马人。公元前217年，他沿着意大利半岛南下，又在塔斯米尼湖之战中获胜。公元前216年，他在坎尼战役中全歼了一整支罗马军队。

此后，形势急转直下。汉尼拔纵横意大利，成功地将罗马人的一些盟友拉拢过来。不过，罗马坚持不懈地与入侵者作战。在接连战败之后，罗马人任命昆图斯·费边（Quintus Fabius）担任意大利的总指挥。费边避免使用自己的新兵部队与汉尼拔的老兵作战，而是采取了拖延和骚扰的战略。这一成功的策略为新部队的组建和训练赢得了时间。费边因此获得了"拖延者"（Cunctator）的称号。汉尼拔没能在意大利击败罗马人，而罗马人发动了战略进攻，他们在北非登陆。汉尼拔被迦太基召回，然后在扎马的平原上遭遇了决定性的惨败。罗马人在战争中开始占据优势，迦太基人再次求和。

第三次也就是最后一次布匿战争于公元前149年爆发，不过没有持续多长时间。两年后，再次入侵北非的罗马人成功地从海上和陆地上封锁了迦太基。次年，这座城市投降。迦太基90%的人口在战争中阵亡，或死于疾病与饥饿。罗马人夷平了迦太基，并把幸存者当作奴隶卖掉。迦太基帝国从此灰飞烟灭。

蛮族

在罗马人看来，如果你不是罗马人，那你就是蛮族。罗马人认为自己是蛮族的征服者，也是文明的使者，不管蛮族是否愿意，他们都会把文明传播过去。罗马确实将西方文明传遍了已知世界，但通常使用最残酷的手段。

罗马人面对的蛮族，不仅数量众多，而且族群复杂。多瑙河以北居住着形形色色的日耳曼人，他们已经越过了莱茵河（R.Rhine）前沿。恺撒及其后继者两次入侵不列颠岛，与布立吞人和凯尔特人交战，最终将他们置于罗马的统治之下。但是，皮克特人（Picts）、苏格兰人以及其他位于安东尼长城（Antonine Wall）以北的民族，从未真正臣服于罗马，他们不断偷袭、骚扰罗马不列颠（Roman Britain），罗马人因此畏缩不前。

一般来说，在与罗马作战的帝国中，迦太基是最让人印象深刻的。不过，东方的帕提亚帝国和萨珊（Sassanian）帝国，以及亚历山大大帝的遗产——包括他的家乡马其顿也令人难忘。罗马的几次最屈辱的战败发生在东方，也就是现代的巴勒斯坦、伊拉克（Iraq）和伊朗（Iran）。

▲这幅画描绘了罗马执政官马库斯·阿蒂鲁斯·雷古拉斯（Marcus Atilius Regulus）将军劝说罗马人拒绝迦太基在第一次布匿战争中的和平提议。在突尼斯之败以前，雷古拉斯一直是位优秀的罗马将军，也是一名出色的海军指挥官。不过，在这次战役中，他被迦太基人俘虏。

▼君士坦丁凯旋门上的浮雕，描绘了一个蛮族酋长向罗马投降的情景。这是研究罗马武器、盔甲和服装的第一手资料。

罗马帝国早期大事记

公元前 107 年—公元 79 年

公元前

107—100年 马略对罗马军队进行了一次影响深远的改革。罗马军队从此成为一支职业军队，并且成了常备军。

106年 执政官马略率领一支罗马军队迎战努米底亚人，击败了他们的国王朱古达。

105年 阿劳西奥之战中，罗马军队被辛布里人和条顿人击败。

104—100年 第二次西西里奴隶战争。

102年 马略在阿卡厄-塞克斯狄（Aquae Sextaie）之战中击败条顿人。

101年 马略在韦尔切利（Vercelli）之战中击败辛布里人。

91年 罗马将奴隶之外的非罗马公民全部驱逐。

91年 同盟战争开始。

90年《尤尼亚法》（Lex Julia）将罗马公民权授予所有意大利人。

89—85年 第一次米特拉达梯战争。

87年 在军队和民众中很受欢迎的马略，在没有得到元老院授权的情况下，夺取了罗马的最高权力。

86年 另外一个罗马将军苏拉，夺取并洗劫了雅典（Athens）。马略去世。

82年 第二次米特拉达梯战争。苏拉向罗马进军，夺取了最高权力，成为执政官。

80年 苏拉辞去罗马执政官的职务。

▲这是创作年代相当靠后的一幅画，描绘了恺撒征服东方之后，在罗马举行的凯旋仪式。

73—71年 斯巴达克斯奴隶起义。

70年 庞培和克拉苏成为执政官，前者在不久之后得到"伟人"称号，后者镇压了斯巴达克斯奴隶起义。

67年 庞培围剿地中海的海盗，获得了胜利。

66年 庞培被元老院派去指挥东方的军队。

60年 "前三头同盟"建立，三人分别是庞培、恺撒和克拉苏。

59年 尤利乌斯·恺撒首次成为罗马执政官。

58—51年 恺撒征服高卢，在军事方面树立了威望。

55—54年 恺撒尝试入侵不列颠。最初，罗马军队取得了胜利，不过他们未能在那里长期作战。

54年 克拉苏在卡莱战役中阵亡。

49年 恺撒率军渡过卢比孔河，此举是为了追求罗马的至高权力。恺撒知道，这么做会引发罗马内战，他将与老对手庞培决一死战。

48年 庞培在都拉基乌姆（Dyrrachium）战役中击败了恺撒，但后来恺撒在希腊的法萨卢斯战胜了庞培。

47年 庞培逃亡埃及，在那里被杀。

47—46年 恺撒继续向东方和北非发动征服战争。

44年 恺撒在罗马元老院被反对派刺杀，这些人担心他会长期拥有绝对权力。

44年 恺撒被谋杀之后，"后三头同盟"建立，三人分别是雷必达、马克·安东尼和屋大维。马克·安东尼在加洛鲁姆广场（Forum Gallorum）之战和穆季纳（Mutina）之战中被击败。

42年 塞克斯特斯·庞培在亚德里亚海

▼元老院部分成员密谋刺杀了尤利乌斯·恺撒，这些人担心恺撒会建立绝对的权力。

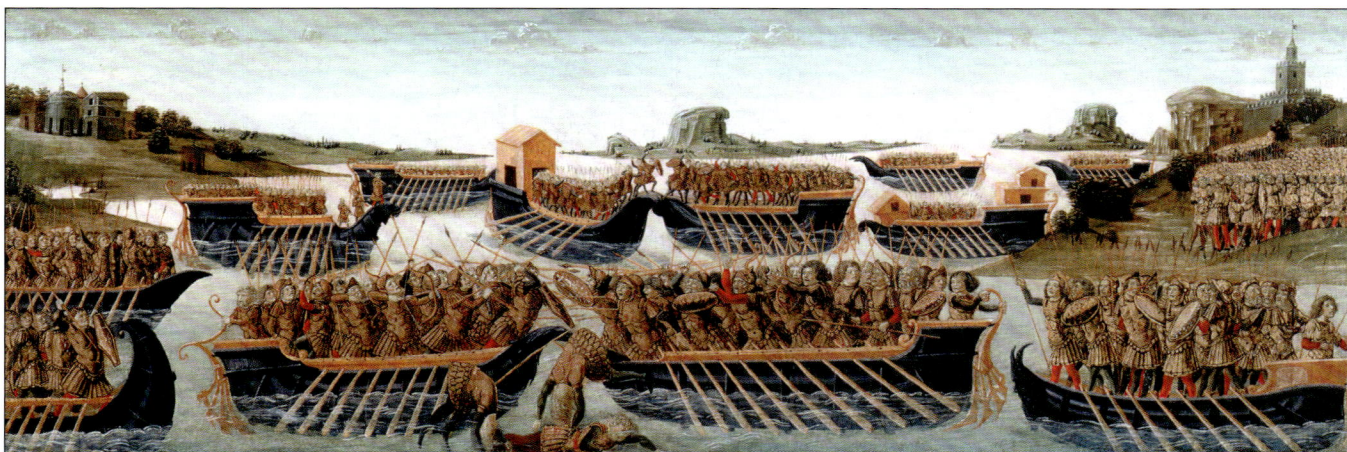

▲公元前31年，屋大维的军队和马克·安东尼的军队在亚克兴海决战。屋大维获胜，从此独揽罗马的最高权力，成为罗马帝国的建立者。

拦截了"后三头同盟"的舰队，这支舰队的运输船装载的是援军。他摧毁了舰队的大部分舰船，还缴获了一些舰船。马克·安东尼在菲利皮（Philippi）之战中战胜了共和派的军队。双方划分了控制范围，罗马帝国分裂了。

36年 塞克斯特斯·庞培与屋大维进行会战，被击败。

31年 屋大维在亚克兴（Actium）海战中击败了马克·安东尼。此时屋大维成为罗马唯一的统治者。

30年 屋大维入侵埃及，逼迫马克·安

▼屋大维的半身像，他获得了"奥古斯都"称号，成为罗马的第一位皇帝，明智而公正地统治着这个国家。

东尼自杀，然后吞并了埃及，被授予"恺撒"称号。在经历内战之后，罗马再次统一。

29—27年 小克拉苏率军在马其顿进行征服战争，将罗马的疆界扩展到多瑙河。他是"前三头同盟"之一的马库斯·李锡尼·克拉苏的孙子。

27年 屋大维获得"奥古斯都"的头衔，成为罗马皇帝。

27—19年 罗马征服了西班牙的西北部。

25—2年 罗马远征阿拉伯半岛。在攻占亚丁（Aden）的企图失败后，罗马吞并了加拉太（Galatia），扩大了帝国的疆域。

20年 罗马人夺回了被帕提亚人缴获的军旗，这些军旗是克拉苏和马克·安东尼丢掉的。

17—9年 苏刚布里（Sugambri）部族入侵高卢。提比略（Tiberius）作战获胜，吞

并了阿尔卑斯地区和巴尔干（Balkan）地区。罗马在欧洲的权势和影响延伸到了日耳曼的易北河。

公元

4年 希律大王（Herod the Great）在朱迪亚（Judea）去世。罗马对犹太人的大肆逮捕，最终导致了血腥的暴乱。

6年 潘诺尼亚（Pannonian）大起义爆发，持续了3年。朱迪亚最终成为罗马的行省。

9年 在条顿堡森林之战中，阿米尼乌斯（Arminius）率领日耳曼部族击败了瓦卢斯（Varus）的罗马军队，日耳曼人实际上

▼公元9年发生在日耳曼的条顿堡森林之战，这是罗马军队的灾难。阿米尼乌斯是罗马的旧盟友，他率领日耳曼部族在此战中击败了罗马军团。

▲日耳曼尼库斯（Germanicus）之死。作为皇位继承人，他的去世是帝国和家庭的不幸。

打垮并消灭了第17、18和19三个军团。在此之后，罗马的边界退回莱茵河。

14—16年 皇帝奥古斯都（屋大维）去世，提比略继承皇位。日耳曼尼库斯成功地镇压了莱茵军团的暴乱，然后越过莱茵河，去追剿击败瓦卢斯的日耳曼人。

17年 帝国成功吞并了卡帕多西亚（Cappadocia，在今土耳其境内）。

18—28年 非洲和高卢发生起义，法里孙人（Frisians）也发动了起义。

19年 日耳曼尼库斯在叙利亚去世，他深受军队爱戴，是提比略的养子，也是皇位继承人。

25年 阿格里帕（Agrippa）开始在罗马修建万神殿。

37年 提比略神秘地死去，卡利古拉（Caligula）即位。

39年 卡利古拉在高卢和日耳曼同时发动战争。

41年 一些宣誓效忠克劳狄（Claudius）皇帝的禁卫军士兵，刺杀了卡利古拉。

43年 罗马再次入侵不列颠，取得了胜利。不列颠南部被罗马化，本地的布立吞人逐渐成为罗马－凯尔特人。在从共和国到帝国的转变过程中，罗马的官僚系统逐渐被有文化的自由民接管，其中一些人以前甚至是奴隶。

45年 希腊北部的色雷斯成为罗马的行省。

50年 罗马人在不列颠建立了伦底纽姆（Londinium，伦敦）城。

54年 克劳狄指定尼禄（Nero）为继承人。同一年，保利努斯（Paulinus）征服了毛里塔尼亚（现代的阿尔及利亚和摩洛哥），成功地使其成为罗马的行省。达尔马提亚发生了起义，本都（Pontus）东部（在今土耳其）也被吞并，法里孙人被击败。克劳狄在宫廷斗争中被毒死，尼禄当上了皇帝。

50—61年 不列颠发生布狄卡起义。

64年 大火焚毁了罗马城的大片区域。

66—72年 第一次犹太战争。

68年 尼禄自杀，加尔巴（Galba）取代了他的位置。

68—69年 "四帝之年"——这一年中出现了四位罗马皇帝，分别是加尔巴、奥索（Otho）、维特里乌斯（Vitellius）和韦斯巴芗（Vespasian）。

70年 韦斯巴芗的儿子提图斯围困并夺取了耶路撒冷。

79年 韦斯巴芗去世，提图斯继承了皇位。

84年 罗马人在苏格兰的格劳庇乌山（Mons Grapius）击败布立吞人，这次战役是罗马辅助步兵大队在罗马军团的支援下打赢的。

▼提图斯凯旋门上的细节，描绘了罗马人在公元70年洗劫耶路撒冷时从神庙里抢走战利品的场景。罗马人在镇压起义时从来都是冷酷无情的。此外，这幅浮雕是研究这一时期罗马军队细节的绝佳参考。

保卫帝国大事记
公元 80 年—公元 212 年

80年 配有50000个座位的罗马竞技场最终完工。

81年 提图斯去世，他的兄弟图密善（Domitian）即位。

85—92年 图密善在战争中败于达契亚人（Dacians），罗马被迫纳贡。

96年 图密善被刺杀。罗马元老院宣布他的继承人涅尔瓦（Nerva）为皇帝。

98年 罗马帝国宣布人殉为非法。

98年 涅尔瓦去世，图拉真即位。图拉真在101至106年的战争中战胜了达契亚人，使之成为罗马的新行省。

106年 罗马吞并了阿拉伯 – 佩特拉（Arabia Petraea，现代的约旦）。

111—114年 罗马修建了图拉真记功柱，表彰他的军事胜利。

113—117年 罗马对帕提亚发动战争，征服了亚述（Assyria）、美索不达米亚（Mesopotamia）和亚美尼亚（Armenia）。

115—117年 犹太人在塞浦路斯（Cyprus）、埃及和昔兰尼（Cyrene）起义，反抗罗马的统治。

121—122年 哈德良（Hadrian）皇帝

▼ 记功柱描绘了图拉真的军事胜利。它经受住了时间的考验，如今依然屹立在罗马。

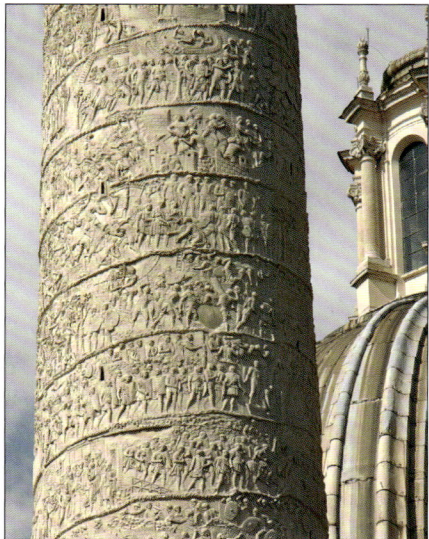

前往不列颠，开始修建后来闻名于世的哈德良长城。

131—135年 哈德良去世，安东尼·庇护（Antoninus Pius）继任。他在哈德良长城之外，即现代的苏格兰地区，修筑了安东尼长城（Antonine Wall）。

142年 罗马人放弃哈德良长城。

150—163年 不列颠北部爆发反抗罗马的起义，安东尼长城又被放弃。

161年 安东尼·庇护去世，马克·奥勒留（Marcus Aurelius）和卢修斯·韦鲁斯（Lucius Verus）成为罗马的共治皇帝。

162—166年 帕提亚战争。

167年 日耳曼部族夸地人（Quadi）和马科曼尼人（Marcomanni）渡过多瑙河袭击罗马的居民点，有些日耳曼人甚至攻入意大利北部。

167—180年 马克·奥勒留在日耳曼作战，取得了胜利。

180年 马克·奥勒留，也就是"哲学家皇帝"，在自己的事业完成之前去世，他的儿子继承了皇位。

192年 康茂德（Commodus）被刺杀，珀蒂纳克斯（Pertinax）被拥戴为罗马皇帝。内战爆发。

193年 珀蒂纳克斯被谋杀，其继任者迪杜斯·尤利乌斯（Didus Julinus）也被杀死，塞普提米乌斯·塞维鲁（Septimius Severus）成为罗马皇帝。

▲阳光照耀着哈德良长城的某个堡垒，这段长城建于公元前 122 年，位于英格兰北部的诺森伯兰（Northumberland）。

193—211年 在与帕提亚的战争中，罗马吞并了美索不达米亚。

211年 塞普提米乌斯·塞维鲁在不列颠的约克（York）去世。帝国被分给他的两个儿子，卡拉卡拉（Caracalla）和盖塔（Geta）。这一年，卡拉卡拉谋杀了盖塔。

212年 罗马将公民权授予帝国境内所有自由民，无论他们在何处出生和生活。这就是安东尼宪法（Antonine Constitution）。

▼ "哲学家皇帝"马克·奥勒留，他在宫廷中读书写作的时间，长于征战的岁月。

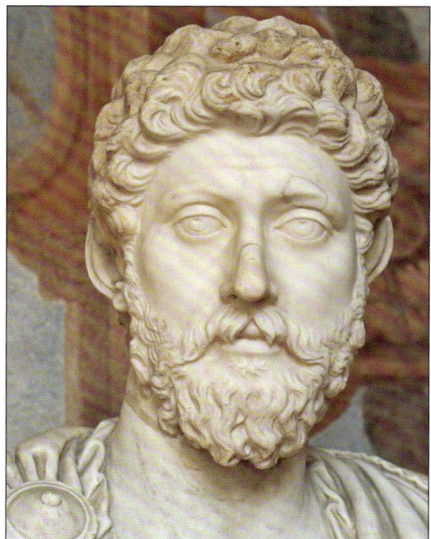

君主制及其瓦解

在罗马的诸位皇帝中，既有出类拔萃的国家领袖，也有彻底的无能之辈，后者使西罗马帝国走向灭亡。

优劣之分

韦斯巴芗皇帝（70—79年在位）是

▼韦斯巴芗的儿子提图斯在巴勒斯坦取得了军事胜利，得到了在罗马举行凯旋式的奖励，带着在耶路撒冷获得的战利品游行。后来，提图斯继承了父亲的皇位。

"四帝之年"结束时即位的，他不仅是才能出众且受人爱戴的将军，还是一位称职的明君。他的儿子提图斯（79—81年在位）与他类似，也是一位富有才能的统帅和皇帝。图拉真（98—117年在位）是最后一位罗马征服者，他战胜了达契亚人。"哲学家皇帝"马克·奥勒留（161—180年在位）也是卓越的管理者和统治者，在他死后，帝国开始缓慢地走向衰败。

不过幸运的是，在罗马皇帝的万神殿里，还有几颗闪耀的明星。比如君士坦丁一世（Constantine I，306—337年在位），也就是那位被称为"大帝"的皇帝，他为了赢得皇位发动了内战，又为了罗马的延续在东方建立了君士坦丁堡。然而，这些人只是特例，大部分君主并非如此。

在仅仅一个世纪的时间里，27个军队将领自立为帝。他们统治帝国的时间，只能以月甚至以天来计算。除了两人之外，其他人都遭遇了"暴力的结局"。这一时期的特征是，罗马军队像抵御外敌入侵一样积极投身于内战，而内战使帝国在258年左右陷入最低谷。具有讽刺意味的是，在帝国面临危机之际，是边疆的数位将军通过武力手段维持帝国的统一，至少有部分原因是如此。此外，罗马并非一直是帝国的政治首都。西罗马帝国首先迁都至米兰，最终迁至拉文纳（Ravenna），不过罗马城始终是帝国的文化中心。

3世纪危机

3世纪是罗马帝国的黑暗时期。皇帝们接连死于内部敌人的刺杀，而且每个继承皇位的皇帝都会感到头顶皇冠摇摇欲坠。帝国边界的蛮族入侵与日俱增，罗马经常陷入无政府状态。王座上的皇帝更替频繁，如每日更衣一般。在这一时期，至少有30人坐上皇位，能力良莠不齐（而且大部分人的统治时间很短，没有机会展示自己的才能）。

与萨珊帝国的纷争（226—372年）

公元226年，萨珊人击败并推翻了帕提亚君主，建立了萨珊帝国。直至公元649年，萨珊人在东方都是令人生畏的力量，且从未被罗马人征服过。公元260年，萨珊人俘虏了瓦莱里安（Valerian）皇帝。不过，罗马人此后在东方取得了军事胜

▲一枚罗马金币，也就是索里达（solidus），上面是背教者朱利安皇帝（Emperor Julian the Apostate）的头像。朱利安明显穿着胸甲和军用斗篷。

▲公元260年，萨珊人在羞辱瓦莱里安皇帝后，将其释放。瓦莱里安是被萨珊国王沙普尔一世俘虏的，也是唯一在战场上被俘的罗马皇帝。

利，并于公元297年重新夺回美索不达米亚行省。之后，朱利安皇帝在东方被杀，这促使罗马往东调动军队，增援已经部署在那里的军事力量。

4世纪的时候，各种各样的蛮族入侵西罗马。公元410年，罗马的北部边界洞开，东方的萨珊帝国也与东罗马帝国展开争斗。直至公元649年被阿拉伯军队击败之前，萨珊帝国一直是罗马的敌人。

西罗马帝国的崩溃（402—476年）

蛮族部落和军队源源不断地从东方涌来，西罗马在他们的反复冲击下陷落。许多日耳曼部族寻找着新的家园，以此逃避把他们向西驱赶的游牧民族。日耳曼人最初是在罗马帝国的土地上寻求庇护，并为罗马军队提供兵源。

此时，罗马军队不再是帝国巅峰时代那支训练有素且纪律严明的步兵军团。罗马军团依然存在，不过每支军团只有大约1000人的兵力，而他们原本拥有5000名武器装备精良的步兵。原来的习俗在某些地方还存在，官职和军阶也保留着。不过，罗马军团的传统荡然无存，特别是在公元378年的阿德里安堡（Adrianople）之战中被哥特骑兵击败后。

哥特人（最终分裂为西哥特人和东哥特人）、汪达尔人、匈人、伦巴底人（Lombards）和其他部族逐渐蚕食了西罗马帝国的领土。不过，他们被东罗马帝国击退，东罗马君主了解局势，决心保证领土的完整。蛮族的酋长们在西罗马帝国的废墟上建立自己的王国，转而互相攻击，或者与罗马指挥官并肩作战，有时还赢得了胜利，比如埃提乌斯（Aetius）击败了匈人阿提拉。不过，当奥多亚克（Odoacer）击败最后一位罗马皇帝罗慕路斯·奥古斯都（Romulus Augustus），自己担任"恺撒"之时，西罗马帝国就此终结。

▼西罗马的最后一位皇帝，罗慕路斯·奥古斯都，他在公元476年罗马陷落之后依附于奥多亚克。罗慕路斯即位后不久就被废黜，大半生都以废帝的身份度过。

西罗马帝国的灭亡大事记
公元 217 年—公元 476 年

217—238年 伴随着一系列刺杀，罗马帝国的无政府状态持续了大约50年。在这一时期，罗马至少出现了30个皇帝。

230年 美索不达米亚遭到萨珊波斯入侵。不过，萨珊人在233年被亚历山大·塞维鲁（Alexander Severus）击败。

235年 得到军队效忠的尤利乌斯·马克西姆斯（Julius Maximus）杀死了皇帝亚历山大，长达50年的内战开始。

244年 萨珊波斯的新国王沙普尔在东方对罗马发动了新的战争。罗马皇帝戈尔狄安（Gordian）在与波斯人交战时，被自己的部队刺杀。

249年 德西厄斯（Decius）起兵反对出生于阿拉伯的皇帝腓力，后者在战斗中死亡。德西厄斯当上了皇帝。

251年 德西厄斯皇帝在与哥特人的战争中阵亡，这是第一个在对外战争中阵亡的罗马皇帝。

260年 帝国的行政首都迁往米兰。波斯人俘虏并羞辱了瓦莱里安皇帝。

261年 巴尔米拉（Palmyra）国王奥迪

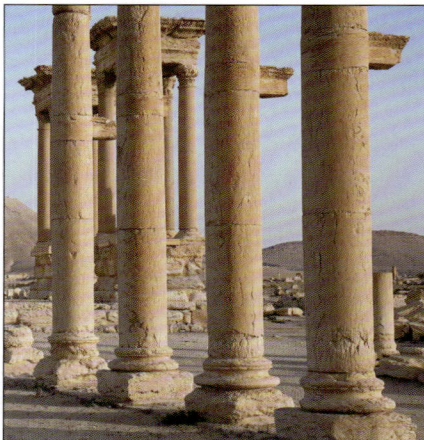

▲叙利亚被毁灭的城市巴尔米拉，其废墟蔚为壮观。这座城市在公元3世纪的时候达到巅峰。巴尔米拉女王芝诺比阿（Zenobia）于公元271年宣布独立，脱离罗马。罗马人最终俘虏了她，这座城市从此走向衰败。

纳图斯（Odnathus）击败了与罗马结盟的萨珊帝国。随后，他把安纳托利亚（Anatolia）、阿拉伯半岛和亚美尼亚并入巴尔米拉。

266年 奥迪纳图斯被刺杀，他的王后芝诺比阿继承了巴尔米拉的王位。

269年 芝诺比阿进攻并征服埃及，驱逐了罗马的总督。

270年 皇帝克劳狄二世死于瘟疫，罗马军队拥戴奥勒利安（Aurelian）继任。奥勒利安开始重建罗马城墙。

271—274年 奥勒利安积极作战，攻击入侵的日耳曼人并获胜。然后，他在叙利亚迎战芝诺比阿，夺取并毁灭了巴尔米拉。他还俘虏了芝诺比阿，将其带回罗马。他平息了东部的叛乱，使帝国恢复了统一。此后，他又去对付骚动的高卢人，很快击败了他们，并监督修建了新的堡垒。不幸的是，他被自己的军官们谋杀。

276—284年 普罗布斯（Probus）在高卢战役中击败了阿勒曼尼人（Alamanni）和法兰克人（Franks），还有勃艮第人（Burgundians）和汪达尔人。他还在亚洲和北非征战，击败了各式各样的游牧部族和土匪。不过，他在返回罗马的途中被禁卫队长卡鲁斯（Carus）谋杀。后来，卡鲁斯在与波斯交战时被闪电劈中身亡，他的儿子卡里努斯（Carinus）可能在撤退时被谋杀。卫队长狄奥克莱斯（Diocles）被军队拥戴为皇帝，名号为戴克里先。

285年 戴克里先称帝，开始与马克西米安（Maximian）共治。

286年 戴克里先改革，将帝国划分为东西两部分。

▼在罗马皇帝中，戴克里先（Diocletian）是少数几个能安然退位并计划自己退休生活的幸运儿之一。他在位于今日克罗地亚（Croatia）的斯普利特·（Split）修建了雄伟的宫殿和要塞，其中部分建筑屹立至今。

▼君士坦丁在罗马郊外的米尔维亚（Milvian）桥之战中获胜，之后当上了皇帝。他声称自己看见了预示胜利的神迹。

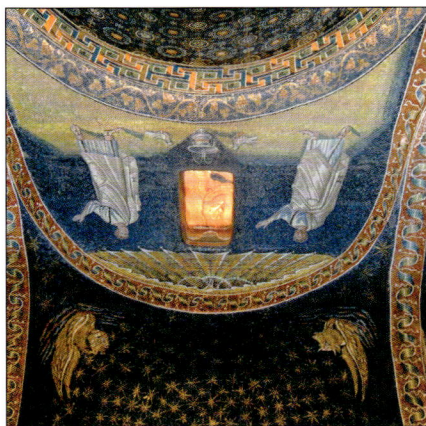

▲拉文纳成为西罗马帝国的首都，罗马降格为次要城市。这幅创作于 4 世纪到 5 世纪之间的镶嵌画描绘的是加拉·普拉奇迪亚（Galla Placidia），她是狄奥多西一世（Theodosius Ⅰ）的女儿，瓦伦提尼安（Valentinian）的母亲。

293年 建立了"四帝共治"的制度，君士坦提乌斯一世（Constantius Ⅰ）和加莱里乌斯（Galerius）被授予"恺撒"（副皇帝）的头衔。

297—298年 罗马和萨珊波斯又爆发了战争，罗马在东方再次扩展了领土。

305年 戴克里先和马克西米安退位，不再统治帝国。

306年 君士坦丁一世在他的父亲君士坦提乌斯死后担任皇帝。此后，内战爆发，马克森提乌斯（Maxentius）宣称自己是唯一的皇帝。

312年 君士坦丁在米尔维亚桥（Milvian Bridge）之战中击败了马克森提乌斯。

313年 君士坦丁颁布"米兰敕令"（Edict of Milan），实行宗教宽容政策。

324年 君士坦丁建造了君士坦丁堡，这座城市成为东罗马帝国的首都。此时，君士坦丁成为罗马帝国唯一的统治者。

337年 君士坦丁去世，将帝国分给了自己的儿子们：君士坦丁二世（Constantine Ⅱ）、君士坦提乌斯和君士坦斯（Constans），他们短暂地进行共治。

364年 瓦林斯（Valens）和瓦伦提尼安一世（Valentinian I）分别出任东部和西部的皇帝。

375年 瓦伦提尼安一世中风而死。

378年 瓦林斯在阿德里安堡被哥特人击败，他本人阵亡。

379年 狄奥多西一世成为罗马的唯一皇帝，也是最后一位统治东西罗马的皇帝。

394年 狄奥多西一世在意大利东部边界的弗里吉都斯（Frigidus）河击败了两个争夺皇位的人——尤金尼厄斯（Eugenius）和阿博加斯特（Arbogast）。

395年 狄奥多西一世去世，帝国分给了他的两个儿子，阿卡狄乌斯（Arcadius）和霍诺留乌斯（Honourius）。

404年 西罗马的首都迁移到了拉文纳城。

406年 高卢行省的首府特里尔（Trier）被渡过莱茵河的日耳曼人洗劫。

410年 罗马命令驻扎在不列颠的最后一支部队返回本土。阿拉里克（Alaric）带领哥特劫掠者攻入意大利，夺取并洗劫了罗马。

421年 君士坦丁三世（Constantine Ⅲ）成为西罗马的统治者。

425年 瓦伦提尼安三世当上西罗马皇帝。

▲这幅画描绘了匈人入侵罗马领土的一个事件：手无寸铁的教皇利奥一世前去面见阿提拉，并劝说他离开意大利。

434年 阿提拉成为"匈人之王"。

439年 汪达尔人前往北非，夺取并洗劫了迦太基。

446年 罗马化的凯尔特人来到罗马，请求罗马人帮助他们对付蛮族。不过罗马人无法派出援助，凯尔特人只能依靠自己。

451年 罗马将军埃提乌斯在沙隆（Chalons）击败了阿提拉。

452年 阿提拉入侵意大利，不过他的入侵被教皇利奥一世（Leo I）阻挡。

476年 西罗马帝国陷落。最后一位皇帝罗慕路斯·奥古斯都被奥多亚克废黜。

▼罗马将军埃提乌斯在公元 451 年的沙隆大战中击败了阿提拉，这幅画表现的是法兰克国王"长发"克洛维（Clovis）被迫渡河撤退。

东罗马帝国

▲ 这是君士坦丁堡（今日土耳其的伊斯坦布尔）的现代照片，展现的是金角湾（GoldenHorn），它是博斯普鲁斯（Bosphorus）海峡的入口，也是世界上最大的港口，增强了这座城市的防御能力。

无论是拜占庭（Byzantium）还是拜占庭帝国，都是现代历史学家称呼这个千年帝国的常用术语，以此区别西罗马帝国。实际上，帝国的统治者、军人和公民并没有使用这些术语来定义自己。他们是罗马文明和帝国的直接继承者，认为自己是罗马人，也认为自己的帝国是东部的罗马帝国。在研究中应使用"东罗马人"一词，因为他们就是这样称呼自己的。他们甚至有时称呼帝国为"罗马利亚"（Romania）。"拜占庭"一词直到16世纪才开始普遍使用，而且仅仅是在西方使用，这是历史上因误解东罗马帝国而产生的术语。

东方的首都

东罗马帝国的起源可以追溯到公元4世纪君士坦丁大帝新建的君士坦丁堡。君士坦丁选定的地点是黑海附近的战略要地，黑海在此地汇入地中海。这里有个名叫拜占提亚（Byzantia）的村庄（很可能是"拜占庭"的词源），但君士坦丁选择用自己的名字命名新城市。

最初，帝国的东方部分也由罗马管理。不过，君士坦丁堡越来越重要，成为帝国东半部分的政治中心。随着君士坦丁堡的发展，两个明显不同的帝国共同拥有"罗马"这个头衔。

东罗马人认真研究战争，他们面临的军事形势险象环生。在每一次战争中，帝国都面临着危险。君士坦丁堡在历史上经常被围困，罗马人将坚定的军队部署在城墙之后——城防挫败了夺取城市的多数企图。但有两次例外，第一次是西欧军队东征之时，西欧人在1204年转而进攻他们的盟友，袭击并夺取了这座城市，建立了一个持续60年的拉丁王国。此后，东罗马人赶走了侵略者，在故土上重建了帝国。君士坦丁堡的第二次陷落是1453年，也是最后一次，在漫长岁月里保卫这座城市的古老城墙最终被奥斯曼的巨炮轰开。

东罗马的王朝统治

东罗马和西罗马一样，并非一个皇室家族连续统治，而是经历了多次改朝换代。从公元4世纪末至1453年，东罗马皇帝至少属于15个不同的家族。在公元476年西罗马陷落之前有三个王朝，分别是君士坦丁王朝（306—363年）、瓦伦提尼安王朝（364—379年）和狄奥多西王朝（379—457年）。西罗马陷落之时是列昂尼德王朝（457—518年）。从那以后，有11个不同的家族建立了王朝。在此期间，还有五个非常时期（363—364年、602—610年、711—717年、813—820年和1056—1057年）。拉丁王国（1204—1261年）由西欧人建立，他们在第四次东征时夺取了君士坦丁堡。

查士丁尼皇帝

在东罗马皇帝中，有几位非常优秀，例如帝国初期的查士丁尼一世（527—565年）。他在历史上没有获得"大帝"头衔，不过肯定是配得上的。在他公正而开明的统治下，东罗马拟定并颁布了一部卓越的法律。他的两个著名将领，贝利撒留（Belisarius）和纳尔西斯（Narses）收复了大片西罗马的领土。

贝利撒留出生于色雷斯的农民家庭，而纳尔西斯只是东罗马皇宫的高阶侍从。他们在成为将军之前都没有军事经验，无法证明自己的军事才能优于敌人。虽然贝利撒留长期被西方军事历史学家忽略，没有得到深入研究，但他确实是历史上最优秀的将军之一。

值得注意的是，从527年查士丁尼在君士坦丁堡即位，到1071年东罗马军队在曼齐克特（Manzikert）末日般的惨败，东罗马的将军们几乎将形形色色的敌人尽数击败。此外，这个时期的战争连续不断，东罗马人有时要对抗多个敌人。虽然西方史学家基本忽视了东罗马帝国，但它非常值得研究。东罗马军队的编制和部署非常现代化，他们的海军实际上统治了地中海。这支军队虽然数量有限，但在兵力处于劣势的情况下，依然能取得胜利。

▲君士坦丁一世的巨像，被认为是在这位皇帝生前雕刻的。雕像展示了皇帝的鹰钩鼻、高颧骨和突出的下巴，这些都被认为是他的面部特征。

▲君士坦丁堡的古罗马储水宫，由君士坦丁一世建造，是城市里珍贵的水源，特别是在多次的围困中保证了居民的用水需求。

东罗马王朝

西罗马帝国灭亡后的东罗马王朝为：
查士丁尼王朝（518—602）
希拉克略（Heraclian）王朝（610—711）
伊苏里亚（Isaurian）王朝（717—802）
尼基弗鲁斯（Nikephoros）王朝（802—813）
阿摩里姆（Amorian）王朝（820—867）
马其顿王朝（867—1056）
科穆宁（Comnenian）王朝（1057—1059）
杜卡斯（Doukid）王朝（1059—1081）
科穆宁王朝（1081—1185）
安格鲁斯（Angelid）王朝（1185—1204）
帕拉约洛古斯（Paleologus）王朝（1261—1453）

▶君士坦丁堡壮观的狄奥多西城墙，部分墙体已经复原至曾经的规模。它确实是古代世界最美的防御工事之一，还以其坚固而闻名于世。

皇帝莫里斯和希拉克略

莫里斯（Maurice，582—602年）以他的军事著作《战略》（strategikon）而闻名，是目光远大的明君，也是出色的军人。希拉克略（610—641年）也是军人皇帝，他在帝国的东方取得过军事胜利。在他的统治下，帝国致力于招揽各行省的人才，扩大并巩固统治基础。这为东罗马军队带来了优秀的小亚细亚（Asia Minor）军人，他们长期保卫帝国，直到在曼齐克特被粗心的皇帝、冷漠的官僚和无能的指挥官所毁灭。

▼巴西尔二世（Basil II，963—1025年）是东罗马皇帝中最后一位伟大的帝王，这幅图是他穿着全套盔甲或阅兵盔甲的画像。他行事高效，冷酷无情，是个出色的统帅。在他的指挥下，东罗马军队的战斗力达到了巅峰。

▲在这幅镶嵌画中，头顶带有光环的人物是查士丁尼一世，他是东罗马最伟大的皇帝之一。他身穿宫廷礼服，才华横溢的将军贝利撒留站在皇帝右侧。

▲阿历克塞一世·科穆宁（Alexis I Conmenus）在混乱中恢复了东罗马的秩序，他结束了1071年曼齐克特之败后的10年内战，还收复了其前任丢掉的大部分领土。

"保加利亚屠夫"巴西尔

　　另外一位令人敬畏的东罗马皇帝是巴西尔二世（963—1025年），他致力于东罗马的军事复兴，巩固了边疆，收复了失地，终结了北方保加利亚人的威胁。巴西尔残酷地对待保加利亚战俘，因此被称为"保加利亚屠夫"（Bulgar-Slayer）。他既是睿智的君主，也是冷酷无情的统帅。

科穆宁王朝

　　阿历克塞一世·科穆宁（1081—1118年）建立了最后一个立志复兴罗马的王朝。这位皇帝在位时，正值西欧国家进行第一次东征。他利用这个机会，从突厥人手中收复了失地。

　　君士坦丁十一世·帕拉约洛古斯（Constantine XI Paleologus）在位5年，是东罗马最后一位皇帝。他继承的帝国空有其名，因为敌国的入侵和征服使领土不断萎缩。不管是在城墙上，还是在奥斯曼大炮轰开城墙之后，他都亲自提剑上阵，最后战死在君士坦丁堡。巧合的是，他也叫君士坦丁，与这座城市的建立者同名。

　　至于其他皇帝，有些人才华横溢，有些人十分平庸，他们被评价为学者、恶棍、篡位者、屠夫或圣徒。他们在西罗马灭亡之后努力捍卫帝国，使其免受分崩离析的命运，为西欧国家的建立赢得了时间。

东罗马的遗产

　　东罗马帝国最持久的影响，也许不是精妙的战略，而是成功地抵挡东方阿拉伯与突厥敌人，使其无法侵入中欧和西欧，直至这些地区有能力防御他们。东罗马的皇帝们如同防洪大堤一般，挡住了咄咄逼人的阿拉伯人的扩张。当奥斯曼土耳其最终夺取君士坦丁堡，在火焰和瓦砾中终结罗马帝国之时，西方国家已经做好了抗击强敌的准备。

▲ 1453年5月29日，奥斯曼土耳其的苏丹穆罕默德二世（Mehmet II）率军攻入君士坦丁堡。他命令将君士坦丁十一世带到他面前，不过这位东罗马末代皇帝的尸体不知所踪，也许被埋在了乱葬岗里。

▼ 米哈伊尔三世（Michael III）被称为"酒鬼"，是阿摩里姆或弗里吉亚（Phrygian）王朝最后一位统治东罗马帝国的皇帝。这幅画中，他和马其顿的巴西尔站在一起。巴西尔刺杀了米哈伊尔三世，自己登基为帝，开创了马其顿王朝。

东罗马军队

东罗马军队虽然继承了西罗马帝国旧军队的纪律、编制和训练标准，但在阿德里安堡之战后也有新的发展。最终，东罗马军队的组织性和纪律性超过了众多敌人，这是他们在战场上取胜的诸多原因之一。这支军队依然拥有训练有素、纪律严明、装备精良的步兵，不过东罗马的骑兵，特别是在装备马镫之后，是最强悍的攻击力量。

军区

在东罗马帝国的巅峰时代，军队是用军区组织起来的，特别是在帝国最佳的兵源地小亚细亚。这些军区既是管理机构，也是防止外敌入侵的军事管辖区。"军区的本质是军事行省，比如公元950年的小亚细亚有17个军区，主要是在安纳托利亚、亚美尼亚和卡帕多西亚。此外，

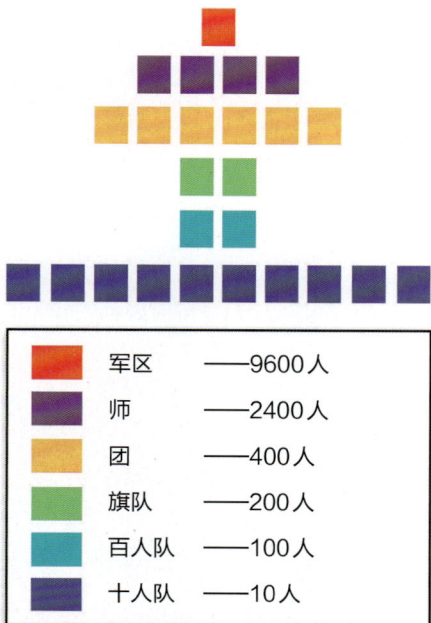

▲贝利撒留在意大利与哥特人作战（535—540年）。贝利撒留一直很忠诚，不过查士丁尼对任何在军队中拥有较高声望的将军都心怀猜忌。

伊苏里亚和色雷斯也设有军区。"

军区的兵力并不是都一样，而是根据帝国或者行省的需要进行调整。偏远或者边疆的军区是最强大的，一般有8000至12000人，两倍于内地军区的兵力。

骑兵

东罗马人认识到，骑兵是决定性的兵种，必须使自己的军队适应敌军。他们发展了骑兵部队，其主力是配备重型护甲和武器的重骑兵以及致命的弓骑兵，东罗马卓有成效地使用着这支部队。

东罗马骑兵的基本单位是旗队，其兵力从50到400名士兵不等。三个旗队组成一个骑兵队，每个骑兵队至少有150名骑兵；三个骑兵队编为一个骑兵中队，至少有450个骑兵（取决于旗队的实际兵力）；三个骑兵中队组成一个骑兵团，至少拥有1350名骑兵；三个或者更多的骑兵团组成一个军。在逻辑上，东罗马骑兵的基本组建单位是三个旗队，师和军在战术上非常灵活。据推测，一位东罗马骑兵指挥官麾下有5000名骑兵。所有东罗马将军都祈求上帝保佑他们在战斗中获得胜利。

各个部队以他们的旗帜来分辨，这和现代的队旗类似。不过，东罗马旗帜上至少有三条彩色飘带，和现代那种仅有两条飘带的队旗不同。旗帜的核心是部队的纹章，这些纹章并非全由几何图形组成，它们的设计和颜色都会代表特定部队。这些部队的士兵，也可以根据头盔顶部的马鬃盔缨进行识别，它一般与军旗的颜色相同。

海军

东罗马充分意识到海军潜在的威力，他们的海军在整个10世纪和11世纪称霸地中海。他们设计优良的桨帆船和德雷蒙战舰（Dromon），配备训练有素的船员，并装备了危险而致命的希腊火。这种武器利用桨帆船内装备的管子，在船头前方左右45度角范围内将燃油喷向敌船，类似于火焰喷射器。希腊火是高速喷出的混合物，能在水上燃烧。有些史料表明，它甚至可以随着海水涌向目标。

▼这是东罗马军区（thema）建制的示意图。每个百人队（kentarchiai）有10个十人队（kentoubernia），每个旗队（bandon）有两个百人队，每个团（droungai）有两个旗队，每个师（tourma）有6个团，每个军区有4个师，军区组成了帝国的禁卫军。这是非常灵活的部队，使东罗马在编制上优于敌人。

军区	——9600人
师	——2400人
团	——400人
旗队	——200人
百人队	——100人
十人队	——10人

▲东罗马海军在大部分时间里所向无敌。公元 678 年，他们用令敌人闻风丧胆的希腊火战胜了阿拉伯舰队。

海军给了东罗马战地指挥官极大的战略机动性，使他们能迅速集结军队，以此重新征服意大利、西班牙和北非的故土，或者在任何需要军队的地方维护东罗马的国威。

战略和战术

东罗马将军们不仅研究战事，也研究自己的敌人们，"知己知彼"是他们的常识。他们研究的战略与战术，既包括东罗马的，也包括在战场上遇到的敌人的。东罗马在冬天袭击来自大草原的亚洲骑兵，原因是这些敌人的马在艰难的冬季变得体质虚弱，在与东罗马骑兵部队作战时处于劣势。至于对付湿地和沼泽上的部族，可以等到这些地形障碍在冬季结冰之后，此时作战要容易得多。对于来自炎热沙漠地区的敌人，在恶劣的天气下进攻即可获胜，这些沙漠居民并不习惯这种天气。

东罗马军队是训练有素的职业军队，有时会冷酷无情地攻击撤退中的敌人，以及已经与君士坦丁堡签订合约的敌人。东罗马的许多优秀将军后来成为皇帝，凭借战功走向权力巅峰，这种状况直到拿破仑时代才得以重现。当东罗马军队没有优势的时候，他们要么贿赂敌人，让他们离开其领土，要么签订合约，直至形势变得有利。东罗马的海军与陆军会在战场上合作，如果陆军被击败或者要撤退，海军可能会突袭敌方海岸，以此迫使敌人撤军。东罗马的战略并不强求要完全击败敌人，而是要尽可能地保卫帝国。他们的战略并不总是防御性的，也会积极发动征服战争。无论是否为东罗马人的主观意愿，他们发挥了防波堤的作用，阻止了阿拉伯人征服欧洲，改变了历史的进程。

▼东罗马重骑兵在追击他们的阿拉伯敌人，这幅画出自成书于 11 世纪的《编年史》(Chronicle)，作者是希腊史学家斯基利齐斯 (Scylitzes)。

东罗马帝国的战役

几个世纪以来，东罗马面对众多敌人，例如保加利亚人、阿瓦尔人、斯拉夫人、罗斯人、马札尔人（Magyars）、诺曼人和伦巴底人。不过，他们的威胁比起公元6世纪和7世纪的阿拉伯人来说，都无足轻重。东罗马人以自己的战争艺术和专业精神去对付这个新的威胁，但帝国的国力在阿拉伯人的征服战争中不断萎缩。幸运的是，阿拉伯帝国分裂了。如此一来，他们的入侵暂时中止，给了东罗马喘息时间。

更致命的敌人是奥斯曼土耳其人，他们立志征服欧洲，觊觎着君士坦丁堡这座城市。最终，他们于1453年夺取了君士坦丁堡，摧毁了这个延续了2000多年的帝国。东罗马最后一位皇帝君士坦丁十一世战死在城墙上，当时他手持剑盾，战斗到最后一息。也许他对这个日落西山的帝国没有多少贡献，但他已经证明自己和"保加利亚屠夫"巴西尔、希拉克略一样值得尊敬，甚至可以和贝利撒留比肩。

▼这是一幅中世纪绘画，描绘的是1453年奥斯曼人围攻君士坦丁堡的场景。这座城市的景色独具一格，但无法从画中估计城市的防御力量。

▲公元896年的保加罗菲格（Bulgarophygon）之战，这次战役对保加利亚人来说是彻底的胜利，而东罗马军队几乎全军覆灭。

波斯战争（502—628年）

西罗马灭亡之前，罗马面对的波斯帝国实际上是一系列不同的民族和王朝，例如斯基泰人（Scythians）、帕提亚人和萨珊人。他们是统治波斯并支配其同盟或附庸的民族，其军队一般由弓骑兵和铁甲重骑兵（cataphract）组成，西罗马人从未征服过他们。

在波斯战争中，罗马建立了一支新式军队，以此适应与东方骑兵作战。6世纪引入马镫之后，东罗马骑兵的作战能力更加娴熟。这两个帝国正值巅峰时代，几乎无休止地在东方争夺霸权。不过，波斯人在与东罗马连续不断的战争中被削弱。当阿拉伯人兴起后，他们最终在阿拉伯军队的进攻中彻底屈服。

罗马与波斯的一系列战争使两个帝国都精疲力竭。双方军队在陆地上难分伯仲，领土几经易手。尽管双方签了许多停火条约，但仍旧不断为领土发生冲突，因此两败俱伤，其中波斯帝国的损伤更为严重。随着阿拉伯人出乎意料地猛攻，波斯帝国每况愈下，最终被阿拉伯帝国击败。

与此同时，东罗马人挺住了，他们先后迎战阿拉伯人和突厥人，在战场上互有胜负。

与阿拉伯人的战争（780—1180年）

阿拉伯人建立了强大的国家，横扫中东、北非，并穿过海格力斯之柱（Pillars of Hercules，直布罗陀）进入西班牙。公元732年，他们在法国的图尔（Tours）被查理·马特（Charles Martel）击败，征服西欧的进程到此为止。

东罗马在阿拉伯人的第一轮进攻中丢城失地，但很快集中兵力抵挡住了征服者。当阿拉伯人的进攻不再犀利，东

▲ 在第四次东征中，西欧军队夺取并洗劫了君士坦丁堡。这次背信弃义，是战争史上最恶劣的例子之一。

罗马将迎来新的敌人，也就是更为致命的突厥人。

对保加利亚人的胜利（971—1018年）

保加利亚王国是东罗马帝国北方的好战邻国，这个咄咄逼人的斯拉夫邻居不断与东罗马发生冲突。最终，巴西尔皇帝取得了伟大的胜利，终结了保加利亚人的威胁。

西欧军队的入侵（1198—1204年）

西欧军队原本的目标应该是突厥人或萨拉森人（Saracens），不过这次东征却以夺取君士坦丁堡而告终。远征军在威尼斯人的支援下进攻得手后，东罗马起了翻天覆地的变化。西欧人建立了一个短命的"拉丁帝国"（Latin Empire），它持续了60年。此后，东罗马人重建了昔日强大的帝国。

君士坦丁堡陷落（1453年）

奥斯曼土耳其人是新崛起的族群，

他们的先辈在1071年的曼齐克特之战中重创东罗马人，实际上彻底摧毁了东罗马的旧军队。

奥斯曼人不断进攻东罗马帝国，四次围攻君士坦丁堡。他们的前三次进攻都未能突破城墙和防线。最终，穆罕默德二世率领的奥斯曼大军在1453年的攻势中取得了压倒性的最后胜利。他们找到了轰开君士坦丁堡城墙的武器：火药大炮。经过艰苦的战斗，他们攻陷了君士坦丁堡。直到1571年，他们的扩张步

伐才在勒班陀海战中被欧洲军队挡住。1683年，欧洲联军挫败了他们最后一次进攻维也纳的企图。

▼ 1453年，穆罕默德二世围攻君士坦丁堡获胜，他的指挥巧妙而果断。奥斯曼人使用的火炮是攻陷这座城市的关键。

东罗马帝国大事记

公元 324 年—公元 1453 年

324年 君士坦丁一世（大帝）建立君士坦丁堡。

325年 修筑了新的防御墙。

378年 瓦林斯的东罗马军队在阿德里安堡之战与哥特人交战。

423年 君士坦丁堡修建了更高大坚固的狄奥多西城墙。

474年 芝诺（Zeno）皇帝承认了汪达尔人在北非统治的合法性。

488年 芝诺命令哥特国王狄奥多里克（Theodoric）对意大利发动再征服战争。

502年 与波斯人交战。

506年 与波斯人签订7年的合约。

507年 东罗马海军袭击意大利，他们在海上几乎没有受到挑战。

525年 东罗马与波斯再次发生战争，后者入侵西班牙，占领这个半岛的大片地区。

527年 查士丁尼一世当上东罗马皇帝。

533年 查士丁尼最优秀的将军贝利撒留击败汪达尔人，再次征服北非。东罗马和波斯签订了"永久和平"条约。

535年 查士丁尼命令贝利撒留和蒙杜斯（Mundus）指挥军队进攻意大利。他们夺取了西西里，还占领了伊利里库姆（Illyricum）。

▼这幅镶嵌画上的君士坦丁的容貌并不准确，没有证据表明他留胡子。

536年 贝利撒留在北非击败了叛军。他率领军队登陆意大利，夺取了那不勒斯（Naples）。

537—538年 东罗马军队围困罗马，与敌人交战。

540年 哥特人试图收买贝利撒留，开出的条件是拥立他为哥特与意大利的国王。贝利撒留拒绝并击败哥特人，离开了意大利。

542年 东罗马人在穆杰洛（Mugello）之战中被击败。贝利撒留与波斯人交战。

544年 贝利撒留回到意大利，继续对付哥特人。

549年 东罗马再次与哥特人交战。

551—555年 纳尔西斯被派往意大利，指挥当地的东罗马军队。他在塔吉纳（Taginae）战役中击败了哥特人。东罗马再次进攻西班牙。意大利的哥特人投降，东罗马夺取了西班牙的卡塔赫纳。

561年 东罗马和波斯签订和平条约。东罗马完成了对意大利的征服。

565年 贝利撒留去世，查士丁尼一世在8个月后死去。

602年 莫里斯撰写了《战略》，这是东罗马帝国的军事论著之一。东罗马的小亚细亚地区遭到萨珊人的进攻。

610年 希拉克略一世推翻阴谋篡位的福卡斯（Phocas），当上了皇帝。

614年 萨珊人夺取了耶路撒冷。

619年 萨珊侵略埃及，并征服了这个地区。

▲经过现代修复的君士坦丁堡城墙。这样的堡垒对于任何试图攻占它的军队来说，都是巨大的障碍。

621年 复兴的西哥特人征服了西班牙。

624—629年 波斯人和阿瓦尔人围攻君士坦丁堡，被东罗马人击退。

626年 萨珊人围攻君士坦丁堡。

627年 希拉克略实施战略进攻，在尼尼微（Nineveh）战役中击败了萨珊国王霍斯洛二世（Khusrau II）。

628年 东罗马从萨珊手中夺回叙利亚。

▼贝利撒留和查士丁尼的关系并不是真诚友好的，特别是在厌恶贝利撒留的狄奥多拉的影响下。

633—650年 东罗马控制的叙利亚和埃及落入阿拉伯人手中。

636年 在宗教狂热的激励下，阿拉伯军队征服了叙利亚和巴基斯坦。

639年 阿拉伯人进攻东罗马帝国的南部军区。

668—677年 阿拉伯人开始围攻君士坦丁堡。这次围攻并不成功。

680年 君士坦丁四世（Constantine Ⅳ）对保加利亚人的战争以失败告终，迫使帝国承认保加利亚王国在默西亚（Moesia）建立。

688—689年 查士丁尼二世（Justinian Ⅱ）指挥了巴尔干战役，巩固了色雷斯和马其顿的海岸线。

697年 迦太基落入阿拉伯人手中。

714年 阿拉伯联军围攻君士坦丁堡，再次失败。

718年 阿拉伯人围攻君士坦丁堡，但利奥三世（Leo Ⅲ）守住了城市。

714—752年 君士坦丁五世（Constantine Ⅴ）利用阿拉伯人的分裂和内战收复了塞浦路斯和亚美尼亚。

808—817年 保加利亚人夺取索菲亚（Sofia），保加利亚战争开始。他们在普利斯卡（Pliska）和维西尼基亚（Versinikia）战败后，对色雷斯东部发动进攻。亚美尼亚人利奥五世（Leo Ⅴ，813年即位为东罗马皇帝）在墨森布瑞亚（Mesembria）击败了保加利亚人，保证了30年的和平。

▼ 这幅绘画精确描绘了13世纪的东罗马士兵。配有护颈的头盔（脖子后面的甲片护帘）非常符合史实。

813年 利奥五世在君士坦丁堡增加了一道外墙。保加利亚国王克鲁姆（Krum）围攻这座城市，以失败告终。

860年 罗斯人围攻君士坦丁堡失败。

867年 巴西尔一世（Basil Ⅰ）担任皇帝，建立了马其顿王朝。

879年 巴西尔一世从阿拉伯人手中收复卡帕多西亚。

894—896年 东罗马因为贸易权再次与保加利亚人爆发战争。沙皇希梅翁（Simeon）指挥保加利亚军队，在保加罗菲格之战中获得压倒性胜利。东罗马同意纳贡，并恢复保加利亚货物在君士坦丁堡的贸易权。

895年 利奥六世（Leo Ⅵ）皇帝撰写了他那本著名的《战术》（Tactica），这是东罗马的又一本军事名著。

963—969年 尼克尔佛罗·福卡斯（Nikeforos Phocas）和巴西尔二世共同执政时期，东罗马人编撰了《军事论文集》（The Composition on Warfare）。

968年 尼斯福鲁斯二世（Nicephorus Ⅱ）收复叙利亚，削弱了阿拉伯人的威胁。

976—1025年 巴西尔二世于1014年在克莱迪奥（Kleidion）之战中击败了保加利亚国王的军队，因此得到"保加利亚屠夫"的绰号。

1018年 巴西尔二世征服保加利亚王国，东罗马帝国的国力在这位皇帝治下达到巅峰。

1071年 曼齐克特之战毁灭了东罗马的旧式军队。

1081—1118年 阿历克塞一世执政时代。

1122—1126年 东罗马与威尼斯发生战争。

1143—1180年 东罗马远征塞尔柱突厥。

▲ 狄奥斐卢斯（Theophilus）皇帝命令君士坦丁堡市长执行对米哈伊尔三世的惩罚。统治集团中的许多废帝的命运是被毒死、刺瞎、阉割和流放。

战争以双方在君士坦丁堡签订条约而结束，其条款对东罗马有利。东罗马与威尼斯的战争结束，没有获得决定性的胜利。

1204年 第四次东征的西欧军队夺取了君士坦丁堡，建立了拉丁王国。

1261年 拉丁王国灭亡，东罗马帝国复国。

1263年 亚该亚人在普里尼察（Prinitza）战役中击败东罗马人，不过东罗马军队赢得了保加利亚黑海诸港，也就是墨森布瑞亚、安奇卢斯（Anchialus）、索佐波尔（Sozopol）和德韦尔图斯（Develtus）的战斗胜利。

1281—1285年 东罗马与威尼斯发生战争。

1329年 东罗马在佩勒卡伦（Pelekanon）和菲洛克雷内（Philokrene）战败，因此其所属的安纳托利亚落入奥斯曼土耳其之手。

1373—1385年 东罗马帝国内战。

1396年 "雷电"拜齐德（Bayzeid the Thunderbolt）围攻君士坦丁堡失败。

1402和1422年 奥斯曼人两次围攻君士坦丁堡失败。

1430年 奥斯曼人夺回了塞萨洛尼基（Thessalonika）。

1444年 瓦尔纳（Varna）之战。

1453年 穆罕默德二世指挥奥斯曼军队围攻君士坦丁堡，最终轰开了巨大的城墙，夺取了这座城市。

西罗马皇帝

▲奥古斯都是个坚定而公正的统治者，他为继任者树立了统治国家的榜样，不过大部分皇帝未能仿效他。

公元前31年—公元14年 奥古斯都成为第一个经元老院批准的皇帝，有传言说他是被毒死的。

14—37年 提比略，自然死亡。

37—41年 卡利古拉，被谋杀。

41—54年 克劳狄，被毒死。

54—68年 尼禄，自杀。

68—69年 加尔巴，被禁卫军杀死。

69年 奥索，自杀。

69年 维特里乌斯，被韦斯巴芗的军队所杀。

69—79年 韦斯巴芗被军队拥立为皇帝，他的统治英明而公正，自然死亡。

79—81年 韦斯巴芗的儿子提图斯继位。不幸的是，他仅执政两年就死于疟疾。

81—96年 图密善，被刺杀。

96—98年 涅尔瓦，"五贤帝"中的第一个皇帝，自然死亡。

▼哈德良是个认真负责的皇帝，他巡视了帝国各地。

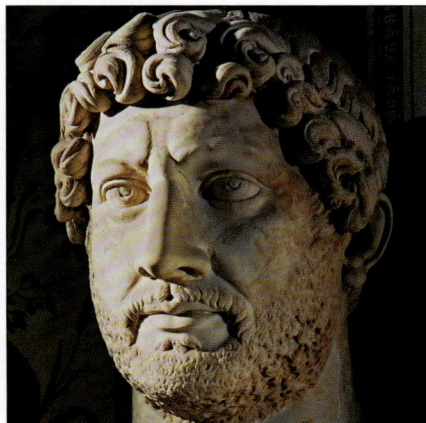

98—117年 达契亚的征服者瓦伦提尼安一世，中风而死。

117—138年 哈德良巡视帝国，修建了横跨不列颠北部的著名长城（哈德良长城），因病去世。

138—161年 安东尼·庇护在位期间是帝国最和平的时代，自然死亡。

161—180年 马克·奥勒留 * 在与日耳曼人的战争中获胜，自然死亡。

161—169年 卢修斯·韦鲁斯 *，马克·奥勒留的共治皇帝，死于疾病。

180—192年 康茂德 *，被勒死。

193年 狄第乌斯·尤里安，被元老院下令处决。

193年 培森尼乌斯·尼格尔（Pescennius Niger）被俘，之后被处决。

193—197年 克洛狄乌斯·阿尔比努斯（Clodius Albinus），自杀。

193—211年 塞普提米乌斯·塞维鲁在军队的支持下获得了权利，自然死亡。

211—217年 卡拉卡拉 *，遇刺。

211—212年 盖塔 *，被卡拉卡拉刺杀。

217—218年 马克里努斯（Macrinus）*，被刺杀。

217—218年 迪亚杜门尼安 *，被处决。

218—222年 埃拉加巴卢斯，被刺杀。

222—235年 亚历山大·塞维鲁，被军队刺杀。

235—238年 马克西米努斯·特拉克斯（Maximinus Thrax），被刺杀。

238年 戈尔狄安一世 *，自杀。

238年 戈尔狄安二世 *，阵亡。

238年 巴尔比努斯（Balbinus）*，被禁卫军刺杀

238年 普皮恩努斯（Pupienus）*，与巴尔比努斯共治仅3个月，被禁卫军刺杀。

238—244年 戈尔狄安三世 *，据推测，他是被刺杀的。

244—249年 腓力一世（Philip Ⅰ，也被称为"阿拉伯人"）*，阵亡。

247—249年 腓力二世（Philip Ⅱ）*。

249—251年 图拉真·德西厄斯 *，阵亡

251—253年 特雷博尼努斯 *，被他自己的部队所杀。

251年 霍斯蒂利安（Hostilian）*，死于瘟疫。

251—253年 沃卢思安，被刺杀。

▲马克·奥勒留的骑马雕像，展现了这位"哲学家皇帝"的帝王气质。

253年 埃米利安（Aemilian），被刺杀。

253—260年 瓦莱里安 *，被俘后死去。

253—268年 加里努斯（Gallienus）*，被刺杀。

259—268年 波斯图穆斯（Postumus）*，被军队刺杀。

268年 莱利亚努斯（Laelianus）**，被波斯图穆斯刺杀。

268—269年 马略 **，被士兵们刺杀。

269—270年 维克托利努斯（Victorinus）*，被他手下一个军官刺杀。

270—273年 泰特里库斯（Tetricus）**，自然死亡。

268—270年 克劳狄二世 **，病死。

270年 昆提卢斯（Quintillus），克劳狄二世的兄弟，被刺杀或者是自杀。

270—275年 奥勒利安 ***，在宫廷阴谋中被禁卫军杀死。

275—276年 塔西佗（Tacitus）***，被刺杀。

276年 弗洛里安努斯（Florianus）***，被他的士兵们刺杀。

276—282年 普罗布斯 ***，被刺杀。

282—283年 卡鲁斯 ***，被闪电劈中。

283—284年 努梅里安 * ***，被戴克里先击败，然后被杀死。

283—285年 卡里努斯 ***，在战场上阵亡。

284—305年 戴克里先，这位皇帝的经历罕见，他足够长寿，能计划和享受自己的退隐生活。

286—305/8年 马克西米安 **，退位。

293—305年 君士坦提乌斯·克劳努斯

▲ 狄奥多西一世与米兰主教安布罗斯（Ambrose）发生了冲突，这是塞萨洛尼基的一场浩劫，造成7000人死亡。

（Constantius Chlorus）**，君士坦丁王朝的建立者，自然死亡。

305—306年 君士坦提乌斯 **，自然死亡。

305—306年 塞维鲁 *，自杀。

306—307年 塞维鲁二世（Severus Ⅱ）*，被赐死或者自杀。

293—305年 加莱里乌斯 **，他颁布命令允许基督徒存在，在与日耳曼人和萨珊人的战争中取得胜利，自然死亡。

305—310年 加莱里乌斯 ***，自然死亡。

310—313年 马克西米努斯·达亚 ***，自杀。

309—313年 马克西米努斯二世 ***。

307—312年 马克森提乌斯 ***，在米尔维亚桥战死。

307—337年 君士坦丁一世（大帝）** 修建君士坦丁堡为新首都，自然死亡。

306—312年 马克森提乌斯 **，阵亡。

309—313年 马克西米努斯二世 **。

308—324年 李锡尼一世（Licinius Ⅰ）***，被君士坦丁一世下令处决。

316—317年 瓦勒留斯·瓦林斯（Valerius Valens），被处决。

337—340年 君士坦丁二世 **，阵亡。

337—350年 君士坦斯 **，被刺杀。

337—361年 君士坦提乌斯二世 **，在他兄弟死亡后继任帝位，阵亡。

350年 维特拉尼奥（Vetranio）在君士坦斯和马真提乌斯（Magentius）争斗期间短暂担任皇帝，他后来让位给君士坦提乌斯。

350—353年 马真提乌斯 **。

355—361年 背教者朱利安 **。

361—363年 朱利安二世（Julian Ⅱ）**，在战斗中负重伤。

363—364年 约维安（Jovian）**，在烟雾中窒息而死。

364—375年 瓦伦提尼安一世 ** 是军队推举的，自然死亡。

364—378年 瓦林斯 *** 死于阿德里安堡之战。

367—383年 格拉提安（Gratian）** 被暴动的军队杀死。

375—392年 瓦伦提尼安二世 **，被刺杀或是自杀。

379—395年 狄奥多西一世（大帝）***，最后一个统治罗马帝国东西两部分的皇帝，此时东西罗马仍是统一的整体，自然死亡。

383—388年 马格努斯·马克西姆斯（Magnus Maximus）**。

393—394年 尤金尼厄斯 **。

383—408年 狄奥多西的长子阿卡狄乌斯 ***，他是个弱势的统治者，朝政实际由他的配偶和权臣把持。

395—423年 狄奥多西的幼子霍诺里乌斯 **，和他的兄弟一样，是懦弱的皇帝，他在这个多灾多难的年代里非常依赖将军法维乌斯·斯蒂利乔（Falvius Stilicho），死于水肿。

408—450年 阿卡狄乌斯的儿子狄奥多西二世 ***，也被称作小狄奥多西，他得到其姐姐普尔喀丽娅（Pulcheria）的支持和影响，修建了君士坦丁堡的城墙，死于骑马事故。

409—411年 马克西姆斯 **。

421年 君士坦提乌斯三世（Constantius Ⅲ）**，他是个杰出的将军和政治家，仅仅统治了7个月，自然死亡。

421—455年 霍诺里乌斯死后，出现了权力的真空。约安内斯（Joannes）** 趁机篡夺了皇位，在被废黜之后，斩首。

425—455年 瓦伦提尼安三世 **，被刺杀。

455年 彼得罗纽斯·马克西姆斯（Petronius Maximus）**，在刺杀瓦伦提尼安三世和法维乌斯·埃提乌斯（Flavius Aetius）起着重大作用。在汪达尔人洗劫罗马时被杀死。

450—457年 马尔奇安（Marcian）是公认的好皇帝，他停止了向阿提拉的进贡，因病死亡，可能是坏疽。

455—457年 阿维图斯（Avitus）**，被废黜和刺杀。

457—461年 马约里安（Majorian）**，死因是个谜。

461—465年 利比乌斯·塞维鲁三世（Libius Severus Ⅲ）**，被刺杀。

▲ 帝国的金币上通常铸有当朝帝王的头像，图中的君士坦丁二世穿着甲胄。

467—472年 安特米乌斯（Anthemius）**，被处决。

472年 奥利布里乌斯（Olybrius）**，统治7个月，他是里西梅尔（Ricimer）将军的傀儡，自然死亡。

473—474年 格里克鲁斯（Glycerius）** 被废黜，成为教堂的主教。

474—475年 尤利乌斯·尼波斯（Julius Nepos）** 被刺杀。

475—476年 罗慕路斯·奥古斯都 **，被奥多亚克废黜后退位。

> * 共治皇帝
> ** 公元259年之后的西罗马皇帝
> *** 公元259年之后的东罗马皇帝

▼ 图中的祈愿盘是为庆祝狄奥多西一世执政十周年而制造。这些士兵都是日耳曼面孔，与4世纪的罗马军队相符合，那时普遍装备的武器是圆盾和长矛。

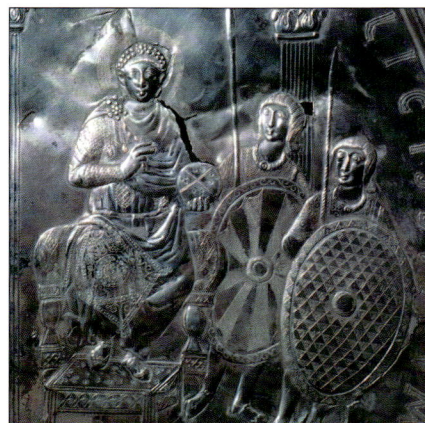

东罗马皇帝

395—408年 狄奥多西的长子阿卡狄乌斯，自然死亡。

408—450年 君士坦丁堡城墙的建造者狄奥多西二世，死于骑马事故。

450—457年 马尔奇安，自然死亡。

457—474年 利奥一世＊，死于疟疾。

473—474年 利奥二世＊，被刺杀。

474—491年 芝诺＊，自然死亡，可能是因为疟疾或者癫痫。

475—476年 巴西利斯库斯（Basiliscus），被处决。

491—518年 阿纳斯塔修斯一世是个卓越的管理者。他娶了芝诺的遗孀阿里亚德妮（Ariadne），自然死亡。

518—527年 查士丁一世（Justin Ⅰ），查士丁尼王朝的建立者。他从军队中平步青云，70岁时成为皇帝，自然死亡。

527—565年 查士丁尼一世（大帝），《查士丁尼法典》的制定者，他预见到东罗马的再征服，自然死亡。

565—578年 查士丁二世（Justin Ⅱ），精神失常。

578—582年 提比略二世（Tiberius Ⅱ，君士坦丁），被毒死。

582—602年 莫里斯，被处决。

602—610年 福卡斯，被处决。

610—641年 希拉克略，萨珊帝国的征服者，自然死亡。

641—642年 希拉克略·君士坦丁和赫拉克利纳斯（Heracleonas），被毒死/流放中死去/废黜。

▼这是一枚查士丁尼一世时代的金币，时间大约是公元534年，发现于恺撒里亚（Caesarea）的卡帕多恰（Cappadocia）。金币上是骑马的查士丁尼，前方引导他的是胜利女神。

642—648年 君士坦斯二世，被刺杀。

668—685年 君士坦丁四世，死于疟疾。

685—695年 查士丁尼二世，在人民暴动中被废黜。

695—697年 利奥提乌斯（Leontius），被处决。

697—705年 提比略三世（Tiberius Ⅲ），被处决。

705—711年 查士丁尼二世＊＊，复位，不过其残暴的专制导致兵变，被杀。

711—713年 腓力比库斯·巴达尼斯（Philippicus Bardanes），被废黜。

713—715年 阿纳斯塔修斯二世·阿尼纽斯，被废黜，在试图夺回王位时被杀死。

715—717年 狄奥多西三世（Theodosius Ⅲ），退位，归隐修道院。

717—740年 利奥三世以国内改革而著名，并成功抵抗阿拉伯人的入侵，可能是自然死亡。

740—775年 君士坦丁五世，他是个才华横溢的军人，致力于与保加利亚人的战争，可能是自然死亡。

742—743年 阿尔塔瓦兹德（Artabasdos），被废黜，失明。

775—779年 利奥四世（Leo Ⅳ），常年与保加利亚人作战，不过他是否被谋杀还存在疑问。

779—797年 君士坦丁六世（Constantine Ⅵ），在被废黜后失明，死于自己的伤势。他的母亲伊琳尼（Irene）继位。

797—802年 雅典的伊琳尼，被废黜，在流放中自然死亡。

802—811年 尼斯福鲁斯一世（Nicephorus Ⅰ），战死。

▲这幅画出自斯基利齐斯的《编年史》，描绘的是巴西尔一世与欧多西亚·因格里娜（Eudocia Ingerina）结婚的情形。

811年 斯陶拉基奥斯（Stauracius），在战斗中负重伤，瘫痪，在修道院去世。

811—813年 米哈伊尔一世·凡迦夫（Michael I Rhangabe），被废黜，在修道院去世。

813—820年 利奥五世（Leo Ⅴ），被刺杀。

820—829年 米哈伊尔二世（Michael Ⅱ），他是个富有才能的管理者和政治家，被前任监禁，不过在利奥死后被释放，称帝。

829—842年 狄奥斐卢斯，受过良好教育，是个富有才能的军人和皇帝，他与阿拉伯人作战长达11年。

842—867年 米哈伊尔三世，被刺杀。狄奥多拉（Theodora）在842—855年执政。

867—886年 巴西尔一世（马其顿王朝），死于狩猎事故。

886—912年 利奥六世（智者），他完成了《巴西尔法律全书》（Basilika），也就是查士丁尼法典的希腊语翻译文本，还是《战术》的作者，可能是自然死亡。

912—958年 "紫色寝宫降生"的君士坦丁七世（Constantine Ⅶ），可能是自然死亡。

912—913年 亚历山大三世。

919—945年 罗曼努斯一世·利卡潘努斯（Romanus I Lecapenus），可能是自然死亡。

958—963年 罗曼努斯二世（Romanus Ⅱ），这是个受人爱戴的皇帝，可能是被自己配偶毒死的。

963—1025年 巴西尔二世，保加利亚人的征服者。在他的治理下，帝国达到了查士丁尼一世以来的国力巅峰。

963—969年 尼斯福鲁斯二世，他是个有才能的统治者和军人，被刺杀。

969—976年 约翰一世·齐米斯克斯（John I Tzimisces，共治皇帝），可能是自然死亡，不过约翰也可能是被毒死的。

1025—1028年 君士坦丁八世，可能是自然死亡，不过也有传言说他是被毒死的。

1028—1034年 罗曼努斯三世·阿伊罗斯（Romanus III Argyrus），无能之君，可能是被毒死的，或者是在洗澡的时候被他的皇后佐伊（Zoe）溺死。

1028—1050年 佐伊是君士坦丁八世的女儿，也是三个皇帝的皇后：罗曼努斯三世、米哈伊尔一世和米哈伊尔五世（Michael V）。1042至1050年期间，她与狄奥多拉担任共治皇帝。

1034—1042年 米哈伊尔四世（Michael IV），帕佛拉戈尼亚（Paphlagonian）人，是癫痫和水肿病的患者。他可能是自然死亡的。

1042年 米哈伊尔五世，仅仅统治4个月即被佐伊废黜，此后被刺瞎和阉割。

1042—1055年 君士坦丁九世·莫诺马霍斯（Constantine IX Monomachus），自然死亡。

1055—1057年 狄奥多拉是马其顿王朝的最后一位皇帝，死于内乱。

1056—1057年 “好战者”米哈伊尔六世（Michael VI Stratioticus），被废黜，送至修道院。

1057—1059年 伊萨克一世·科穆宁（Isaac I Comnenus），可能是自然死亡。

1059—1067年 君士坦丁十世·杜卡斯

▼经历了10年灾难性的内战后，科穆宁王朝恢复了帝国的秩序。阿历克塞的儿子约翰二世是个天才的统治者和政治家，1118—1143年在位，他继承了父亲的事业。

（Constantine X Ducas），可能是自然死亡。

1067—1078年 米哈伊尔七世·杜卡斯（Michael VII Ducas），可能是自然死亡。

1067—1071年 罗曼努斯四世·第欧根尼（Romanus IV Diogenes，共治皇帝），被废黜、刺瞎和流放。

1087—1081年 尼斯福鲁斯三世·博塔尼亚特斯（Nicephorus III Botaniates），被推翻。

1081—1118年 阿历克塞一世·科穆宁，在10年内战之后重建帝国，可能是自然死亡。

1118—1143年 约翰二世·科穆宁（John II Comnenus），在狩猎时，中毒箭而死。

1143—1180年 曼努埃尔一世·科穆宁（Manuel I Comnenus），死于疟疾。

1180—1183年 阿历克塞二世·科穆宁（Alexis II Comnenus），被废黜和谋杀。

1183—1185年 安德罗尼库斯·科穆宁（Andronicus Comnenus），被推翻和谋杀。

1185—1195年 伊萨克二世·安格鲁斯（Isaac II Angelus），被推翻和谋杀。

1195—1203年 阿历克塞三世·安格鲁斯（Alexis III Angelus），被俘后死去。

1203—1204年 伊萨克二世·安格鲁斯**，第四次东征的西欧军队扶植他复位，不过他很快去世了。

1203—1204年 阿历克塞四世，他是伊萨克二世的儿子，被阿历克塞·杜卡斯（Alexis Ducas）勒死。

1204年 阿历克塞五世·杜卡斯（Alexis V Ducas），失明、被俘，然后被处决。

1204—1205年 鲍德温一世***，法国远征军突袭君士坦丁堡之后建立了“拉丁帝国”，他是拉丁帝国的首任皇帝。

1205—1216年 亨利（Henry）***，可能是自然死亡。

1217—1219年 彼得（Peter）***，可能是自然死亡。

1219—1228年 罗伯特（Robert）***，可能是自然死亡。

1228—1261年 鲍德温三世（Baldwin III）***，可能是自然死亡。

1204—1222年 狄奥多一世·拉斯卡里斯（Theodore I Lascaris），他拥有统帅之才，将拉丁帝国的势力范围限制在君士坦丁堡周围。

1222—1254年 约翰三世·杜卡斯（John III Ducas），在癫痫发作时去世。

1254—1259年 狄奥多二世·拉斯卡里斯（Theodore II Lascaris），因癫痫而去世。

1259—1260年 约翰四世·杜卡斯（John IV Ducas），被废黜。

1260—1282年 米哈伊尔八世，在拉丁帝国覆灭后重建了东罗马帝国，史称帕拉约古斯王朝，这是最后一个统治君士坦丁堡的王朝。

▲金杯上描绘的是未来的皇帝米哈伊尔七世，他站在安德罗尼库斯和君士坦丁中间，时间大约是1067—1071年。

1282—1328年 安德罗尼库斯二世·帕拉约洛古斯（Andronicus II Paleologus），被废黜，贬为僧侣。

1328—1341年 安德罗尼库斯三世·帕拉约洛古斯（Andronicus III Paleologus），他喜爱狩猎和战争，重组了海军，不过未能挡住奥斯曼人的扩张。他的去世引发了7年内战。

1341—1391年 约翰五世·帕拉约洛古斯（John V Paleologus），他承认了奥斯曼人对东罗马的宗主权，屈辱地死去。

1347—1354年 约翰六世·康塔屈泽努斯（John VI Cantacuzenus，共治皇帝），自然死亡。

1390年 约翰七世（John VII），他当了5个月的皇帝。

1391—1425年 曼努埃尔二世（Manuel II），他花费大量时间需求欧洲的盟友来对付奥斯曼人。他执政期间，奥斯曼人两次围攻君士坦丁堡。

1425—1448年 约翰八世（John VIII），君士坦丁堡城中空有其名的皇帝，他利用奥斯曼内战的机会，收复了小亚细亚海岸线的一些领土。

1448—1453年 君士坦丁十一世，约翰八世的兄弟。阵亡。

* 西罗马在蛮族的进攻下沦陷之时，东部帝国的皇帝。

** 两次登基的皇帝。

*** 西欧军队攻占君士坦丁堡后，拉丁帝国的皇帝。

帝国的军事遗产

罗马军团列成战斗队形，顽强而坚定地迎战敌人，这是最符合人们想象的描述。随着时间的推移，即使到了现代，罗马军团给人的印象依旧如此。

这幅图景是有史实根据的。罗马军队在数百年内几乎战无不胜，虽然他们最终消亡了，但留下了永恒的遗产。

统一性

强大的军团击败所有来犯者的情景，并非他们留下的唯一印象。罗马军团装备着短剑、匕首、圆盾、标枪，穿着灵活的金属板甲或链甲，还戴着特色鲜明的罗马头盔，即使是漫不经心的现代观察者也能认出他们。统一的戎服、护甲和武器，是东西罗马帝国军队的特点。对士兵着装的谨慎选择在当时世界是新鲜事物，但这一直是训练有素的军队的特征。罗马头盔上的彩色盔缨，以及长矛上的小三角旗，标志着战场上的各支部队，并作为冲锋之后的集结点。东罗马军队的统一性，甚至超过了西罗马。

▼ 罗马的图拉真记功柱局部，描绘了多个罗马军团士兵，这是他们击败达契亚人的情形。

▲ 北方前线的一个罗马指挥官在作战胜利后"检阅"他的日耳曼俘虏，可以看到左边有很多军团的旗帜。

秩序和纪律

罗马军团英勇顽强、纪律严明、训练有素，征服了从不列颠到近东的广大地区。这些地区至今遗留着壮观的罗马建筑，例如引水渠、道路和桥梁，这些遗迹都是真实存在的。中央集权的专业军队，以及军团组织结构本身的概念，已经逐渐成为其他军队的典范，职业军人的根本理念也是如此。士兵作战时是军团的一分子，服从军队的规则和纪律，而战士只能各自为战。

从某种意义上说，军队组织的传承实际上是最坚实的，能从语言中获得最佳例证。在现代英语中，arm 这个词表示武器和服役，军队（army）、军事（military）以及军团（legion）也都是从拉丁语演变而来，能追溯到罗马。此外，士兵这个词来源于"接收军饷的人"这个术语，特指领取"索里达"（solidus），也就是君士坦丁时代通行的罗马货币。这个词在中世纪时被引入英语表示军饷，而非封建服务，再次明确了含义。

领导阶层

正是尤利乌斯·恺撒、伟人庞培、马略、埃提乌斯等伟大的罗马指挥官，组织和领导军队将罗马的文明扩张至欧洲和环地中海。他们指挥军团，一直征战至已知世界的尽头，其中恺撒的第10军团已经成为荣誉和战斗力的代名词。与之类似的是拿破仑最忠诚的元帅路易斯·尼古拉·达武（Louis Nicholas Davout），此人指挥的第3军和第10军团如出一辙。

东罗马的遗产

西罗马灭亡之后，东罗马帝国依然存在，他们以重骑兵和弓骑兵为主力，形成了自己的军事体系，在数百年内战无不胜。不幸的是，西方军事史对此含糊其辞，其中一部分原因是这一切发生在欧洲的边缘和亚洲。对于很多西方人来说，除非他们在研究东罗马历史，否则这些都是很遥远的。我们应该重视东罗马军队的重骑兵与弓骑兵，以及从西罗马继承而来的军事工程学和攻城技术，这些兵种和军事科学发挥了很大的作用。

东罗马的新式军团不再被称为罗马军团，不过他们仍然发挥着与其前辈一样的作用。他们与旧式罗马军团一样，同形形色色的敌人交战。东罗马军队的重骑兵、弓骑兵和可靠的步兵确实是老式军团的继承者，东罗马指挥官的能力也不逊色于西罗马人，他们指挥着东罗马军队在无数不知名的战场上对阵拥有数量优势的敌人，并且赢得了胜利。

贝利撒留辅佐的是有些令人生厌的皇帝查士丁尼，而希拉克略和"保加利亚屠夫"巴西尔二世都是称职的国家首脑和卓越的战场指挥官。他们为了保卫罗马文明而与形形色色的敌人作战，从而留下了许多军事知识。这些知识都值得效仿和研究，并与现代军事指挥有很多共同之处，因此依然有实用价值。

东西罗马军事体系留下的理论和实践是永恒的军事遗产，其中很多内容都值得效仿。两千年来，西罗马的军团步兵和东罗马的禁卫军树立了赫赫威名，虽然他们最终被击败，他们保卫的帝国

▼ 罗马指挥官们卓有成效地运用工程学，他们能修筑画中展示的浮桥，用浮桥跨越莱茵河是古代世界伟大的工程学壮举之一。

▲ 罗马将首都迁离罗马城，先是迁往米兰，后来是拉文纳。在此之后，公共建筑不再被维护，因此逐渐化为废墟。不过，这幅画左侧的万神殿屹立至今。

也最终灭亡，但他们的历史与荣耀被传承了下去，效仿他们的军队遍及全世界。在现代军队身上，我们依然能感受到罗马在军事方面的影响。从西方的不列颠到东方的巴比伦，到处都有罗马帝国的遗迹。当年罗马军队在百夫长严厉目光下东征西讨的景象，仍然萦绕在世人眼前。每当我们看到完好或残缺的古罗马建筑，总会赞叹罗马和君士坦丁堡的伟大。

罗马共和国

公元前 753 年—公元前 146 年

  罗马军队是从部族战士发展而来的，最初的作用是保卫七丘的定居点及其附近地区。他们的武器和护甲样式与其邻邦类似，而且作战方法大体上也是一致的。他们受到希腊人与入侵的凯尔特部落的影响，有些方面还受到围攻七丘的敌对部族的影响。从那时起，罗马人逐渐建立起军事体系，进而创造出一支近乎战无不胜的军队。这支军队以罗马步兵为基础，他们装备着标枪、短剑和盾牌，穿着链甲或鳞甲，并佩戴铁制或钢制的头盔。后来，他们在亚平宁半岛上建立了开创性的古典军国体系，这个体系使罗马征服了当地的敌人，并将领土扩张至地中海沿岸以及更广阔的地区。

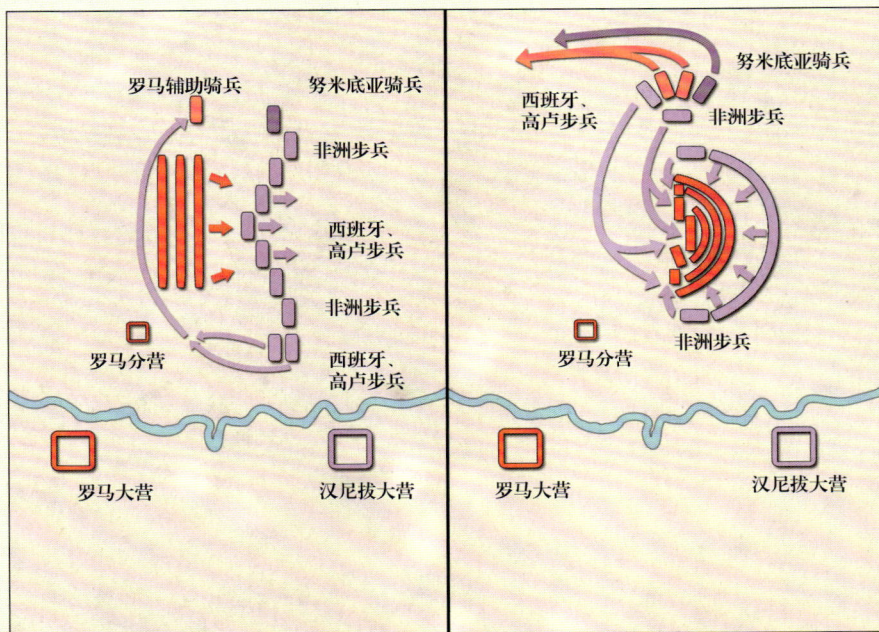

▲在公元前 216 年的坎尼会战中，汉尼拔对阵罗马指挥官瓦罗（Varro）和保卢斯（Paullus）。迦太基人的这次压倒性胜利是一次名副其实的歼灭战，战场上阵亡的罗马士兵多达 50000 名。

◀图拉真记功柱上雕刻的场景：罗马军队渡过多瑙河。这幅画展现了罗马军队在战争时期的工程学技能，这次战争的对手是达契亚人。建造浮桥是罗马军事工程师的专长。

罗马的定居地及其邻国

在建立之初，罗马面临的战略局面是非常危险的，它被意大利中部潜在的敌人环绕。毫无疑问，邻邦都垂涎它的绝佳位置，特别是北边强大的伊特鲁里亚人。罗马人和伊特鲁里亚人试验性的"联盟"，最后发展为伊特鲁里亚国王的君主制。

后来，国王的统治被终结，罗马也从喧闹的小城邦发展为城墙环绕的大型城镇。罗马早期的国王之一，塞尔维乌斯·图利乌斯在位时修筑了防卫墙，这座"塞尔维墙"（Servian Wall）在很长一段时间里保卫罗马。罗马的对外政策变得相当简单：邻邦要么屈从于罗马，要么被游说成为罗马的盟友，落入罗马的势力范围。

利古里亚人

伊特鲁里亚人的北面是利古里亚人（Ligurian），普鲁塔克（Plutarch）称他们为"阿姆布昂人"。这个民族的史料不多，他们在迁徙到意大利北部之前，可能生活在伊比利亚半岛。他们的影响范围可能远至现代法国的罗纳（Rhone）河谷，还有地中海西部的广大岛屿，包括西西里岛、撒丁岛和科西嘉岛（Corsica）。古代历史学家命名或者提到过的利古里亚部族有四十多个。

公元前3世纪初期，哈米尔卡（Hamilcar）将军麾下的迦太基军队可能招募了利古里亚雇佣兵。在此次与罗马军队作战之后，意大利北部的利古里亚人继续反抗罗马。他们坚持了几十年，最终在公元前2世纪被罗马彻底征服。

撒姆尼人

撒姆尼人的家乡萨谟奈（Samnium）位于意大利南部。最初，撒姆尼是个内陆国，不过此后它朝东西方向扩张到了海边。撒姆尼人可能包括四个部族：卡拉切尼（Caracini）、赫尔皮尼（Hirpini）、弗伦塔尼（Frentani）和彭特里（Pentri）。撒姆尼人和罗马人都在意大利半岛上进行扩张，他们之间很快就发生了正面冲突。

公元前354年，罗马与撒姆尼签订了和平条约。公元前343年，罗马蓄意撕毁条约，不过双方达成谅解后停止了战争。停战没有持续很长时间，公元前326年，双方再次开战。在战争初期，罗马取得了胜利。然而，公元前321年，罗马在卡夫丁峡谷（Caudine Forks）遭遇了屈辱的战败，这改变了战争局势。撒姆尼人对罗马军队实施了巧妙而致命的伏击，然后发动袭击，获得了决定性的胜利，罗马人被迫投降。获胜的撒姆尼人故意逼迫罗马战俘从轭门下走过，以此羞辱他们。

在第三次撒姆尼战争中，罗马人获得了两次重大胜利，一次是森蒂努姆之战，这可能是意大利有史以来规模最大的战争（付出了非常惨重的伤亡），不过这一点并不确定；另一次是萨谟奈之战。这两次战败迫使撒姆尼人于公元前290年向罗马人投降。

撒姆尼人在第二次布匿战争中与迦太基人结盟，又在同盟战争（公元前91年—公元前88年）中对抗罗马，都付出了沉重的代价。他们的城镇被罗马将军卢修斯·科尔涅利乌斯·苏拉摧毁，人民从此散落各地。

▼公元前400年的意大利，这幅图展示了撒姆尼人、伊特鲁里亚人、凯尔特人和希腊诸民族的分布，他们对罗马共和国的发展有重要影响。

▼根据马赛（Marseille）的建城传说，一个利古里亚酋长的女儿嫁给了一个从福西亚（Phocaea）来的希腊水手，他们一起建立了这座城市。

拉丁同盟

　　意大利中部的居民组成了联盟，被现代人称为"拉丁同盟"（Latin League），这个词并非当时的术语。最初，拉丁同盟的成立是为了对付罗马的入侵。后来，罗马主导了这一同盟，其中大约30个成员被罗马吸收。

　　同盟原本的领导者是亚伯隆加（Alba Longa）城，这是一座位于意大利东南的古城。根据老加图（Cato the Elder）的说法，同盟的成员有阿尔代亚（Ardea）、阿里齐亚（Aricia）、科拉（Cora）、拉尼维努姆（Lanivinium）、拉努维努姆（Lanuvinium）、波梅提亚（Pometia）、蒂比尔（Tibur）和图斯卡卢姆（Tusculum）。早在公元前7世纪，拉丁同盟与罗马的第一次战争就发生了。罗马人夺取并毁灭了数个拉丁城镇，而幸存居民被罗马社会吸收。公元前6世纪，拉丁同盟再次与罗马开战，最终结果是罗马成为拉丁同盟的领袖。拉丁同盟军队和罗马军队合并，共同迎战从亚平宁山脉来的阿奎人（Acqui）和沃尔斯奇人，并取得胜利。

　　拉丁同盟最终在拉丁战争（公元前343年—公元前338年）中瓦解，这次战争因拉丁各部族对罗马不满而爆发。罗马在这次战争中的胜利，使拉丁同盟的人民被罗马社会吸纳，他们从此被正式称为"罗马殖民地居民"，成为罗马的一部分。

凯尔特人

　　从公元前9世纪起，凯尔特人就分布于欧洲各地。凯尔特部族通过移民或征服，最终定居在高卢、伊比利亚、意大利北部、不列颠岛、巴尔干半岛和中欧大部分地区。此后，凯尔特人衰落了，他们要么被罗马人征服，要么在大迁徙中被东边来的蛮族驱赶。凯尔特人的文化影响基本局限于法国西部，比如布列塔尼（Brittany）和旺代（Vendée）这样的地方，还有西班牙西部和不列颠岛。

　　有些古代学者认为，凯尔特人的"心

▲这是一幅公元前4世纪的坎帕尼亚（Campania）壁画，描绘的是一名撒姆尼骑兵。他穿着一件短束腰上衣，还装备了一件铜胸甲，胸甲上有腰带和肩带。

脏地带"是高卢，不过罗马人将凯尔特人称为高卢人，将这些部族与其居住地点混为一谈。现代有一种相反的观点认为，凯尔特人源自莱茵河东部的日耳曼人。有些人认为凯尔特人应该特指日耳曼尼亚南部的民族，但罗马人将凯尔特人和日耳曼人划分为不同的民族。此外，罗马人还将同一民族分为不同的族群，比如高卢人其实和不列颠的凯尔特部族有紧密联系。

　　凯尔特人已经掌握了铁器制造技术，有精良的武器。他们的装饰品也是如此，比如用拧在一起的金属丝制成的特色鲜明的项圈，还有用来系紧斗篷的胸针，以及精美的头盔。这些物品备受称赞，被广泛使用。

　　凯尔特人还穿着格子花纹的衣服，男人们通常穿着这种样式的裤子。他们还穿长袖束腰短上衣，质地是亚麻布或者羊毛，部族中较为富有的成员也许会穿丝绸衣服。他们冬天通常穿斗篷。凯尔特人是好战的民族，他们在战斗中表现得勇猛而咄咄逼人。不同部族之间发生过规模不小的冲突，他们喜欢砍下敌人的首级作为战利品来展示，所以声名狼藉。

　　当代对高卢凯尔特人的描述是：身材高挑、肌肉发达、头发金黄的人。显然，那些头发不是金黄色的人，在"石灰水"中漂白了他们的头发。有些人刮胡子，有些人不刮，不过大多数人最起码留有

八字须，胡须很长且下垂。他们的头发留得很长，用脖子上的项圈固定在背后。

　　凯尔特妇女在战争中也很活跃，她们不仅仅和男人一起作战，有时候还在战争中担任指挥职务。不列颠凯尔特人的爱西尼（Iceni）女王布狄卡领导了反抗罗马人的起义，他们一度获得了胜利，不过最后还是被击败了。

　　尤利乌斯·恺撒在《恺撒战记》中记载，高卢的凯尔特人最初生活在现代的瑞士、荷兰、比利时和北意大利地区。他们的部落文化成熟到了一定程度，其城镇发展和生活水平，以及内部社会结构也相当先进，当时的罗马人都承认这一点。此外，他们铸造了钱币，并拥有书面语言。从文化角度来说，抗击罗马扩张的凯尔特人也是一种先进的文明，但他们只是部落水平的社会，而不像罗马人那样建立了国家。

罗马共和国的军队

罗马军队最初由公民兵组成，它可以被认为是民兵部队，因为军队在招募方面并不专业，而且每个健全的公民都必须在紧急情况下服役。军人们多半不会终身服役，而是在战争时期和国家紧急情况下集结起来。战争结束后，大部分士兵会解散，他们将回去收割庄稼，工匠们在退役之后也会重操旧业。

罗马士兵

罗马崛起初期，国家就要求本国居民承担兵役。当国家召唤公民服役时，他们应自备戎服、武器等装备。有些文献声称，这些部队与后世历史中的民兵类似，因为他们不是常备军，也不是职业军人。但有可信的文献给出了更好的定义，将他们称之为应征者，因为他们对国家的征召责无旁贷。

罗马军团士兵的基本武器装备包括头盔、盾牌、短剑、长矛或者标枪，还有某种样式的护甲。这支军队拥有各种样式的戎服，其护甲和其他装备也是如此。士兵穿的束腰上衣通常是白色（这种颜色的衣物曾是最容易生产的），其材质是未染色的羊毛或亚麻布（取决于季节），当然他们也会穿红色或蓝色的束腰上衣。罗马士兵参加战争时常穿斗篷，在恶劣天气中还会穿上大衣来保护自己的装备。

为了国家的事业，罗马士兵会进行军事训练。当国家征召的时候，他们能迅速组成军队投入战争。无论是在行军过程中，还是在驻扎营地里，罗马士兵都必须训练。在战斗之前，罗马士兵就组成了训练有素的作战部队。

指挥体系

在罗马的历史中，军团的核心都是百夫长。百夫长是功勋卓著、擅长战斗的军团士兵。在不同的时期里，百夫长统率着60人到80人不等的百人队。百夫长的装备与士兵相似，他们和士兵并肩作战。百夫长与众不同的是头盔上的装饰，另外还携带一根葡萄藤棍，后者不仅是身份的象征，还是用来惩罚违纪士兵的工具。某些现代军队中的"轻便手杖"，即是由葡萄藤棍演化而来。

护民官是高级军官，每个军团通常设置六位护民官。他们由行政官员任命，通常是富裕的罗马公民或元老院成员之子。他们被分配到军团中积累经验，以此作为政治生涯的铺垫。在从军期间，他们可能会晋升为军队指挥官。军团长也是皇帝的使节（legate），至少在帝国中后期是如此。政治家、军人和使节都可以担任一支军队的指挥官，而一支军队的基本编制一般是两个军团加上辅助部队。

军团的演化

随着岁月的流逝，最初的罗马战团发展成了罗马军团。罗马军队的编制有三个不同的时期，罗马人最初仿效希腊

▲ 希腊人的战斗队列，所有人都携带他们的 hoplon，也就是圆盾，这个词从 hoplite 演化而来。罗马早期的方阵与之类似。

人组建了方阵，后来发展为步兵中队军团与步兵大队军团。

方阵是一种紧密的步兵队形，由穿着护甲的长矛兵组成。他们被称为"重步兵"（heavy infantry），肩并肩地组成矩形队列。方阵一词来自希腊语"phalanga"，或者其复数形式"phalanges"，后者曾被用来形容亚历山大大帝指挥的马其顿军队，这个词的本义是"手指"（finger）。罗马人可能是在与伊特鲁里亚人作战时学会了方阵。

方阵是一个坚实的集体，列队的士兵一起移动、战斗。至于组成方阵的士兵人数，并没有具体的条令规定数目。通常来说，编队纵深至少有八排士兵，每排的长矛兵从希腊式的16人到马其顿式的32人不等。阵形的纵深会根据地形和其他因素而有所不同，而方阵的宽度总是大于纵深。公元前321年，一个罗马

军团在卡夫丁峡谷没有进行抵抗就向撒姆尼人投降，这是一次屈辱的战败。从此之后，罗马人放弃了方阵。

步兵中队由两个百人队组成，这是公元前343年至公元前290年的撒姆尼战争时期，罗马人从撒姆尼人那里学会的。大约公元前315年时，步兵中队取代了坚实的方阵以适应地形和环境。

"军团"这个词语来自拉丁语"legio"，意思是"征召"或"军事征召"。在公元前2世纪的马略改革之前，军团根据需要进行组织和战斗。他们不是永久性的部队，仅在国家紧急状态时征召。军团士兵如果能长期服役，可能就会变得经验丰富而战斗力高涨。不过，在马略改革之前，罗马没有永久性军团。军团的兵力在5000人到6000人之间，还有辅助部队的增援。

马略改革

大约公元前107年，在马略执政期间，步兵中队体系让位于步兵大队体系，后者拥有更好的纵深。步兵大队由6个百人队组成，每个百人队拥有80名士兵，一个步兵大队总计480名士兵。这是非常强大的阵形，能独立执行任务。

在马略改革之后，军团不仅征召有产者，也向全体罗马公民敞开了大门。穷人被招募进军队，罗马军团成为职业士兵组成的常备军。军团的兵力有了规定的标准，从此编入罗马的战斗序列。马略将著名的鹰旗授予罗马各个军团，最初是银制，后来改为金制。罗马军队起了变化，就像原来的共和国变成了帝国。

罗马的战争

公元前509年 罗马人驱逐了最后一位伊特鲁里亚国王。罗马变为共和国。

公元前390年 意大利北部的高卢人发动袭击，夺取并洗劫了罗马。

▶ 苏拉判处马略死刑之后，派一个士兵去杀死马略，这个士兵被马略的人格魅力所折服。

公元前295年 罗马人在森蒂努姆之战中击败撒姆尼人、高卢人和翁布利亚人。

公元前280年—公元前275年 罗马与伊庇鲁斯国王皮洛士作战，这次战争留下了"皮洛士式的胜利"这个典故。

公元前264年—公元前241年 罗马与迦太基爆发第一次布匿战争。

公元前225年 罗马人在特拉蒙之战中击败入侵意大利的高卢军队。

公元前218年—公元前201年 罗马与迦太基进行第二次布匿战争，这是决定罗马最终胜利的战争。

公元前214年—公元前205年 第一次马其顿战争。

公元前200年—公元前196年 第二次马其顿战争。

公元前192年—公元前189年 第一次叙利亚战争。

公元前172年—公元前168年 第三次马其顿战争。

公元前154年—公元前138年 卢西塔尼亚战争。

公元前154年—公元前151年 第二次凯尔特－伊比利亚战争。

公元前149年—公元前146年 第三次布匿战争，这是最后一次布匿战争。罗

▲ 盖乌斯·马略，这幅画中的他穿着罗马将军的全副盔甲。

马人在这次战争中彻底摧毁迦太基，将幸存居民卖为奴隶。

迦太基人

迦太基是地中海的强国，也是罗马在地中海地区争夺统治权的对手。迦太基拥有一支强大的海军，还有一支以雇佣兵和可靠盟军为核心的陆军。迦太基人在战争中证明自己确实是劲敌，罗马共和国要拼尽全力来对付他们。

迦太基帝国

不断发展的罗马，已经在意大利中部取得霸权。这一时期，北非也正在形成海上强权，其中心是迦太基城。迦太基城由腓尼基商人创建于公元前814年，逐步发展为主宰地中海的力量，在海上任意驰骋。罗马人称之为"布匿帝国"（Punic Empire，"布匿"是"腓尼基"一词的另一种形式）。迦太基是富有侵略性的帝国，罗马和迦太基在地中海的对决是不可避免的。

▲这幅画完美地描绘了"乌鸦嘴"（corvus），也就是一种吊桥，罗马海军步兵通过它登上迦太基战船。

▼迦太基帝国。

- 公元前265年，第一次布匿战争开始时的迦太基
- 公元前238年，罗马人占领的地区
- 公元前218年，第二次布匿战争初期迦太基征服的地区
- 公元前201年，第二次布匿战争结束时的迦太基

迦太基海军控制着地中海贸易，保护自己的商人免受海盗与其他国家海军的威胁。通过贸易，迦太基富裕起来，他们不仅建立了庞大而优秀的海军，还建立并维持了数个海岸基地。迦太基有两个富有战略意义的港口，一个是贸易港，另一个是海军使用的内港。港口设施和船坞设施都很完善，圆形的海军港口周围还有庇护所，可以容纳不出海的船。

迦太基与罗马不同，他们更依赖雇佣兵而不是本国的士兵。这些士兵的来源非常复杂，有从非洲招募的努米底亚人，还有多个来自西班牙的凯尔特部族。在指挥官的统率下，他们成为一支战斗力强大的军队。当然，指挥官肯定是迦太基人。

布匿战争

罗马和迦太基进行了漫长的战争。第一次布匿战争（公元前264年—公元前241年）的结果并不是决定性的。不过，在第二次布匿战争（公元前218年—公元前201年）中，汉尼拔进行了史诗般的远征。他率军从伊比利亚进入欧洲，翻越阿尔卑斯山进攻意大利北部，在特雷比亚之战（公元前218年）、塔斯米尼湖之

▲第二次布匿战争期间，汉尼拔的军队在意大利纵横驰骋，夺取了罗马的同盟城市，对罗马造成巨大威胁。

战（公元前217年）和坎尼之战（公元前216年）中击败了罗马军团。其中坎尼之战成为军事史上彻底胜利的象征，激励着后世的各国指挥官为胜利而奋战。

要而言之，罗马是陆地强国，而迦太基是海上强国，双方的战略问题是如何与对方交战。迦太基没有使用海上力量运送军队至意大利，而是把军队集中在伊比利亚，由汉尼拔指挥。这支由多国士兵组成的军队训练有素、纪律严明，他们在当时最优秀的将军汉尼拔的指挥下，越过比利牛斯（Pyrenees）山进入高卢，随后完成了翻越阿尔卑斯山的壮举。大多数士兵在这段史诗般的征途中幸存下来，但大象几乎都死于严寒艰苦的环境。迦太基人用大木筏装载着大象横渡罗纳河，大象惊慌失措，破坏了筏子，与驭手一起掉进河中。据文献记载，这些大象在河中游泳，身体浮在河面上，但大部分驭手都被淹死了。

迦太基军队从阿尔卑斯山出现，进入罗马人的战略后方，让后者大为吃惊。

这一令人印象深刻的成就是由这支古老的军队完成的，没有借助现代机械或者外来援助。汉尼拔对自己的军队抱有十足信心，如果没有这一点，他就无法完成这一军事历史上的伟大成就。

然而，汉尼拔未能凯旋。虽然一个又一个罗马军团被击败或者被消灭，但罗马人不断组建新的军团来应对迦太基的威胁。

坎尼战役之后，一个罗马将军挺身而出，即"拖延者"费边。他小心翼翼地与汉尼拔作战，慢慢消耗其兵力，避免进行决定性的会战。弗龙蒂努斯（Frontinus）在《战略学》（Strategems）中将费边描述为不愿意承担"任何风险"的人。费边这么做的原因是，他的新兵军团不足以和老练的迦太基军队会战。这为西庇阿入侵北非赢得了时间，罗马人于公元前202年在扎马彻底击败了汉尼拔。

迦太基人在本土战败后，被迫与罗马人屈辱地议和，罗马人从此成为地中海的霸主。

第三次布匿战争（公元前149年—公元前146年）虽然血腥，但其过程并不精彩。罗马人围攻并夺取了迦太基，将其彻底摧毁。从此，迦太基成为罗马的殖民地。

▼迦太基最终被摧毁，罗马在其废墟之上建立自己的城市。这是迦太基的公共浴室，建造于安东尼·庇护皇帝在位时期。它是罗马的，而不是迦太基的。

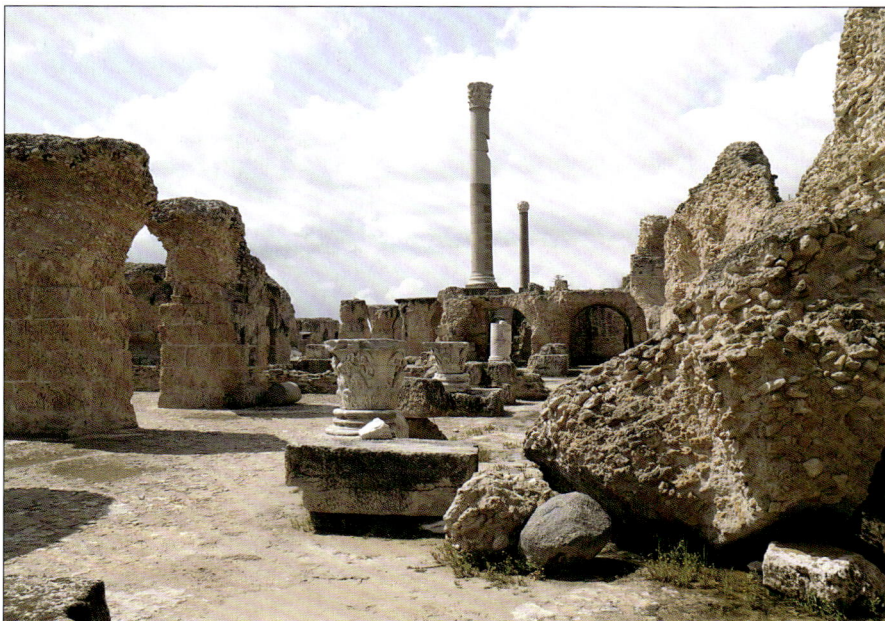

早期意大利人：伊特鲁里亚人

早期的意大利战团，包括罗马人在内，其武器和护甲基本如出一辙。他们靠血亲关系组织起来，一般来说是乌合之众。当时的战斗迅速而致命，被击败的军队通常会返回本土，然后另作他图。

意大利的军事发展

武器和护甲会因为受到不同文化的影响而演化出多种样式，希腊对意大利的影响极大，所以意大利的武器和护甲是希腊式的。意大利人普遍采用皮甲和铜制胸甲，后者有时是"肌肉"样式，看起来像是理想化的男性雕像。

胸甲一般为皮制或布制，样式鲜明，五彩斑斓，能够保护前胸与后背，在肩膀处用带子连接起来。实际上，这种皮制或布制的胸甲比铜制"肌肉"胸甲更受欢迎，原因是它美观而灵活。皮制胸甲并非默默无名，在罗马军队发展到军团阶段后，士兵们就使用了这种护甲。

盾牌是木制的，通常为圆形，带有皮革衬里，外侧涂成红铜色。头盔是希腊式头盔，最常见的样式是科林斯（Corinthian）头盔。这种头盔配有面罩，可以保护脸部，但会缩小佩戴者在战场上的视野，这一点可能是致命的。当然，希腊人通常会把这种令人不适的面罩往头顶上推，即使在战斗中也是如此。头盔使用不同颜色的马鬃盔缨，使佩戴者看起来更高大。罗马人后来采用的一种改进头盔，是希腊的弗里吉亚式铜盔，这种头盔不再配有面罩，而是通过头盔两侧脸颊部分保护佩戴者的面部。

步兵装备短剑和长矛。当罗马人发展出方阵战术的时候，长矛成为主武器，短剑则是近战中的自卫武器。长矛上有一个把手，以便士兵们在战斗中更好地使用它。随着标枪的引进，长矛不再作为投射武器使用。

希腊人研发出了胫甲，以此保护士兵的小腿。制造胫甲的技术水平发展很快，甚至可以贴合士兵的腿部轮廓，但它过于沉重，令人感到不舒服且限制了行动。罗马

◀**公元前 6 世纪，伊特鲁里亚战士。**他们佩戴希腊式胫甲，手持重步兵的圆盾，还穿着非常轻便的胸甲。

▶**公元前 6 世纪，伊特鲁里亚酋长。**这位伊特鲁里亚军官的武器和护甲，显示出希腊在军事方面对意大利半岛的巨大影响，其原因是希腊在意大利南部和西西里岛建立了殖民地。他佩戴的头盔具有鲜明的希腊风格，穿着的肌肉胸甲也是如此。

于佩戴者的肩膀，很像后来百夫长佩戴的样式。

短剑一般是宽刃的弯剑，或者是直剑。伊特鲁里亚人横佩一条饰带，通常戴在左侧。按照希腊的方式，他们也将长矛作为步兵的主武器。在行军和战斗时，他们会把笛子手部署在部队前方，这种习惯大概是从希腊人那里学的。这些男人或男孩是音乐家，他们的任务不是作战，而是为了鼓舞士气。

▲这是一幅展现亚马逊（Amazons）之战的绘画的局部，画在公元前4世纪的伊特鲁里亚石棺上，画中士兵装备着这一时期的伊特鲁里亚武器和盔甲。

人最终放弃了胫甲，但在此后的数十年中，它还是军阶的象征，百夫长会在出席各种正式典礼时戴上它。

护甲和武器

伊特鲁里亚人的护甲是"肌肉"胸甲，有整体式和三段式。他们也穿色彩缤纷的皮制或布制胸甲，并将金属板缝在胸甲之内，这是从希腊人那里借鉴的。他们的头盔是希腊晚期样式，通过头盔两侧保护脸颊，没有保护整个脸部的面罩。盾牌是圆形的，上面绘有人像和动物，这和意大利大多数早期部队类似。意大利人的战袍五彩缤纷，已知的基本颜色有白色、红色，以及一种中等深浅的蓝色。盔缨可能是单色，也可能是多种颜色混合，它们都是希腊式，但也有一些平行

▶公元前6世纪，伊特鲁里亚笛子手。有历史记载表明，音乐始终伴随着军队。图中的人是个乐手，而不是战士或士兵，而且肯定不会直接参战。他可能会在两军接战的时候，立即撤退到后方去。

▲公元前6世纪，伊特鲁里亚战士。这个步兵装备着意大利风格的壶形头盔和胸部甲胄，这种甲的防护作用不及希腊式胸甲，但依然被看作胸甲。

早期意大利人：韦兰诺瓦人

早期的罗马人，还有意大利半岛上的其他居民，都是战士而不是士兵。两者的区别是，战士在战场上各自为战，而不是训练有素的整体，士兵却能如此。他们的武器和护甲有着鲜明的时代特色，即大约公元前700年的"重步兵"时代。

此后，当罗马军队发现方阵不适合多山的意大利，又发展出军团战术。

意大利地区的早期作战服装，包括战袍、壶形头盔和简陋护甲。护甲是保护上身的鳞甲，用横跨肩膀和后背的皮带固定，环绕在腰部或腰部以上位置。另外，壶形头盔的尖顶上有球形装饰物。盾牌，无论是圆形还是椭圆形，都没有装饰，其中心部分是突出的。

战袍通常是白色，因为这种颜色最容易保持清洁，也不会遇到染料短缺或衣物褪色的情况。单色战袍的下摆部分，通常用彩带进行装饰。他们还系上腰带，便于佩戴短剑和匕首，长矛也是必备武器。这些战士穿着各种式样的鞋子，也可能不穿鞋。

重步兵

重步兵是希腊风格，以方阵形式行军打仗。他们的名称 hoplite 是从"圆盾"（hoplon）一词演化而来，后来这一名称传遍了意大利。罗马人，以及采用这种形式的护甲和武器的其他意大利族群，都采用这个名称。这些人模仿希腊重步兵，直至这种步兵被淘汰，方阵从意大利的战术队形中消失。

重步兵的盾牌多种多样，大多数是希腊式，绘有神像、马匹、

◀公元前8世纪，韦兰诺瓦战士。韦兰诺瓦战士的装备偏向于意大利中部风格，他们穿着特色鲜明的头盔，其盔缨应该是独创的。注意这面盾牌，它的形状开始类似矩形。在这里，希腊重步兵的影响不再明显。

▲公元前8世纪，韦兰诺瓦战士。很容易从这个步兵身上看到希腊的影响，他们的武器和盔甲模仿了希腊重步兵，装备着风格鲜明的圆盾与短剑。头盔似乎结合了意大利和希腊两种风格。胸甲是简单的方形样式，也受到希腊风格的影响，但没有希腊式胸甲防护好。

野猪或者人像。正是这一时期，贺雷修斯在桥上作战的故事发生了变化，故事内容变为罗马人英勇迎击优势数量的伊特鲁里亚人。这个传奇被一遍遍传颂，成为罗马勇士战胜压倒性数量敌人的经典战例。与此同时，凯尔特人大批入侵意大利，甚至洗劫了罗马，这引发了罗马人的暴乱。在此次灾难之后，罗马人吸取了教训，修筑了城墙。

韦兰诺瓦人

古代韦兰诺瓦人生活在意大利中北部，大部分聚居在波河河谷。到了公元前7世纪，希腊文化扩展到意大利南部，甚至到了西西里岛，韦兰诺瓦人在此时受到希腊文化的影响。我们可以从他们的武器、护甲和饰品中看到希腊的影响，尤其是采用希腊式的重步兵装备。

韦兰诺瓦人最初使用火葬，这在当时似乎是通行做法。他们使用骨灰盒来安放死者的骨灰，骨灰盒的形状像是小房子，而这种小房子样式被用于战士的头盔。反过来，这种头盔也可以用来埋葬战士的骨灰。这种牵强附会的设计表明，韦兰诺瓦人可能将铁器技术引入意大利半岛，他们肯定是地中海世界最早的铁器文明之一。

韦兰诺瓦战士

韦兰诺瓦步兵和骑兵穿着白色或红色的短战袍，长度和撒姆尼人的相同。他们穿着相对较小的方形胸甲，用皮带将其固定在身体上。这个时期的壶形头盔非常普遍，头盔顶部装有下垂的盔缨，有些头盔中央还有一个奇特的金属梳状物。

盾牌是圆形或长方形的，正面似乎没有任何特别的设计。韦兰诺瓦人把剑悬挂在身体左侧，再携带一根至少五英尺的长矛，这些构成了全套军事装备。韦兰诺瓦人还有一种装饰着浮雕的圆形盾牌，但这可能仅用于礼仪，而不是用于战斗。

韦兰诺瓦人的武器和护甲是铜制的，尤其是盾牌，整体都是铜制品。他们的马匹上的金属配件也是铜制。如左图所示，韦兰诺瓦骑兵在不使用盾牌之时，会将这个沉重的装备放在后面。这面盾牌看起来似乎不适合骑马战斗，因为它太大了，无法在马背上搭配矛或剑使用。战士在骑马时用皮带把盾牌固定在背后，当他们下马作战的时候，可以迅速带着它投入战斗。

◀公元前8世纪，韦兰诺瓦骑兵。韦兰诺瓦骑兵的武备与步兵相同，也戴着韦兰诺瓦式头盔，配有特色鲜明的金属顶饰。他们可能仅仅使用马匹作为交通工具，然后以徒步方式作战。

早期罗马军队

在罗马早期，当国家需要的时候，会征召公民组成战团。战团的编制很简单，甚至没有编制，其指挥官是最聪明或最勇敢的罗马人，有些还是智勇双全之人，此人的能力足以率领手下的战士投入作战。当时的罗马战士没有标准化的武器与护甲，他们在参战时使用自己的装备，或者一切能够找到的装备。在战场上获胜之后，他们通常会设法抢劫敌人，为自己和家人夺取财富。战士们很重视缴获的装备，他们会用这些装备武装自己，为下一次入侵敌人领土或应对紧急征召做准备。

战团的武器装备呈现出多样化的特点，这是罗马早期向众多敌人学习的结果。这一时期，罗马没有军团，方阵这种战术也没有引入。罗马的武装力量受到邻居和敌人（邻居通常就是敌人）的影响，他们在混乱中发展出战团编制。

罗马重步兵

希腊和伊特鲁里亚不仅武器装备强大，其编制和战术也相当先进，罗马人受到他们的深刻影响。希腊重步兵的护甲，无论是铜制还是皮制，都被大量引入罗马，胫甲成为罗马战士的重要装备。此时，他们的军队开始训练士兵协同作战。

这一时期，罗马引入圆形的希腊式盾牌，还有长矛与短剑。不过，这一时期罗马军队最重要的变革是引入希腊式的作战阵形，也就是方阵。罗马军队熟练而有效地使用这种方阵，后来由于地形的因素与敌人的战术，他们才淘汰了这种方阵。

◀大约公元前700年，罗马士兵。这个早期的罗马步兵穿着典型的简陋盔甲，不过它相当有作用。公元前8世纪，这种盔甲在意大利中部很普遍。壶形头盔上有坚硬的马鬃盔缨，胸甲几乎覆盖了上半身。这种源自韦兰诺瓦的头盔，盛行于意大利中部。

▶大约公元前700年，罗马士兵。图中士兵所穿胸甲和左图中的相同，不过其侧面更"合身"。壶形头盔样式简单，但防护很好。士兵的衣服变短了，在战斗中更加灵活。短剑、长矛和盾牌已经在罗马人中间普及，并将装备很长一段时间。

如果交战双方都使用方阵，那将是一场血腥的战斗。当两个方阵越来越近，速度毫无疑问会增加盾牌碰撞的冲击力。紧接着，双方的长矛兵开始交战。毫无疑问，在最初交战之时，双方的整条战线都将陷入战斗。长矛刺入敌人的身体，很快血流成河。

方阵的优势在于稳固的阵形与防御的纵深，以及正面的致命长矛墙。重步兵会举起盾牌，竭尽全力组成盾墙，维持阵形是取得胜利的关键。阵亡、重伤或在阵中倒下的重步兵，很快就会被后排士兵顶替。如果战斗失利，方阵被攻破，那么被击溃的一方将会陷入混乱，遭到敌人的屠杀。此时，两翼的轻步兵也会出击，协助屠戮敌人。

对于方阵的敌人而言，如果没有精良护甲，或是纪律涣散，那么他们很难抵挡住方阵威力巨大的攻击。公元前480年，波斯人在温泉关

▲公元前6世纪，罗马重步兵。这位罗马步兵的盔甲与左图类似，不过他的盔缨较短，这是后期罗马头盔的前身。盾牌上新出现的图案将成为罗马的传统，罗马人偏爱使用熊、狼、马和牛作为图案。

◀公元前6世纪，罗马重步兵。与伊特鲁里亚人一样，罗马人的武器和盔甲也受到希腊文化的影响，当时希腊文化存在于意大利半岛和西西里岛。这个早期罗马步兵的装备大都是希腊风格，他的圆盾、胫甲和肌肉胸甲都是如此。他那顶简单实用的头盔值得瞩目，这是后来罗马军队标准头盔的前身。他在佩戴胫甲的时候，不穿靴子或鞋子。

（Thermopylae）与斯巴达人交战时就是如此。方阵作战的最佳地形是平坦的开阔地，而在崎岖的地面上很难维持密集队形，将处于劣势。很多年之后的中世纪晚期，瑞士长矛兵列成古老的方阵，与他们的日耳曼同行——德意志雇佣步兵作战。据记载，当前排士兵倒下时，后排士兵会顶替倒下的战友，这种情况一直持续到某一方崩溃。

伊特鲁里亚－罗马军队

在古代意大利文明中，伊特鲁里亚人是与罗马人非常类似的民族。传说他们担任罗马早期的国王，后来被推翻，罗马建立了共和国。罗马建立初期，其领土与伊特鲁里亚人接壤，称他们为图西人或伊特鲁西人。伊特鲁里亚人居住的地区，大致相当于现代的托斯卡纳。

伊特鲁里亚人是独立的民族，可能与韦兰诺瓦人有亲缘关系，到公元前1世纪的时候，他们最终被罗马人同化。最初，以阿尔卑斯山东部和波河附近地区为中心，伊特鲁里亚人组建了一个联盟或者联邦。罗马本来是这个联盟中实力较弱的成员，却后来居上成为胜利者，而原本独立的伊特鲁里亚，最终消失在罗马文明的迷宫之中。

步兵等级体系

在伊特鲁里亚国王统治时代，罗马

▼大约公元前550年，伊特鲁里亚－罗马中型长矛兵。这一时期的伊特鲁里亚－罗马步兵根据武器和盔甲分为四个等级（或者也不完全依据于此）。这是第二等级的士兵，或者说是中型步兵，他的装备只有头盔、盾牌、剑和长矛，这面盾牌是矩形的，而不是希腊式圆盾。

▼大约公元前550年，伊特鲁里亚－罗马重步兵。从各种意义上来说，这就是装备希腊重步兵武器和盔甲的士兵。伊特鲁里亚领主重组了军队，将步兵划分为四个等级。图中是第一等级的士兵，也就是穿着盔甲的重步兵，他将出现在方阵中。

军队的武器和护甲明显受到希腊的影响。此后，当方阵发展为步兵中队的时候，希腊文化也展现出影响，四种不同类型的罗马步兵分别组成了战斗阵形的四个横队。

这一时期，战斗队形中的步兵被划分为四个等级。罗马步兵战斗队形中有40个百人队，再加上另外15个轻步兵百人队，轻步兵装备着投石器以进行遭遇战。第一等级由10个百人队的重装长矛兵组成，他们与希腊重步兵非常类似，穿着肌肉胸甲，戴着希腊式全罩头盔，还配有一个希腊式圆盾。他们的短剑挂在左侧饰带上，头盔上有希腊式马鬃盔缨，有的是多种颜

▼ *大约公元前 550 年，伊特鲁里亚－罗马轻步兵。* 他们的职责是在方阵前方进行小规模战斗。他们没有盔甲，但使用盾牌，也用长矛和标枪这两种投射武器。这面盾牌并不是矩形的，而是呈椭圆形。

▲ *大约公元前 550 年，伊特鲁里亚－罗马轻型长矛兵。* 这是第三等级的轻型长矛兵，他们的盔甲类似于第二等级的中型步兵。不过，这面矩形盾牌比第二等级的更小一些。所有等级的步兵都穿着战靴，这种靴子镶嵌着钉子，在普通罗马士兵中非常普及。

色，有的是单色。此外，他们也佩戴胫甲。

第二等级步兵没有胸甲，佩戴壶形头盔，头盔中央有一缕下垂的彩色盔缨。他们的盾牌是矩形的，小腿上戴着胫甲。第三等级步兵佩戴沃尔斯奇式头盔。第四等级步兵可能是轻步兵，但与投石兵有很大不同，他们装备着盾牌，没有头盔。

撒姆尼人

早期的罗马人仅仅是意大利古代众多部族之一。为了统一意大利，罗马人必须和伊特鲁里亚人、撒姆尼人、韦兰诺瓦人、坎帕尼亚人、阿奎人、塞农人（Senone）以及其他一些部族竞争。一些部族与罗马人一样，都属于拉丁人。其他部族是古意大利人，其语言和文化完全不同。

撒姆尼是意大利半岛上一个强大的部族，对罗马的武器盔甲发展有着深远影响。撒姆尼人分为四个部落，即卡拉切尼、赫尔皮尼、弗伦塔尼和彭特里，他们通常会在战争时期联合在一起。罗马早期历史学家李维（Livy）认为，撒姆尼人以方阵的形式作战，不过其方阵可能是正方形，而不是希腊和罗马方阵采用的矩形。撒姆尼方阵的战术灵活性，足以适应山区地形，他们与罗马人进行了三次战争。

撒姆尼战士

撒姆尼战袍非常短，长度也许和现代衬衫差不多。他们的护甲是小型胸甲，只覆盖身体的一部分。他们的头盔比希

◀公元前 4 世纪，撒姆尼轻步兵。他们的武器和装备，都是为了在意大利中部高地战斗而准备。他们的壶形头盔有护颊，这在撒姆尼手工艺术品上也有描绘。他们通常不穿鞋子或靴子。

▶公元前 4 世纪，撒姆尼长矛兵。与轻步兵、中型步兵相比，撒姆尼重步兵的装备要奢华得多。他们头戴配有冠状盔缨的头盔，身上穿着胸甲，还戴着单腿胫甲，这是后来罗马军团步兵的普遍装备。他们的盾牌类似罗马式盾牌，更接近于矩形而非圆形。

▲这是公元前 4 世纪的撒姆尼铜制三盘式胸甲。这种特色鲜明的护甲，由三个保护胸部和腹部的圆盘组成。

撒姆尼人有步兵和骑兵，他们有时候穿护甲，有时候不穿。轻步兵戴着有盔缨的头盔，盔缨五颜六色，通常是红色、白色和黑色。他们还会携带标枪，在遭遇战中使用。骑兵似乎穿着护甲，甚至是肌肉胸甲。不过，骑兵的旗手和低级军官好像不穿护甲。所有撒姆尼战士都带着头盔，这些头盔各式各样，有的没有装饰，有的配有羽毛或马鬃盔缨，其面罩也是活动式的。

后来，撒姆尼人的护甲被角斗士采用。竞技场中有三种角斗士：撒姆尼人、色雷斯人和高卢人。按照"撒姆尼人的方式"进行武装，在角斗士中是非常流行的。然而，到了角斗士的巅峰时代，撒姆尼人早已消失在历史的长河中。

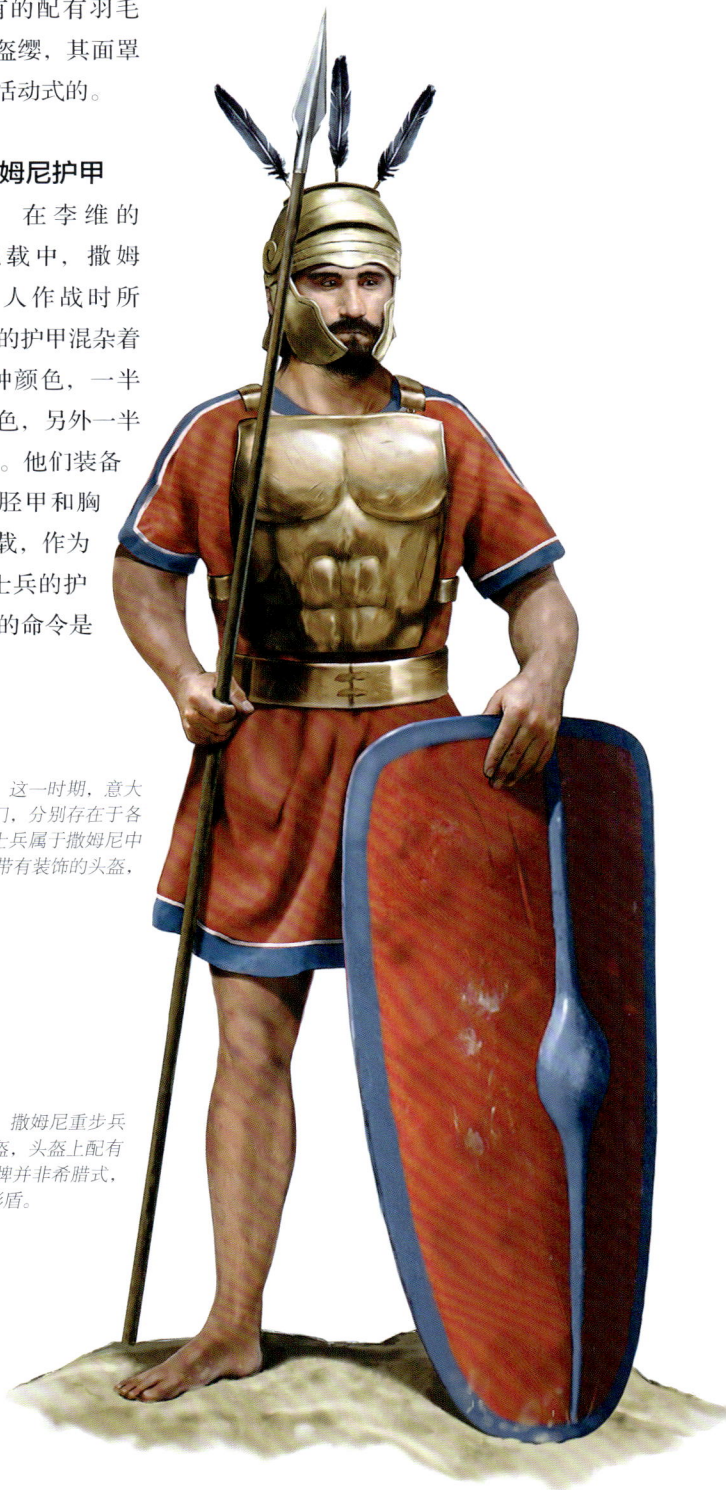

撒姆尼护甲

在李维的记载中，撒姆尼人作战时所穿的护甲混杂着两种颜色，一半是银色，另外一半是金色。他们装备着头盔、胫甲和胸甲。史料还记载，作为撒姆尼人的敌人，罗马士兵的护甲要朴素得多，他们收到的命令是用剑盾勇敢作战。

◀公元前4世纪，撒姆尼步兵。这一时期，意大利的武器和盔甲可谓五花八门，分别存在于各个部族的军队中。图中士兵属于撒姆尼中型步兵，他佩戴一顶带有装饰的头盔，还装备着盾牌。

腊式头盔小，有的类似于罗马共和国时期的头盔。他们用希腊式盔缨装饰头盔，比如头盔中央突起垂下来的盔缨，或是在头盔上交叉的彩色羽毛。盾牌不再是圆形，而是采用了后来罗马人使用的方盾样式，并且使用彩色图案装饰盾牌。盾牌的形状与兵种有关，重步兵、轻步兵和骑兵的盾牌各有不同。他们同时使用长矛和标枪。

▶公元前4世纪，撒姆尼长矛兵。撒姆尼重步兵装备精良，有肌肉胸甲和壶形头盔，头盔上配有排成一条直线的羽毛。他们的盾牌并非希腊式，也不是其他意大利军队使用的矩形盾。

坎帕尼亚人、沃尔斯奇人和塞农人

罗马的意大利敌人们并非都以同样的方式进行战斗。那些居住在平原和低地的人，往往采取与罗马人类似的战斗方式，而这些地区以外的人，即居住在高原上或亚平宁山脚下的丘陵地带的人，其战斗方式完全不同，他们的战术是由地形决定的。罗马人在与山地民族作战时，发现方阵不够灵活，不能应对不同的地形。他们需要新的阵形，因此发展出步兵中队军团。

这些意大利敌人的武器护甲，和罗马人的非常类似，其大部分都借鉴希腊风格，或者其他经阿尔卑斯山传入意大利的外来风格。

坎帕尼亚人

坎帕尼亚人可能起源于贯穿意大利半岛的亚平宁山脉，在公元前1000年左右迁徙至现代坎帕尼亚地区。他们与定居在意大利南部的希腊人发生了直接冲突，在交战中长期处于劣势。到了公元前5世纪中期，他们逐渐占据上风，最终将希腊人逐出了坎帕尼亚。此后，撒姆尼人开始入侵，坎帕尼亚人选择在公元前343年与罗马人结盟，共同对抗撒姆尼人。"坎帕尼亚人"这个名字是罗马人取的，他们从与罗马的结盟中获利，双方一直维持着盟友关系。

沃尔斯奇人和阿奎人

沃尔斯奇人第一次为罗马人所知是在公元前753年，那时他们刚迁徙至帕拉蒂尼（Palatine）山。沃尔斯奇人是山地民族，暴躁而富有攻击性，其中一部分人在罗马领土附近的波蒙廷（Pomentine）平原定居。沃尔斯奇人与邻居阿奎人是盟友，他们总是联合起来，为捍卫领土和荣誉而与罗马人交战，并长期处于战争状态。不过，当沃尔斯奇人受到外来威胁的时候，会对罗马人采取友好的政策。同样，当罗马人遭到其他敌对民族围攻时，沃尔斯奇人也会向罗马人出售谷物，帮助罗马人坚持下去。最终，沃尔斯奇人和其他民族一样，被罗马人吸纳，加入到罗马的扩张事业中。后来，他们当中产生了许多杰出的罗马人，比如对罗马军队进行大改革的马略，还有恺撒·奥古斯都皇帝，他们都是在原来的沃尔斯奇领地出生的。

阿奎人是比罗马人历史

▶ *公元前4世纪，坎帕尼亚骑兵。* 坎帕尼亚人组建了精良的骑兵部队，他们携带圆盾，可能是徒步作战而非骑马作战。图中士兵这顶装饰精美且特色鲜明的头盔非常值得注意。

装备类似于韦兰诺瓦人。他们身穿白色战袍，头戴壶形头盔。头盔中央有一个金属冠状物，顶部装饰着马鬃盔缨。据记载，盔缨有红色和白色。在头盔的底部，还有一圈帽檐。

塞农人

塞农人是凯尔特人的一支，生活在意大利北部和亚德里亚海沿岸。他们和其他凯尔特部族一样，好战而具有侵略性。他们和罗马人的战争超过了100年。公元前283年，塞农人被罗马人击败，不得不离开意大利，翻越阿尔卑斯山出逃。他们向东迁徙，与其他高卢部落一起前往东欧。后来，恺撒在高卢战役中再次遭遇凯尔特人中的塞农人，不过他们不是之前被逐出意大利的那些人。

塞农人似乎在战斗中只穿裤子，而不穿上衣，有些战士甚至裸体作战。他们携带一把宽阔的长剑，一面长方形盾牌，还带着长矛。他们也戴壶形头盔，脸颊部位有活动式面罩。有的头盔顶部有精美的装饰，这些装饰似乎会妨碍战斗，但确实令人印象深刻。

▼ 大约公元前300年，塞农人酋长。塞农人是凯尔特人，也是顽强的战士，他们于公元前4世纪洗劫了罗马。格子裤是典型的凯尔特风格，防护完善的头盔后来被罗马人仿制和改进，其盔缨不同寻常，相当有特色。凯尔特武器极大地影响了罗马武器的发展。图中战士是一位酋长，因此装备精良。他手下的人一般不会有这么好的装备，甚至可能裸体作战。

▲公元前4世纪，沃尔斯奇或阿奎步兵。意大利中部高地诞生了优秀的战士，他们一般装备了精良的盔甲和武器，例如圆盘状胸甲。装饰着马鬃盔缨的壶形头盔，是沃尔斯奇人和阿奎人的典型装备。

更悠久的意大利部族。他们与罗马人作战，与沃尔斯奇人结盟，以此捍卫自己的独立。罗马人与阿奎人之间最重要的战役，是公元前458年的阿尔杜斯（Algidus）山之战。最初，阿奎人似乎有希望获得战斗的胜利，但局势被罗马指挥官卢修斯·昆因克图斯·辛辛那特斯（Lucius Quinctius Cincinnatus）扭转。这次战役并没有使罗马人彻底征服阿奎人。不过，在第二次撒姆尼战役中，阿奎人最终臣服于罗马。

一般来说，沃尔斯奇人和阿奎人的

从方阵到军团

当罗马军队从方阵发展为军团，他们在某种程度上实现了标准化。根据武器和盔甲的不同，军团士兵划分为5种不同的类型，除了青年兵、壮年兵和预备兵这三种重步兵，还有轻步兵与骑兵。

武器和装备

轻步兵之外的其他士兵都穿盔甲，当时的盔甲通常是链甲，一般穿在白色战袍外面。虽然罗马士兵经常使用红色战袍，但白色才是他们最喜爱的颜色。大部分罗马战袍带有袖子，会开叉以方便使用武器，并一直延伸到膝盖以下，不过士兵们经常为了舒适和灵活将其剪短。

罗马长矛的长度和构造是统一的，其矛头相当坚硬。这种长杆武器被广泛使用，是从标枪发展而来的，由木制杆和矛头组成，也有铅制的金属杆。某些时候，长矛在命中目标后会弯曲。罗马标枪通常被认为是投射武器，而非长杆武器。

罗马在征服意大利时使用的剑，受到意大利南部的希腊殖民地的强烈影响。它比后来的罗马短剑要长，非常类似锋利的希腊式西佛斯（xiphos）剑。这种剑的剑刃与剑柄为一体，有方形护手，其剑柄多为木制与骨制，也有相对罕见的铁制手柄。它的攻击方式为戳刺，在整个地中海世界被广泛使用。

重步兵和骑兵都佩戴头盔，轻步兵可能佩戴其他种类的头盔，与重步兵的头盔类似。

▼ **公元前4世纪，罗马预备兵**。在共和国早期的军团阵列中，第三排也就是最后一排是预备兵。他们是资历最老的步兵，在战斗中组成最后一道阵线。他们的装备与其他士兵不同，只有在紧急情况下才会投入战斗。画中士兵正在"屈单膝"，这是部队的正式休息姿势。

▲**公元前6世纪，罗马早期战士**。当时的罗马战士还没有演化为军队士兵，他们穿着平民的日常服装。这是一种长袍，以折叠和褶皱固定，在某种程度上限制了身体活动。此外，他们有多种胸甲和武器可以选择，这取决于能够弄到哪一种装备。几乎所有意大利人和拉丁人都使用圆形盾牌，而且普遍佩戴头盔。

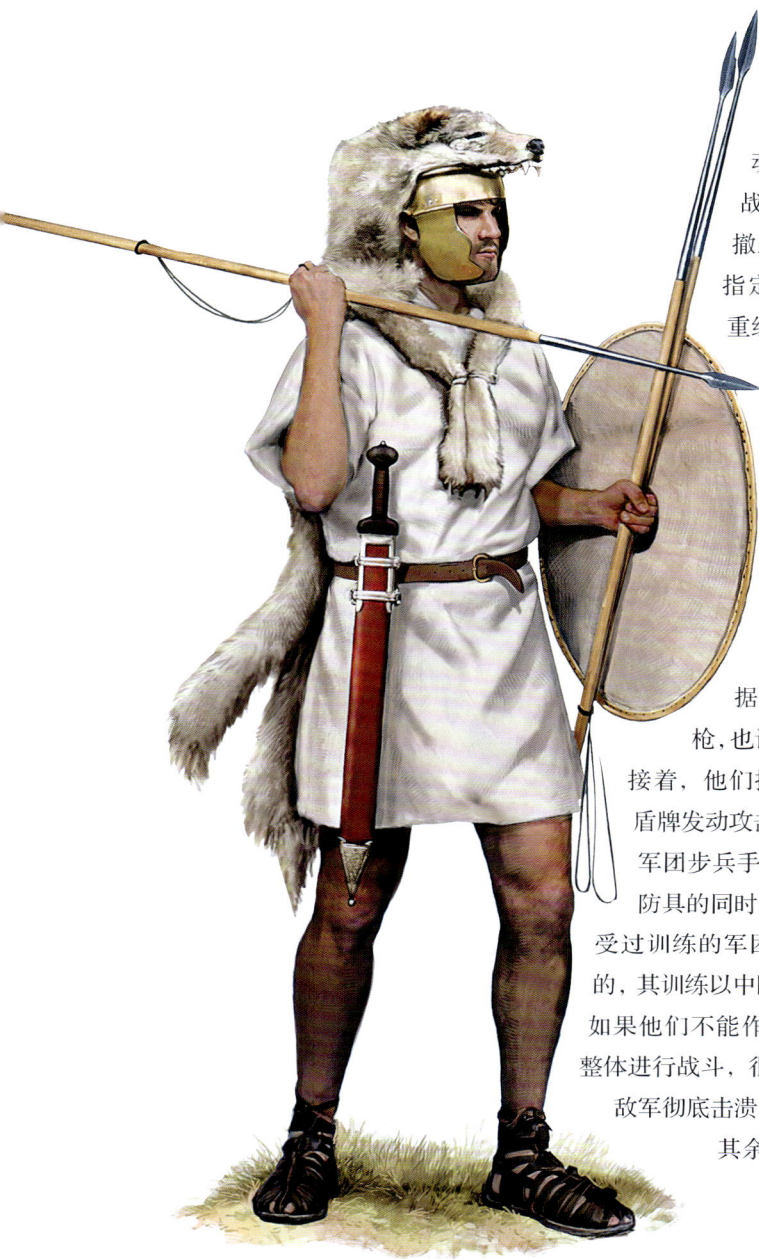

步兵将首先开始行动，当重步兵投入战斗之后，轻步兵会撤退到阵列之后，在指定的步兵中队身后重组。轻步兵撤退后，第一横队的重步兵，也就是青年兵，会举起盾牌向前推进。当他们进入标枪射程的时候（大约13—18米），会根据命令投掷第一波标枪，也许还会投掷第二波。接着，他们拔出短剑，搭配着盾牌发动攻击。值得一提的是，军团步兵手中的盾牌，在作为防具的同时，也是进攻的利器。受过训练的军团步兵是致命的，其训练以中队为单位。如果他们不能作为一个整体进行战斗，很容易被敌军彻底击溃。

其余两个横队的

重步兵，在青年兵身后等待参加战斗。如果敌人被轻步兵和青年兵击败，这些重步兵就不会参加战斗，或者只去清理敌军的散兵游勇，追击所有顽抗的敌人。罗马指挥官会命令壮年兵和预备兵在战场上休息，以保持他们的体力。这些人得到的命令是"曲单膝"，也就是右侧膝盖跪在地上。他们将盾牌放在前方保护自己，并握住长矛与地面保持45度角。他们虽然在休息，但已经做好了战斗准备。

▲ 公元前4世纪，罗马轻步兵。轻步兵是军团里最年轻的士兵，部署在军团阵列的前方。他们不穿盔甲，可能戴头盔，也可能不戴，装备着作为投射武器的标枪。

头盔可能是统一样式，也可能分为多种。所有士兵都使用盾牌，但骑兵的盾牌做了一些改动，变得更轻，更适合骑马作战。这个时期的便鞋，并非后来普遍使用的军用鞋，但塞农人可能会穿某种军用鞋。

步兵中队战术

这一时期的罗马人，以步兵中队战术而闻名。他们排成四个横队作战，轻

▶ 公元前4世纪，罗马壮年兵。壮年兵是组成军团阵列第二个横队的士兵，他们正值壮年，装备十分精良，通常穿着如图所示的链甲。这一时期的盾牌涂有不同图案，通常来说因军团而异。

布匿战争中的罗马军队

以步兵中队为基本单位的罗马军队，与迦太基人进行了一系列战争。此时，罗马军队分为四种不同的步兵：青年兵、壮年兵、预备兵和轻步兵。青年兵组成第一横队，是除轻步兵外最年轻的士兵。这一时期，也就是公元前3世纪的罗马士兵，仍然不是职业军人，他们是以小地主为骨干的征召兵。不过，战争变得越来越长，

▶公元前4世纪—公元前3世纪，罗马百夫长。百夫长是罗马军团从古代延续下来的最后象征。在漫长的岁月里，他们是军团的核心，以坚定勇敢的品质决定了军团的作战表现。罗马中后期的百夫长戴着特色鲜明的头盔，以此与麾下士兵相区别，不过这种头盔在此时还没有投入使用。

罗马军团开始在意大利以外的地区作战，使士兵们产生了一定程度的职业精神，这种精神在军队内部得到了认同。

共和国军团

共和国军团士兵可能穿着小型胸甲，这种胸甲只能保护身体的一部分。此外，他们戴着与原来的重步兵相同的头盔。这种壶形头盔以羽毛为装饰，盔缨从头盔顶部垂下来，或者直接穿过头盔中部。它能够保护每一侧脸颊，也为头部和咽喉提供了良好的防护，并且不影响视野。

重步兵

无论是百夫长还是普通士兵，都装备着标枪和盾牌。从共和国后期到帝国时期，盾牌变得越来越长。剑依然相对较长，为树叶状的双刃，

◀公元前220年，罗马军团步兵。装备精良的步兵是罗马军队的支柱和核心。这个健壮的士兵可能是壮年兵或预备兵，也可能是改革阶段的罗马军团士兵。在这一时期，所有重步兵的武器和护甲都是相同的。

其长度足够罗马人使用从盾牌后突刺的战术。不过，这种剑还不是著名的罗马短剑。

在这一时期，壮年兵和预备兵的护甲更好。他们穿着制作精良的链甲，其长度一直延伸到战袍最下方。链甲在此时成为军团士兵优先选择的护甲，它更容易穿着，也更灵活，能够较好地抵挡

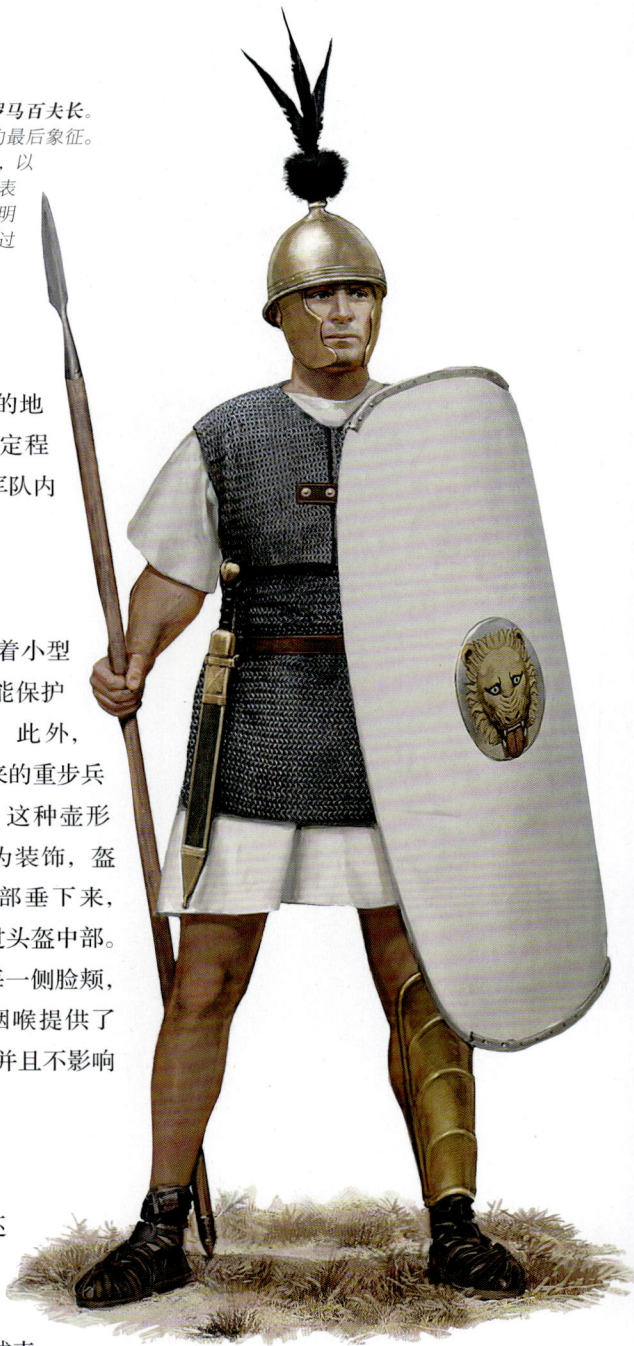

剑与标枪的攻击。这些士兵可能仍然装备长矛，但作为优势投射武器的标枪才是他们的首选。

　　这一时期，盾牌的特色更加明显，如果军团步兵把它竖在地上，它能达到腰部的高度。盾牌不仅是防御武器，还是进攻武器，和剑一起使用。军团步兵熟练地使用剑与盾，这种武器组合在你死我活的近战中是致命的。军团步兵的盾牌是统一设计的，以便在战斗中识别，而且这也表明他们所属的军团。

轻步兵

　　轻步兵是军团中最年轻的士兵，也最缺乏战斗经验，其名字的意思是"穿斗篷的人"。他们

的战袍与重步兵一样，但不穿护甲。他们戴着由动物皮毛制成的头饰，腰部的皮带上挂着罗马短剑，还装备着小圆盾与短标枪。他们在战斗中的任务，是以松散的队形进行小规模战斗，减缓敌人的进攻，尽可能损耗敌人，并尝试将敌人的阵形打乱。这些都应该在重步兵参加战斗之前完成。如果罗马军队处于防御状态，那么轻步兵应该在敌人进攻之前完成此项任务。在追击敌人时，或者在列阵战斗转为混战时，撤退到重步兵后面的轻步兵，会作为生力军参加战斗。

高级军官：罗马使节

　　作为罗马军团的高级军官，使节和保民官装备了更加昂贵的武器和护甲，这和他们在社会和军队中的地位相称，他们的衣服可依照个人喜好定制。他们的肌肉胸甲线条鲜

◀*公元前3世纪，保民官*。每个军团有6位保民官，他们的武器和盔甲类似军官，这与他们的社会地位相符合。他们也许是出色的军官，也可能是平庸之辈。他们和百夫长不是一个阶层，却被寄予厚望。优秀的保民官在军团里身先士卒，发挥着领导作用。

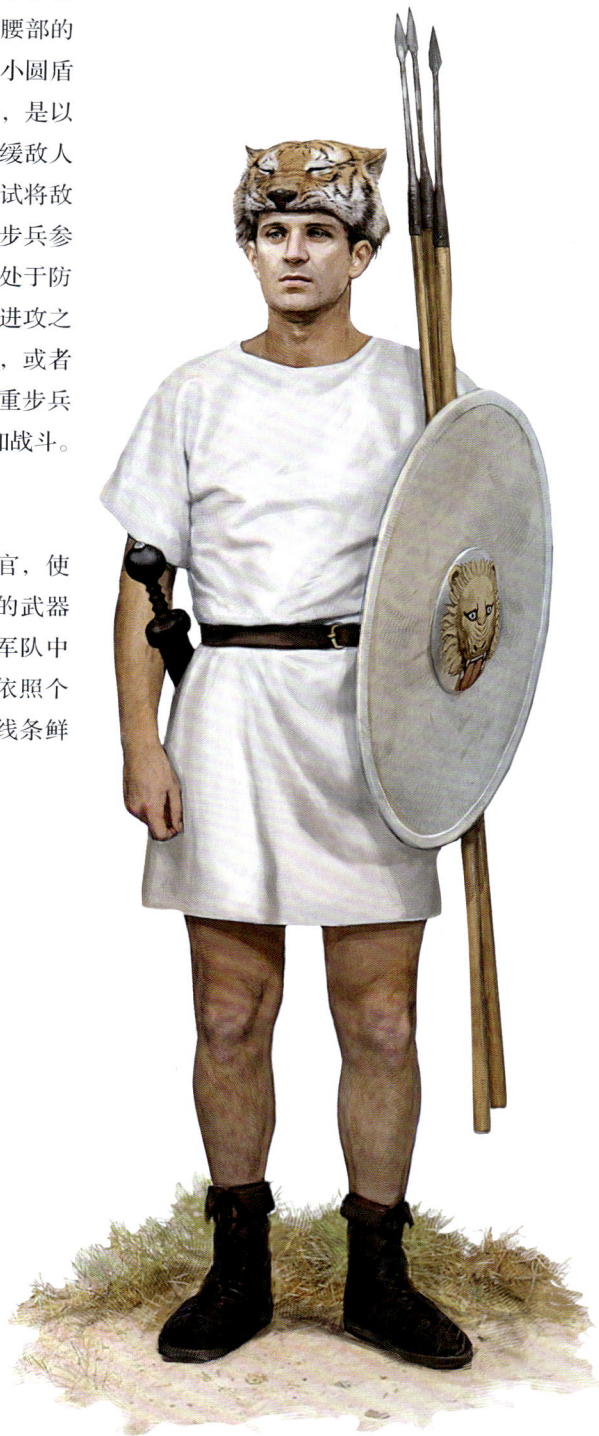

▲*公元前220年，罗马轻步兵*。这是轻步兵的另一幅绘画，清楚地表现出他们的装备是如何轻便。在军团从步兵中队改为步兵大队之后，轻步兵被废除，不再参加战斗。

明，装饰昂贵。他们的头盔是自费购买的，有些甚至是专门设计的。在战场上，高级军官可以轻易被识别出来，如果被敌人俘虏或者杀死，无疑是高昂的代价。高级军官们在胸甲的上面佩戴绶带以表示自己的军阶，其盔缨是白色或者红色的。

▼公元前3世纪，罗马使节。通常来说，使节是军团的指挥官，而且是高级军官。他们通常穿着肌肉胸甲，也可能穿着灵活的皮甲。一般来说，使节可以按照自己的意愿进行装备，但他必须与普通官兵相区别。

盔缨通常是两种样式，一种是固定在头盔中央的下垂式盔缨，另一种是希腊式硬质马鬃盔缨。他们的战袍是红色的，或者是装饰着红色长条的白色，还穿着红色的军用斗篷。他们的武器是短剑，也许只有一把匕首，有些人带着仪仗长矛作为军阶的象征。

百夫长

百夫长是军团的基石，指挥着百人队。他们似乎还指挥步兵中队，不过有些文献对此提出质疑。如果并非如此，军团内部就没有完整的指挥链了。指挥系统的中层可能是保民官和使节，也就是实际上的军团指挥官。如果直接把命令下达给百夫长，是无法实行的，也是灾难性的。

百夫长的装备与他麾下的士兵不同。他可能和军队其他高级军官一样穿肌肉胸甲，也可能和麾下的士兵一样穿链甲。百夫长可能会戴上胫甲，而普通士兵则不会。他的盾牌和士兵不同，其形状、尺寸和图案都不一样。百夫长的身上横跨着一条剑带，挂着他们的短剑。这一时期，他们的头盔和普通士兵一样。

营旗手和掌旗官

营旗手和掌旗官穿着各种各样的兽皮（熊皮、狮皮等），以此与军团普通士兵区别。他们的装备与其

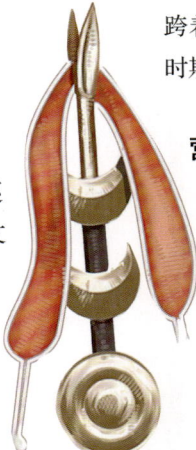

▶公元前3世纪，军旗手。旗手的装备主要是为了自卫，而不是进攻，因此使用小型盾牌。旗手这套特征鲜明的"军服"，是穿在盔甲外面的狮皮和熊皮。旗杆底部通常有一个铁尖头，以便插在地上。旗帜上方的织物，可能是军团的象征。

他士兵一样，只有盾牌稍小一些，且为圆形，这样就不会干扰他们携带旗帜。步兵中队的旗手因为任务需要而有所不同，他们没有穿护甲。军团旗帜由旗杆与旗标组成，旗杆顶部是军团的番号和标志，标志一般是动物，比如牛、熊、马，以及哺育罗慕路斯与雷穆斯的母狼。

骑兵

罗马骑兵是军团不可或缺的兵种。此时还没有发明马镫，因此精湛的骑术是骑手必备的技能。罗马式马鞍的设计，保证骑兵能稳健地骑在马上。在西罗马陷落、东罗马崛起之前，罗马骑兵都是辅助部队，其任务是进行侦察，或与敌人骑兵进行小规模战斗。他们不是罗马军团的主力。

▶ **公元前 3 世纪，罗马骑兵。**罗马军队以步兵为主，骑兵是辅助兵种。尽管罗马骑兵人数不多，但大都来自骑士阶层，武器和护甲都很精良。这种特征鲜明的头盔，让人联想起亚历山大大帝的伙伴骑兵。

骑兵一开始没有护甲，只有头盔和盾牌。他们使用轻步兵的圆盾，上面带有作战部队的标志。

骑兵头盔也是改良的希腊风格，顶部有小型马鬃盔缨。这种头盔无疑是罗马人自己的设计，其意图是同时保护骑兵的头部和颈部。骑兵装备着罗马长剑，这种武器由敌人的武器演化而来，也许是源自凯尔特人，罗马长矛也是如此。罗马骑兵通常骑马战斗，但也在不得已时下马徒步战斗。此后不久，罗马骑兵开始装备步兵头盔，军官的头盔没有护颊。

迦太基军队
公元前 264 年—公元前 146 年

迦太基人不仅在本国居民中招募士兵，也从盟友中招募雇佣兵和辅助部队，这些士兵在才能出众的指挥官的领导下，成为一支强大而坚韧的军队。

迦太基本土军队

这一时期，迦太基军队由本土士兵组成，其装备与罗马精锐部队一样精良。他们由步兵和骑兵两个兵种组成，都装备着圆盾，以及配有护颊的金属头盔，有些头盔顶部垂下彩色盔缨。步兵和骑兵皆使用剑和盾，也都戴着胫甲。骑兵的战马可能还穿着早期样式的胸甲，这种盔甲保护着马的胸部。

大象

除了上述的兵种之外，迦太基人还在战斗中使用大象。这个庞然大物在战场上是非常可怕的，象背上的士兵要么射箭，要么投掷标枪。罗马人会把大象的腿筋砍断，迫使象背上的士兵掉下来，并且在他们站起来之前将其杀死。罗马人不仅击败了拥有大象的军队，还学会了如何在战斗中使用大象。汉尼拔在翻越阿尔卑斯山的时候，只有一头大象存活，传说这一头是汉尼拔最喜爱的。

▶ **公元前 216 年，汉尼拔**。迦太基的汉尼拔是罗马有史以来遭遇的最强大的敌人——哪怕不是唯一，也是之一。这幅画中的汉尼拔是典型的迦太基高级指挥官的打扮，如此着装是为了在战场上醒目，以便与普通官兵相区别。

◀ **公元前 216 年，迦太基旗手**。他是迦太基本土核心部队的一员，穿着灵活的皮胸甲，小腿上装备有胫甲，头戴一顶防护完善的头盔。

雇佣兵

迦太基人小心翼翼地联合罗马的其他敌人，获得了许多外族部队的支持，也拥有了一些特殊资源。他们征召了努米底亚骑兵、西班牙骑兵以及各种凯尔特部队为自己作战。因为伊比利亚半岛此时是迦太基的领土，所以西班牙军队

▲这是一幅 15 世纪的绘画，描绘了汉尼拔翻越阿尔卑斯山进入意大利的史诗般的远征。

几乎可以算作迦太基的本国军队。但总的来说，跟随汉尼拔翻越阿尔卑斯山进入意大利的大军，是一支多国部队。

使用雇佣兵作战通常是危险的，特别是在雇主欠饷的时候。不过，有汉尼拔这样身先士卒的指挥官，这些士兵经常能获胜。雇佣兵忠于汉尼拔，相信他的能力可以克服一切困难。

不幸的是，我们对迦太基军队的了解，大部分来自二手史料，也有从古迹中收集到的零散信息。在第三次布匿战争结束时，罗马人从地图上抹去了迦太基城，并销毁了它的所有文献。因此，大量关于迦太基军队的信息消失了。

▶公元前 220 年，载着士兵的迦太基战象。古代许多军队都曾使用大象，迦太基军队并非唯一。在遭遇迦太基象之前，罗马人从未见过如此可怕的庞然大物。战象骑兵必须接受特殊训练才能保持镇定，象背上的他们在齐胸高的"箱子"的保护下战斗。

凯尔特人

为迦太基人而战的凯尔特雇佣兵，装备着自己民族的武器和盔甲。他们身穿链甲，头戴有护颊的金属头盔，还喜欢穿格子衣服和裤子，以及斗篷。有些士兵在战斗中不穿盔甲，甚至赤身裸体。所有凯尔特士兵都使用长剑，其盾牌类似于罗马人和伊比利亚人。除此之外，他们还携带长矛。

凯尔特链甲在设计方面与众不同，但其防护能力不逊色于罗马或其他民族的盔甲。

努米底亚人

汉尼拔麾下最有战斗力的部队之一，就是努米底亚轻骑兵。毫无疑问，他们是这个时代最有战斗力的专业骑兵。后来，他们疏远了迦太基人，转而为罗马人效力。他们不用马鞍，只使用非常简单的缰绳，主要用膝盖控制马匹。他们的战袍一直垂到腰部，唯一的防具是兽皮盾牌。努米底亚人携带3或4根轻型长矛作为投射武器，也用于肉搏战，他们精通这种武器的使用。努米底亚人不适合正面强攻，但在追击敌军溃兵时表现出色，还是小规模骑兵战斗的专家。

▲公元前216年，凯尔特剑士。凯尔特人生活在从不列颠岛到希腊北部的广阔地域。在各部落酋长的带领下，他们积极加入迦太基军队。刺青、金项圈和坚硬的头发是凯尔特战士的标志，另外还有被罗马人称作 spathae 的长剑，罗马人后来用这种武器武装自己的骑兵。

◀公元前216年，凯尔特旗手。就算不是所有军队都携带旗帜，但大部分军队都有。这根凯尔特旗杆可能曾属于罗马步兵中队，因为熊是罗马人喜爱的图腾。这个凯尔特人装备精良，盾牌上的图案很有特色。

努米底亚骑兵只在战斗开始阶段投入战斗，直到敌军崩溃之后，他们才会再次参战。在战场上，他们一直保持着体力与状态，这毫无疑问使他们成为可怕的对手。李维认为，努米底亚骑兵是当时世界上最好的骑兵。

努米底亚骑兵的优势之一是坐骑。他们的马匹比罗马的战马小一些，属于阿拉伯马，这也是后世拿破仑最钟爱的战马。努米底亚骑兵精于骚扰敌人，会在突击时散开，诱使敌军骑兵进行追击，从而破坏其队形。努米底亚骑兵的作战方式，类似于18世纪中期和19世纪初期的哥萨克骑兵，而哥萨克骑兵也被认为是那个时代最好的轻骑兵。公元前218年，努米底亚骑兵帮助汉尼拔在特雷比亚包围了罗马军队。公元前202年，当西庇阿入侵北非之时，努米底亚人转而去对付迦太基人。据说，努米底亚轻骑兵在扎马决战中发挥了关键作用。

后来，努米底亚骑兵一直为罗马而战。努米底亚国王为了保住国家，选择与罗马结盟。罗马人高度评价了努米底亚骑兵，尤其是他们出色的骑术。罗马人从未拥有过如此出色的骑兵，自此超越了许多骑兵强国。努米底亚人最终成为罗马帝国的盟友，他们向帝国臣服，成为帝国的一部分。

意大利盟友

当汉尼拔在意大利半岛纵横驰骋的时候，罗马的意大利盟友们，比如坎帕尼亚人、卢卡利亚人（Lucanian）和撒姆尼人，就公开抛弃了罗马，转而投向汉尼拔麾下，协助迦太基人——至少在汉尼拔持续获胜时是这么做的。与以前的战争一样，他们的武器和盔甲再次在实战中得到了证明。那些为迦太基人而战的部族很顽强，也长时间保持着忠诚。他们很久以前就对罗马充满仇恨，愿意为汉尼拔而战。罗马的报复不可小视，他们最终失去了自己的独立地位。

◀公元前3世纪，努米底亚轻骑兵。努米底亚轻骑兵是古代最好的骑兵之一，擅长迎战长矛兵与其他骑兵，在战场上来去如风。他们没有护甲、马鞍和马笼头，其缰绳也非常简单。他们有着高超的马术，常在冲锋时散开。这种战术非常有效，能扰乱敌人的阵形。他们后来为罗马人效力，得到后者的高度评价。

▼公元前216年，伊比利亚骑兵。汉尼拔军队中的"西班牙人"应该被称为伊比利亚人，因为伊比利亚半岛混居着多个民族，其中相当一部分是凯尔特人。这些伊比利亚人装备精良、训练有素，对汉尼拔的胜利贡献很大。图中骑兵的武器和护甲类似于罗马人。

坎帕尼亚人

卡普阿人，也就是坎帕尼亚人，并没有完全被罗马人同化。他们的公民权是有限的，因此谋求脱离罗马。坎帕尼亚人寄希望于帮助汉尼拔击败罗马人，这样卡普阿就能成为意大利最重要的城市。卡普阿靠近海洋，从北非或西班牙调来的军队可以迅速在此登陆，以此保证汉尼拔军队的兵力。汉尼拔的盟友，或者说意大利南部的"友好协议"国家，给他提供了军事基地。汉尼拔与意大利盟友之间的唯一问题是，这些盟友改换阵营不仅是因为他们与罗马之间的仇恨，还因为汉尼拔一直在取胜。汉尼拔面临的持久战，并不是他与盟友的优势所在。如果汉尼拔失败了，或者无法进行决定性会战，那些支持迦太基人的意大利人，就将面临罗马的复仇（令人恐惧的前景），而这正是最后的结果。在汉尼拔多次击败罗马人之后，坎帕尼亚骑兵加入了他们的行列。坎帕尼亚骑兵的装备相当简单，只有长矛或骑枪，没有盾牌和剑。他们可能装备着肌肉胸甲和弗里吉亚式头盔，头盔上有马鬃盔缨和羽毛，在每一侧太阳穴的位置还有小小的装饰"翅膀"。

▶公元前216年，非洲步兵。为汉尼拔而战的北非步兵，可能是迦太基本国人，至少其指挥官和骨干是。如图所示，他们的装备与罗马军团步兵没有什么差别。

撒姆尼人

撒姆尼重步兵也加入了汉尼拔军队，按照自己的习惯装备武器和盔甲。他们穿着战袍，用肩带固定三环胸甲，背部还有一块类似的铁甲。他们腰间的剑带上挂着剑，还带着矛或标枪。他们使用小圆盾，盾牌正面有图案，腿上戴着胫甲。

卢卡利亚人

卢卡利亚重步兵的武器和盔甲非常类似撒姆尼人。他们通常穿红色战袍，装备着胸甲、短剑、皮带、盾牌和胫甲。他们的头盔有护耳，但护耳无法移动。彩色羽毛和马鬃盔缨是步兵仅有的装饰。

卢卡利亚人定居于意大利南部，曾与罗马人结盟。公元前281年，伊庇鲁斯国王皮洛士在意大利南部登陆，卢卡利亚人选择与皮洛士结盟。9年后，皮洛士离开意大利，罗马人满怀怒火地攻击卢卡利亚人。罗马的征服非常残酷，当汉尼拔来到意大利，卢卡利亚人抓住了机会，再次投靠罗马的敌人。

伊比利亚形势（公元前218年—公元前213年）

最初，按照现代的标准，汉尼拔的军队非常庞大，大约有10万人，不过他们并非全部去了意大利。当汉尼拔离开西班牙进入高卢时，跟随他的士兵人数已经大为下降。很显然，一些伊比利亚士兵不愿意离开家园，大约有一万名士兵留在了西班牙。汉尼拔在高卢招募了一些士兵，还与高卢酋长结盟，以此保持军队的兵力。

◄公元前216年，伊比利亚骑兵。他们使用西班牙短刀，这是一种单面开刃的兵器，其下半部分是凹面，刀锋非常尖利。这种设计分散了重量，使士兵可以用它猛击，能砍断敌人的剑刃。据说，罗马人非常害怕这种兵器。

虽然迦太基在伊比利亚半岛的统治不得人心，但为汉尼拔作战的伊比利亚人展现出强大的战斗力，似乎汉尼拔的声望赢得了他们的忠诚。无论遇到什么情况，那些跟随汉尼拔进入意大利的伊比利亚士兵，都有着出色的表现。

当汉尼拔在伊比利亚集结军队的时候，罗马人没有坐以待毙。公元前218年，罗马派出一支军队从意大利入侵西班牙，希望在伊比利亚半岛战胜敌人。指挥军队的是两兄弟，兄长格涅乌斯·科尔涅利乌斯·西庇阿·卡尔乌斯（Gnaeus Cornelius Scipio Calvus）和弟弟普布利乌斯·科尔涅利乌斯·西庇阿（Publius Cornelius Scipio），这支军队在西班牙登陆，期望能抢在迦太基军队集结完毕之前，就一决胜负。当两位指挥官得知汉尼拔已经避开他们，并进入高卢的时候，不由得惊讶万分。

格涅乌斯·科尔涅利乌斯·西庇阿·卡尔乌斯带着军队继续进攻西班牙，他的任务是击败驻扎在这里的迦太基军队，而他的兄弟返回了罗马。双方军队在伊比利亚内陆周旋，尽管罗马人在陆地和海上多次获胜，但也没有取得决定性胜利。罗马人在伊比利亚的行动，确实阻止了本应去增援汉尼拔的军队，但此地不是决定性战场。罗马人最终在北非取得了决定性胜利，即公元前202年的扎马战役。

伊比利亚人

西班牙为迦太基军队提供了步兵和骑兵，他们都是可以信赖的士兵。伊比利亚人的部分起源是凯尔特人，其武器和盔甲是伊比利亚本土风格与凯尔特风格的结合。凯尔特人因为某种原因定居在伊比利亚，他们的战斗力远远胜过伊比利亚土著居民，对伊比利亚武器与盔甲的发展有着巨大影响。

伊比利亚人通常穿白色战袍，这种战袍一直垂到大腿中部。步兵和骑兵腰间都扎着皮带，用来悬挂剑与匕首。他们的剑棱角分明，有着较宽的剑

▶公元前216年，伊比利亚轻步兵。这个轻步兵戴着轻型头盔，其职责是在迦太基主力阵线前方进行小规模战斗。他们会佯装撤退，引诱急于求战的罗马人进入陷阱，坎尼会战就是如此。

◀公元前216年，伊比利亚步兵。迦太基军队中的伊比利亚步兵有时被错误地称为"西班牙人"。这是一名装备精良的伊比利亚步兵，不过他的胸甲相对落后，也许他会很快换上缴获的罗马盔甲，特别是链甲与胸甲。他们在特雷比亚、塔斯米尼湖和坎尼的战场上都能缴获到罗马盔甲。

刃与独特的剑柄。他们一般戴壶形头盔，也可能戴更加精美的凯尔特头盔，也就是尖顶头盔。有些头盔有护耳，有些没有。总的来说，伊比利亚人的护甲是合格的。

伊比利亚骑兵与轻步兵携带小圆盾，

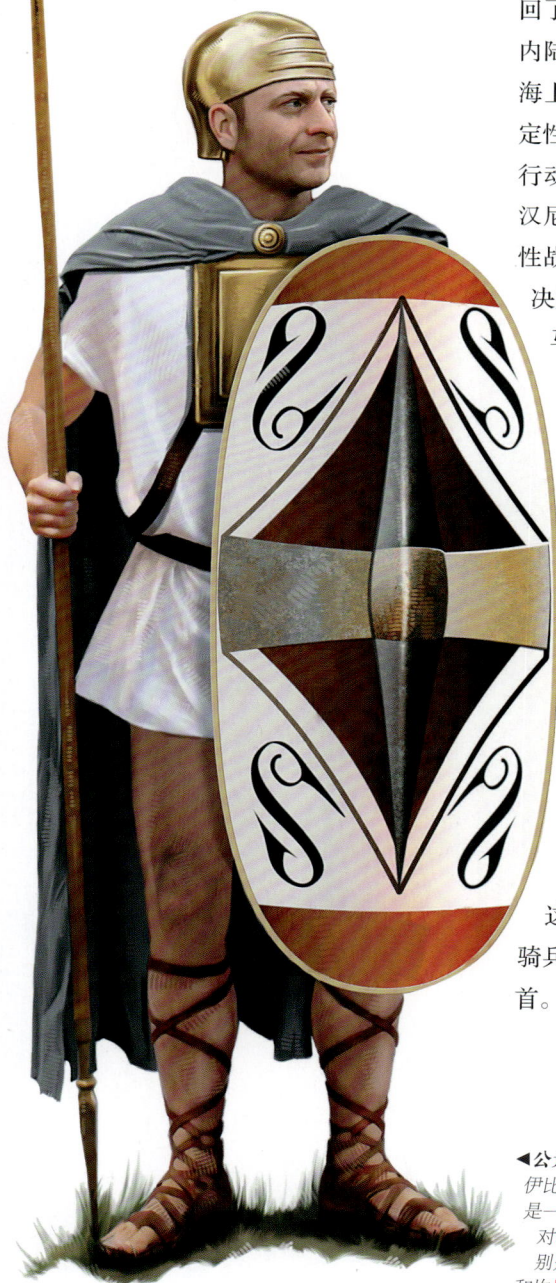

一般不穿盔甲。伊比利亚重步兵与罗马重步兵一样，装备着链甲，他们五颜六色的盾牌也与罗马盾牌基本类似。除了携带长矛，他们还在腰部的皮带上挂着宽阔的长剑。此外，他们似乎也戴着胫甲。

伊比利亚人戴着一种非常有意思的头罩，它不太像是头盔，也不太像是帽子。头罩是白色的，用动物肌腱制成。步兵和骑兵都带着这种头罩，骑兵使用的样式较为简单，步兵的头罩有点像兜帽，装饰着红色马鬃盔缨。

一般来说，汉尼拔军队中的伊比利亚步兵有三种，分别是剑士、标枪手和投石兵。如此分类的原因不得而知，但他们训练有素，战斗力突出，对汉尼拔的胜利有很大贡献。

古代世界广泛使用投石兵，这是犹太国王大卫用来杀死腓力斯（Philistine）巨人歌利亚（Goliath）的武器。投石兵是使用投射武器的轻步兵，通常不穿护甲。投石索由皮革制成，石头是投石兵仔细挑选的，以保证投掷出去后能够正确飞行，并且可以击中目标。这需要相当的技巧才能熟练操作，投石兵的近距离作战效果是致命的。

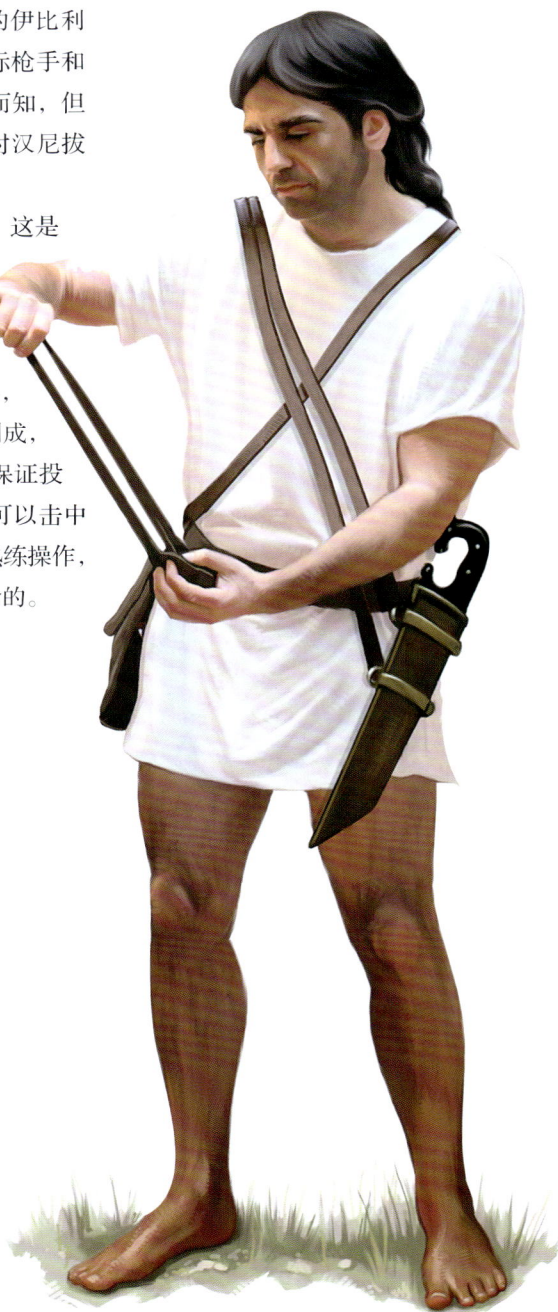

▲公元前 3 世纪，巴利阿里投石兵。将投石作为武器使用，可以上溯至公元前 1325 年的埃及人，以及公元前 7 世纪的亚述人。投石兵在战斗中列成散兵队列，把小而光滑的石头投掷出去。地中海巴利阿里群岛的投石兵最为著名，当时许多军队都喜欢招募他们。

◀公元前 216 年，凯尔特－伊比利亚重步兵。迦太基人在战场上部署了武器和盔甲都很精良的步兵。他们与罗马军团步兵一样，装备着链甲。这种甲的结构和罗马链甲相同，但设计有所不同。他们的尖顶铁盔令人瞩目，盾牌也很特别。

马其顿战争
公元前 214 年—公元前 148 年

罗马和马其顿之间发生了一系列冲突，也就是第一次马其顿战争、第二次马其顿战争、塞琉古战争、第三次马其顿战争和第四次马其顿战争。

两条战线

罗马在第一次马其顿战争中只耗费了很少的精力，原因是罗马正在与迦太基进行生死角逐，此时汉尼拔已经入侵意大利。虽然罗马派遣部队渡过亚德里亚海作战，但相比意大利和地中海西部的大规模战争，这场战争只是小规模冲突，而且胜负未分。最后，罗马与马其顿签订了停战条约。

第一次马其顿战争使罗马开始注意马其顿、希腊和地中海东部。此后，罗马进行了一系列战争，将这些地区全部纳入势力范围，并最终将其变为帝国领土。

马其顿的腓力五世一生都在对抗罗马，希望能够恢复马其顿在地中海东部的影响。他与罗马进行了两次战争，都以失败告终。公元前179年，当他去世的时候，马其顿仍然保持着独立。他将王位传给了儿子珀尔修斯，即独立的马其顿的末代君主。公元前168年，第三次马其顿战争爆发，珀尔修斯在皮德纳之战中败给罗马，马其顿从此失去了独立地位。此前，在第二次布匿战争中，马其顿加入了迦太基阵营，迫使罗马在两条战线作战。

马其顿人的武器和盔甲，与亚历山大大帝的常胜之师几乎相同，但后者差不多是一百年前的军队了。

▲公元前 168 年，皮德纳之战。此战决定了马其顿的命运，标志着罗马在希腊世界建立霸权。

色雷斯轻步兵

马其顿人在战场上部署了装备轻型武器的轻步兵，他们通常不穿护甲。

色雷斯投石兵是出色的战士，受到马其顿人的高度评价，后来也得到罗马人的赞誉。罗马吞并希腊和马其顿之后，也招募了这些士兵。色雷斯长矛和罗马

◀大约公元前 200 年，色雷斯轻步兵。这个不穿护甲的轻步兵有两点值得注意，一是他头盔上的面罩，二是头盔本身。这种头盔被称为弗里吉亚头盔，亚历山大大帝的重步兵就佩戴这种头盔。

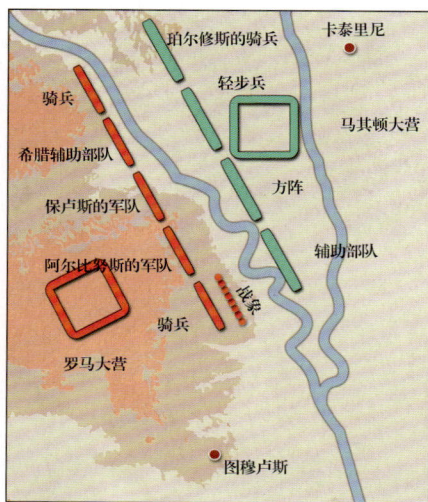

▼这是一枚古希腊硬币，上面的画像是马其顿国王珀尔修斯（大约公元前 179 年至公元前 168 年在位），他在皮德纳之战中被罗马人俘获，然后被处决。

标枪一样，既可以投掷，也可以在近战中使用。这是一种多用途的武器，在马其顿、色雷斯和希腊很常见。

马其顿重步兵

　　马其顿重步兵的装备类似于希腊重步兵，继承了亚历山大大帝的方阵步兵的传统。方阵步兵由希腊重步兵发展而来，是一种在方阵中作战的步兵。战场上的马其顿重步兵仍旧列成方阵，罗马军队在意大利中部山区作战时，发现方阵不够灵活，崎岖的地形会破坏方阵，其侧翼很容易被突破，导致惨重的伤亡。后来，这种情况也发生在马其顿人身上。

罗马军队在实战中证明，他们在一切地形中都优于马其顿方阵。

　　希腊重步兵的装备和马其顿方阵步兵相似，虽然他们也使用其他样式的头盔，但大部分头盔是希腊式或者马其顿式，后者也是弗里吉亚式头盔的一种。这是因为克里特文化在希腊和马其顿都产生了广泛影响。

　　盾牌是圆形的、由木头制成，表面覆盖青铜或者紫铜。虽然剑不是步兵的主要武器，但也可能装备。重步兵和方阵步兵的首选武器是长矛，当他们在战场上列成方阵时，

◀大约公元前200年，色雷斯步兵。 色雷斯人与马其顿人结盟对抗罗马人，他们都是古希腊人。这是典型的中型步兵，其武器较好，但盔甲防护不足。他的长刀引人注目，类似于日本战士刀。

▲大约公元前200年，色雷斯投石兵。 马其顿人和其他民族一样，使用投石兵作为投射部队，而色雷斯人也有投石兵。虽然这种武器的射程相对较短，而且在相同距离的杀伤力也比不上弓箭，但依然是一种颇具威胁的武器。

长矛会从盾牌后面伸出，那致命的矛尖是方阵的主要威力所在。这一时期，步兵可能戴胫甲，也可能不戴。方阵步兵的戎服可能在某种程度上是统一的，他们的武器、盔甲和头盔也是如此。然而，毫无疑问的是，盔甲样式是有区别的，盾牌的设计也略有不同。

希腊和马其顿步兵

马其顿人就是古希腊人，自从亚历山大大帝征服希腊之后，马其顿人就统治着希腊。马其顿北部的色雷斯人是另一个民族，他们富有侵略性，其观念和行动都是部族式的，马其顿人很难统治他们。马其顿战争之后，罗马占领了色雷斯。色雷斯人是优秀的战士，具有出色的战斗技能，是得到普遍赞誉的轻步兵。

在马其顿与罗马交战的时代，希腊和马其顿步兵已经处于发展的末期。实际上，他们的时代过去了，他们将与方阵一起被时代淘汰，并最终败给以百人队、步兵中队和军团编制组织起来的罗马步兵。公元前168年的皮德纳之战表明，罗马的步兵中队军团完胜希腊方阵。

重步兵的装备和训练仍旧停留在亚历山大时代。他们的主要武器还是长矛，而他们的罗马敌人已经普遍装备更加灵活的盾牌和短剑。罗马人训练有素，能用盾牌推开马其顿人和希腊人的长矛，迅速冲进长矛的戳刺范围内，用短剑杀死敌人。

骑兵

自亚历山大时代起，马其顿骑兵就有优良的传统。他们是马其顿国王在战场上直接指挥的精锐部队，追随国王征战四方。

马其顿骑兵分成两种，轻骑兵和重骑兵。轻骑兵不穿盔甲，也可能不戴头盔，甚至可能穿着平民服装，其武器是矛与剑。

▲公元前200年，马其顿骑兵。马其顿骑兵的装备与步兵类似，其战斗力已经大为衰退，无法与亚历山大大帝的伙伴骑兵相比。

马其顿重骑兵看起来有些像骑马的方阵重步兵。这些骑兵可能穿链甲，武器和轻骑兵类似，但戴着重步兵的铁制或皮制头盔，其轮廓类似于弗里吉亚头盔。此外，他们也可能穿肌肉胸甲。他们装备着剑盾，以及两三支用于投掷的短矛或标枪。他们中的大多数人就算不参加战斗，也会穿上军用斗篷。

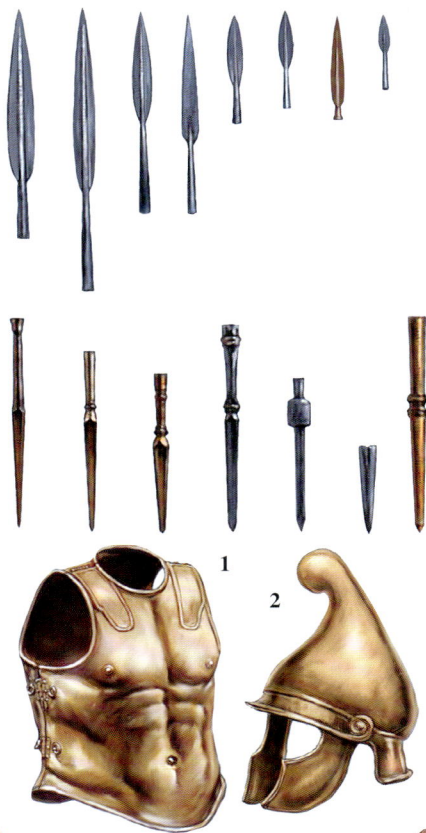

◀**公元前200年，马其顿标枪和护甲**。这些矛尖与枪尖（上一排）都是马其顿人使用的，下面对应的矛鐏（下一排）也是。长柄武器也许不是部队的制式武器。铜制肌肉胸甲（1）是马其顿重步兵使用的一种铠甲，与传统的弗里吉亚头盔（2）一样，都是亚历山大时代使用的。

▶**大约公元前200年，马其顿步兵**。与罗马人交战的马其顿步兵，是亚历山大的无敌之师的后辈，亚历山大的军队在100年前几乎未尝败绩。马其顿步兵的服装、护甲、武器，特别是弗里吉亚头盔，仍然停留在马其顿方阵所向无敌的时代。这幅画展示了带有护颊的弗里吉亚头盔以及肌肉胸甲的细节。我们还可以清楚地看到矛尖和矛鐏，它们由钢或铁制成。

◀**公元前4世纪，希腊重步兵**。希腊重步兵是马其顿和罗马步兵的前辈。他们戴着希腊式头盔，穿着灵活的皮制胸甲，手持长矛与盾牌，在战斗中组成方阵。在这个时代，方阵已经过时，即将被罗马军团取代。

武器和护甲

古代世界的武器发展，特别是某些金属武器的发展，始于公元前3000年左右的铜器时代。锻造金属合金首先在中东地区出现，当时铸造的是铜锡合金，也就是青铜（现在称之为黄铜，由大约90%的铜和10%的锡组成），这种金属使古代军队更容易统一武器和盔甲。

武器科技

大约公元前1200年，铜器逐渐被铁器取代，古代世界开始进入铁器时代，铁器最早出现在小亚细亚的安纳托利亚。随着技术进步，工匠们把铁与碳结合，生产出原始钢铁。当冶金学进一步发展，他们可以锻造出更先进的武器，武器的

▼公元前5世纪—公元前2世纪，头盔。1到8展示了这300年里凯尔特头盔的演变，它的装饰更少，也更为实用，顶部的尖顶缩短，增加了实用的护颈。5和6大约是公元前400年的。1、7、8大约是公元前300年的。2大约是公元前200年的。3和4大约是公元前100年的。罗马共和国晚期与帝国时期，凯尔特头盔对罗马的影响非常明显。9和10是撒姆尼头盔。11和12是伊特鲁里亚头盔。

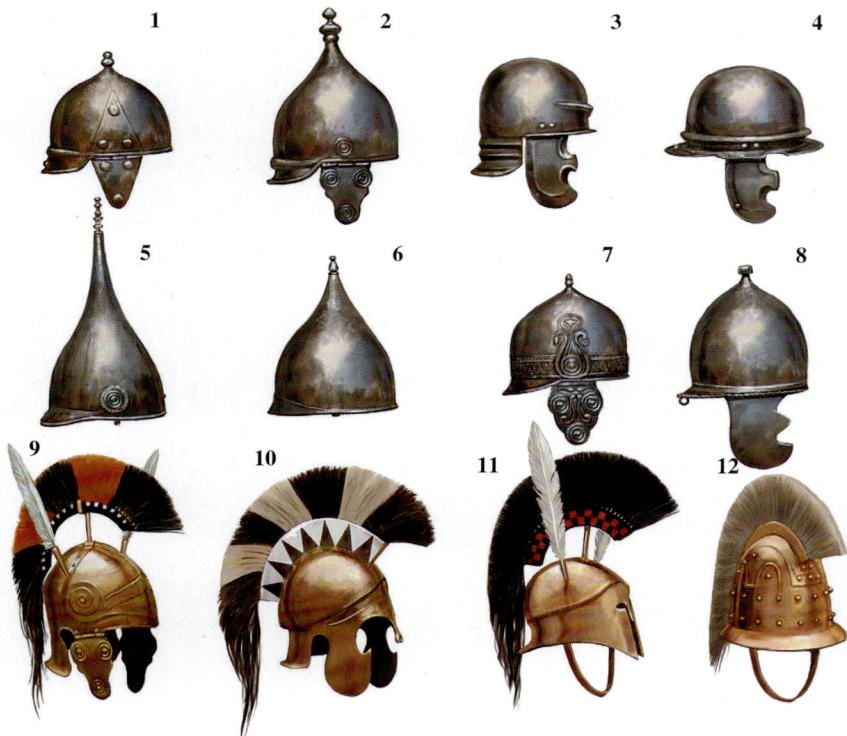

▲公元前6世纪—公元前3世纪，盔甲。1. 坎帕尼亚胫甲。2. 坎帕尼亚翼头盔，撒姆尼人也佩戴类似的头盔。3. 伊特鲁里亚肌肉胸甲、希腊式盾牌和蒙特福尔迪诺（Montefortino）式头盔。

▲公元前6世纪—公元前3世纪，铠甲。1. 伊特鲁里亚三盘式胸甲。2. 坎帕尼亚肌肉胸甲。3. 罗马军团步兵的链甲。

寿命变得更长，也更致命。铁器并没有同时传播至所有民族，它从小亚细亚向西传播，传向欧洲中部地区。有趣的是，到了公元前8世纪，铁器才传播到不列颠岛，而传至北欧的时间还要再晚200年。

当铁器时代降临欧洲，罗马已然成为意大利中部的强权。随着国家发展，战士转变为士兵，他们因铁器时代的到来而受益匪浅，从此拥有了钢铁武器和盔甲。

随着冶铁技术向西传播，对于大多数好战的民族来说，其武器和盔甲的发展路线是相似的。他们受希腊的影响很大，尤其是那些定居在希腊殖民地附近的民族。早期的罗马人、伊特鲁里亚人以及其他意大利民族，都使用希腊风格的武器和盔甲。希腊头盔可以保护头部和脸部，这种装饰着马鬃盔缨的头盔在意大利半岛很常见，但意大利半岛诸民

族的武备并非只受到希腊的影响。

凯尔特部族持续不断地在欧洲迁徙和劫掠。这一时期，他们入侵了希腊半岛、不列颠诸岛和伊比利亚半岛。当凯尔特人迁徙和劫掠的时候，他们的头盔、盾牌和武器为人所知。他们与意大利半岛上的"军队"进行战斗，一些人被当地部族俘虏，还有一些人成为雇佣兵。罗马人见识了凯尔特人的装备，开始吸取他们的长处。这种跨区域的文化交流，对罗马的武器和盔甲产生了持久影响。

头盔

头盔有各种各样的设计，其中一些相当古怪。在罗马军队的早期，有两种头盔是主流，一种是完全遮住面部的希腊式头盔，配有彩色马鬃盔缨；另一种是壶形头盔，一般安装有护颊以保护脸部，护颊也可能是与头盔一起浇铸的，第一种护颊可以调节，第二种护颊是固定的。完全遮住面部的希腊式头盔逐渐演变，或者与壶形头盔相结合，后者更加舒适实用。

头盔顶部装饰着下垂的马鬃盔缨，或是从头盔前方延伸到后方的羽饰，或与佩戴者的肩膀平行。最后一种在罗马百夫长中非常流行，佩戴这种头盔使他们在军团里非常显眼。

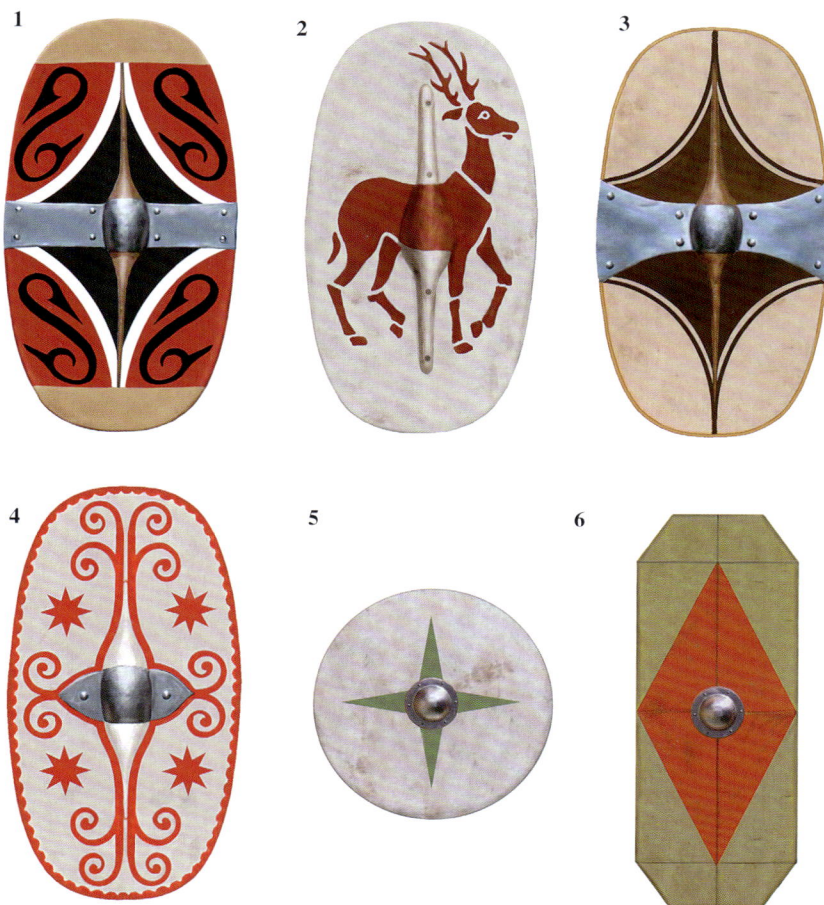

▲公元前6世纪—公元前3世纪，盾牌。这些盾牌分别是凯尔特式（1-4）和日耳曼式（5-6）。其中，4是典型的达契亚盾牌，5是许多蛮族步兵和骑兵都使用的盾牌，6是日耳曼式盾牌的另一种类型。

▼公元前6世纪—公元前3世纪，盾牌。1. 韦兰诺瓦式浮雕铜制盾牌。2. 大圆盾的一种，这是重步兵使用的希腊式圆盾。3. 普通的圆盾。4. 这是非常典型的罗马式盾牌，通常覆盖着保护性织物，相比蛮族而言，罗马军队的盾牌样式更加统一。

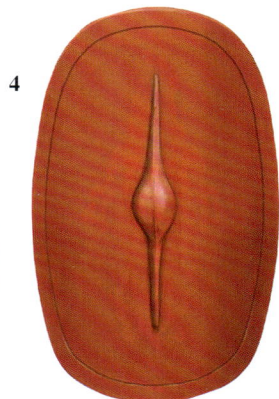

盾牌

大多数盾牌都是用木头制成的，或者是把木条粘在一起，用钉子固定。盾牌背后有一个横把手，士兵在作战时会握住这个把手。盾牌正面通常会覆盖金属，或用金属条加固，以此增加强度。盾牌一般是圆形、椭圆形或矩形。盾牌可能是平的，但罗马式盾牌通常都是弧面，这更好地保护了持盾者。罗马军队使用的战术，要求士兵们在战斗中握紧盾牌，形成对抗敌人的防御墙。

剑

布匿战争对罗马军事文化产生了持久的影响。战争期间最重要的进步之一，就是发展出西班牙短剑，也就是所谓的gladius Hispaniensis。这是一种细长的兵器，双面开刃，顶部是锥形尖刺。剑柄与剑鞘皆是木制，提洛（Delos）岛出土的实物表明，剑柄由三个木制部件组成。剑常常挂在腰带上，剑柄两侧各有一个环，这使士兵可以把剑佩戴在身体的任意一侧。剑与匕首看起来都是西班牙式的，但罗马人生产的剑更加朴实无华。

这种剑缺乏装饰，完全是为实战而设计，其剑刃锋利无比。后来，剑逐渐变短，产生了美因茨（Mainz）式与庞贝式两种新样式。在演变过程中，剑更加追求灵活性，装饰也更华丽。有些剑安装了手绳，以防止在战斗中遗失。

虽然短剑可以用来劈砍，但其主要攻击方式是戳刺。罗马步兵用盾牌搭配短剑，这种武器组合极具威胁。罗马骑兵使用更长更宽的剑，即罗马长剑，它

▶**公元前3世纪—公元前1世纪，剑和标枪。**1是角斗士剑，或者叫罗马短剑，它插在剑鞘中，悬挂在制式皮带上。皮带上还挂着罗马匕首，钉着金属链。这些垂下来的金属链位于皮带前方，以保护士兵的腹股沟。2是罗马长剑，一般作为骑兵武器，它的长度足以在马背上使用，特别是对付步兵，它仿制了凯尔特人和日耳曼人使用的长剑。3–6是各种罗马标枪，由木柄和铅杆组成，如此设计是为了增强矛尖的冲击力，以击穿对手的盾牌。铅是一种柔软的金属，会在木柄的推力下弯曲，插入盾牌后很难拔出来。如此一来，敌人的盾牌就无法再使用，他们不得不丢下盾牌。

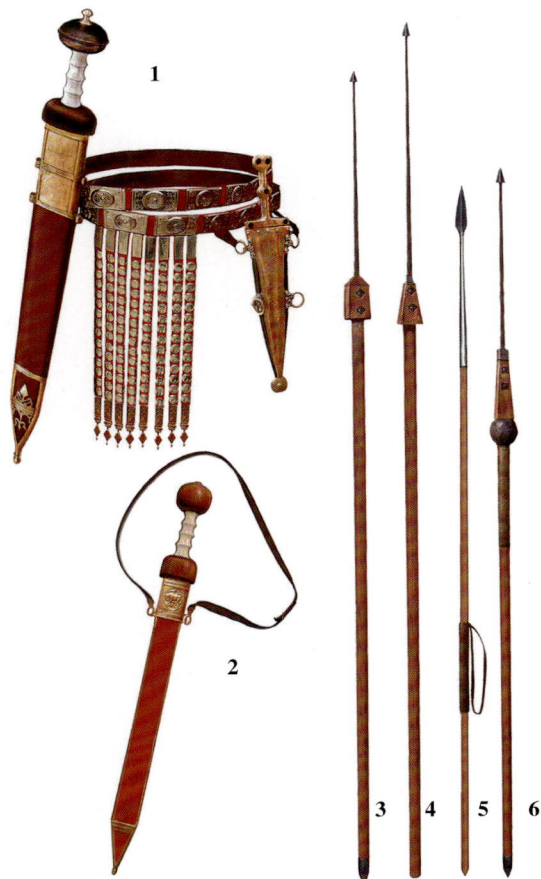

▼**公元前1世纪，军团旗帜。**罗马军团携带各种各样的旗帜，它们对于部队来说都很重要。1是鹰旗，最早出现在马略时期，一开始是银制，后来改为金制，每个军团只有一面。2和3是百人队的旗帜，有很多种样式，这是其中两种。2的顶端是花环与手掌，象征着赫赫战功。

非常适合骑兵作战。有些辅助步兵也会选择长剑，大概是因为遵循传统。

罗马长剑可能由凯尔特阔剑演化而来。阔剑是出色的武器，是用诺里克（Noric）钢制成的，源自奥地利的诺里库姆地区。这种钢及其制造的武器广受赞誉，被罗马人大量使用。

铠甲

这个时期有很多种类的铠甲。有的铠甲只能保护身体的一部分，由粗糙金属板组成。有的铠甲则非常精致，例如金属胸甲，它能保护士兵的前胸与后背。罗马人还使用普通皮甲，以及缝上金属板的皮甲和布甲。不过，罗马人最好的铠甲是链甲。

罗马链甲的防护不如后来的中世纪链甲，但罗马链甲更轻，穿在身上也更舒适。制作一件罗马链甲，大约需要20000片锁环。罗马链甲的部分重量，可以通过佩戴腰带，以及肩部的额外填充来分担。穿在链甲下面的厚战袍进一步

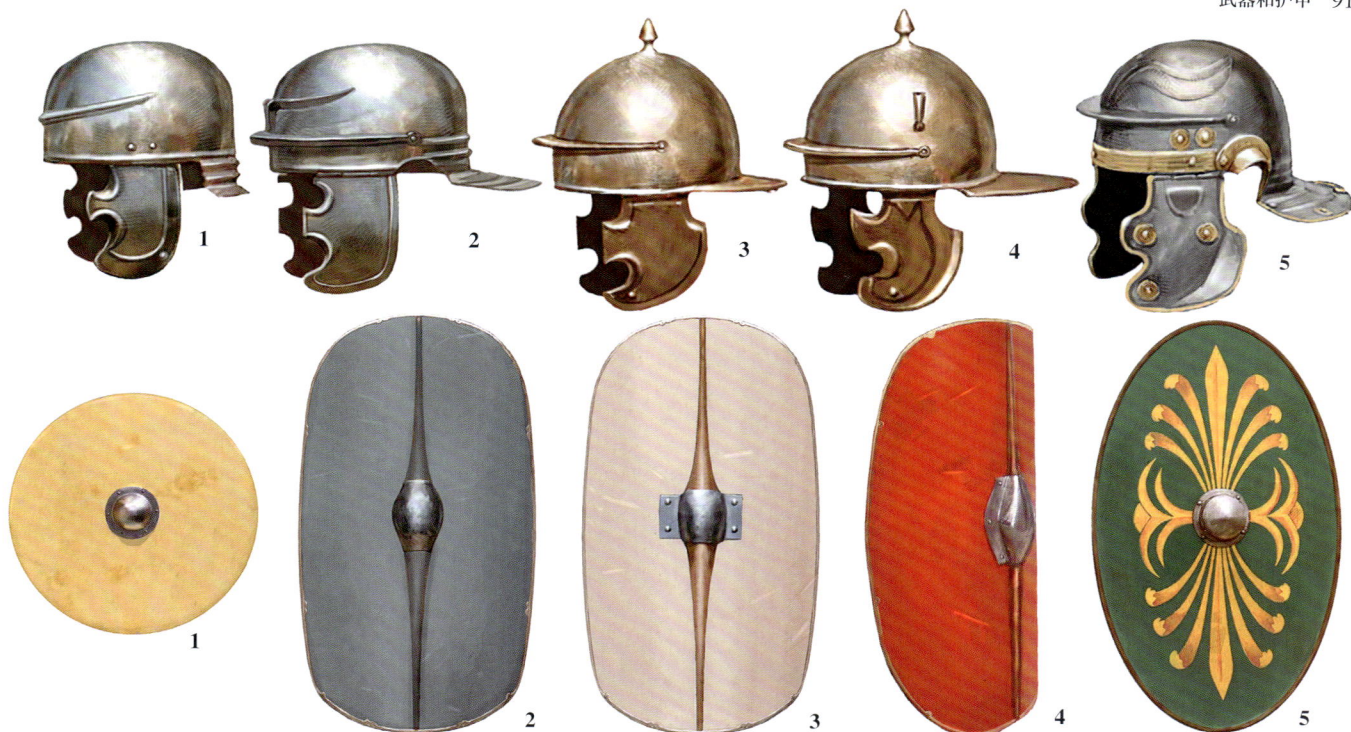

▲公元前 2 世纪—公元 1 世纪，头盔。各种各样的罗马头盔，展示了头盔设计的演变和凯尔特人的影响。值得注意的是，罗马人开始使用护颊和护颈。1 和 2 用于公元前 1 世纪，3、4 和 5 用于公元 1 世纪，这是罗马军团头盔发展的缩影。

▲公元前 2 世纪—公元 1 世纪，盾牌。1 是蛮族骑兵使用的圆盾，罗马辅助骑兵有时也使用这种盾。2、3 和 4 是罗马步兵盾牌，在共和国时期一般是圆角矩形。注意盾牌中间的突起部分，它可以在近战中用来攻击敌人。5 是罗马辅助步兵使用的盾牌。

▼公元前 2 世纪，战马及其装备。罗马骑兵的战马装备着精致的罗马式马鞍。右侧也是罗马人使用的两种马具，但并不常见。

提高了舒适度，并且在很大程度上增强了防护。早期链甲较长，在帝国时期开始变短，只能到腰部。链甲能有效地防御刀剑的击砍，但对箭矢的防御效果较差。

战马

这一时期还没有发明马镫，所以骑手技能的重中之重是在马鞍上保持稳定。努米底亚轻骑兵那样卓越的骑手，在当时是不常见的。马鞍是固定的，以帮助骑手稳定自己的位置。骑手通过缰绳控制马匹，其腰部和膝盖的用力也很重要。重骑兵的战马有时戴着护甲，这提高了战马的生存能力。不过，对轻骑兵来说，护甲只会拖慢速度。

鼎盛时期的罗马
公元前 146 年—公元 235 年

　　罗马消除迦太基的威胁后，开始通过征服和殖民来扩张海外领土。罗马在控制意大利半岛和伊比利亚半岛之后，成为事实上的海上霸主，地中海很快变为罗马的"内湖"。罗马征服了高卢，也就是现代的法国，其疆域到达莱茵河和多瑙河边界。罗马远征不列颠岛，最终占领其大部分地区，使不列颠岛成为罗马帝国最北的边界。随着罗马军队征战各地，罗马文化也向四方传播。直至今日，人们依然能看到和感受到罗马留下的影响。

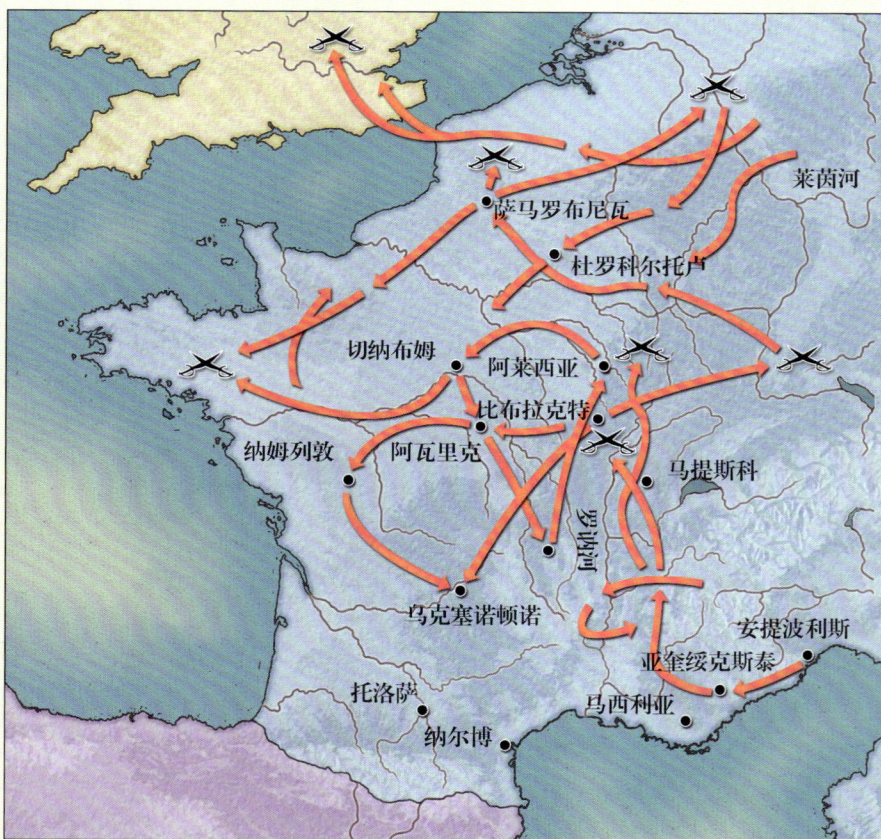

▲ 恺撒征服高卢的进程，这幅图展现了他在这个地区的行军路线。

◄ 罗马堡垒一般都遵循特定布局，拥有浴室、厨房、铁匠铺、军械库，以及其他必要设施，可以自给自足。这是伦敦堡垒的想象图，可能修筑于哈德良巡视时期，其中部分建筑保存至今。

罗马内战

罗马和其他陆上强权国家不同，是称霸海洋的帝国。在扩张过程中，罗马表现出能在同一时期进行一场以上战争的能力。随着罗马军团的发展，罗马拥有了这个时代最好的军队，其优势将持续数个世纪。罗马士兵坚韧、无情、训练有素，在战斗中几乎无人能挡。

这一时期，罗马军团面对的最险恶的战斗，可能是连续的三场内战。罗马军团首先忠于指挥官，士兵们极其尊敬他们的指挥官，愿意为他赴汤蹈火。罗马军团的格言是 "Senatus Populus que Romanus"，常缩写为 SPQR，即 "为了元老院和罗马人民"。这一格言常出现在军团旗帜上，后来被指挥官的名字和头衔取代。

罗马军队要同时面对东面和北面的敌人，因此被分散部署，以此防备各种 "蛮族"。"蛮族" 这个术语，一般用来形容罗马人之外的所有民族。在这个时期，罗马军团频频涌现出优秀指挥官，他们为罗马留下了充满荣耀的征服记录，也为自己赢得了威望与权力。在膨胀的野心的驱使下，他们开始胡作非为。这一

▲ SPQR 是拉丁语 "为了元老院和罗马人民"（Senatus Populus que Romanus）的缩写。

时期，罗马共和国遭受了最严峻的考验，而且因此走向终结。共和国末期，由于人民对官僚统治的厌恶，罗马成为由世袭皇帝统治的帝国。元老院被延续下来，旧共和国的其他外在装饰也保留着。不过，罗马从此被皇帝的权力主宰，人民在政府中没有代言人。

第一次内战

罗马历史上有三次内战。第一次是卢修斯·科尔涅利乌斯·苏拉和盖乌斯·马略争夺最高权力的战争。苏拉是军队指挥官，他带领一支军队进军罗马。马略则是军事改革的发起者，将罗马的公民兵军队改为职业军队。

两大 "巨人" 之间的对决始于同盟战争（公元前91年—公元前88年）时期，

▼ 伟人庞培，罗马共和国晚期最有权力的军事和政治领导人之一。

当时罗马的意大利盟友起兵反抗，最终被罗马镇压。公元前88年，苏拉向罗马进军，用武力夺取了这座城市，并发布 "公敌宣告"，大肆屠杀反对他的人。马略最终死于公元前86年，苏拉将权力交还元老院后选择退休。

第二次内战

接下来的这次内战，是因为 "前三头同盟" 的设置而起，这种制度即当时权力最大的三个人共享罗马的统治权：恺撒、庞培、克拉苏。三人当中，庞培被称为 "伟人"，而克拉苏镇压了斯巴达克斯奴隶起义。公元前53年，克拉苏率军与帕提亚人作战，阵亡于卡莱战役。从此之后，三巨头减少为两人。恺撒和庞培之间的对抗，最终导致内战爆发，这是罗马历史的一个转折点，最终使罗马成为由世袭皇帝统治的帝国，这意味着旧共和国的灭亡。

公元前58年至公元前51年，恺撒征服了高卢。公元前66年，庞培最终在米特拉达梯战争中取胜。两位强权人物之间的权力之争到了紧要关头。恺撒带着

▼ 公元前48年的法萨卢斯战役是尤利乌斯·恺撒的伟大胜利，他在这场战役中战胜了拥有兵力优势的伟人庞培。

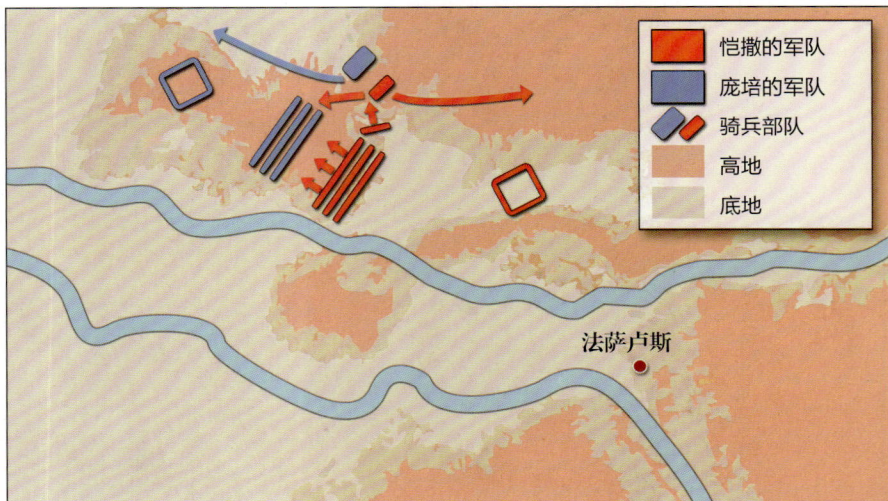

图例	
恺撒的军队	
庞培的军队	
骑兵部队	
高地	
底地	

法萨卢斯

▲一枚德拉克马（tetradrachma）银币，上面的画像是米特拉达梯六世（Mithridates Ⅵ），他有时被称作本都大王。米特拉达梯是波斯和希腊的共主，与罗马进行了三次战争。

一个军团渡过卢比孔河，与庞培开始了内战。这场战争从公元前49年持续到公元前45年，在公元前48年的法萨卢斯决战中，恺撒击败了庞培，占据了优势。接下来的争夺在北非展开，令恺撒大为懊恼的是，庞培在法萨卢斯之战后逃亡到埃及，在那里被谋杀。公元前45年，恺撒在西班牙的蒙达（Munda）打赢了内战中的最终战役。恺撒回到罗马后，元老院有些人害怕他的权力日益增长，密谋刺杀了他。

▼恺撒展示庞培的首级，这是恺撒立威的举动，对之前厌恶他的人恩威并施。

▲奄奄一息的安东尼被送往克娄巴特拉（Cleopatra）处。不久后，克娄巴特拉也自杀了，罗马内战就此结束。

第三次内战

这一血腥的事件促使"后三头同盟"诞生，他们是恺撒的侄子屋大维、恺撒的养子与继承人马克·安东尼以及埃米利乌斯·雷必达。屋大维和马克·安东尼首先弥合了政治上的差异，他们打发雷必达去统治非洲行省，从此将雷必达边缘化，然后并肩统治这个庞大的帝国。

刺杀恺撒的两个主谋，布鲁图（Brutus）和卡西乌斯（Cassius），被马克·安东尼和屋大维追杀。公元前42年，布鲁图和卡西乌斯在腓力比（Philippi）战役中兵败被杀。不过在此之后，罗马最有权势的两个人之间却产生了永久的裂痕，再次导致了内战。马克·安东尼在公元前31年的亚克兴角战役中被屋大维击败，最终自杀身亡。此时，屋大维成为罗马唯一的统治者，获得"奥古斯都"称号，建立了罗马帝国。

罗马军队的特征

自布匿战争获胜以来，罗马军队开始发生显著转变。罗马军队原本是特定时间或紧急状态下征召的军队，兵源是自由民中有兵役权的居民。马略改革之后，罗马军队变为职业军队，由长期服役的军团步兵组成，这些领军饷的战斗人员训练有素、装备精良。百夫长是职业军官，其职务名称源自共和国早期的公民兵军队，他们多半由上级任命，而不是选举产生。

▼ **大约公元前110年，"马略的骡子"。**这是马略改革之后的一名罗马军团步兵。他穿着链甲，这在罗马步兵中很常见。他的武器是短剑、盾牌和标枪。他有一个壶形头盔，用系带绑在背上。他的所有个人行李和必需的工具，都用行李杆背着。马略使用这种简单而必要的方式大幅缩减了辎重队，从而提升了军团的整体机动性。

▼ **大约公元前110年，盖乌斯·马略。**这幅画中，他穿着军团步兵或百夫长的全副盔甲（包括腿上的胫甲）。有些罗马将军，包括马略在内，在必要的时候会与麾下的军团步兵一起站在战斗队列中。

▲ **大约公元前110年，军团步兵的工具。**这套工具展示了马略改革之后罗马军团步兵携带的装备。1是罐子，2是炒勺，它们是部队野炊用具的一部分。3是篮子，用来携带其他物品。4是长柄大镰刀。5是鹤嘴锄。6是泥炭切割器。7是单兵携带的拒马桩，军团在每天行军结束的时候都要用它修筑工事。

马略改革

盖乌斯·马略的改革，为罗马军队带来了显著的改变。马略是军人出身，后来成为了执政官。当辛布里人和条顿人入侵南欧的时候，他率军击败了这些日耳曼部落。在此之前，他在旷日持久的战争中击败了努米底亚人。坚定与谨慎是马略的优点，长期作战使他得出结论，最好的军队应该由长期服役的职业军人组成，而不是罗马依仗的民兵。

在发生紧急事件或战争的时候，按照罗马的传统，会征召公民组成军团，武器和装备由公民自费置办。这些罗马公民必须有与自己在军团中的地位相称

步兵大队军团

这一时期，罗马军团从步兵中队军团改为步兵大队军团。此前的罗马军队由步兵中队组成，每个中队分为三个百人队。改革之后，罗马军队由步兵大队组成，每个步兵大队分为六个百人队，这使军团在战场上有更大的战术灵活性。步兵大队有独立行动的能力，其兵力可以独立作战，而以前的步兵中队没有足够兵力独立完成任务。步兵中队在困境中或许能够自保，但在援军抵达前很难摆脱危局。

马略还削减了公民兵军团庞大的辎重队。这一时期，军团步兵要自己背负装备和补给，这使他们得到了"马略的骡子"的绰号。改革后的军团在行军时更加灵活，可以在没有辎重队的情况下独立作战。

与以前一样，每个军团仍然有6位保民官。罗马使节是军团长的第一副手，通常由元老院成员担任。百夫长是职业军官，也是军队的关键部分。每个军团有60位百夫长，他们都有过人的经验与能力。

▲在这幅浮雕中，马克·奥勒留带着获胜的军团步兵，巡视日耳曼战俘。

▼公元1世纪，百夫长与士兵。站在最前面的人，是一位拿着葡萄藤根、穿着全套盔甲的百夫长。一名旗手举着军旗站在队伍中间，其右侧是装饰着花环的步兵大队旗帜，其左侧是皇帝雕像旗帜。

的盔甲与武器。战争结束后，公民兵会解散回家。直到下一次作战时，他们才会再次集结。

促使马略改革的重要因素，是他在与努米底亚人作战时遇到的难题。在努米底亚战争中，罗马军团需要在远离本土的陌生地域作战，无法集结足够的公民来应付紧急情况。马略想出了解决方案，那就是不考虑财富和地位，给予不太富有的罗马公民报效国家的机会，同时也让他们能够以此谋生。当然，这在某种程度上存在危险。

这些士兵在战争结束后不再回到原来的生活环境中，而是继续作为职业士兵。罗马从此拥有了一支专业的作战力量，不仅能保卫帝国，而且时刻准备应对任何紧急情况。国家财政为他们的训练与装备提供费用，他们逐步成长为古代最优秀的军队。

罗马的扩张

罗马的大扩张时代，开始于彻底击败迦太基的公元前146年，结束于公元180年马克·奥勒留去世。罗马文明发源于意大利，通过军事征服传播到西班牙和北非。罗马人拥有出色的工程技能，使他们不仅征服了广阔的土地，还能占领和治理这些地区。他们修建了长达数百里的公路与引水渠，还建造了其他公共建筑。这些建筑甚至让罗马的敌人们也觉得眼前一亮，并由此产生对罗马文明的归属感。

帝国的扩张

罗马把尽可能多的领土纳入帝国，其扩张是无情的，会以冷酷无情的报复来回应任何抵抗。在罗马人看来，他们面对的是充满敌意的世界，他们为帝国的利益而战。罗马经常会同时进行一场以上的战争，他们甚至在与迦太基进行决战的时候，也分兵与其马其顿人作战。罗马的敌人们虽然也拥有高度文明，但却很难组建规模庞大且英勇善战的军队。

罗马无论经历多少次失败，都能持续不断地组建新军团，以此取代被击败或者被消灭的军团。在一些战争中，罗马就是靠这种方式耗尽了敌人的军事力量，从而获得胜利。

▼君士坦丁一世时代的罗马城及其主要建筑，君士坦丁一世是公元306年—公元337年在位的罗马皇帝。

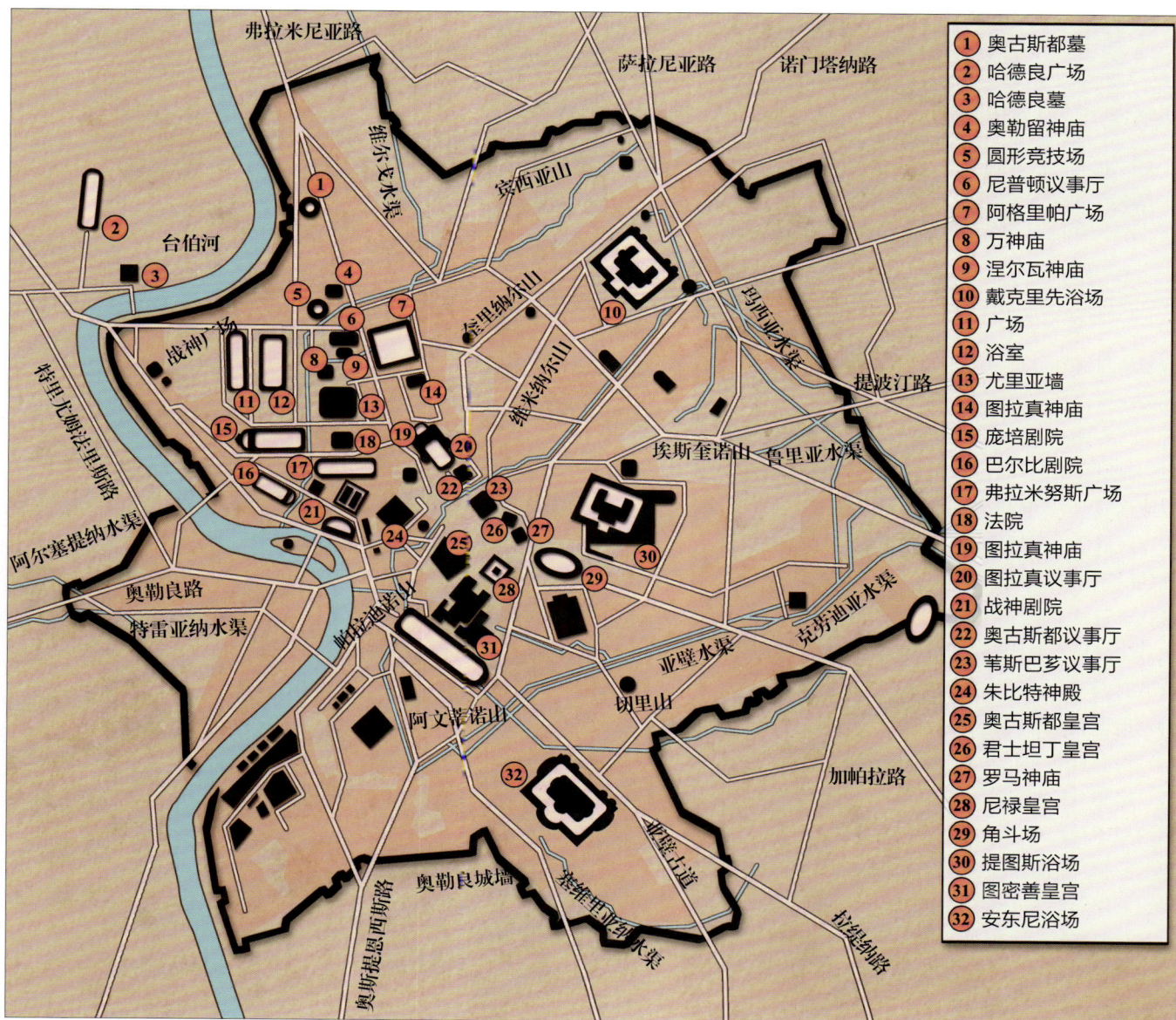

①	奥古斯都墓
②	哈德良广场
③	哈德良墓
④	奥勒留神庙
⑤	圆形竞技场
⑥	尼普顿议事厅
⑦	阿格里帕广场
⑧	万神庙
⑨	涅尔瓦神庙
⑩	戴克里先浴场
⑪	广场
⑫	浴室
⑬	尤里亚墙
⑭	图拉真神庙
⑮	庞培剧院
⑯	巴尔比剧院
⑰	弗拉米努斯广场
⑱	法院
⑲	图拉真神庙
⑳	图拉真议事厅
㉑	战神剧院
㉒	奥古斯都议事厅
㉓	苇斯巴芗议事厅
㉔	朱比特神殿
㉕	奥古斯都皇宫
㉖	君士坦丁皇宫
㉗	罗马神庙
㉘	尼禄皇宫
㉙	角斗场
㉚	提图斯浴场
㉛	图密善皇宫
㉜	安东尼浴场

公元前143年—公元476年 罗马的战争

公元前143年—公元前133年 西班牙的努米底亚战争。

公元前112年—公元前106年 与努米底亚人在非洲发生交战（朱古达战争）。

公元前105年—公元前101年 与日耳曼部族的战争。条顿人和辛布里人都被击败了。

公元前91年—公元前88年 罗马的意大利盟友反叛（同盟战争）。

公元前88年—公元前82年 苏拉进军罗马，内战爆发。

公元前88年—公元前82年 第一次和第二次米特拉达梯战争。

公元前74年—公元前66年 第三次米特拉达梯战争。

公元前73年—公元前71年 斯巴达克斯奴隶起义。

公元前58年—公元前51年 恺撒征服高卢。

公元前55年—公元前54年 恺撒两次入侵不列颠。

公元前54年—公元前51年 高卢叛乱。

公元前53年 与帕提亚人进行卡莱战役，克拉苏阵亡。

公元前52年 韦辛格托里克斯（Vercingetorix）发动对罗马的叛乱，他在著名的阿莱西亚围城战中被恺撒击败。

公元前49年—公元前31年 恺撒和庞培的斗争导致罗马爆发了内战。最终，屋大维在亚克兴角海战中击败了马克·安东尼，结束了内战。

公元前16年—公元前7年 征服阿尔卑斯部族，设置潘诺尼亚行省。

公元前15年 日耳曼人袭击了罗马边境。

公元前12年—公元前9年 提比略征服潘诺尼亚。

公元前9年—公元前7年 提比略与日耳曼人交战。

公元6年—9年 日耳曼尼亚、达尔马提亚和潘诺尼亚发生暴动。阿米尼乌斯引诱三个罗马军团（第17、18和19军团）进入条顿堡森林，并消灭了他们。

公元10年—11年 提比略和日耳曼尼库斯恢复了莱茵河前线的平静，巩固了罗马在此地的统治。

公元14年—16年 罗马继续与阿米尼乌斯作战，日耳曼尼库斯赢得了胜利。

公元43年 罗马成功入侵不列颠，将其变为殖民地。

公元55年—64年 为争夺亚美尼亚的统治权，罗马与帕提亚爆发战争。

公元60年—61年 布狄卡女王在不列颠起义，被罗马镇压。

公元66年—74年 犹太人起义反抗罗马的统治，在马萨达（Masada）被罗马击败。

公元68年—公元69年 罗马内战爆发——"四帝之年"。

公元85年—89年 在多瑙河前线与达契亚人进行战争。

公元101年—102年 图拉真与达契亚人交战。

公元105年—106年 哈德良与达契亚人交战。

公元113年—117年 图拉真与帕提亚人交战。

公元131年—135年 巴尔·科赫巴（Bar Kochba）领导犹太人在巴勒斯坦起义。

公元162年—公元166年 罗马再次与帕提亚人交战，最终取胜。

公元167年—公元180年 马克·奥勒留与日耳曼人在多瑙河前线交战。

公元193年—公元197年 罗马爆发内战。

公元217年—公元222年 罗马再次爆发内战。

公元251年—公元253年 内战战场回到罗马境内。

公元275年 巴尔米拉的芝诺比阿女王起兵反抗罗马。

公元312年 米尔维亚桥之战，君士坦丁击败了马克西米安。

公元337年—公元360年 波斯战争。

公元357年 背教者朱利安在斯特拉斯堡（Strasbourg）之战中击败了阿勒曼尼人。

公元363年 背教者朱利安与波斯人交战。

公元394年 狄奥多西赢得了弗里吉都斯之战。

公元410年 阿拉里克率领哥特人洗劫了罗马。

公元429年 汪达尔人征服非洲。

公元451年 埃提乌斯在沙隆之战中击败了阿提拉。

公元469年—公元478年 西哥特人夺取西班牙。

公元476年 最后一位西罗马皇帝罗慕路斯·奥古斯都被东哥特的奥多亚克废黜。

罗马和平

　　随着领土的扩张，罗马的文明也在传播。罗马的建筑和工程技术影响着被征服地区，竞技场、道路、桥梁和引水渠遍及地中海世界。被征服的民族在思想、习俗和服饰方面都被罗马人同化，罗马开始招募其他民族的士兵，组建新的军团。马略改革之后，任何罗马公民，无论其财富与社会地位如何，都可以加入罗马军队。许多无产者在军团里找到了一个家，他们往往从来没有去过罗马城，而是直接向军团的百夫长和指挥官效忠。

▶ 罗马椭圆形大竞技场的艺术想象图，建造于韦斯巴芗皇帝在位时期。

罗马指挥官

公元1世纪，作家欧纳桑德（Onasander）发表了一本名叫《将军》的著作，讨论了罗马将军在战斗中的职责。他写道，罗马将军不仅必须要聪明，还必须能随机应变（特别是在危机中），能够恩威并用以鼓励自己的士兵，并巧妙部署军团，以此在与敌人作战时占据优势。

▼公元前138年—公元前78年，卢修斯·科尔涅利乌斯·苏拉。这是年轻时代的苏拉，很久之后他才会与马略决战。在这幅画像中，他穿的是皮甲，这毫无疑问比华美而昂贵的肌肉胸甲要舒适得多。

指挥和掌控

按照现代标准，罗马的指挥系统有些臃肿。两位同级别的将军都拥有指挥权，这常常导致军事灾难，比如公元前216年在坎尼迎战汉尼拔指挥的迦太基人时，罗马军队就遭到惨败。罗马有许多优秀的将领，盖乌斯·尤利乌斯·恺撒毫无疑问是其中最著名的。值得注意的还有其他三位罗马指挥官，他们的表现和领导力都是顶级的，即卢修斯·科尔涅利乌斯·苏拉、"非洲征服者"西庇阿和格涅乌斯·庞培·马格努斯（伟人庞培）。

还有一些知名度稍低的罗马指挥官也值得铭记，比如埃米利乌斯·保卢斯（Aemilius Paulus）和昆图斯·塞多留（Quintus Sertorius）。根据李维的记载，埃米利乌斯与自己的士兵签订了契约，

承诺将履行指挥官的职责，并要求士兵在战斗开始的时候履行他们的职责。普鲁塔克认为，塞多留是一名大胆的指挥官，时刻准备在适当的时机掌握主动权，并且擅长佯攻和快速作战。此外，还有一些才华横溢的罗马指挥官，由于命运不济，他们的职业生涯很短暂，例如马克·安东尼和马库斯·李锡尼·克拉苏。

即使是平庸的罗马指挥官，在敌人面前也会拥有明显的优势。他们可以凭

▶公元前236年—公元前183年，非洲征服者西庇阿。罗马的每场战役会指派一位将军（驻扎行省的军事长官）。将军们通常是元老院中的贵族，有时是执政官或前执政官，他们从元老院获得指挥军队的授权。这一时期，将军们通常穿着皮制肌肉胸甲，盔甲的边缘装饰着流苏。

借军团的严明纪律和专业精神，这甚至可以让才能平平的指挥官成为威名赫赫的征服者。罗马将军们对敌人充满了蔑视，他们带着"元老院与罗马人民"的期望，对最终胜利抱有十足的信心。

衣着

一般来说，罗马指挥官在战场上非常醒目，这不仅是因为他们在战斗中的表现，还得益于他们的盔甲。罗马的各级军官，包括百夫长，一般都能按照自己的意愿穿着。他们在战场上装备着精良的盔甲，例如镀金的胸甲、头盔和胫甲。

战袍通常体现出高贵的社会地位。如

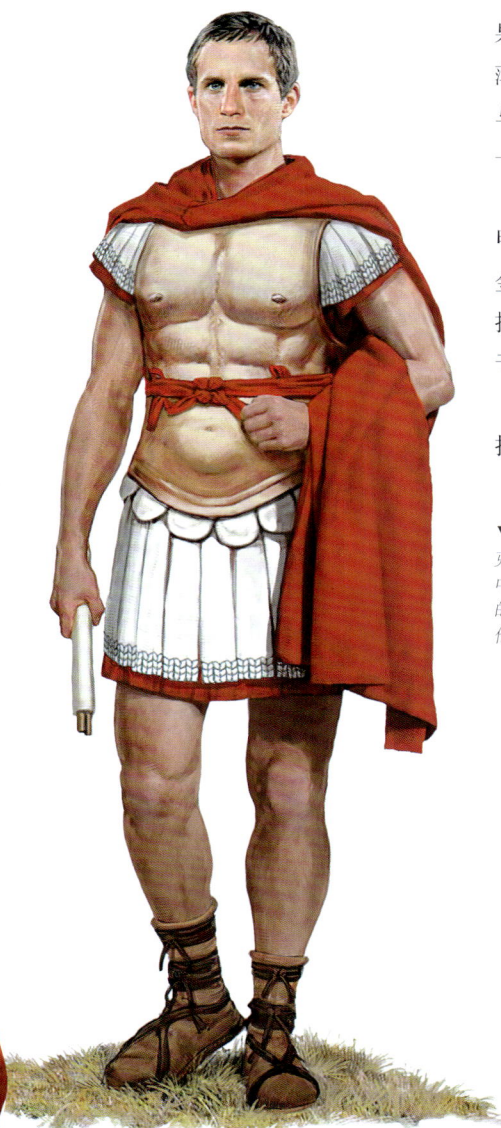

果他们没有穿战袍，就在胸甲外面系一条薄腰带，并在前方打结。他们的武器通常与军团步兵相同，也就是罗马短剑或匕首。一些指挥官喜欢佩戴骑兵的长剑。

胸甲可能是皮制，而不是镀金的铁甲，这取决于个人喜好。如果是皇帝的金属胸甲，其装饰就特别华丽。有些指挥官穿链甲，这毫无疑问更舒适，也易于穿戴和维护。

头盔是步兵或骑兵款式，这取决于指挥官的个人爱好，以及具体的战斗地点。

▼公元前83年—公元前30年，马克·安东尼。马克·安东尼被称为"全罗马最高贵的人"。在这幅画中，他穿着罗马将军最好的盔甲。他是个很有能力的指挥官，忠于尤利乌斯·恺撒。在亚克兴之战后，他与克娄巴特拉一起自杀。

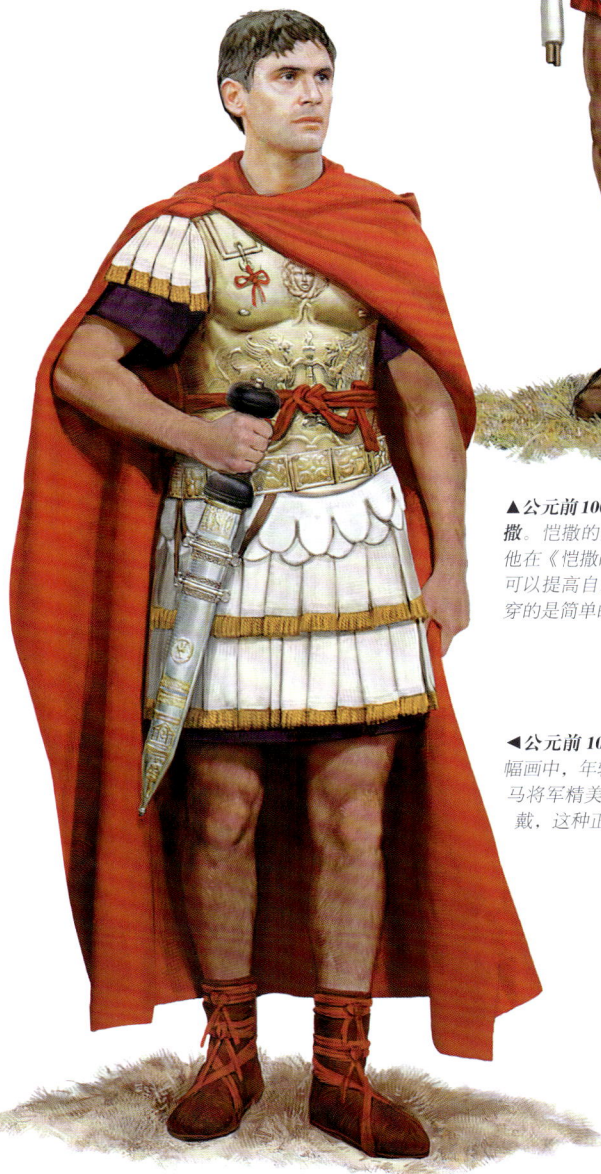

▲公元前100年—公元前44年，盖乌斯·尤利乌斯·恺撒。恺撒的穿着是炫耀性的，将华丽发挥到极致。他在《恺撒战记》中曾提到红色斗篷，认为穿上它可以提高自己在战场上的识别度。在这幅画里，他穿的是简单的肌肉胸甲，还有标准的士兵斗篷。

◀公元前106年—公元前48年，伟人庞培。在这幅画中，年轻的格涅乌斯·庞培盛装打扮，穿着罗马将军精美的全副盔甲。他不会在战场上如此穿戴，这种正式穿着只会出现在各种盛大场合。

罗马皇帝

从共和国到帝国的道路曲折而血腥，罗马在这一过程中失去了一些曾经拥有的国家精神。公元前31年，屋大维战胜安东尼和克娄巴特拉后，事实上拥有了皇帝的权力。要而言之，罗马实际变为了帝国。如果罗马帝国一直由出类拔萃的人掌管，命运可能会有所不同。但是，在罗马皇帝的名单中，雄才大略的领袖并不多见。

▼公元前63年—公元14年，屋大维。这幅画中的屋大维，似乎是在公元31年的亚克兴之战中战胜安东尼之后的形象。他穿着红色斗篷，许多军人皇帝在战场上都穿红色军用斗篷。他佩戴的短剑，其剑柄可能用鹰头装饰。

在罗马皇帝中，有几位无疑是出色的，例如公元96年至180年统治帝国的"五贤帝"，即涅尔瓦、图拉真、哈德良、安东尼·庇护和马克·奥勒留。罗马也有能力低下的统治者，比如卡利古拉（37—41年）和尼禄（54—68年），以及公元69年起相继统治帝国的三位不称职的皇帝：加尔巴、奥索和维特里乌斯。不过，在公元180年之前，能力低下的糟糕统治者常被称职的君主接替。弗拉维（Flavian）王朝（韦斯巴芗、提图斯和图密善，69—96年）是特别突出的鼎盛时代。

屋大维

第一个罗马皇帝是屋大维（公元前31年—公元14年），他获得了"奥古斯都"的头衔。他在罗马的各个领域都实施了重大改革，不仅将腐朽的共和国变成崭新的君主政权，还开创了持久的和平，其统治基础是便捷的交通和繁荣的贸易。

韦斯巴芗和提图斯

弗拉维王朝统治罗马30年，其君主有韦斯巴芗（69—79年）、提图斯（79—81年）和图密善（81—96年）。犹太人起义期间，韦斯巴芗和提图斯都在巴勒斯坦指挥作战，在军队里证明了自己的领导能力。通过财政改革和政治集权，这一时期的罗马非常稳定，能建造大型工程。

▶公元9年—公元79年，韦斯巴芗。韦斯巴芗是经验丰富的天才指挥官。在这幅画里，他被描绘为高级军官，穿着饰有流苏的白色皮制战袍，外面是简单的肌肉胸甲。这顶不同寻常的精美头盔，展示了他的地位。

图拉真

公元98年到117年，是图拉真统治罗马的时代，他的各方面成就都非常突出。图拉真记功柱描绘了罗马军队英勇战斗的场面，使后人铭记这位皇帝是东欧达契亚的征服者，也是罗马帝国最后的伟大征服者，他的征服为帝国开疆扩土。据卡西乌斯·狄奥记载，图拉真会不顾艰辛，与普通士兵一起步行到前线去，而不是骑马前往。他与士兵们同甘共苦，是出色的指挥官。他重视情报工作，常运用计谋和谣言来挫败敌人。

马克·奥勒留

马克·奥勒留被称为"哲学家皇帝"，他在日耳曼前线进行了一系列战争。公元2世纪之后，罗马的扩张已经到了极致，守卫边界线成为军队的主要任务，马克·奥勒留执政的大部分时间（161—180年）都花费在这一事务上。他是个富有才能的统治者，参与的战争多半是敌人发起的。

戴克里先

戴克里先是非常出色的皇帝（284—305年），他主持了社会和经济改革，还重建了军队，结束了罗马的混乱局面。他进行了一项改革，将帝国划分了东部帝国和西部帝国，为君士坦丁大帝时代以及持续千年的东罗马帝国奠定了基础。

▼公元121年—公元180年，马克·奥勒留。这位"哲学家皇帝"大部分时间都不在罗马，他要么在日耳曼尼亚北部作战，要么在帝国的边境线上处理军务。

▲公元39年—公元81年，提图斯。他是韦斯巴芗的儿子，才华横溢。这幅画中的提图斯穿着罗马将军的全副盔甲。提图斯喜欢不穿护甲进行战场侦察，这令他的侍卫紧张万分。在这种情况下，就算遭到敌人奇袭，提图斯也会毫不迟疑地投入战斗。

哈德良

哈德良（117—138年）继承了图拉真的皇位。他在不列颠岛修筑城墙，巡视帝国全境，还修建了许多壮丽的建筑。

▶公元53年—公元117年，图拉真。这幅画中的图拉真，被描绘为罗马的常胜将军，以及达契亚的征服者。他身先士卒，影响了提图斯之后的许多皇帝。当将军们普遍穿金属胸甲的时候，皇帝们则穿着更轻和更舒适的皮制胸甲。

内战时期的罗马军队
公元前 91 年—公元前 31 年

罗马共和国晚期有好几次内战，其中最有名的应该是尤利乌斯·恺撒被触怒后，带着仅仅一个军团大胆越过卢比孔河的那一次。其他的几次战争容易被人遗忘，它们的规模相对较小。这一时期的战争包括：

▶大约公元前 58 年，第 10 军团步兵。恺撒著名的第 10 军团，是从西班牙当地的罗马人中招募士兵而组建的。这一时期，罗马军团步兵在身体右侧佩戴短剑，这样就不会在战斗中妨碍使用盾牌了。

同盟战争（公元前 91 年—公元前 88 年），这是罗马与意大利盟友两败俱伤的战争，罗马最终获胜。

第一次苏拉内战（公元前 88 年—公元前 87 年），卢修斯·科尔涅利乌斯·苏拉和罗马军队的伟大改革者盖乌斯·马略争夺最高权力，苏拉获胜。

塞多留战争（公元前 83 年—公元前 72 年），支持马略的昆图斯·塞多留在西班牙反叛，被苏拉镇压。

第二次苏拉内战（公元前 82 年—公元前 81 年），马略的支持者再次反叛，不过很快失败，苏拉的权力得到了巩固。

雷必达反叛（公元前 77 年），马尔库斯·埃米利乌斯·雷必达（即"后三头同盟"之一的雷必达的父亲）在苏拉死后发动反叛，带领一支军队向罗马进军。他在罗马郊外被昆图斯·卢泰修斯·卡图鲁斯（Quintus Lutatius Catulus）击败。

喀提林（Catilina）阴谋战争（公元前 63 年—公元前 62 年），卢修斯·塞尔吉乌斯·喀提林（Lucius Sergius

◀大约公元前 58 年，百夫长。这幅图中百夫长的盔缨，是公元 2 世纪到公元前 1 世纪的样式。百夫长穿着灵活的胸甲，腿上戴着胫甲，左侧腰间的匕首显示出他们在军队中的地位。

Catilina）试图推翻元老院，被昆图斯·凯基利乌斯·梅特卢斯·采莱（Quintus Caecilius Metellus Celer）率领的罗马军队击败。喀提林的整支军队都被消灭，他本人负伤而死。

恺撒的内战（公元前 49 年—公元前 45 年）。尤利乌斯·恺撒率军越过卢比孔河，旨在当上罗马的独裁者。他在法萨卢斯击败了自己的老对手庞培。当恺

同盟"。他们彻底调查了内战中的反对派（公元前44年—公元前42年），搜捕并处死了杀害恺撒的凶手们。"后三头同盟"在西西里暴动（公元前44年—公元前36年）中击败了伟人庞培的儿子塞克斯特斯·庞培。

佩鲁西亚（Perusine）战争（公元前41年—公元前4年）期间，屋大维击败了马克·安东尼的弟弟卢修斯·安东尼乌斯（Lucius Antonius）和安东尼的妻子富尔维娅（Fulvia）。在此之前，屋大维已经击败了马克·安东尼和克娄巴特拉，统一了帝国。屋大维被授予"奥古斯都"称号，成为罗马帝国第一位皇帝。

尤利乌斯·恺撒的内战

这场战争源自个人的野心，共和国的制度被破坏殆尽。尽管罗马在此期间仍继续扩张，但却因恺撒与庞培之间的对决，陷入近乎混乱的境地。他们都是战功卓著的将军，统领着忠于自己的军队，内战因此异常惨烈。

恺撒最终获胜，当他回到罗马，被元老院委任为终身执政官，并得到了"国父"的头衔。他的执政时间是从公元前49年到公元前44年，他不仅削弱了元老院的权力，还将罗马公民权授予殖民地居民。

恺撒在贵族精英中树敌众多，有些人认为他计划自己称帝。公元前44年3月15日，恺撒被部分元老院成员刺杀。

第10军团

在内战中追随恺撒的部队，最著名的是第10军团。在恺撒的历次战役中，第10军团都展现出忠诚与善战的品质，从此成为责任、坚定、服

▲大约公元前58年，庞培的军团步兵。命运让庞培和恺撒成为敌人，但双方军队的武器和盔甲却大同小异。这幅画中的士兵穿着链甲，更为著名的分节式盔甲此时还没有出现。各个军团、步兵大队和百人队的装饰都有区别。

撒死去的时候，内战再次爆发，被称为后恺撒内战（公元前44年）。这次战争的一方是屋大维领导的元老院军队，另一方是马克·安东尼与雷必达指挥的军队。双方达成停火了协议，组成了"后三头

从和强大战斗力的代名词。

第10军团是恺撒在西班牙组建的，对征服高卢有着很大贡献，其编制和装备都与其他军团没有区别。百夫长的武器和盔甲，与普通军团步兵是一样的，但头盔上有与肩膀平行的盔缨。这一时期，百夫长通常穿链甲，武器是匕首和短剑。

忠诚

马略对罗马军团进行了职业化改革，他们会向出色的指挥官效忠，但其口号仍然是原来的"格言"，即 SPQR（为了元老院和罗马人民）。事实上，罗马军团更加忠诚于自己的指挥官，而不是元老院。

▶大约公元前58年，驻高卢的军团步兵。这幅画描绘了内战之前在高卢作战的恺撒军团，盾牌上的蒙皮是皮制的，上面绘有军团的标志。这种蒙皮在日晒雨淋中可以保护盾牌。

罗马军队的改革

长期执政的盖乌斯·马略，将罗马军队从公民兵部队改为职业部队，也就是将公民自备武器与盔甲，变为由国家提供装备和军饷。马略改革使罗马军队有了巨大变化，这支完全职业化的军队，将称霸古代世界500年。

▼公元1世纪，携带全套行军装备的军团步兵。这是典型的"马略的骡子"，这个绰号源自盖乌斯·马略在公元前2世纪晚期和公元前1世纪初期对罗马军队进行的改革。这名携带全套装备的军团步兵遵从了行军命令。这一时期，分节式胸甲已经出现。

铠甲

马略改革确实引入了很多新事物。罗马军队在从公民兵部队转变为职业军队时，有时候仅是从官方层面迎合了正在进行的军事变革潮流。一个很好的例子，就是整个军队的链甲标准化。这种趋势早已存在，尽管链甲价格昂贵，但对军队来说却是极好的铠甲。链甲由大量铁环铆接在一起，虽然非常沉重，但却是柔软而实用的盔甲，罗马人可能是从凯尔特人那里借鉴的。后来罗马军队采用

▲公元1世纪—公元2世纪，军团步兵。这是一位做好战斗准备的军团步兵，他携带着一面盾牌，并装备着投射武器。军团步兵会在战斗中携带不止一面盾牌，当敌人逼近的时候，他们先进行一轮标枪投射。

◀公元前1世纪，军团步兵。这位军团步兵穿好了作战装备。他的头盔是一种罕见的样式，武器除了罗马短剑之外，还有致命的伊比利亚弯刀。

罗马军团在公元1世纪和2世纪的部署

军团	称号	地点
第1	第一"拯救者"	日耳曼、潘诺尼亚（塞尔维亚）
第1	第一"意大利"	默西亚（保加利亚）
第1	第一"日耳曼"	日耳曼
第1	第一"密涅瓦"	日耳曼
第2	第二"奥古斯塔"	非洲、不列颠、日耳曼
第2	第二"拯救者"	不列颠、潘诺尼亚
第2	第二"图拉真堡垒"	埃及
第3	第三"奥古斯塔"	非洲
第3	第三"昔兰尼加"（Cyrenica）	阿拉伯、埃及
第3	第三"加利卡"	叙利亚
第4	第四"幸运弗拉维"	默西亚
第4	第四"马其顿"	西班牙
第4	第四"塞西亚"（Sythica）	默西亚、叙利亚
第5	第五"云雀"	日耳曼、默西亚
第5	第五"马其顿"	默西亚
第6	第六"费拉塔"（Ferrata）	巴勒斯坦、叙利亚
第6	第六"女胜利者"	不列颠、日耳曼、西班牙
第7	无	达尔马提亚
第7	第七"忠于克劳狄"	默西亚
第7	第七"双子"	西班牙
第8	第八"奥古斯塔"	日耳曼
第9	第九"西班牙"	不列颠、潘诺尼亚
第10	第十"双子"	日耳曼、西班牙、潘诺尼亚
第11	第十"海峡"	巴勒斯坦、叙利亚
第11	第十一"达尔马提亚"	达尔马提亚
第11	第十一"忠于克劳狄"	日耳曼、默西亚
第12	第十二"双子"	日耳曼
第12	第十二"雷电"	卡帕多西亚（土耳其），西班牙
第13	第十三"双子"	潘诺尼亚
第14	第十四"双子"	日耳曼、潘诺尼亚
第15	第十五"阿波利纳里斯"（Apollinaris）	卡帕多西亚、潘诺尼亚
第16	第十六"加利卡"	日耳曼
第16	第十六"弗拉维"	卡帕多西亚
第16	第十六"顽强不屈弗拉维"	叙利亚
第20	第二十"瓦莱里安胜利者"	不列颠、日耳曼
第21	第二十一"贪婪者"	日耳曼
第22	第二十二"狄奥塔罗斯"（Deiotarus）	埃及
第22	第二十二"普里米吉尼亚"（Primigenia）	日耳曼
第30	第三十"乌尔皮安"	日耳曼

了其他类型的盔甲作为补充，但链甲始终没有被取代。后来，分节式胸甲最终被淘汰，只有链甲留存了下来。胫甲除了百夫长还佩戴之外，也被废除了，军用便鞋则成为制式军鞋。

装备

马略改革之后，辎重队的大部分物资，改为由士兵自己携带，这极大增强了军队的机动性。此时的军团士兵，会穿着或携带盔甲、头盔、武器、盾牌、工程工具、三天的口粮以及额外的辅助装备。他们背着一根坚固的杆子，上面绑着辅助装备，里面包括烹饪用具。他们把这个"背包杆"扛在肩膀上，有时还再加一个横杆，头盔和盾牌也会被绑在或挂在身上。盾牌上的绑带就是为了方便士兵将它背在身后。由于他们背负着沉重的装备，才有了"马略的骡子"这个绰号。

军团士兵携带着罗马式背包，其材质一般是亚麻布或羊皮，也可能是牛皮。背包通常涂蜡防水，这一点非常重要，因为士兵在包内携带着备用衣物，还有用来点燃篝火的干燥引火物。背包内还有木碗、勺子、小刀，还有一个缝纫工具包。他们通常还带着一个亚麻袋，这种袋子用来装食物，比如扁面包、硬饼干、扁豆、小麦、干豆和腌肉。他们还会携带毯子、斗篷袋和烹饪锅。如果他们无法找到安全的饮用水源，会使用水囊或打蜡兽皮容器，里面装着醋和水的混合物。他们的腰带上挂着钱袋，装着征用民房所需的钱财。

罗马人有时候还可能携带更沉重的装备，比如镐、鹤嘴锄、镰刀、锯子和割草器。

▼公元1世纪—公元2世纪，军团步兵。罗马战袍有三种颜色：蓝色、白色和红色。红色和白色似乎是最普遍的，但蓝色也很常用。

步兵大队军团

共和国早期的军团, 主要由百人队组成, 两个百人队为一个步兵中队。这种编制优于更早的方阵, 也胜过敌军的其他编制。不过, 步兵中队缺乏灵活性, 兵力也过于薄弱, 不能执行独立任务。此后, 步兵中队发展为步兵大队, 通常下辖6个百人队或3个步兵中队。这给军队将领与军团长更大的战术灵活性, 因为步兵大队可以执行独立任务, 在战场上脱离其隶属的军团。

百夫长

百夫长长久以来一直在军队里发挥着作用, 他的藤棍、盔缨、短剑和盾牌都没有改变。战斗中的百夫长位于队列前方, 与百人队和步兵大队的士兵们并肩作战。此外, 百夫长常常集结一个溃败的步兵大队, 敦促他们再次发动进攻。百夫长们也会独立作战, 以保护撤退的士兵, 直到他们占据更好的防守阵地。

百夫长会在胸前佩戴金属圆盘, 用绳子系在盔甲上, 其材质是金、银或铜。这是颁发给他们的, 以奖励他们的勇气和战功的。圆盘通常排成两排或三排, 这取决于百夫长获得了多少。虽然圆盘应在阅兵时佩戴, 但许多长期服役的百夫长, 也会在战斗中戴上它们。百夫长、军团步兵和辅助兵也可能会被授予其他装饰品, 比如项圈、手镯、金臂章, 以及奖励给步兵的奖杯和奖励给骑兵的马具。这些都是对他们在战场上的英勇表现的奖赏。

图中的两位百夫长都系着军用腰带, 但他们的腰带有所不同, 其中一位系着普通腰带, 另外一位的腰带上装饰着许多金属配件, 明显是阅兵使用的礼服腰带。不过, 无论是在阅兵时, 还是在激烈的战斗中, 百夫长都会带着特色鲜明的盔缨与其他人区别。

◀ **大约公元前58年, 百夫长**。这一时期, 百夫长的武器和盔甲已经发展到顶点, 其作用是非常突出的。这位百夫长的头盔配有硬质盔缨, 穿着全套阅兵盔甲, 其中包括用皮带系在胸前的勋章。在长期军事生涯中, 他因为自己的勇敢而得到了很多嘉奖, 其腰间左侧佩戴着短剑。

▶ **公元1世纪—公元2世纪, 百夫长**。画中的这位百夫长穿着全套装备, 这也是阅兵时的礼服。他手中的葡萄藤棍不仅和现代的轻便手杖一样是身份的象征, 也是对士兵进行体罚的工具。

▼大约公元前 58 年，旗手。军团的旗帜装饰着象征军功的圆盘，这归功于军团、步兵大队和百人队在战场上的优异表现。旗帜通常挂在百人队的旗杆上，或者军团的鹰徽下。月桂叶、圆盘和新月都代表着军团的荣誉。

号手

在文字史料出现之前，古代军队就有随军乐手。他们使用某种打击乐器，或者简单的羊角号，在战斗中演奏音乐。在行军中，音乐可以振奋士气，让士兵们在遇到紧急情况时保持镇定，并在不利情况下发动反击，甚至在毫无希望的情况下坚定地战斗至最后一人。

军旗

这一时期，百人队、步兵大队和军团的军旗都是标准化的，每个军团配发一面鹰旗。罗马军队一直携带着旗帜，鹰旗上的标志象征着军团的职业精神。马略改革之后，这种鹰旗成为每个军团的象征物，士兵们会誓死保卫它。在某种程度上，鹰旗也是罗马帝国的象征。

军团步兵和辅助部队都携带旗帜。旗手们全部穿着兽皮，使自己在队列中变得醒目，便于士兵在阵形被破坏的情况下重新集结。旗手们通常举着一面布制旗帜，用交叉杆固定在旗杆顶部的矛尖下方。步兵中队旗帜的旗杆仿佛摊开的手掌，其下方悬挂着皇帝的画像。有时候，辅助部队的旗手携带的旗帜顶部有军团标志，比如熊或公牛。

龙在罗马军队中成为流行的象征物，毫无疑问这是受到凯尔特人和日耳曼人的影响。龙旗由旗杆顶部的金属"龙头"和纺织物"龙尾"构成。

▲公元 1 世纪—公元 2 世纪，乐手。他是百人队、步兵大队和军团的组成部分。那时的军乐和现代一样，能提升士兵们的士气。乐手的音乐与鼓点相结合，在保卫帝国的长途行军中激励着士兵。画中人物穿着"布拉卡"（braccae），这种罗马制式军裤最早出现在北方前线军团中。

罗马的辅助部队

军团步兵是罗马人在战场上的主力，但他们也经常使用辅助部队，以此增强军队的总体实力，使军队更有灵活性。

盟友和附庸

辅助部队从罗马的盟友和附庸中招募。一般来说，辅助部队的表现忠诚而可靠，为罗马军队贡献了某种军事特长，这种特长是他们所来源的地区或行省的军事特色。

罗马军队职业化以后，每个军团大约有6000名官兵。其中大约5000人是重步兵，其他1000人是辅助部队，主要包括骑兵和弓箭手。有些文献认为，辅助部队不是罗马公民，使用他们也不是罗马军队的传统。随着罗马帝国的扩张，罗马人在被征服的各个民族中招募辅助部队。此外，一些同盟部族也会作为辅助部队参战。

辅助部队的装备多种多样，通常采取其家乡的样式。例如，入伍的东方弓箭手穿着长战袍，有些战袍的长度甚至及膝。他们穿着鳞甲，带着尖顶头盔。辅助骑兵部队穿着本地服饰，但他们经常使用罗马式的武器

和盔甲，这在总体上给了他们罗马式的外观。

弓箭手

弓箭手来自帝国各地，基本上是有弓箭作战传统的民族。一部分弓箭手徒

▼公元1世纪—公元2世纪，轻型辅助步兵。辅助步兵被编为步兵大队，没有独立的辅助军团。他们在战场上支援步兵军团，其武器和护甲和罗马人一样，但盾牌是平的。

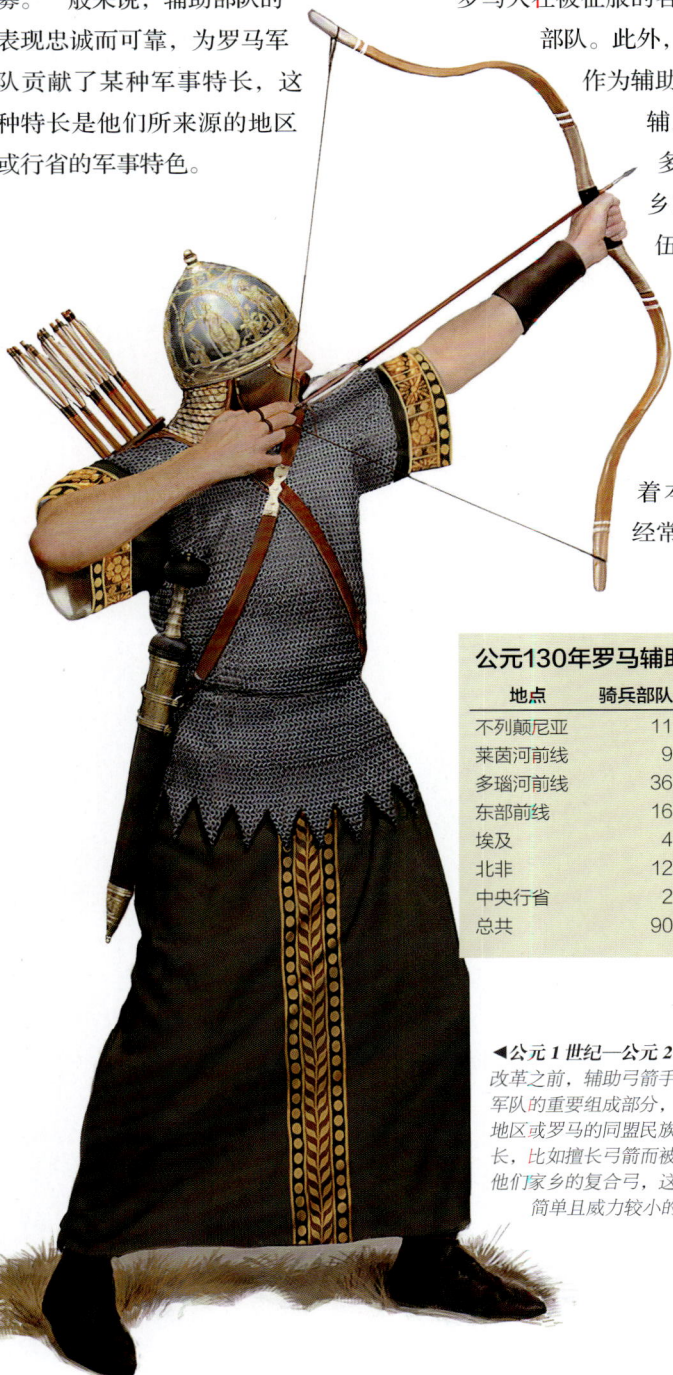

公元130年罗马辅助部队的部署

地点	骑兵部队	步兵大队	总数
不列颠尼亚	11	45	56
莱茵河前线	9	39	48
多瑙河前线	36	95	131
东部前线	16	58	74
埃及	4	11	15
北非	12	45	57
中央行省	2	15	17
总共	90	308	398

◀公元1世纪—公元2世纪，辅助弓箭手。马略改革之前，辅助弓箭手和军团士兵一样，是罗马军队的重要组成部分，其兵源来自被罗马征服的地区或罗马的同盟民族。他们通常因为自身的特长，比如擅长弓箭而被招募。东方的弓箭手使用他们家乡的复合弓，这种强大武器优于西方结构简单且威力较小的弓。

步作战，另一部分则是典型的东方弓骑兵。罗马人使用短弓，也装备一些种类的长弓，但最强的是复合弓。辅助弓箭手组成了32支部队，能支援整个帝国的军团和其他辅助部队。罗马早期的辅助弓箭手可能来自克里特岛，他们身穿红色长袍，系着传统发带，后来戴上了头盔。许多民族被罗马招募，皆是因为他们擅长使用复合弓。

步兵

从外观上看，辅助步兵更有罗马风格，他们与罗马军团步兵非常类似。罗马人雇佣了各种类型的辅助步兵，例如投石兵，他们是轻步兵部队，一般穿着非常单薄的护甲或完全不穿护甲。最著名的投石兵来自地中海巴利阿里群岛，虽然他们的武器很致命，但只穿着普通服装，没有任何护甲。

骑兵

共和国早期，由罗马公民组成的骑兵要负担得起自己的坐骑、武器和盔甲。后来，罗马人招募伊比利亚人、高卢人和其他擅长骑马作战的民族担任辅助部队的骑兵。骑兵第九"布塔伏伦姆"（Batavorum）大队是著名的辅助骑兵部队，部署在不列颠岛的哈德良长城。后世在文德兰达（Vindolanda）发现了一些刻有文字的石板，他们的事迹得以重见天日。每个辅助骑兵团大约有500人，分为16或24个骑兵中队，每个中队有32名官兵，由十骑长指挥。从共和国晚期到帝国时期，罗马辅助骑兵取代了本国公民组成的骑兵。有时候，辅助骑兵会编入由步兵和骑兵混编而成的大队。罗马人还组建了侦察骑兵部队，他们在不列颠岛和北欧的战场上表现优异，被称为探索者。

▲公元1世纪—公元2世纪，辅助骑兵。他们来自擅长骑马作战的民族，主要是高卢人和日耳曼人。他们穿罗马式盔甲，也使用罗马式的武器，即罗马长剑和盾牌。盾牌通常是椭圆形或六边形，而且它是平的，不像步兵盾牌那样有一定弧度。相比共和国早期的骑兵部队，辅助骑兵更有战斗力。

恺撒征服高卢

尤利乌斯·恺撒最伟大的军事成就是征服高卢。高卢人是凯尔特民族中最善战的一支，他们擅长在自己的领地中作战。恺撒在高卢树立了军事威望，也证明自己是富有才华的指挥官，能够在战场上激励部队。根据苏陀纽斯（Seutonius）的记载，恺撒在行动之前都会仔细策划，也会在罕见的困难境地中临时想出对策。他是富有进取心的指挥官，一旦敌人被击溃而逃窜，他会立即发动追击，不给敌人再次集结的机会。

公元前59年，尤利乌斯·恺撒当上了罗马的总督。次年，他开始在高卢进行军事行动，将罗马的北方边境线扩张到莱茵河。在此之前，高卢人和日耳曼人逐渐向南迁徙，罗马人决心不让上次高卢人摧毁意大利的悲剧重演。

恺撒在《恺撒战记》中描绘了自己的作战经历，虽然他夸大了自己指挥部队的才能，但这本书仍然是罗马时代最佳的历史著作之一。

赫尔维蒂人和塞夸尼人

公元前58年，恺撒在高卢与赫尔维蒂（Helvetti）人交战。赫尔维蒂人原来居住在瑞士，当他们试图迁徙的时候，被恺撒的军团拦阻。他们准备迁往罗马境内，被恺撒拒绝。他们没有理睬恺撒，继续按照自己的意志前进。恺撒发动了进攻，将这个部族驱赶回原来的居住地。与此同时，罗马的同盟部族，也就是埃杜安（Aedui），被敌对部族塞夸尼（Sequani）欺凌。恺撒对塞夸尼人发动了攻击，很快将其击败，恢复了这个地区的和平。

贝尔盖人

尤利乌斯·恺撒描绘的另一个重要的凯尔特族群是贝尔盖人（Belgae），他们居住在现代法国和比利时的北部。公元前57年，恺撒开始与贝尔盖人交战。贝尔盖人以侵略成性的勇猛战士而闻名，所以恺撒在最初非常谨慎，他尊重这个对手，在《恺撒战记》中多次称赞他们。然而，随着战争的进行，贝尔盖人遭受的损失越来越严重。最终，他们被罗马击败，有数千人被当作奴隶卖掉。不列颠南部也有贝尔盖人，恺撒与克劳狄二世在入侵不列颠时都曾遭遇他们。

在接下来的8年中，恺撒指挥的罗马军队在高卢南征北战，目的是将高卢变为罗马的行省。在贝尔盖人被击败之后，罗马军队切断了日耳曼人与高卢人之间的联系，取得了战略优势。此后，恺撒的军队成功镇压了高卢各个部族的叛乱。

韦辛格托里克斯

高卢的抵抗力量重新集结，韦辛格托里克斯成为他们的领袖。这是一位阿弗尼（Arverni）人，出身于高卢中南部最强大的部族之一，即现代法国的奥韦涅（Auvergne）地区。这个部族原本不打算抵抗罗马，但韦辛格托里克斯夺取了部族领导权，决定起兵反抗罗马。他成了高卢反抗组织的领袖，不仅对恺撒构成威胁，也影响到罗马在高卢的利益。恺撒率领军团发动进攻，最终将韦辛格托里克斯包围在阿莱西亚要塞。其他高卢部族聚集起来，组成了一支规模庞大的军队，准备救援韦辛格托里

◀大约公元58年，高卢步兵。传统的凯尔特作战方式是徒步作战，长剑是凯尔特人最喜爱的武器。这面盾牌更像是罗马式，而不是凯尔特式。他的武器和盔甲混合着多种风格，这很可能在激烈的战斗中混淆敌我。

罗马入侵不列颠

公元前55年，恺撒向高卢西北部海岸进军，带领两个军团越过英吉利海峡，入侵不列颠岛。罗马军队在登陆之后取得了初步胜利，但很快因补给问题陷入窘境，恺撒只得选择撤军。次年，恺撒再次带领5个军团越过海峡，沿泰晤士河向内陆进攻。在这一次入侵中，凯尔特首领门杜布拉久斯（Mandubracius）成为罗马的盟友，而他的对手卡西维劳努斯（Cassivellaunus）被废黜。

罗马接受了一些不列颠部族的进贡，但没有留在岛上。这是因为贝尔盖人的叛乱很快给罗马带来了麻烦，恺撒无法从高卢永久抽出一部分兵力来统治不列颠。

▲大约公元前55年，韦辛格托里克斯。这位著名高卢领袖的画像是根据其雕像绘制的，雕像由拿破仑三世竖立，地点在现代推测的阿莱西亚所在地。这是一位勇敢而足智多谋的领袖，但在罗马人强大的攻势下，他还是失败了。

克斯。恺撒在全力围攻阿莱西亚的同时，还得对付高卢援军。他在要塞外围修筑了围困墙，依靠老兵军团夺取了阿莱西亚，俘虏了韦辛格托里克斯，还击败了援军。在接下来的两年里，罗马军队粉碎了高卢的抵抗，使这个新行省稳定下来，成为帝国的一部分。

▶大约公元前58年，高卢骑兵。高卢人是凯尔特人，是凶残而狂热的战士。他们总体上缺乏纪律和组织，经常对罗马人发动狂野的进攻，双方进行了长期而惨烈的战争。他们常使用缴获的罗马武器和盔甲，但也有人认为他们有先进的金属冶炼技术。

恺撒入侵不列颠的原因之一，是他在现代布列塔尼的阿摩里卡（Armorica）遇到了麻烦。当地的凯尔特人与不列颠的凯尔特人有密切联系，后者一直帮助前者抵抗罗马人。恺撒在不列颠南部扶植了一个与罗马亲善的部族领袖，还命令其他部族向罗马进贡。

▼公元前1世纪，高卢战士。他们装备精良，穿着格子花纹的衣服，外面是精美的链甲。这些装备确实不是源自罗马，而是由高卢工匠制造。高卢盾牌的图案特别有趣，有着丰富的文化含义。

高卢服装

高卢贵族的衣服和盔甲，都要比普通战士好得多。他们通常装备着链甲、头盔和精良的武器，这些都是普通战士负担不起的。在当时，贵族的武器和护甲非常昂贵，其制造材料也来之不易。

高卢骑兵非常出色，常被罗马人当作辅助部队使用。有时候，高卢骑兵只是骑马抵达战场，然后下马徒步战斗，所以骑兵与步兵之间的装备可能几乎没有区别。高卢人的服装、武器、盔甲和文化都体现出深厚的凯尔特传统。无论是古希腊的凯尔特人，还是伊比利亚的凯尔特人，都与高卢人有很多相似之处。一般说来，他们作战时不穿护甲，有些

人甚至赤身裸体作战，而不列颠的凯尔特人会在自己身上涂色。他们穿格子纹长裤，通常不穿战袍，装备着头盔、盾牌、剑和长矛。从早期的布狄卡反叛，到1745年苏格兰的詹姆士党（Jacobitism）叛乱，凯尔特人的冲锋反复上演。1793年，在法国大革命期间，旺代省也发生了暴

▼公元前58年，高卢贵族。高卢和凯尔特贵族的装备，通常优于手下的士兵。在战场上，这位部族王子很容易被敌人识别。凯尔特长剑是最普遍的武器，它们只有一侧开刃，主要用于劈砍，而无法进行戳刺。有些剑设计得十分精美，也非常实用。

动，当地居民是罗马时期凯尔特人的后
裔。在很多时候，凯尔特式冲锋会对敌
人造成毁灭性打击。

高卢武器

高卢的凯尔特部族与早期凯尔特人
一样，也穿着靴子、格子纹长裤和束腰
长上衣。

他们通常装备长剑，还使用凯尔特
风格的头盔和链甲，有时也用罗马风格
的长盾牌。高卢链甲与罗马链甲基本相
同，只有肩部构造不同。高卢链甲有类
似斗篷的构造，增加了对肩部和背部的
额外保护。他们还经常使用缴获的罗
马武器与盔甲，这不仅是为了作战
需要，也是炫耀战功的一种方式。

▼ **大约公元前50年，高卢骑兵。** 高卢骑兵可能比不
上恺撒的辅助骑兵，罗马人的骑兵更加训练有素，
是专门为征服高卢调来的。高卢骑兵通常只把马匹
当作交通工具，他们习惯于徒步作战。

西庇阿的努曼提亚战役

努曼提亚人是凯尔特人的一支，被称为凯尔特－伊比利亚人，他们居住在伊比利亚半岛，其主要城市是努曼提亚。公元前2世纪，他们与罗马人交战，通过伏击和突袭取得了一定战果。很明显，这个时期的罗马军队没有优秀指挥官，纪律也称不上严明。伊比利亚半岛曾是迦太基的一部分，在布匿战争之前没有被强权统治过，他们非常厌恶罗马的侵略。

罗马人在努曼提亚作战时，正值布匿战争结束，此时迦太基这个地中海强权已经被消灭。罗马人开始把注意力转移至西班牙，派出了曾战胜迦太基的将军，"非洲征服者"西庇阿·埃米利安努斯。

努曼提亚的围困

西庇阿率军包围了努曼提亚，这座城市不是特别大，但却很难攻克。它在杜里乌斯河（Durius，现代的杜罗河）畔，河流成为守城者与外界联系的生命线。西庇阿为了切断一切支援，在河流的两端布防。他修筑了木制障碍物，其边缘安装了长矛等锋利武器，这有效地阻止了外界对守城者的支援。他还修建了一道围困墙，并在城市周围建立了至少七座营地。

当罗马人还在等待的时候，努曼提亚人已经消耗完了全部补给，开始陷入饥荒。8个月后，他们最终向罗马人投降。此时，居民和守军仅剩4000人。

▶ *公元前1世纪，凯尔特－伊比利亚战士。这是另外一幅描绘与罗马人为敌的凯尔特－伊比利亚战士的绘画。这名战士的装备不如右图中的战士，后者的武器和护甲在这一时期更加普遍。*

◀ *公元前1世纪，凯尔特－伊比利亚战士。凯尔特－伊比利亚战士通常穿着图中所示的这种本地服装。他们一般不穿盔甲，因此在开阔的战场上无法与罗马人匹敌。他们的头盔是典型的凯尔特样式，武器和盔甲也是。*

凯尔特－伊比利亚战士

凯尔特－伊比利亚人是典型的凯尔特人，他们的武器和盔甲也是凯尔特风格。在迦太基统治期间，他们的装备有所进步。他们的战术与其他凯尔特部族基本一样，在开阔的平原上无法与纪律严明、指挥有方的罗马军队相匹敌。

罗马军队中的伊比利亚辅助部队的护甲与武器，和布匿战争时期的罗马军

团士兵相同。链甲已经广泛投入使用，军队变得更加职业化，这是盖乌斯·马略改革以来发生的变化。

►公元前 1 世纪—公元 1 世纪，伊比利亚辅助步兵。凯尔特－伊比利亚人是有着卓越战斗意志的优秀士兵，罗马人经常招募他们，将其编入辅助部队。他们使用本民族风格的武器，而不是罗马式的。他们的铠甲也是链甲，但比罗马链甲要长。

▼公元前 1 世纪，伊比利亚辅助部队。这是一位罗马的西班牙辅助士兵，他们一般和右图中的战友在同一条战线作战。他的装备更接近凯尔特风格，而不是罗马风格。这些士兵可能骑马作战。

罗马辅助部队的士兵，往往来自罗马的行省，也就是被罗马征服的地区，或者来自罗马同盟，也就是与罗马有着共同敌人的地区。辅助部队的兵种与当地军事传统相关，例如辅助骑兵通常从天生就是骑手的民族中招募。虽然辅助部队使用和罗马人一样的盔甲和武器，但依然坚持了本民族的特定风俗习惯。例如，凯尔特人保持了他们的古老习俗，经常砍下敌人的首级，将其作为战利品带走。他们还会将首级挂在马鞍上，以此展示自己的勇武。

▼公元前 133 年，"非洲征服者"西庇阿对努曼提亚的围城战标志着凯尔特－伊比利亚战争的结束。这幅画清楚地描绘了罗马人的围城行动，他们切断了城市的所有外部联系，将其彻底孤立。

斯巴达克斯起义

这一时期，罗马最轰轰烈烈的起义，是著名人物斯巴达克斯领导的奴隶起义。

角斗士

斯巴达克斯是希腊北部的色雷斯人，是被送往竞技场担任角斗士的奴隶。尽管有少数人自愿担任角斗士，但在竞技场进行战斗训练的人，往往是奴隶、罪犯、有时甚至是战俘。角斗士的战斗大部分是生死决斗，如果你输了，恐怕很难指望胜利者或观众的怜悯。不过，失败不一定意味着死亡，因为角斗士学校也不希望失去优秀的斗士。

角斗士在专门的学校中受训，会有人一直看守，毕竟他们只是奴隶而已。奴隶社会最恐惧的事情之一，就是奴隶起义。角斗士起义，特别是老兵和受过严格训练的角斗士起义，尤其让罗马人害怕。

革命

在著名的斯巴达克斯起义之前，罗马至少有两次大规模奴隶起义，第一次发生于公元前135年至公元前132年，第二次发生于公元前104年至公元前100年。这两次起义都在西西里岛爆发，当地罗马人对待奴隶尤其残酷。罗马人调动了大量军队进行镇压，对参与起义的奴隶进行了残酷的惩罚。参加斯巴达克斯起义的角斗士，也是为了反抗罗马人的虐待。起义的爆发让罗马人措手不及，起义军人数不断增长，形势越来越好。角斗士们明白，如果他们输了，罗马人会用最残忍的手段对待他们。公元前73年，这支奴隶大军一分为二，一支由斯巴达克斯的下属克雷斯（Crixus）领导，他在加尔加努斯山（Mount Garganus）被卢修斯·格利乌斯·普布利库拉指挥的军队击败。最终，克拉苏率军把斯巴达克斯的奴隶大军围堵在意大利西南部，并将他们全部杀害。据普鲁塔克记载，斯巴达克斯与自己的60000名部下一起战死。

▼公元前115年—公元前53年，马库斯·李锡尼·克拉苏。克拉苏是"前三头同盟"之一，他残酷而高效地击败了色雷斯人斯巴达克斯领导的奴隶起义。在这幅画中，克拉苏身穿罗马共和国晚期的将领铠甲。后来，他在卡莱战役中阵亡。

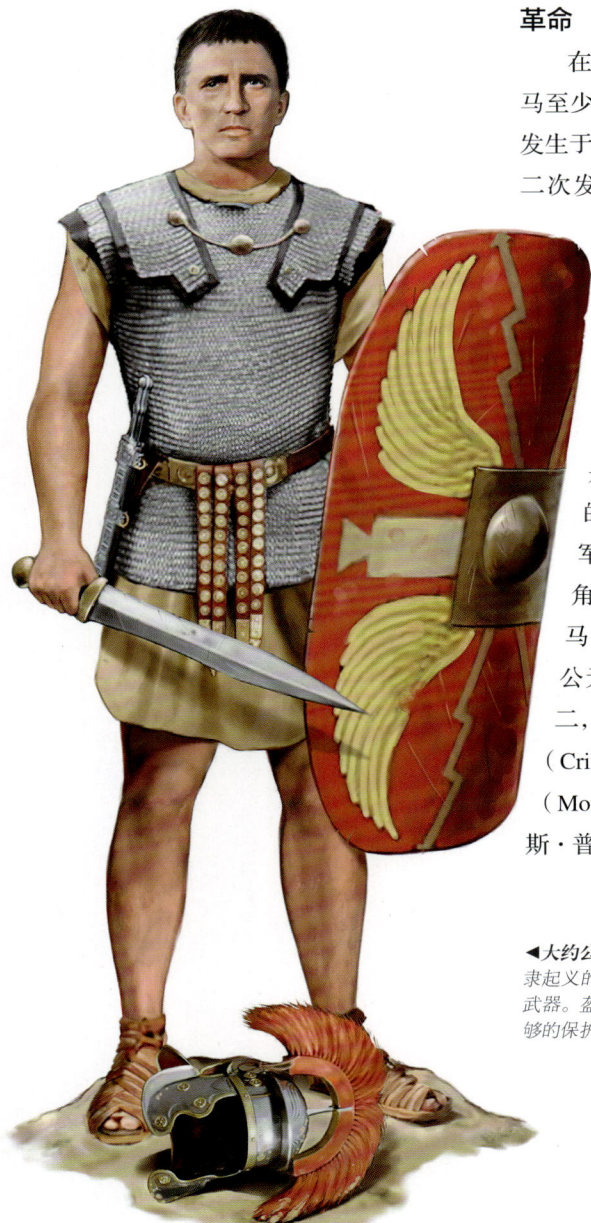

◀大约公元前70年，斯巴达克斯。这位角斗士是奴隶起义的核心人物，他使用的是缴获的罗马盔甲与武器。盔甲是结构简单的链甲，在近战中能提供足够的保护，武器则是罗马士兵常用的剑与盾。

短剑和盾牌，而且肯定穿着链甲。如果有足够的战利品，斯巴达克斯手下的士兵也会配备类似的武器和盔甲。与装备统一的罗马军队相比，斯巴达克斯和克雷斯的军队在战场上显得相当杂乱。

▼公元前 1 世纪—公元 1 世纪，竞技场中的角斗士。角斗士的头盔和盔甲一样，有各种各样的类型。这个角斗士戴着"米尔米罗"（myrmillo）头盔，手持短剑与小圆盾，一条腿上装备着配有亚麻布软垫的胫甲。

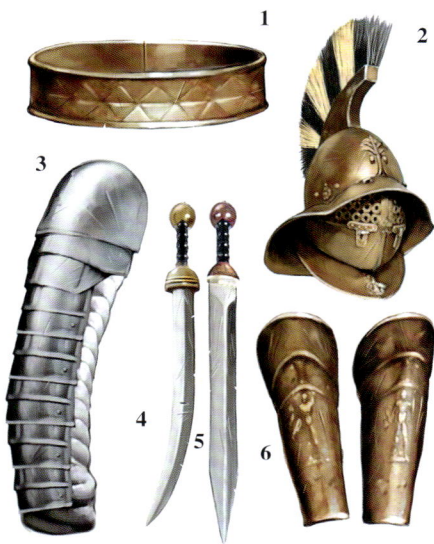

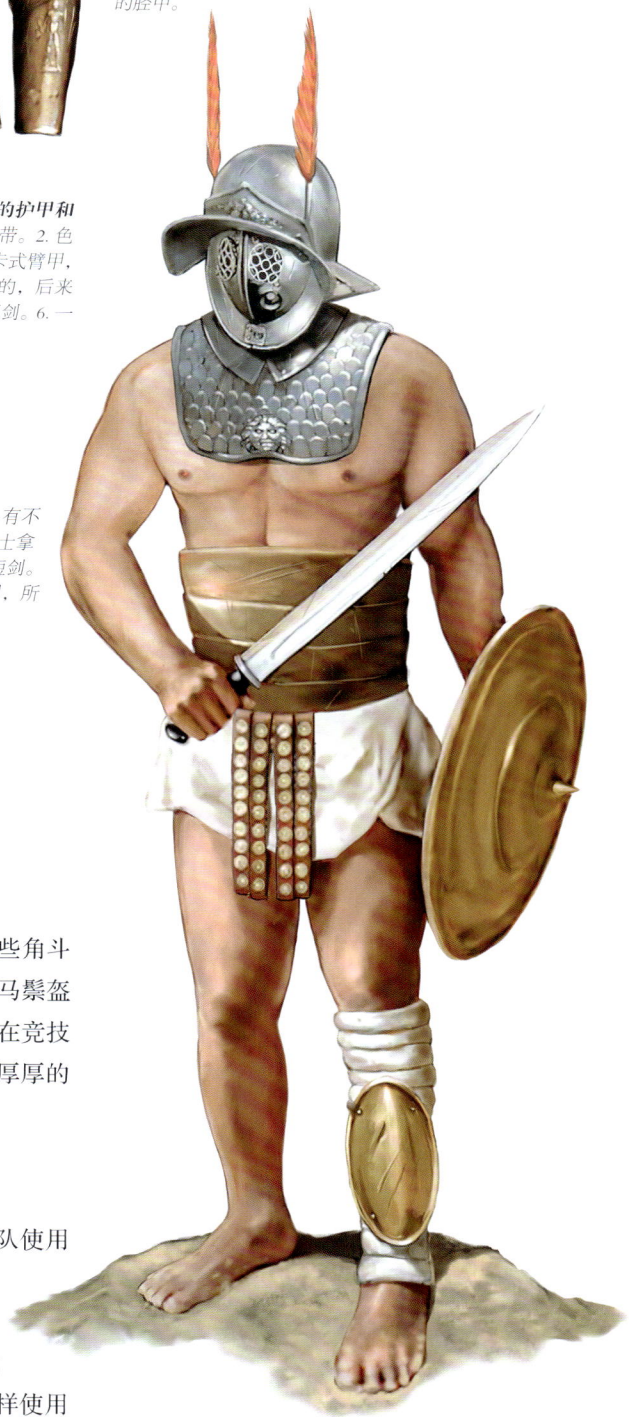

▲公元前 1 世纪—公元 1 世纪，角斗士的护甲和武器。1. 古罗马角斗士佩戴的厚金属腰带。2. 色雷斯头盔，配有多种颜色的盔缨。3. 马尼卡式臂甲，其结构为护垫加金属护甲，它最初是皮制的，后来被改进为灵活的金属护甲。4. 曲剑。5. 直短剑。6. 一对胫甲。

◄古罗马角斗士。角斗士的武器和盔甲各有不同，这取决于他们的战斗专长。这个角斗士拿着一顶没有马鬃盔缨的色雷斯头盔，手持短剑。他的腿上包裹着衬垫，衬垫外面戴着胫甲，所有角斗士都是赤脚进行战斗。

竞技场的武器和盔甲

　　角斗士的武器、盔甲和戎服，都与军团士兵有许多差别。角斗士常使用带有面罩的头盔，手持盾牌以获得额外的防护，但盾牌已经缩减为较小的尺寸。配备三叉戟的角斗士，会在武器边缘加上网状物以增加重量。角斗士的小腿和胳膊上，有时还戴着表面覆盖护甲片的填充垫。他们佩戴着匕首，一旦击倒对手，就用匕首结束其生命。著名的军团短剑，可能实际上起源于竞技场，但角斗士也使用弯刀。

　　由于竞技场的美观需求，一些角斗士佩戴的大型头盔会装饰羽毛或马鬃盔缨，有时两者皆有。角斗士还会在竞技场中戴上精美的胫甲，下面也有厚厚的衬垫。

斯巴达克斯的军队

　　毋庸置疑，斯巴达克斯的军队使用他们能找到的一切武器。随着起义的发展，他们越来越多地使用从战场上缴获的装备。斯巴达克斯本人可能和罗马军团步兵一样使用

犹太人起义

大约公元前1200年，古代以色列人逃出埃及，与规模庞大的敌人作战，终于夺取了迦南之地。他们是古代中东最有战斗力的军队之一。以色列国外有强敌环伺，国内各个部落互相仇视。犹地亚的犹太人习惯于武装冲突，最终成为罗马的附庸。但是，犹太抵抗战士，也就是所谓的犹太教抵抗分子，激烈地反抗着征服者。

洗劫耶路撒冷

罗马对于反抗其统治的人向来都很冷酷，公元79年起义的犹太人也不例外。这次战争最令人难忘的是两次围城，第一次是围困首都耶路撒冷，第二次是围困沙漠中的马萨达，也就是希律国王的山巅要塞。

最初，罗马将军韦斯巴芗被委派来镇压此次起义。不过，在战争期间，他被拥戴为皇帝，必须返回罗马。指挥权转交给了他的儿子提图斯，此人成功地镇压了这次起义。经过长期的围困，耶路撒冷陷入绝境，罗马人最终将城墙破坏，夺取了这座城市。

犹太人的抵抗非常激烈，无论男女老少，都加入到保卫城市的行动中。罗马人残暴地对待他们，许多人被当场屠杀，钉上了十字架，还有一些人被送往罗马为奴。耶路撒冷的城墙和宫殿被夷为平地，其神圣的宝藏被掠夺回罗马。提图斯凯旋门上的浮雕，形象地描绘了这次劫掠。

马萨达之围

幸存的犹太抵抗战士和他们的家人一起撤退到马萨达的希律要塞，这座要塞在犹地亚沙漠东部边缘孤立的岩石高原上。罗马人通过围困与攻城，最终夺

◀公元70年，犹太抵抗战士。他们在与罗马作战的过程中，发明了快速游击战术。这位犹太抵抗战士是与罗马占领军作战的众多"游击队员"之一，他穿着本地村民的服装，装备着他能找到的任何武器。他在自己的家乡作战，是令罗马人头疼的敌人。他可能会在乡野参加伏击战，也可能在耶路撒冷的堡垒中作战。

▶公元70年，马萨达的犹太战士。他几乎不穿护甲，武器也要比罗马军队差很多。

犹太人起义

希律是罗马附庸犹地亚的国王（公元前37年—公元前4年），其统治时期是在犹太起义的70年之前。希律有一支由犹太人和外国雇佣兵组成的军队，这支军队在他死后逐步瓦解。不过，希律的军队留下了一些后裔，他们当中很多人都参加了犹太起义，或者至少为起义者提供了武器和盔甲。犹太起义军力量薄弱，不得不搜集一切可用的装备。有些人认为，他们穿着罗马盔甲，使用罗马武器。事实上，大部分起义者装备十分落后，无法在开阔地与罗马人作战。他们依赖伏击，或利用堡垒进行抵抗。

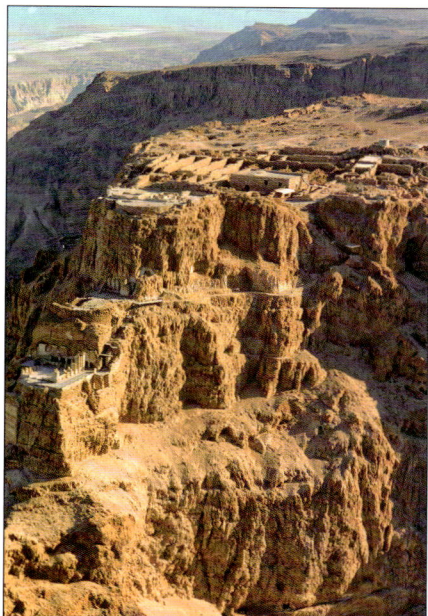

▲马萨达要塞中希律王宫的遗迹，这是犹太起义军反抗罗马的最后阵地。

◀公元1世纪，希律弓骑兵。从很早的时期开始，即大约公元70年时，与罗马人作战的犹太战士的武器和盔甲，大都类似于这名骑兵。为了抵抗罗马人，英勇的犹太战士搜集了一切可用的装备。

取了这座要塞。在此战中，罗马工程师修建了巨大的营地，其遗迹至今仍然能看到。守军里除了犹太抵抗战士，还有妇女与小孩，他们知道失败已经不可避免，决心不做罗马的奴隶，全部在要塞中自杀。随着马萨达陷落，犹太人起义也就此结束。提图斯返回罗马，但拒绝了胜利月桂叶，理由是考虑到战争的性质和对手。提图斯认为，镇压起义毫无光荣可言。有意思的是，在起义期间，罗马椭圆形竞技场正是犹太奴隶修建的。

罗马不列颠

公元前55年和公元前54年，尤利乌斯·恺撒在不列颠遇到的敌人，与高卢人和伊比利亚人差不多。他们是非常优秀的战士，但算不上军人。他们阻止了恺撒对不列颠的征服，帝国不得不再花费11年，才顺利攻占不列颠西部大部分土地。

不列颠南部各个部族的装备，与他们在欧洲大陆上的同胞很相似。他们有时穿着战袍，有时赤身裸体。在战斗中，他们徒步、骑马或者乘坐战车。

▼ 大约公元60年，凯尔特战车，驭手和战士。不列颠凯尔特人有时候用自己本民族的战车作战，这可能是他们拥有的最有力的进攻方式。凯尔特战车一般载着两个人，一个是驭手，另一个是战斗人员。驭手通常会坐下来或者跪着，也有可能站着，他佩戴着一把短剑。车上的战士完全按照凯尔特风格进行装备，可能穿盔甲，也可能不穿。

战车

不列颠－凯尔特战车是双人战车，载着一个驭手和一个战士，由两匹马并排拉动。驭手跪在车上控制缰绳，使战士能够自由作战。这种双轮战车为战士提供了作战平台，他在车上使用长矛、标枪和剑进行攻击。战车制作精良，结构坚固，能在崎岖地形上行驶。与早期中东战车相比，它不仅采用了更结实的材料，还拥有更快的速度与更强的机动

性。虽然战车可以用来对付敌方骑兵，但主要目的是让战士逼近敌人，然后下车与战友一起徒步作战。

▲ 布里梅腾马库姆（Bremetennacum）要塞位于英国兰开夏郡（Lancashire）的里布切斯特尔（Ribchester）。这幅画描绘的时代大约是公元60年—公元70年，当时它由500名骑兵驻守，第一批驻军是来自西班牙北部的阿斯图里亚斯人（Asturians）。要塞紧邻乡村，当地村民居住在木栅栏外面。布里梅腾马库姆这个名字表明，退伍的罗马老兵定居在这里，他们可能参与了镇压布狄卡起义。

▶今日的英国人仍然在纪念布狄卡，认为她是抵抗入侵的民族英雄。这是建造于1902年的布狄卡雕像。

在战斗时不穿衣服，就会用菘蓝在皮肤上涂一些花纹。他们有时候甚至不戴头盔，而是将头发扎成顶髻。凯尔特人的冲锋所向披靡，特别是在伏击罗马的时候。但是，如果凯尔特人的第一次冲锋未能击败罗马人，那么随后罗马人的反击可能是毁灭性的。随着时间的推移，凯尔特战士的护甲得到了加强，特别是戴上了凯尔特式头盔。当然，他们也使用缴获的罗马装备。在战场上，凯尔特人会使用长剑、标枪和长矛，并装备着各种样式的盾牌，盾牌上通常绘有某个部族的标志。

▲大约公元60年，爱西尼女王布狄卡。布狄卡是这次著名起义的领袖，起因是罗马人残酷地对待她的两个女儿。在起义初期，布狄卡的军队击败了罗马人，使其损失惨重。不过，等到罗马人反应过来之后，布狄卡及其家族很快被苏埃托尼乌斯（Suetonius）的军队消灭。

▶大约公元60年，凯尔特战士。凯尔特人对古代欧洲有着巨大影响。这个布立吞人是典型的凯尔特战士，装备着长剑和小型盾牌，已经做好了战斗准备。

衣服和武器

凯尔特人穿呢绒衣服，这在欧洲北部气候温和的不列颠岛上非常适合。他们的衣服样式比较简单，也追求美观。条纹或格子纹比较常见，但与后来苏格兰地区的民族服饰不同。如果凯尔特人

奥古斯都时代的军队发展

尤利乌斯·恺撒的侄儿屋大维赢得帝位争夺战之后，被授予"奥古斯都"称号。他不仅为罗马历史上翻开了新篇章，还对罗马军队进行了重大改革。这一时期相对和平，史称"罗马和平"或"奥古斯都和平"。在这个伟大的时代，我们可以看到罗马军队的装备有了许多变化。

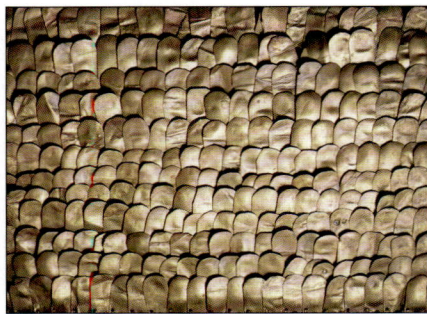

▲ 这是存世的罗马铜制鳞甲碎片，出土于苏格兰的特罗莫提姆（Tromontium）。

▼ 公元 1 世纪—公元 2 世纪，罗马骑兵。这名辅助骑兵的链甲，比常规护甲要长一些，类似于中世纪的锁子甲。他的武器和护甲，都是这一时期罗马骑兵的典型装备。此外，他的头盔有羽毛盔缨，这是罗马早期风格的复兴。椭圆形盾牌的内侧有握把，以便在战斗中手持。他为了在寒冷天气中与日耳曼人战斗，穿上了裤子、靴子和长袜。

分节式胸甲

罗马步兵装备的分节式胸甲，往往象征着罗马的鼎盛时期。"分节式胸甲"是16世纪的术语，至于罗马人如何称呼这种铠甲，仍然不为人知。这种铠甲有着明显的优点，能够为士兵上半身提供良好的防护。在哈德良长城附近的科布里奇（Corbridge），曾出土过这种铠甲的早期实物。此后，罗马人将其在一定程度上进行了简化，产生了"纽斯特德"（Newstead）式胸甲。科布里奇式胸甲通过复杂的系带和扣环把不同的部件连接起来，改进之后的"纽斯特德"式胸甲则增加了钩子。随着时间的推移，为了便于大量生产，分节的数量越来越少，这使穿戴者越来越不舒适。后来，罗马军队淘汰了分节式胸甲，转而恢复使用链甲。

◄ 公元 1 世纪—公元 2 世纪，罗马步兵。罗马重步兵采用了新式的分节式胸甲，这种盔甲在很多方面优于链甲。这名罗马军团步兵穿好了全套装备，准备作为百人队的一员参加战斗。他的盔甲很有特色，虽然一般会装饰着盔缨去作战，但也可以不装饰。盾牌上的番号很显眼，代表了他隶属的军团。

护颈是为了保护士兵的脖子免受铠甲的摩擦。

罗马军团

　　马略改革之后的罗马军团，会在最初组建的地方招募士兵，比如著名的第10军团，就是尤利乌斯·恺撒在伊比利亚组建的。罗马军团常在驻扎之地补充新兵，每个军团的传统也不一定源自罗马。例如，公元69年，在第二次克雷莫纳（Cremona）战役或贝特里亚库姆（Bedriacum）战役中，韦斯巴芗的第3军团从叙利亚前往意大利参加内战。这个军团已经采纳了叙利亚人"向太阳致敬"的习俗，会在开战之前对着太阳祈祷。

　　这一时期，罗马军团继续朝职业化方向发展。奥古斯都确立了常备军制度，将罗马军队编为28个军团，每个军团大约5000人。除了这些军团，还有一些辅助步兵和骑兵部队，他们的任务是配合军团作战。

后奥古斯都时期的军团

　　奥古斯都组建了最初的28个常备军团，其中至少有3个在战争中被歼灭。后来，罗马人虽然夺回了这些军团丢失的鹰旗，但还是用不同番号的新军团取代。重组、改名、重新编号，以及给军团加上各种代号，都可能对研究罗马军团的传承造成混乱。不过，通过分析残存的资料，历史学家对西罗马灭亡之前各个时期存在的军团，已经有了明确的认识。

▲公元1世纪—公元2世纪，罗马百夫长。在没有任务的时候，百夫长一般穿着平民服装，或者穿戎服的改进型，也就是图中这种服饰。这种戎服可以算作百夫长的"外出制服"，在需要携带武器的情况下，他会身穿这种戎服在镇上过夜或者度假。他穿着军用斗篷和战靴，并带着葡萄藤棍，这永远是等级的象征。他穿着皮条裙，以及装饰着流苏的肩甲，这些是布制或皮制的。此外，他还戴着一条精美的皮腰带。

▶公元1世纪—公元2世纪，罗马旗手。这可能是军团中最重要的士兵，因为他携带着象征军团荣誉的鹰旗。旗手穿分节式胸甲或鳞甲，这在共和国后期和帝国时期比较常见，乐手和骑兵一般也这样穿。

禁卫军

罗马皇帝和高级指挥官将一些精锐士兵组建为禁卫军。禁卫军最开始只是临时警卫部队，但后来成了固定的编制。这支部队有相当的权势与影响力，负责保护帝国军队的最高统帅。

罗马禁卫军

共和国晚期，罗马的将军们把警卫部队的步兵大队改编为禁卫军。禁卫军士兵不一定是罗马本国人，恺撒就曾招募一批精锐的日耳曼骑兵作为警卫部队，他们一直跟随恺撒南征北战。

屋大维和马克·安东尼将禁卫军当作自己的警卫部队。当屋大维夺取最高权力后，他组建了一支只效忠于皇帝的私人禁卫军。

罗马禁卫军驻扎在罗马城内的永久性军营中，负责保护皇帝与其他皇室成员。他们可以获得更高的军饷，在提比略统治期间，其薪水是普通军团步兵的三倍。

禁卫军使用椭圆形盾牌，上面有星星和月亮的图案，其戎服与军团步兵非常相似。他们在执行一些特殊任务的时候，会脱掉头盔和铠甲，只装备战袍、斗篷、盾牌和剑。除了这些本土部队，从奥古斯都时代起，还有一些蓄着胡须的日耳曼禁卫军士兵，直到韦斯巴芗将其解散。

◀公元1世纪—公元2世纪，禁卫军士兵。禁卫军的职责是保护罗马皇帝，他们有时候会出现在战场上，但更多的时间是驻扎在罗马，而且经常参与政治斗争。这名士兵装备着用于实战的全套盔甲。

禁卫骑兵

禁卫军中有一些骑兵，他们装备着与军团的辅助骑兵一样的武器和盔甲。他们通常使用罗马长剑，也可能携带长矛或标枪。他们的盾牌与军团步兵类似，但其形状并不完全一样，可能是椭圆形，也可能是六角形。他们的马具与普通骑兵一样，基本编制也相同。

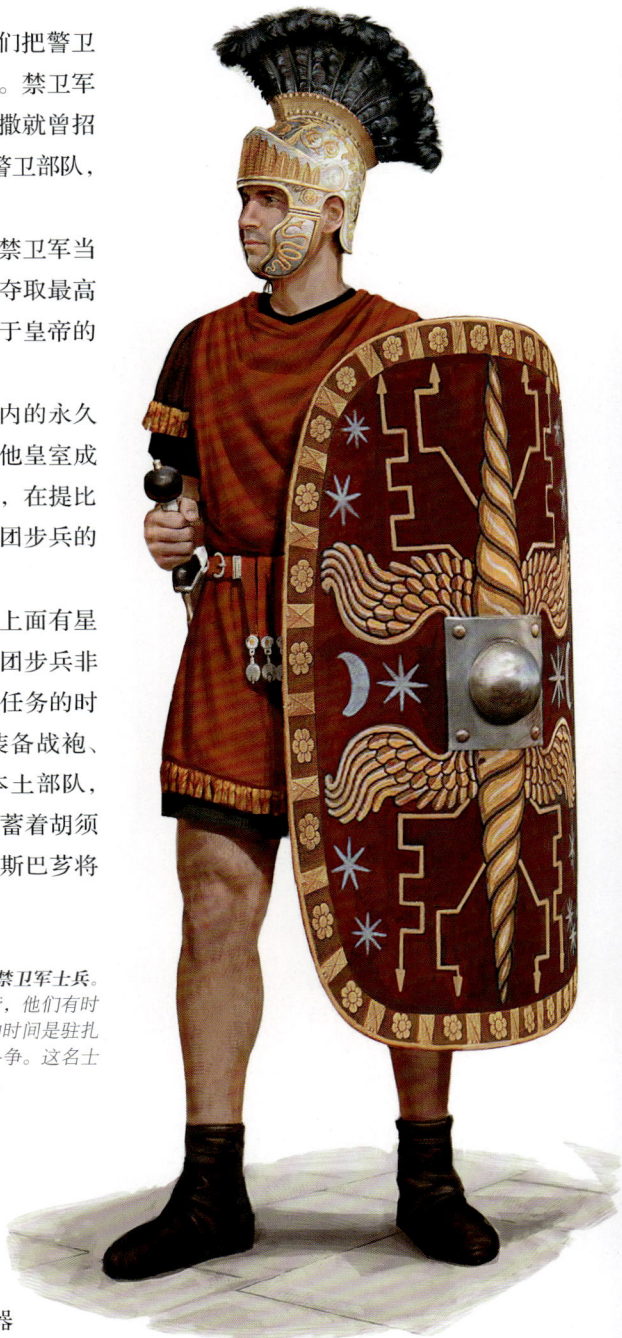

▲公元1世纪—公元2世纪，禁卫军百夫长。这位百夫长没有穿铠甲，但戴着精美的头盔，这种头盔的形象在许多罗马纪念碑上都出现过，其盾牌的图案也非常精致。禁卫军常常招致普通军团官兵的反感，最终被君士坦丁解散。此后，君士坦丁组建了一支新的警卫部队。

▼公元 1 世纪—公元 2 世纪,禁卫军旗手。这面旗帜属于驻扎在罗马的禁卫军。这名旗手没有穿铠甲,但腰间佩戴着短剑。所有罗马旗帜都有钢制或铁制尖顶,可以扎入土中,使旗杆能矗立在地面上。旗手是经验丰富的老兵,他的绶带上有金属饰环和圆盘。此外,他脚上穿着低帮靴子,而不是普通的军鞋。

皇帝私人骑兵

有一支日耳曼精锐骑兵部队,他们装备着六角形盾牌,盾牌的每个角上都绘有蝎子图案。这支造型独特的部队是皇帝的私人骑兵,每当皇帝离开罗马时,都会带上他们。这支部队组建于公元 1 世纪后期,最初包含720名骑兵,分成24个中队,每个中队30人。在哈德良时代,其人数增加到大约1000人。这支部队最初的核心成员是精锐的巴达维亚(Batavian)骑兵,他们是禁卫军中少有的非罗马公民。根据图拉真记功柱的描绘,在公元113年,这支部队的旗帜上也画有闪电标志,与罗马其他军团没有区别。

辅助警卫部队

在战场上,罗马皇帝可能会挑选一些部队保证自己的安全。骑兵,尤其是辅助骑兵,最有可能被选中执行这种任务。这些骑兵由皇帝的一名心腹军官指挥,此人也是皇帝精心挑选的。

◀公元 1 世纪—公元 2 世纪,日耳曼辅助骑兵。他们得到了罗马高级指挥官的普遍赞誉,频繁地执行警卫任务。尤利乌斯·恺撒在征服高卢期间,得到了日耳曼辅助骑兵的保护。他们的武器和盔甲,与罗马本土的辅助骑兵差不多。

日耳曼人

在漫长的岁月里，罗马人与各种各样的敌人作战，其中最可怕的是达契亚人与日耳曼人。日耳曼部族既有步兵也有骑兵，就算拥有充足的武器和盔甲，他们的外观也不会统一。

罗马人很重视日耳曼人，认为他们是精锐之敌。日耳曼人不会像罗马军团那样在开阔地列阵，他们习惯于伏击，经常对罗马人发动突袭。

衣服和武器

日耳曼人的服装由长裤和战袍组成，他们通常留长发，部分人还蓄有长须。他们喜欢把长发扎成一个顶髻，被称作施瓦本发式。日耳曼人和达契亚人都在盾牌上绘制图案，他们有时候还携带旗帜，其中有一种龙旗，后来被罗马骑兵部队采用。他们的头盔五花八门，这使他们在战场上显得杂

乱无章。早期日耳曼战士可能会裸体作战，武器仅有一把长剑，最多再配上盾牌。

随着与罗马军事冲突的增多，日耳曼人从战败中学到了教训，所穿的护甲越来越多。他们开始装备链甲或鳞甲，以及从各种途径获得的头盔。他们的战斗力有了明显提升，在与罗马的战争中取得了一次又一次胜利。日耳曼辅助部队，尤其是骑兵，得到了罗马人的高度评价。在罗马人撤出不列颠之后，日耳曼部族中的撒克逊人（Saxons）入侵了这个地区，与已经罗马化的凯尔特人交战。达契亚人在血统上与色雷斯人有些联系，他们原本是独立的民族，公元2世纪时被图拉真征服。图拉真是罗

◀公元1世纪—公元2世纪，日耳曼骑兵。罗马的北方前线寒冷刺骨，日耳曼人定居在莱茵河沿岸广袤的森林里。他们得益于自然的恩赐，往往能够丰衣足食。日耳曼骑兵通常不穿护甲，其装备包括标枪、长剑和木制圆盾。

马最后一位征服者，他的功绩被刻画在图拉真石柱上。与伊比利亚人和不列颠凯尔特人一样，达契亚人也用纹身装饰皮肤，他们的领袖戴着一种造型独特的帽子。

武器和战术

总的来说，日耳曼人的作战方式，类似于高卢人与凯尔特人，他们的武器和护甲也差不多。因此，当罗马人在多瑙河流域遭遇日耳曼人时，总会想到在高卢、西班牙和不列颠遇到的蛮族。日耳曼部落的作战方法是迅速接近敌人，然后进行一对一的近战。以这种战术和罗马军团作战，其结果可能是灾难性的。

日耳曼人会在距敌大约15米远的距离遭到一到三轮标枪齐射，然后直接面对罗马军团的盾和短剑。由于日耳曼人的盾牌可能已经被标枪损坏，所以他们在与使用剑盾且训练有素的罗马步兵作战时，将处于极大的劣势。

日耳曼人的服装、武器、盔甲和战术，都受到凯尔特人的巨大影响。在与罗马人交战时，他们会使用盾牌、长弓和长剑。根据一些文献的记载，罗马骑兵长剑的原型，正是凯尔特人和日耳曼人的长剑。

◄ 公元1世纪—公元2世纪，日耳曼战士。与罗马人一样，日耳曼人也非常重视旗帜。这名日耳曼战士带着长剑、短斧（这也是投射武器）和盾牌，为自己的部族和人民而战。同罗马作战的许多民族都喜欢使用龙旗，后来这种旗帜被罗马采用，成为东罗马帝国的象征之一。

▲ 公元1世纪—公元2世纪，日耳曼战士。这名战士装备着斧头、长剑、长矛和盾牌，显然已经做好了战斗准备。他的斗篷更像是毯子。他的盾牌是典型的日耳曼式，无论是被罗马雇佣的部族，还是与罗马为敌的部族，都使用这种盾牌。

达契亚人

达契亚人有着精良的武器和盔甲。他们身穿鳞甲，头戴东方风格的尖顶头盔，还使用一种名为"达契亚镰刀"的致命武器。这种曲刀武器有两种类型：第一种较短，如同剑一样使用；第二种带有长柄，属于长兵器。达契亚镰刀是很实用的武器，让罗马人非常恐惧，原因是它能打掉罗马士兵的武器，甚至砍掉他们的胳膊。不过，长镰刀是双手武器，所以无法搭配盾牌使用，这是它的劣势所在。

武器和护甲

这个时期的罗马军团步兵的形象，是从古至今最让人印象深刻的。他们头戴装饰着红色马鬃盔缨的钢铁头盔，身穿红色或白色的战袍，装备着分节式胸甲，使用匕首、短剑和矩形盾牌，脚穿军用便鞋。

头盔

帝国时期的高卢型头盔是最著名的罗马头盔，它有很多衍生的类型，被罗马军队长期使用，直到最后被淘汰。罗马头盔经历了漫长的发展过程，最初是简单的蒙特福尔迪诺（Montefortino）式头盔，也就是共和国士兵普遍使用的那一种。此后出现的是早期的高卢式和意大利式头盔，它更复杂，防护性也更好。威森瑙（Weisenau）式头盔似乎是罗马军队在奥古斯都时期装备的，其材质为铁或铜。这种头盔装配有护颊，耳朵部位是镂空的，以此确保耳朵不受遮挡。另外，它还有一个宽大的护颈。有些头盔有额外的装饰，反映出个人的喜好。

头盔一般由军团里的工匠制造，也有可能来自要塞或大城市的市场。头盔的材质可能不止一种金属，其中铁与铜比较常见。有些罗马军团士兵会把自己的名字和所在部队的番号刻在头盔上。

为了舒适起见，士兵通常会给头盔配备布制内衬，也可能在头盔里面戴上布帽。头盔的发展与战术需要有关，例如护颈的增设，就是为了方便士兵进行蹲伏和突刺。头盔的防护越来越好，还加上了系带，这使士兵在身体偏斜时能够戴稳它。

铠甲

这一时期，罗马的铠甲主要是钢制的分节式胸甲，也有皮甲与链甲。分节式胸甲是将独立的钢板连接在一起，穿戴者可以灵活地使用武器。在步兵中队军团转变为步兵大队军团后，高级军官可能仍穿肌肉胸甲，但百夫长通常会选择链甲或分节式胸甲。

链甲由大量铁环铆接而成，它是一体式的，穿戴时从头上套进去。链甲非常柔软，不仅不影响士兵的灵活性，还能提供优良的防护。

罗马人还穿札甲，但很难看到一个军团同时穿三种不同的盔甲。此时，罗马军队已经基本不再使用胫甲。

在达契亚战争期间，有些罗马士兵戴着臂甲。这种护甲配件不仅保护肘部，还保护上臂，可能是罗马人遇到达契亚镰刀之后采取的防护措施。达契亚镰刀有两种，一种是类似于剑的单手武器，另一种是大得多的双手武器。

腰带

无论是步兵使用的短剑，还是骑兵使用的长剑，都佩戴在腰带上，或是肩带上。腰带和肩带为皮制，最初很窄，后来变宽了许多。士兵们会根据自己的

◀公元 1 世纪—公元 2 世纪，罗马军团步兵。这位士兵穿着分节式胸甲，并把短剑挂在肩上，把匕首挂在腰带上，还装备着常见的盾牌和标枪。

▼公元 1 世纪—公元 5 世纪，头盔。这些头盔属于凯尔特人和日耳曼人，他们是罗马的敌人。公元 4 世纪至 5 世纪，罗马军队也开始佩戴这些头盔。1 是凯尔特头盔，配有护鼻和保护脖子的护帘；2 也是凯尔特头盔，有护鼻与护颈；3 和 4 都是后期的日耳曼头盔。

▲公元 1 世纪—公元 5 世纪，罗马头盔。1 和 2 是铜制的蒙特福尔迪诺式步兵头盔，1 世纪早期；3.帝国时期的意大利步兵头盔，2 世纪初期；4.帝国时期的高卢步兵头盔，1 世纪；5.帝国时期的意大利步兵头盔，2 世纪；6.铁和铜制作的意大利步兵头盔，出现于 1 世纪晚期；7.帝国时期的铜制意大利步兵头盔，1 世纪晚期和 2 世纪早期；8.罗马骑兵的铁制头盔，2 世纪；9.罗马骑兵头盔，1 世纪；10.罗马骑兵头盔，2 世纪。

个人喜好，在皮带上装饰大量金属扣、圆盘和徽章。

匕首通常插在华丽的刀鞘里，挂在身体左侧。早期的罗马人会同时戴两条较窄的皮带，一条挂匕首，另一条挂短剑，两条皮带在佩戴者的腰部交叉成“X”形。后来，罗马人使用一种较宽的腰带佩戴两种武器。

皮制毛皮袋挂在腰带的前方，用金属圆盘或小型徽章遮挡。曾有人认为它是用来保护腹股沟的，但它更像是为了固定战袍的下摆，并使士兵保持质朴精神。

鞋袜

罗马人常穿露脚趾的军用便鞋，鞋帮一直延伸到脚踝之上。军用便鞋为皮制，用针线缝合，并带有铁钉和金属扣。为了防水，军用便鞋的皮制部分会打蜡或涂油。

武器

罗马的各级官兵都使用短剑，它是一种相对较短的利刃，在训练有素的罗马步兵手中是致命的武器。罗马步兵用盾牌搭配短剑，这种重型盾牌相当大，其背面有个铁制把手。

罗马短剑并非都一样，而是有不同的类型。正如上文所说的那样，早期短剑主要用于突刺和劈砍。此后，剑身改造得相当长，双刃也更加锋利。罗马短剑通常只安装着相对简单的木制剑柄，且没有护手。百夫长和高级军官使用的短剑，可能配有装饰更精美的剑柄，有些剑柄由金属制成。

剑鞘一般由金属、皮革与木头等材料组成。皮制或木制剑鞘会用金属装饰，既可以起加固作用，也更为美观。罗马人还有一种用于训练的木制短剑。

标枪是用来投掷的，每位罗马军团步兵都会装备两支或更多的标枪。标枪由木杆与铁制或钢制枪头组成，枪头与木杆之间用铅杆相连。一旦投出的标枪命中敌人的盾牌，沉重的木杆会拧弯铅杆，使其很难从盾牌中拔出来，盾牌可能因此作废。标枪可以回收，且可以重新弄直。有些标枪头带有球形的重块，其目的是增强冲击力。

▼公元 1 世纪—公元 2 世纪，罗马单手兵器。1 和 2 是日耳曼长剑；3.凯尔特或日耳曼剑鞘；4.罗马短剑；5.罗马骑兵长剑；6.罗马骑兵长剑；7.罗马短剑，剑鞘上系有剑带，不需要佩戴在腰带上；8.罗马腰带，上面挂着匕首；9.罗马长剑和腰带。

▲公元 1 世纪—公元 3 世纪，盾牌。这些是 1 至 3 世纪的日耳曼盾牌。盾牌上的图案一般是部落的标志，以便在战场上互相识别。1—4 是典型的凯尔特与日耳曼步兵盾牌。5 和 6 是骑兵圆盾，左边那面盾牌比通常的要小一些，是穿重甲的骑兵使用的。

▼公元 1 世纪—公元 2 世纪，盾牌。1. 罗马骑兵仪仗盾牌，用于阅兵和演习，很少在战斗中使用。2. 铜制盾帽，属于 2 世纪驻扎在不列颠的第 8 "奥古斯都" 军团。3. 罗马盾牌的结构。从左上角可以看出，它由层层木头构成。其外层用兽皮覆盖，金属护手上有亚麻布，图案是典型的罗马风格。

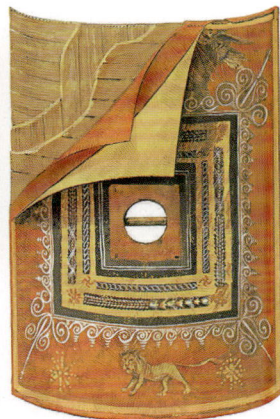

盾牌

　　罗马盾牌为木制，一般配有钢制或铁制的把手。在战场上，罗马盾牌可以当作武器使用。罗马盾牌一般来说是矩形的，也有椭圆形的。它从两侧向中央弯曲，铁制边框增强了盾牌的防护力。盾牌的木制部分用皮革覆盖，正面还遮盖着亚麻布。有些盾牌配有装饰精美的金属边框，似乎大部分是红色的。

◀公元 1 世纪—公元 5 世纪，日耳曼战士。这幅图展示了日耳曼战士携带的多种武器。与罗马作战的日耳曼人分为许多部落，他们经常穿着缴获的罗马装备，尤其青睐罗马头盔和链甲。

骑兵

　　罗马骑兵的装备与军团步兵类似，但也有许多不同。骑兵盾牌是椭圆形或六角形，而且是平的，而非军团步兵使用的那种弯曲的盾牌。罗马骑兵不用短剑，而是用长剑，后者是一种较长的阔剑，其原型是日耳曼人的武器。这是一种优秀的武器，它在罗马帝国后期和东罗马帝国时期彻底取代了短剑。

　　罗马骑兵佩戴各式各样的头盔，与军团步兵类似，只有两点不同。首先，骑兵头盔的护颈更短，以防骑兵掉下马时受伤，骑兵若是佩戴步兵头盔，一旦坠马可能摔断脖子；其次，有些骑兵头盔会遮住耳朵，这在肉搏战中是劣势，

因为这可能使佩戴者听不见撤退的命令。

阅兵头盔用于正式场合，旗手尤其喜欢戴它。这种头盔完全贴合佩戴者的头部。

罗马骑兵除了携带长剑之外，还装备着长枪或长矛，这使他们拥有兵器长度方面的优势。除此之外，大部分骑兵都携带匕首。

马具

罗马骑兵的马鞍是常见的款式，但依然没有马镫。直到6世纪晚期或7世纪初期，马镫才在欧洲大规模使用。罗马骑兵用自己的膝盖和大腿控制马匹，脚尖也向下伸展着。马鞍用围绕在马匹身体上的带子固定，这条带子连接着马匹的胸部和臀部，以此保证马鞍不会掉落。

缰绳通过马嚼子连接着马的嘴巴，整套装备看起来相当现代化。骑兵在战斗中不会使用装饰品，但会为了阅兵洗刷马匹。在正式场合，他们还会使用一些仪仗马具和铠甲。他们携带着骑兵旗帜，最常见的是龙旗。

▲公元1世纪—公元4世纪，马具。这匹马装备着战时全套马具，还携带着骑兵装备。马背上的网袋中装着饲料，旁边是水壶、炊具和武器套。1. 马的头盔和面甲。2. 罗马式马鞍。3. 另外一种面甲，用来保护马匹的眼睛和头部。4. 马甲，从5世纪开始逐渐流行。

西罗马的衰亡

公元 235 年—公元 476 年

　　罗马的灭亡有多方面原因，也是它衰落之后的必然命运，这一长期过程并不像人们认为的那么剧烈。历史学家为西罗马帝国的衰亡给出了各式各样的理由，中央政府的腐败和混乱当然是最主要的原因。另一个重要原因是，罗马帝国后期的军队极其依赖外国雇佣军，而非本国军人，一旦罗马军队的制度开始崩溃，罗马帝国也开始瓦解。入侵的蛮族并非像势不可挡的海啸一样涌入，而是连续几代人不断进犯罗马。最重要的是，新统治者保留了罗马的许多制度，接下来的"黑暗时代"可能不像以前所认为的那样愚昧黑暗。对罗马军队来说，这是一个不断变化的时期，越来越多的蛮族进入辅助部队。

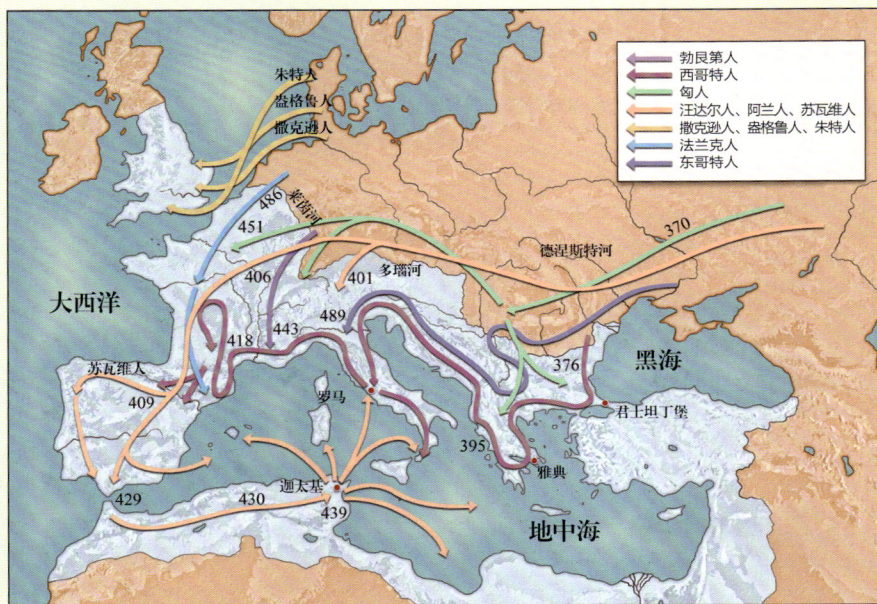

▲公元 370 年到 489 年，西欧蛮族的分布。

◀罗马沦陷于蛮族的过程充满戏剧性，西罗马的衰亡持续了数个世纪，而东罗马仍然以强大的实力保持着独立。

罗马帝国的衰落

"我们在离开自己的土地时被告知，我们的神圣权利会得到捍卫，在海外定居的罗马公民都拥有这一权利。在漫长的岁月里，帝国维持着海外领土，为当地人带来如此多的利益，还使他们融入我们的文明。我们能够证实，这一切都是真实的，我们会毫不犹豫地为自己的青春和希望流血牺牲。我们没有后悔，在这里坚持着自己的信仰。我听说，罗马城内派系林立，人们在阴谋中惶惶度日，许多人朝秦暮楚。在如此变幻无常的混乱环境中，一些人开始努力了解局势，引诱我们放弃，并诋毁我们的行动。我不敢相信这一切都是真实的，但最近的战争表明，这种心态能造成很大的危害，导致恶劣的后果。请立即向我保证，我们的同胞们能够理解我们，支持我们并保护我们，因为我们正在捍卫帝国的荣耀。如果让我们在蛮荒之地马革裹尸，那么请小心来自军团的愤怒。"

大约公元前20年，奥古斯都军团，第二步兵大队百夫长马库斯·弗拉维尼乌斯（Marcus Flavinius）

▲亚美尼亚的加尼（Garni）神庙，位于罗马帝国的最东部。它是公元1世纪由亚美尼亚国王提里达特斯（Tiridates）建造的，可能是在他访问罗马期间从尼禄皇帝那里得到了资金，其建造目的大概是为了宣告亚美尼亚是罗马的一个行省。

以上引文出自一位从军多年的罗马百夫长，他驻扎在意大利之外的地方。

▼这块纪念碑上的浮雕象征着罗马的征服。它位于苏格兰西洛西恩的布里奇尼斯（Bridgeness, West Lothian），建于大约公元142年，这是罗马帝国疆域的最北之地。

这段话可能概括了所有为祖国而战且为祖国牺牲的罗马军团步兵的信念。如果是软弱的皇帝在位，一些罗马军团会进行兵变。罗马军团以这种方式换掉自己不喜欢的皇帝，又在战场上多次败给进犯的蛮族，导致帝国政府与各级官兵陷入混乱，这是西罗马帝国最终于公元476年灭亡的原因之一。

在漫长的衰落过程中，罗马原有的凝聚力也展现出闪光点，一些罗马人为了避免失败进行了努力。然而，旧帝国正在慢性死亡，没有足够的罗马公民拿起武器保卫这个国家。旧式的罗马军团消亡了，整体转变为另外一种军队。东罗马帝国也诞生了一支新军队，他们在未来几个世纪里是欧洲的屏障。

扩张过度的权力

罗马曾被入侵过。在早期的历史中，凯尔特人翻越阿尔卑斯山，夺取并洗劫了罗马。不过，这座城市及其人民生存了下去，又很快走向了繁荣。此后，罗马再次遭到入侵，被汉尼拔的迦太基军队打得惨败。这一次，罗马城没有被攻陷，罗马人将入侵的迦太基人驱逐出了意大利，并在恢复之后彻底击败敌人。那么，为何这次蛮族入侵打败了罗马，使西罗马从此一蹶不振呢？

其中一个原因在于，保卫罗马的不再是旧式的罗马军队，也就是以严明纪律著称的步兵军团。这即使不是根本原因，也是主要原因之一。罗马军团的名号依然存在，但本国士兵原来的坚韧品质已经荡然无存。军队里的外族雇佣兵越来越多，他们参军的原因多种多样，但都不是为了保卫帝国。

▲ 4世纪，从东方迁徙而来的蛮族的定居点。蛮族入侵影响巨大，对于西罗马帝国而言，这是难以承受的。

戎服的变化

在公元3世纪的后半叶，罗马军队的总体形象发生了改变。链甲取代了分节式胸甲，长剑取代了长期装备的短剑，圆盾取代了老式矩形盾牌。盾牌的表面依然有很多图案，其中一些可以在《百官志》（Notitia Dignitatum）中看到。《百官志》是罗马的一部文献，列出了罗马军队的各种标志和装备。

罗马军队越来越倾向于日耳曼风格，包括更长的战袍和裤子，以及更长的头发。在后期罗马军队中，蓄须也变得普遍起来，这使他们看起来更像是蛮族军队，而不是传统的罗马军队。

▶ 罗马从不列颠撤退是非常突然的事件。到了公元400年，大部分罗马军队被召回本土。不过，很多老兵，包括已经罗马化的布立吞人，选择留下来抵抗撒克逊人。

蛮族移民涌入西罗马

罗马通过数个世纪的征服行动，付出巨大的努力和牺牲，才建成了罗马帝国。与此类似的是，西罗马帝国的衰败也不是一夜之间发生的。各个民族的移民不断涌入西罗马，到此寻找新土地，希望最终建立新家园。

在整个古代，一直有亚洲来的移民向西方迁徙。有些民族，比如匈人和后来的蒙古人，向西发动征服战争，目的是夺取战利品和财富。其他民族则是因为被更强大的力量驱赶，才向西迁徙。有些蛮族与罗马保持和平关系，还成为罗马的雇佣军或臣民。然而，这是一把双刃剑。那些受过罗马战法训练的蛮族士兵，一旦遭到罗马的不公正待遇，就会反戈一击。他们会在帝国腹地造成麻烦，而不仅局限于莱茵河或多瑙河这样的边界地区。

居住在莱茵河与多瑙河流域的日耳曼人分为许多部落，他们持续不断地向罗马境内移民，与罗马的冲突越来越多。

▲图拉真记功柱的浮雕描绘了多瑙河前线壮观的桥梁，这里首当其冲的威胁是日耳曼部族。注意左上角的旗帜。

▼西哥特人托里斯蒙德（Thorismond）是埃提乌斯的盟友。公元451年，托里斯蒙德帮助埃提乌斯在沙隆之战中击败了阿提拉。

匈人

匈人是亚洲的游牧民族，他们是各个蛮族向西迁徙的催化剂。他们的作战方法与蒙古人类似，但规模要小得多，也不像13世纪的成吉思汗军队那样训练有素。

匈人源自伏尔加河东岸，在大约公元370年时出现在欧洲。在阿提拉的领导下，匈人在与罗马的诸多交战中赢得了压倒性胜利，最终建立了帝国。不过，到了公元451年，罗马将军埃提乌斯在高卢的沙隆击败了匈人。仅仅两年后，也就是公元453年，阿提拉去世，他的帝国很快分崩离析。

哥特人

哥特人是日耳曼人的一个分支，后来又分裂成两个不同的族群，也就是所谓的东哥特人与西哥特人。东哥特人曾与匈人交战，最终臣服于匈人。公元376年，为了躲避匈人，西哥特人进入罗马

▼罗马化的凯尔特人向罗马将军埃提乌斯求助，希望罗马人帮助他们在不列颠抵抗蛮族的入侵。

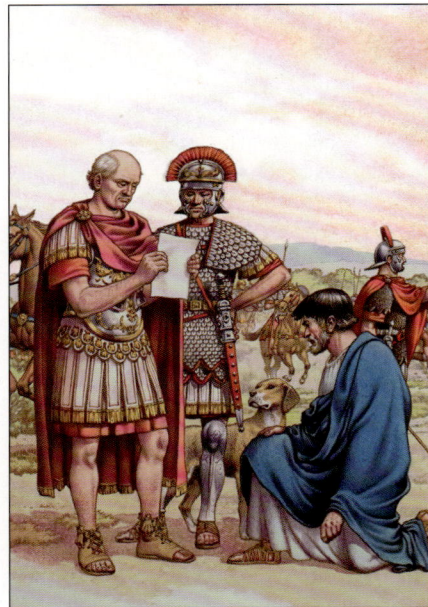

▲公元410年，因洗劫罗马城而著名的西哥特酋长阿拉里克。他离开罗马后，转而入侵非洲，当年即死于疾病。

汪达尔人是另外一个日耳曼部族，于公元406年渡过莱茵河，向西南方向进发。他们越过法兰西和西班牙，最终到达北非，并在那里建立了王国。

另外一个来自日耳曼东部的部族是格皮德人（Gepides），他们是哥特人的敌人。令人好奇的是，他们没有参加大迁徙，这很有可能是因为后来被匈人吸纳的哥特人这么做了。格皮德人没有被匈人同化，而是参与了日耳曼部族联合反对匈人的暴动，甚至有可能是领导者。公元6世纪，阿瓦尔人和伦巴底人击败了格皮德人，占领了他们的土地。

境内。后来，东哥特人定居于意大利，西哥特人迁徙到法兰西南部和伊比利亚半岛。格鲁森尼人（Greuthungi）和瑟文吉人（Tervinvi）是西哥特人的两个主要部落，也可以看作两个氏族。在阿拉里克的领导下，西哥特人于公元410年夺取并洗劫了罗马。有意思的是，公元451年，东哥特人与西哥特人在马鲁库斯营地（Campus Maruiacus）之战中成为对手，而这次战役的对阵双方是埃提乌斯的罗马军队与阿提拉的匈人大军。西哥特人为埃提乌斯作战，东哥特人追随阿提拉。

在此战中，西哥特人派出了徒步作战的队列，而东哥特人像匈人那样骑马作战，他们在战场上相遇并厮杀。

伦巴底人、汪达尔人和格皮德人

伦巴底人是日耳曼西部的一个部族，于6世纪迁往意大利。东哥特人帮助他们在意大利北部建立了王国，不过在此之后，意大利仍然充满了战争和混乱。

亚洲的威胁：萨尔马提亚人和阿兰人

萨尔马提亚人和阿兰人来自亚洲大草原，他们并非日耳曼人，可能是波斯人或突厥人。萨尔马提亚人定居在多瑙河沿岸，一般不和日耳曼部族生活在一起。阿兰人则加入了日耳曼人的迁徙大军，与他们一起进行远征。他们当中的一些人没有进入罗马帝国，而是在旅途中被匈人吸纳。

▼有些蛮族选择与罗马结盟，借助罗马的力量对抗比自己更强大的部族。与之相反的是，另一些蛮族团结起来攻击罗马。这幅画展示的是大约公元374年时阿兰人与匈人作战的场景。后来，他们联合起来进行烧杀抢掠，如此强大的力量入侵意大利，定然是一场灾难。

西罗马的崩溃

罗马衰落的具体时间很难确定，这一进程不仅受到蛮族无休止移民的持续压力，还伴随着罗马政府管理能力的下降，以及军队的极大削弱。大约公元284年，戴克里先将帝国分为两个部分，分别设有皇帝。

在内外交困的局势下，罗马帝国逐渐走向衰落。毫无疑问，最大的压力来自蛮族，虽然他们不一定敌视罗马。实际上，无论是否对罗马怀有仇恨，蛮族还是诞生了阿提拉与阿拉里克这样的天才领导人，他们都想开创自己的王国。阿提拉与阿拉里克都没有成功，但他们的人民和其他迁徙的部落仍在持续攻击西罗马帝国，最终使罗马土崩瓦解。

▲ 弗拉维乌斯·霍诺里乌斯是公元395年至423年在位的西罗马皇帝。他是狄奥多西一世之子，是个软弱的皇帝，无法阻止帝国长期以来的衰落。

▼ 公元476年，罗马城最终沦陷。这座城市此时已经不是西罗马帝国的首都，但仍然是其精神象征。它的陷落，震撼了西方世界。

黑暗时代

罗马陷落之后，西欧进入了史称"黑暗时代"的新的历史时期。不过，这一时期并不像描绘的那样"黑暗"。有些新军阀似乎保留了罗马的法律和习俗，甚至他们自己都服膺罗马文化。例如，如果罗马大地主向新统治者效忠并缴税，就可以保留自己的土地和庄园。如果罗马遗民接受新的社会秩序，效忠蛮族国王，并在必要时为其作战，其生活可能不会有太大改变。罗马文明没有彻底毁灭，其大部分被保留下来。后来，罗马公民和贵族开始为新秩序服务，并与蛮族通婚，罗马文明就此融入新的欧洲文明之中。

罗马不列颠和罗马化凯尔特人

罗马不列颠的历史进程是这一时代的典型。罗马皇帝霍诺里乌斯不负责任地传话给不列颠的罗马化凯尔特人，让他们凭借自己的力量对抗蛮族入侵。在最后一批罗马军队撤退后，幸存的罗马化凯尔特人接管了不列颠，并通过多年努力击退了撒克逊人的入侵。虽然这

▲这幅浮雕位于维罗纳的圣泽农（Saint Zenon）教堂，描绘了狄奥多里克和奥多亚克之间的战争。

▼罗马不列颠终结之际，诞生了亚瑟王及其圆桌骑士的传说。这幅画按照中世纪骑士的形象来描绘他们，但他们肯定不是这样的形象，而且其真实历史更加残酷。

个时期的历史文献可信度不高，但似乎在公元468年的时候，罗马化的不列颠人"战争公爵"安布罗修斯（Ambrosius）在高卢与西哥特人作战，此时离西罗马灭亡还有8年。他的继任者是阿图鲁斯（Arturus），这个罗马化的凯尔特军事领袖就是亚瑟王传说的人物原型。阿图鲁斯成功地挡住了盎格鲁－撒克逊人的入侵，于公元516年在巴东山（Mount Badon）之战中将他们完全驱逐出去。经过一段和平时期后，在公元537年的剑兰（Camlann）之战中，亚瑟与撒克逊人作战时负了重伤。如果确实如此的话，在罗马灭亡之后，罗马化的凯尔特人独力保卫罗马和凯尔特遗产长达60多年。此后，来自欧洲大陆的撒克逊人征服了不列颠，他们吸收了本地的不列颠人，而不是消灭他们，最终形成了盎格鲁－撒克逊人。

不列颠发生的事情是特例，毕竟这个岛屿与欧洲大陆隔绝。日耳曼、高卢、北非和意大利发生了规模要大得多的事情。传播了几个世纪的罗马文明没有被毁灭，而是被这些地区的新领主吸收，这些领主是西哥特人、东哥特人和汪达尔人。在意大利，罗马的影响力依然强大，在奥多亚克失败之后，拉文纳成为狄奥多里克的优雅首都。但是，一些野蛮人并没有像匈人那样留下来，而是在欧洲烧杀抢掠之后撤退到亚洲。

此时，新领主在罗马的故土上建立了新的王国。有些地区的罗马文化非常深厚，新统治者无法将其连根拔起，不得不继续采用罗马的行政和法律系统。从这些看似混乱的起点开始，伴随着蛮族的定居与同化，新欧洲在剧烈的变动中逐渐形成。

帝国后期

自从公元180年马克·奥勒留去世，罗马皇帝的个人才能与领袖品质都在逐步衰退。只有少数皇帝较为突出，例如公元284年至305年在位的戴克里先。他重组并整顿了罗马军队，因为帝国已经不再扩张，但必须防守已经控制的领土。戴克里先把军队划分为野战部队和边防部队，驻扎在帝国边界的边防部队的任务是防御蛮族的骚扰或入侵，而野战部队是机动预备队，他们会被派到需要的地方去，特别是边防部队无法挡住敌人的时候。

百夫长

罗马军团的军官们，包括指挥百人队和步兵大队的百夫长，依然非常显眼。他们常在执勤时穿皮甲，这种铠甲比分节式胸甲和链甲更轻便舒适。不过一般来说，为了获得更好的防护，他们还是倾向于在战斗中穿肌肉胸甲或链甲。百夫长的头盔与士兵一样，有冠状盔缨，也可能没有。如果百夫长需要戴冠状盔缨，那么肯定是与肩膀平行的传统盔缨，以便军团步兵在战场上辨认出自己的指挥官。他们拿着短剑或长剑，手持盾牌部署在战斗队形中。一些百夫长佩戴着获得的勋赏，以此彰显自己的战功。这一时期的百夫长，仍然像帝国初期和共和国时期的前辈那样，带着传统的葡萄藤棍作为身份的象征。就算没有马鬃盔缨，百夫长也能因葡萄藤棍被手下的军团步兵识别，这依然是他们的标志。此外，他们还在身体左侧佩剑。

保民官

从马略改革开始，每个罗马军团都配有六名保民官，这一时期仍然如此。但是，他们的职责已经发生了改变，更像是政治职务，而非军事职务。他们当中的一位是元老院议员级别的副将，其他五位是有军事经验的使节。他们普遍使用高级装备，例如装饰精美的头盔与肌肉胸甲。至于保民官是否得到军团各级官兵的爱戴，我们无法得知。

在行军途中，保民官的穿着风格可能是戎服与百姓服装的混合体。他们一般骑马行军，所以通常装备长剑。随着帝国的发展，罗马军团各级官兵都穿上了舒适的战袍和裤子，还穿上了斗篷。军用斗篷一般是红色的，但保民官在行军时也穿民用斗篷，其款式与军用斗篷类似，但颜色多种多样。军用斗篷宽大而温暖，经常被军团步兵当作睡觉用的毯子，以此应对各种恶劣天气。

◀公元3世纪，军团步兵。这名军团步兵仍然戴着罗马式头盔，还拿着制式盾牌，但他的穿着变得更加大众化。分节式胸甲消失了，罗马人的常用铠甲又变回链甲。

▶公元3世纪，保民官。高级军官的便服尽可能舒适，他们一般都带着自卫武器。这名保民官将暖和的长裤扎进靴子里，还穿着带流苏的斗篷。

行省只驻扎一个军团，罗马使节可能会兼任行省总督。在共和国初期，罗马高级将领首先是政治家，其次才是军人。派遣到军团的保民官，一般都是出色的军人，或者是富有才能的指挥官。不过，罗马通过政治途径任命军团指挥官，造就了罗马军队不专业的高级军官阶层，这有时候会导致军事灾难。在长期征战中，罗马军队诞生了尤利乌斯·恺撒、庞培、马略、苏拉和西庇阿等非常出色的将领。他们建立了赫赫功勋，为罗马军队赢得了无限荣耀，使这支军队成为有史以来最伟大的军队之一。有些军团士兵会忽略派遣来的保民官，而是倾听并相信那些久经沙场的老兵的意见，尤其是顽强的百夫长们。

指挥官穿着装饰精美的肌肉胸甲，腰部系着白色腰带，这是他们地位的象征。他们的武器比普通的要昂贵得多，但形制差不多，不是短剑，就是长剑，这取决于他们个人的选择。军官们为了提高自己在战场上的识别度，一般会佩戴装饰着硬马鬃盔缨或羽毛盔缨的精美头盔。

戎服的发展

罗马衰落之初，其装备和帝国鼎盛时期大体相同。当帝国内部出现裂隙的时候，罗马军队似乎仍然出类拔萃。不过，这支军队开始缓慢地出现衰落的迹象。到了戴克里先改革时期，罗马军团发生了彻底的变化。罗马从开始进犯边界的蛮族中招募了更多辅助部队，他们的盔甲和武器都迥异于过去。

公元3世纪的时候，罗马军队依然穿着分节式胸甲。在此之前，军团各级官兵普遍装备链甲。罗马士兵依然戴着龙虾尾式头盔，但能保护整个头部的链甲头盔逐渐增多。

战袍通常有三种主要颜色：白色、红色和蓝色。蓝色是中等程度的天蓝或深蓝，在视觉上很有冲击感。罗马军团依然使用矩形盾牌，其颜色通常是红色盾面加上金色装饰，或者是深蓝色盾面加上金色装饰。

▲公元3世纪，罗马使节。帝国后期的军团指挥官可能按照传统进行装备，但更多取决于个人的偏好。公元300年之后，肌肉胸甲已经变得罕见，而将军的白色饰带仍然是等级的象征。

战地指挥

掌握军团总指挥权的是罗马使节，他是元老院议员级别的贵族，通常是前保民官。罗马使节通常由皇帝任命，其地位超过其他保民官。一般来说，一个

▲公元4世纪，百夫长。这位百夫长的铠甲的颜色很独特，至少在这个时代非比寻常。就百夫长的身份而言，他不带传统的葡萄藤棍是失职行为。此外，他的头盔没有盔缨，这也是值得注意的。

军团旗帜

旗帜是罗马军团的标志，它代表了军团的战功与传统，尤其是在战场上锻造出来的部队精神。当军团发生人员变动的时候，旗帜会将军团的荣誉传承下去，是新兵与老兵之间的精神纽带。

在条顿堡森林的惨败中，三个罗马军团被日耳曼人消灭。此后，罗马人再也没有重建这三个军团，甚至到了后来，当日耳曼尼库斯在战败之地找回失落的三面军旗，他们也没有被重建。这一耻辱是永久的，在罗马人看来，这三个军团葬身于日耳曼森林深处，已经被永远消灭了。罗马将条顿堡森林之战称为"瓦卢斯灾难"，这是因为军队的指挥官是普布利乌斯·奎因克提里乌斯·瓦卢斯。军团旗帜不会交给普通军团步兵，而是交给久经沙场的老兵，他能为保卫军团的鹰旗牺牲自己的生命。

军团的旗手，包括鹰旗手与其他旗手，在军团与各个步兵大队中依然醒目。他们穿着普通军团步兵常用的盔甲，但有时候把战袍穿在盔甲外面。鹰旗手依然穿狮皮，其他旗手穿熊皮，这些动物皮毛通常穿在盔甲外面。

剑和盾牌

军团步兵仍然普遍装备短剑，并佩戴匕首。不过，以前罗马骑兵和日耳曼蛮族使用的长剑，也开始装备罗马步兵。与短剑相比，长剑主要用于劈砍，而不是击刺，这意味着军团战斗特点的改变。

盾牌也在发生变化。矩形盾和圆角方盾逐渐从军队中消失，昔日辅助步兵和骑兵使用的圆盾，此时已经成为全军的普遍装备。

后期的罗马步兵

随着帝国的变化，军团也在改变。公元3世纪晚期的戴克里先改革之后，以前那些历史悠久且坚韧顽强的军团从罗马军队里消失了。军团步兵有了全面改变，分节式铠甲与旧式头盔的消失，使盔甲变得完全不同。其中部分原因是，随着蛮族的涌入，罗马军队里的雇佣兵越来越多，而帝国本土士兵

◀公元2世纪—公元3世纪，旗手。一名旗手携带着帝像旗，雕像一般来说是正在执政的皇帝。不过，罗马内战时期的国家元首变换频繁，所以这种旗帜会经常更换。

▶公元3世纪，旗手。步兵中队旗帜是从共和国时代延续下来的传统，穿兽皮的旗手在混乱的战场上很容易被识别。百人队获得的勋赏通常挂在旗杆上，最顶端是一个张开的手掌雕塑，它象征着罗马士兵忠诚的誓言。

他们还戴着罗马式头盔，而通常使用的铠甲，要么是到大腿中部的铁制链甲，要么是相同长度的鳞甲。无论是链甲还是鳞甲，其长度几乎都会到大腿中部，能够完全覆盖战袍。

蛮族士兵也穿斗篷，其形制一般是他们民族的传统样式，也可能借鉴罗马的样式。

辅助骑兵

罗马的辅助骑兵通常是从盟友或被征服的民族中招募的，其中一些士兵穿着罗马式服装与盔甲，而其他士兵并不这样穿。辅助骑兵常使用他们本族的武器与盔甲，例如圆锥形头盔与弗里吉亚头盔。装备着各式各样的武器与盔甲的蛮族，组成了罗马军队的骑兵部队。一般情况下，这些骑兵部队会携带龙旗。毫无疑问，这种旗帜起源于东方，在西罗马后期的军队中非常普及。设计龙旗的灵感似乎来自风向标装置，古不列颠首领阿图鲁斯率军抵抗撒克逊入侵者时，可能也携带这种旗帜。

▲大约公元3世纪，罗马军团步兵。能够包住头部的链甲是一种很有意思的铠甲，这样就不用佩戴头盔了。分节式胸甲与链甲的结合，显示出罗马军团步兵护甲的变化。

▶公元3世纪—公元4世纪，军团步兵。从这幅图可以看出，此时的罗马装备深受日耳曼人的影响。铠甲已经变为鳞甲，盾牌也不再是原来的带弧度的矩形盾牌，单一的长矛取代了标枪。罗马军团的组织性与纪律性已经大不如前，这也是西罗马帝国灭亡的原因。

逐渐减少。这种变化虽然缓慢，却不可逆转。从公元1世纪开始的300年时间里，罗马军团几乎是无敌的。

辅助步兵

罗马军队中的日耳曼步兵穿着亚麻战袍，上面带有部族的标志。他们下身有绑腿或长裤，长袍通常会到膝盖处。

辅助骑兵的盾牌是圆形或椭圆形，还有一些是六角形。他们的武器是长剑和长矛。罗马骑兵偏向于装备链甲和鳞甲，其样式与步兵相同，但要更长一些，以便给大腿提供保护。罗马骑兵，特别是龙旗手，会穿阅兵铠甲，还戴着独特的人脸样式的面具。虽然头盔能够完全保护头部，但这种装束整体上缺乏实战的考虑。

如上文所说的那样，作战服装分为轻型和重型，轻型就是不穿盔甲，但可能会佩戴头盔。如果不戴头盔，辅助骑兵就会佩戴小型圆皮帽作为日常行军之用。他们在进行弓箭训练时，或外出募兵时，都会穿轻型服装。

罗马军队同时使用短弓和弩箭。值得注意的是，短弓是指西欧的弓，而不是罗马在东方遇到的那种更复杂且更强力的复合弓。

▲公元4世纪—公元5世纪，辅助弩手。弩箭似乎是一种新的投射武器，在戴克里先重组军团后开始出现在军队中。它精准而致命，就如同东罗马的复合弓一样。这一时期的弩箭，比后来中世纪的要小。

◀公元4世纪—公元5世纪，辅助步兵。此时的辅助步兵，几乎不再使用任何传统武器。头盔确实是罗马的风格，还有罗马长剑。罗马多年之前就引进了长剑，此时已经成为步兵的制式武器，军团步兵和辅助步兵都使用这种武器。

▶公元4世纪，辅助步兵。他的服装、武器和护甲，都显示出罗马军队彻底的变化。西罗马帝国晚期的军团是日耳曼风格，就连发型也体现出蛮族的影响。

戴克里先改革

公元284年，戴克里先登基，意识到军队迫切需要改革。他十分关注帝国的边疆问题，建立了一支由职业军人组成的边防部队，但这支部队训练不足。此外，他还组建了更多的野战机动部队，这些部队受过良好的训练，可以根据情况承担防御和进攻任务。在这些部队中，有一些是戴克里先新组建的，

另一些则由旧军团改编。大部分旧军团被解散，或被吸收入新组建的部队。这些部队作为预备队部署在边防工事后面，足以对边界上的任何不利情况做出反应。他们被编为7个军团，即第1军团至第6军团，以及第12军团。

戴克里先还组建了第三种部队，它是边防军和野战军的混合体，即后备野战军。这些部队是用旧军团组建的，无论是边防军还是野战军，都频繁地进行调动。有时候根据形势，会转换部队的性质，而且是永久性的。新军队都由后备野战军组成，驻扎在帝国各地。新军团的兵力变化很大，根据部队的任务从500人到2000人不等，这种编制可能会扰乱敌军的判断。

▶ **公元 4 世纪—公元 5 世纪，辅助骑兵。**在与东方的帕提亚人和萨珊人交战之后，罗马开始组建自己的重骑兵部队。这种头盔非常罕见，似乎受到北欧维京人的影响。罗马军队和东方军队都喜欢龙旗。

新军团

旧军团番号	从属单位
第1	13(1)
第2	7(2)
第3	5(3)
第4	3(4)
第5	2(5)
第6	5(6)
第12	1(7)

新军团下属单位的名称与番号

（1）第1"弗拉维·君士坦丁亚"，第1"弗拉维·加利卡那·君士坦丁亚"，第1"弗拉维·马尔蒂斯"，第1"弗拉维·帕西斯"，第1"弗拉维·狄奥多西"，第1"伊利里库姆"，第1"洛维亚"，第1"伊绍拉·萨吉泰里拉"，第1"尤利亚·阿尔皮纳"，第2"马蒂亚"，第1"马克西米安·特尔班诺努姆"，第1"诺里克努姆"，第1"庞蒂提卡"。

（2）第2"不列颠尼卡"，第2"弗拉维·君士坦丁亚"，第2"弗拉维·维尔提斯"，第2"海格利亚"，第2"伊绍拉"，第2"尤利亚·阿尔皮纳"，第2"瓦伦提斯·特尔巴努姆"。

（3）第3"戴克里先"，第3"弗拉维·萨卢蒂斯"，第3"海格利亚"，第3"伊绍拉"，第3"尤利亚·阿尔皮纳"。

（4）第4"意大利"，第4"马蒂亚"，第4"帕提亚"。

（5）第5"洛维亚"，第5"帕提亚"。

（6）第6"杰梅拉"，第6"加利卡那"，第6"海格利亚"，第6"西班牙"，第6"帕提亚"。

（7）第12"胜利者"。

▶公元4世纪—公元5世纪，步兵。这个步兵穿着长战袍、裤子和靴子，还装备着日耳曼式头盔和圆盾，显然是西罗马帝国晚期的军团步兵。此外，他通常携带着长剑和长矛。

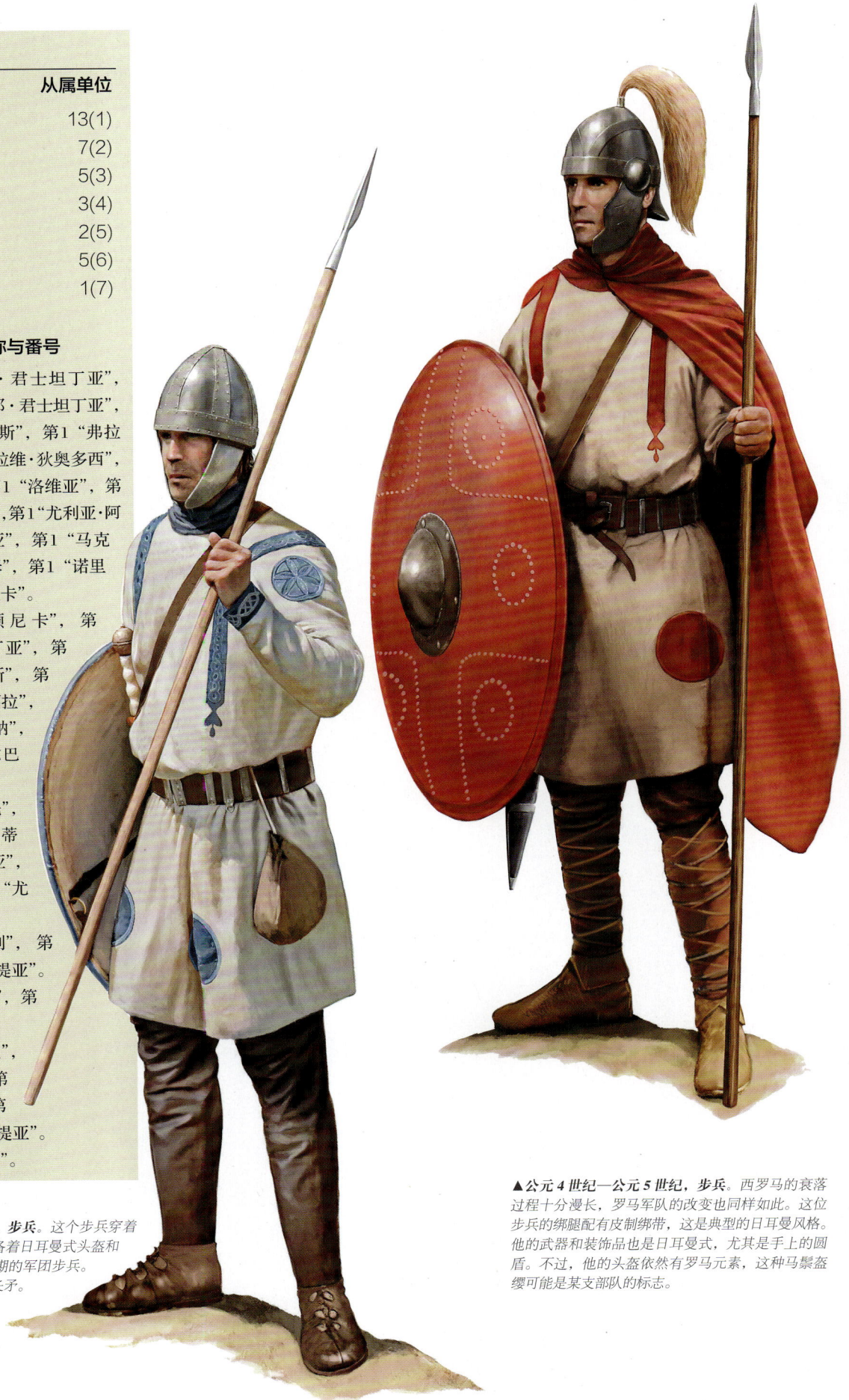

▲公元4世纪—公元5世纪，步兵。西罗马的衰落过程十分漫长，罗马军队的改变也同样如此。这位步兵的绑腿配有皮制绑带，这是典型的日耳曼风格。他的武器和装饰品也是日耳曼式，尤其是手上的圆盾。不过，他的头盔依然有罗马元素，这种马鬃盔缨可能是某支部队的标志。

君士坦丁继承了戴克里先的改革事业，并进行了进一步发展。君士坦丁解散了禁卫军，代之以皇帝的私人警卫部队，也就是禁卫骑兵。这些警卫部队后来发展为更加令人生畏的宫廷卫队，在改革后的罗马军队里，这是最有荣誉感的部队。他们主要由原来的禁卫军士兵组成，忠于罗马皇帝，非常谨慎地履行侍卫职责，保证宫廷内不会发生叛乱。

君士坦丁将注意力放在了帝国东部，其标志是营建帝国的新首都君士坦丁堡。此外，他开始将罗马军队改造为一支以骑兵为主的军队。

罗马在东方面对的敌人由大批骑兵组成，既有重骑兵，也有轻骑兵，他们的出现对罗马军队的未来造成了巨大冲击。在骑马作战的时代，罗马军队里开始出现弓骑兵，还有装备重型武器和盔甲的重骑兵。罗马骑兵不断进步，最终发展为东罗马最华丽强大的"坦克"——铁甲具装骑兵。

◀公元 4 世纪—公元 5 世纪，罗马骑兵。这是典型的罗马骑兵装备，尤其是罗马式头盔。这一时期，骑兵的链甲变得更长。此外，他的盾牌也是典型的罗马辅助骑兵盾牌。

罗马旧式军队的灭亡

罗马衰落始于何时，这一问题是有争议的。有一种观点认为，它可能始于公元378年的阿德里安堡之战，罗马军队在这一战中败于哥特人和阿兰人。这次战役发生在君士坦丁堡附近，虽然这是东罗马境内，但却成为西罗马帝国覆亡的先兆。

西罗马的灾难

西罗马军队通过招募大量外族士兵来弥补战损，而这些新兵入伍之后，通常会编为一整支部队，这就削弱了罗马军队的素质。此时的武器五花八门，而且通常不是由国家提供的。自从公元前1世纪马略改革以来，罗马军队就成为训练有素且凝聚力强大的职业军队。如今，这些罗马旧式军队的团队精神和道德力量已经丧失殆尽，其战斗力也大打折扣。外族军队跟随他们自己的领袖，可能不会忠于罗马皇帝，甚至可能不会忠于指挥他们的罗马将领。

整个军队的性质变成了雇佣兵和辅助部队的集合体，早已不是原来那种训练有素、团结一致的罗马军团。

东罗马的战术

东罗马从阿德里安堡之战中吸取了教训，采用了新的战术，骑兵从此成为东部帝国军队的主力。与此同时，步兵变为次要兵种，用于驻扎堡垒与稳定边疆。在战场上，步兵组成一条防御阵列，使骑兵能够在他们后方集结，发动新的冲锋。

东罗马士兵使用的装备，无论是步兵、骑兵，还是弓箭手，都与古罗马士兵完全不同。他们的风格，已经迥异于共和国时代的军团步兵，以及恺撒、韦斯巴芗或马克·奥勒留麾下的军团步兵。铠甲已经发生改变，最有可能是长链甲。

盾牌从椭圆形恢复为圆形。常用的武器此时变为罗马长剑，传统短剑已被淘汰。

罗马骑兵的变化不大，依然坐在没有马镫的马鞍上。不过，骑兵盾变得更小更圆。从整体外观上看，骑兵和步兵

◀公元476年，西罗马帝国末期，罗马步兵。相比两个世纪之前，这一时期的军团步兵的装备要简单一些。过去那些为帝国开疆拓土，维系国家稳定的强大军团早已消失在历史的长河中。

▶公元476年，西罗马帝国末期的弓箭手教官。罗马陷落之时的步兵，与过去那些坚定的军团步兵相比，已经没有多少相同之处。不过有意思的是，弓箭手部队的这位将官装备着短剑，让人回忆起罗马军团所向披靡的年代。

的装备类似，他们在徒步行军时的装备
几乎完全相同。弓箭手的装备和他们的
军团步兵战友相同，而军团步兵可以兼
任弓箭手，他们的常规装备增
加了弓、箭矢和箭袋。

随着古老而可敬的罗马军团退出历
史舞台，东罗马的骑兵部队在战争中逐
渐走向成熟，成为中世纪最著名的军队
之一。东罗马的铁甲具装骑兵、弓骑兵
和训练有素的步兵组成了意志坚定的强
大部队，并由富有才能和进取心的将领
指挥。他们成为欧洲的防波堤，使西欧
新建立的王国在不受东方敌人干扰的环
境下发展壮大。

◀公元 476 年，西罗马帝国末期的骑兵。这名骑兵
使人回忆起罗马军团的全盛时代。他戴着配有面具
的阅兵头盔，这是军团光辉时代的遗产。马缰绳和
马鞍是典型的罗马式，盾牌也一样。此外，龙旗世
代流传了下来。

日耳曼部族

向西方迁徙的日耳曼部族与罗马帝国发生了冲突，这种冲突比罗马几个世纪以来面临的要复杂得多。日耳曼人的武器和护甲更好，尤其偏爱战斧，因为这种武器既可以投掷，也可以在近战中使用。

武器和护甲

公元4世纪，日耳曼首领有时候会穿精良的盔甲。不过，这些盔甲很昂贵，普通日耳曼战士可能没有这样的护甲，甚至没有头盔。他们装备着长矛，用来投掷和近战。他们的长剑被罗马人仿造，成为罗马辅助骑兵的制式武器。另外，他们还有简单的短弓，这种武器与从东方草原传入的复合弓不同。盾牌是圆形或椭圆形，中间有个铁制把手，有的配有尖刺，以便把盾牌当作进攻武器使用。不过，在战斗队形中不能使用尖刺，否则可能将前排的己方士兵刺伤或杀死。盾牌装饰着动物或星形图案，还有一些其他装饰，这取决于使用者的部族与家族。

服装

日耳曼服装由羊毛和亚麻布制成，通常绣有花边，或者进行染色，也可能二者皆有。日耳曼人一般穿长靴，也可能打着绑腿。有些人穿羊毛或兽皮制成的背心，通常还穿垂到大腿中部的贴身战袍。

马镫的引入

骑兵最重要的技术革新是马镫的发明。西罗马灭亡时期，马镫传入欧洲。为了更稳定地骑在马背上，优良的马镫是非常必要的。但是，也有许多相反的例子，例如在布匿战争时代，出色的努米底亚骑兵就没有使用马镫。正如罗马人发展了马鞍，匈人、哥特人和其他民族在骑马作战中的关键革新是使用马镫。一般认为，大约公元4世纪时，马镫开始出现在印度或中国。但是，直到公元6世纪，马镫才在欧洲普及。在一些现代绘画里，公元4世纪或5世纪的欧洲蛮族已经使用马镫，虽然这是可能的，但那时的马镫明显并不普及。无论如何，结构简单的马镫的引入，使骑兵战斗力有了很大提升，铁甲具装骑兵与弓骑兵在战斗中变得所向披靡。

▶**公元4世纪—公元5世纪，战士**。哥特人是游牧民族，后来分化成西哥特人和东哥特人。他们和其他蛮族联合起来，要么直接进攻罗马，要么设法在帝国边界定居，寻求罗马的庇护。这些装备精良的骑兵，可能是令人恐惧的敌人，也可能是有益的盟友，这取决于罗马给予他们的利益。这名骑兵使用了马镫，这种发明极大地增强了骑兵的威力。

◀公元4世纪—公元5世纪，战士。在人们的印象中，汪达尔人喜好抢劫和掠夺，现代术语"汪达尔主义"就来源于此。不过，他们名不符实，其抢掠行为并未多于其他游牧民族。从武器与护甲来看，这是一名轻步兵，他基本不穿铠甲。

的头盔以羽毛装饰，正如共和国时代的罗马式头盔那样。他们还打着绑腿，或者穿长及膝盖的靴子，有些人的长裤下摆可能拖到脚踝处。

汪达尔人

汪达尔人也属于日耳曼人的一支，他们的武器和盔甲与哥特人类似。在深入罗马帝国腹地之后，日耳曼人更加频繁地与罗马军队作战，越来越多的日耳曼士兵缴获并使用罗马的武器和盔甲。毫无疑问，双方在交战的时候可能难以区分敌我，会频繁地发生错误。双方的侦察兵很容易将敌军误认为友军，并回去向指挥官报告。由于错误的情报，指挥官可能会向敌方部队靠拢。当他沮丧地发现自己的侦察兵搞错的时候，已经太迟了。

汪达尔人实际应该是两个部族，即哈斯丁（Hasdingi）人和西林（Silingi）人，他们源自现代德国的东部，后来与阿兰人结盟。公元2世纪晚期，他们与罗马人接触，并发生了冲突，最终在达契亚战役中分出胜负。5世纪初，他们受到西

迁的匈人的压力，开始大规模涌入罗马境内，再次与罗马人交战。他们还迁入高卢和西班牙，最终在北非建立了一个王国。最值得铭记的是，他们在公元455年洗劫了罗马。

汪达尔人在入侵罗马帝国的蛮族中颇具传奇性。公元406年，他们前往高卢，在渡过莱茵河之前击败了法兰克人。由于在与法兰克人作战时遭受了惨重的人

阿勒曼尼人

阿勒曼尼人是日耳曼人的一支，在公元4世纪开始形成一个松散联盟。他们穿着长及大腿中部的染色亚麻布战袍，以及用肩带扣住的披肩或斗篷。腰带上可能会挂一个小袋子，还有一把刀或匕首。他们的主要武器是长阔剑，可能还携带着一把短飞斧。其他装备包括盾牌、矛或标枪，加上前文提到的圆盾。他们

▶公元4世纪—公元5世纪，战士。学者在研究过程中，很难精确地分辨出蛮族所属族群。游牧民族的武器与盔甲总是相互借鉴，这取决于他们与谁作战。此外，哥特部族都会使用骑兵和步兵，这让他们在战场上难以辨认。

员伤亡，他们出于报复心理，在经过高卢时大肆烧杀抢掠。事实上，汪达尔人并不比入侵罗马的其他蛮族更为残暴。有趣的是，尽管"汪达尔主义"这个术语在历史上一直有野蛮与破坏的意思，但汪达尔人与其他蛮族相比，在强奸与抢劫等方面的恶行并不突出。"汪达尔主义"一词，实际上是在1794年法国大革命期间，由法国主教创造的。不得不说，北非的汪达尔王国是罗马文明的延续，而不是摧毁罗马文化的新王国之一。

公元409年，汪达尔人进入了西班牙。此后，他们越过直布罗陀海峡进入北非，最终于公元429年建立了稳定的王国。汪达尔人在西班牙与西哥特人发生了冲突，后者击败了汪达尔人的盟友阿兰人。

残存的阿兰人追随汪达尔人进入北非，基本上融入了汪达尔文明。此时的汪达尔国王被称为"汪达尔人和阿兰人的国王"。

汪达尔人继续与罗马人交战，双方于公元435年议和。新汪达尔王国的首都在迦太基，他们以此为基地，一次又一次地劫掠罗马。他们建立了一支海军，沿海岸线袭击东西罗马帝国的海岸。公元460年，东西罗马都派出军队去对付汪达尔的海军，但汪达尔将两者都击败了。此后，汪达尔人继续威胁着东罗马帝国，直到公元6世纪查士丁尼一世一劳永逸地解决了这个问题。

哥特人

东哥特人与西哥特人都属于日耳曼人，他们穿着非常类似的服装，其战袍的下摆、袖口和领子周围都绣有花纹。哥特人的剑特别精良，他们在冶金和铸剑方面的技艺非常出色，剑鞘上有许多装饰。他们的头盔也非常

▼公元4世纪—公元5世纪，战士。东哥特骑兵装备着日耳曼式头盔和罗马式长剑，还携带着圆盾。他们可能不穿铠甲，也可能穿从战场上缴获的铠甲。

先进，一般是日耳曼式壶形头盔。这种头盔由两部分构成，通过从前往后贯穿的盔脊连接在一起，通常还有护颊。富有的战士和首领可能会在头盔上镶嵌黄金，有时还会在盔顶装饰羽毛。日耳曼贵族勇士拥有足够的盔甲和精良的武器，甚至是非常昂贵的链甲。

哥特人一般骑马作战，也可能徒步作战。他们在不同的指挥官麾下相互厮杀，正如在毛里亚库斯平原（Campus Mauriciacus）之战中那样。总的来说，日耳曼部族军队由混合兵种组成，既有轻骑兵，也有穿盔甲的重步兵。轻骑兵可以执行侦察任务，还能在激烈的决战之前进行小规模作战。

和其他日耳曼部族一样，哥特人也使用札甲。这种铠甲将金属片固定在皮革服装上，最早出现在东方，蛮族在迁徙中将其传播到欧洲。这是一种坚固耐用的铠甲，很快出现在罗马后期军队的装备中。

这些日耳曼人参加了罗马军队，成为罗马的辅助部队。他们的武器和盔甲可能是日耳曼式，也可能和罗马正规军一样装备罗马式的盔甲与武器，或者混搭着两种风格。

单兵作战

在两军对垒时，日耳曼人倾向于个人决斗。那些勇敢而自信的战士，以及一些经验丰富的老兵，会策马驰骋于阵前，向任何敢于出战的敌方战士发出挑战。通常情况下，敌人会接受挑战，尤其是在两支军队都是哥特人时。日耳曼人通过这种方式解决个人或血亲的仇恨，而在战场上手刃敌人的战士会获得极高威望。

公元6世纪的编年史作家普罗科皮乌斯（Procopius）记录了这样一次决斗，决斗双方分别是阿拉里斯（Alaris）与阿

挥下，他们做好了准备，打退了一切进攻其首都君士坦丁堡的来犯之敌。不过，这不是对在罗马原有领土上肆虐的蛮族的征服战争，而是防御东罗马既有领土的战争。至少还要50年时间，罗马最伟大的将军之一，才会向西进攻，发动再征服战争。

▲公元535年，东罗马帝国的将军贝利撒留从东哥特人手中收复了罗马城。东罗马控制了这座城市两年，直至敌人发动新的进攻。哥特人提出，如果贝利撒留投降，可以出任他们的皇帝，被贝利撒留拒绝。

塔巴兹斯（Artabazes）。阿拉里斯是哥特人，而阿塔巴兹斯是为罗马效力的亚美尼亚人，决斗发生在哥特战争期间的意大利。据普罗科皮乌斯记载，双方都骑上马，手持长矛和盾牌进行冲锋。阿塔巴兹斯首先刺中了阿拉里斯，后者即刻毙命。不过，当阿拉里斯倒下时，他的长矛后端击中了一块大石头，矛尖刺向阿塔巴兹斯的脖子，迅速将其杀死。普罗科皮乌斯认为，这样的决斗流行于这个时期的大部分民族中，特别是罗马人、波斯人、日耳曼人和匈人。

▶公元4世纪—公元6世纪，战士。这名骑兵戴着配有护颊的头盔，穿着轻型铠甲，其武器和护甲与战友类似。不过，他依然被当作轻骑兵，有时可能要徒步作战。

蛮族挺进

蛮族在西欧取得了胜利，蹂躏了拥有数个世纪文明积淀的西罗马残余部分。此后，有些蛮族转向东欧，尝试在东罗马碰运气，但大部分蛮族选择在西部定居。有些蛮族渡过了海格立斯之柱（直布罗陀海峡），在北非建立了王国，并在古代迦太基的遗址上建立新城，使之再次成为繁荣的港口。

那些转向东欧的部族野心过大，很快遭受失败。东罗马人意识到，此时要独自面对蛮族的威胁，于是用本国士兵和蛮族雇佣兵重组了军队。在才能出众的东罗马将领，比如贝利撒留将军的指

匈人

匈人是游牧的马上民族，从亚洲大草原迁徙而来。他们不仅仅骑马旅行、狩猎，还在马背上战斗，他们几乎生活在马背上。

骑兵

据说，匈人和800年后的蒙古人一样，在会走路之后就学会了骑马。匈人是勇猛的战士，他们从东方而来，在天才指挥官阿提拉的带领下，像旋风一样横扫欧洲。阿提拉被一些吓坏了的教士称为"上帝之鞭"——他们几乎横扫了一切。

不过，匈人并没有像有些书籍描述的那样征服了一切。他们发现，东罗马人太难征服了，于是向西进攻，去寻找容易对付的敌人。当匈人即将在西罗马帝国残余领土上取得胜利的时候，一个罗马将军站了出来，他于公元451年在高卢的沙隆之战中击败了匈人。

这幅画中的埃提乌斯的穿着，是罗马帝国晚期高级指挥官的样式。他是罗马历史上最优秀的指挥官之一。他的死亡是帝国的耻辱，也是西罗马帝国朝政衰败的例证。

▼埃提乌斯将军（396—454），公元451年沙隆之战的胜利者。

◀大约公元450年，匈人弓骑兵。使用轻型武器装备的匈人弓骑兵是匈人游牧军队的主力之一，他们从亚洲来到西罗马帝国。匈人的行踪捉摸不定，而且很难被击败。他们后来装备着各种各样的武器和护甲，其中很多是从敌人手中缴获的。

埃提乌斯

法维乌斯·埃提乌斯是骑兵统帅的儿子，曾作为人质在西哥特领袖阿拉里克那里度过了一段时光，之后是在匈人那里，他从这两个部族那儿都获得了珍贵的知识。有时候他被称为"最后的罗马人"，一生中三次被任命为执政官，这个职位在某些时期就是罗马的国家首脑。

他在罗马和蛮族部队中都深受爱戴，最后他受到了瓦伦提尼安三世皇帝的猜忌。公元454年，这位皇帝处死了埃提乌斯。为了复仇，两个罗马士兵——都是匈人辅助兵，在罗马战神广场的弓箭靶场上合力杀死了瓦伦提尼安，然后又去对付他的谋士赫拉克利乌斯（Heraclius）。他们认为正是此人劝说瓦伦提尼安谋害埃提乌斯，所以把赫拉克利乌斯也杀死了。虽然此时训练场上仍有罗马军队，不过没人保护瓦伦提尼安和赫拉克利乌斯，这说明他们也认为正义得到了伸张。埃提乌斯完全称得上是把西罗马帝国团结在一起的"粘合剂"，瓦伦提尼安杀死埃提乌斯就是"自断臂膀"，帝国就此衰亡。

阿提拉

从公元434年起，阿提拉成为匈人的统治者，直至他于公元453年死去。尽管阿提拉不是战无不胜的游牧骑兵指挥官，无法以一己之力打垮罗马帝国，但他确实在风云变幻中展现出高超的指挥能力，在罗马的文明中散播了恐惧。

毫无疑问，阿提拉是亚洲人的相貌，可能是矮个子，身材瘦削，还留着小胡子。

有多种证据表明，匈人会在幼年时把头部束起来以便拉长颅骨。

考古学也支持这种观点，但是否大规模施行就不得而知。还有证据表明，匈人掌握了文身术，至少可以进行面部刺青，但也不知道普及程度如何。

服饰

匈人没有统一的戎服，尽管他们的衣服通常都制作成统一样式。他们的战袍用一整片山羊绒或棉布制成，束着皮制的腰带。他们的靴子高度及膝，也是用皮革制作，很可能是牛皮。鞋底和鞋跟柔软，外表为软帮鞋样式，没有加高的鞋跟和附加的鞋底。他们在靴子里面可能穿毛毡制成的长袜。他们的衣服是缝制的，带护耳的帽子是山羊皮或者狐

◀大约公元450年，匈人阿提拉。这幅画中的阿提拉携带着作战用的武器，这与普通匈人类似，但他的武器可能更加完备。此外，作为匈人的领袖，他穿着更华丽的衣服。

皮的。他们穿着厚厚的外套，或者类似突厥长袍的外衣。他们会在冬天戴帽子，帽子的缝线和包边也是皮制的。他们的裤脚宽松，在脚踝处扎起来。总而言之，匈人的服饰非常适合骑马作战。

骑兵

匈人起初是游牧部落，管理着大批的牛、绵羊和山羊。不过，他们的主要家畜，以及他们战斗力的主要依靠，是马。匈人骑兵用弓箭、标枪和剑在马上作战，其作战方式被认为是野蛮而令人恐惧的。他们是个子矮小而灵活的战士，也是专业的骑兵，被人比作"野兽"，且常被形容为"冷酷无情"。进攻中的匈人骑兵，能够横扫面前的一切抵抗之敌，只有拥有过人才能的将领，才能阻挡并击败匈人军队。

马匹

和蒙古人、中亚牧民以及其他游牧民族一样，匈人在战场上很难维持生计。如有必要，他们会把坐骑当作食物，会在必要时吃马肉、喝马血，罗马人认为这是"野蛮行为"。匈人骑着坚韧的草原马。普罗科皮乌斯详尽地描述了这些马匹，从它们蓬乱的外表开始，直截了当地称它们是"丑陋的"。然而，他也表示，它们是极好的坐骑，非常适合匈人的作战方法，并赞扬了这些战马的耐力。毫无疑问，匈人在中欧和西欧难以补充草原马。当他们缴获了罗马军队的坐骑时，将不得不适应一种完全不同的马。与草原马相比，这些马匹个头更大，但是耐力要差些，照顾方法也完全不同。

匈人使用的马鞍也与罗马人不同。匈人没有使用马镫，但马鞍本身看起来极具现代感，高耸的鞍尾与后来中世纪马鞍的样式非常类似。匈人的木制马鞍设计新颖，使马背上的弓骑兵非常舒适，以便在战场上保持稳定和体力。

武器和护甲

匈人本质上是弓骑兵。他们的主要武器是用角、木头、肌腱和骨头制成的强大复合弓。弓的外观不对称，当弓收紧的时候，其上半部分比下半部分长。罗马人对这种复合弓的印象非常深刻，并很快学会如何生产和使用它。这是一种大型弓，在马背上使用有一定难度，需要相当的技巧。它是匈人的主要武器，在与罗马的战争中起了很大作用。

匈人装备着一种可

▶大约公元450年，匈人骑兵。无论有没有马镫，匈人都是出色的骑手。毫无疑问，这幅画中的匈人弓骑兵，是他们第一次从东方出现后，罗马人对他们的印象。使用轻型武器的弓骑兵很难对付，罗马人必须改变战术，采取一切措施与其进行对等的作战。

能源自萨珊帝国的阔剑，非常适合骑马作战。它的剑刃和剑柄都很长，更像是劈砍武器而不是戳刺武器。匈人也装备匕首和长矛。此外，他们还有一种套索绳，这可能源自牧民传统，其用处是活捉敌人，并将其拖下马鞍。

匈人带着一个小盾牌，还有绑在大腿左侧的箭囊。如果匈人穿上了铠甲，那么肯定是札甲。匈人和其他蛮族部落一样，在欧洲作战的时间越久，得到的西方武器护甲也就越多，罗马与哥特式头盔很可能出现在匈人的装备中。

匈人还使用了一种标枪，可以在骑马时投掷。这与先后为汉尼拔和罗马人效力的努米底亚轻骑兵相似，但这不是匈人的

主要武器。匈人将复合弓带入欧洲，虽然他们肯定拥有铁制武器，但其箭头与标枪依然是骨制的。

►**大约公元 450 年，匈人骑兵。**这名弓骑兵装备着矛与盾。当他们在中欧和西欧作战之后，外观就完全不同了。毫无疑问，他们在搜刮战场之后，使用了西罗马和日耳曼的武器与盔甲。

▲**大约公元 450 年，匈人骑兵。**匈人没有统一的戎服，其服饰是中亚部族风格。他们穿着舒适的冬装，从寒冷地区而来。有时候，他们会在天气好时不穿上衣。公元 450 年的匈人是否使用了马镫还存在疑问，但直到 7 世纪，马镫才在欧洲大规模普及。不过，随着马镫从亚洲传入，很可能每个匈人骑兵都使用了它。后来，这些匈人骑兵加入了贝利撒留的军队。

波斯帝国
公元 205 年—公元 498 年

波斯帝国是个庞大的帝国，其中心地区是现代的伊朗。这个帝国历经了多次王朝更迭，其领土也在不断变化。波斯是个富有侵略性的危险国家，在大部分时间里是罗马的敌人，决心征服罗马。

在大流士（Darius）统治时期，波斯人第一次进攻欧洲，与希腊人交战。公元前490年，波斯人在马拉松（Marathon）战役中被击败。10年之后，他的儿子薛西斯（Xerxes）又发动了一次进攻，先在温泉关遭遇苦战，又在萨拉米斯（Salamis）海战中惨败，最终在

公元前479年的普拉蒂亚（Plataea）战役后铩羽而归。到了公元331年，另外一个大流士被马其顿的亚历山大大帝击败，这场胜利使波斯处于亚历山大大帝的统治之下。不过，在亚历山大大帝死后，他的帝国分崩离析。

虽然罗马人征服了很多民族，但他们从未真正征服过波斯人，反而在与波斯人的交战过程中经历了最严重的数次战败。公元前53年，克拉苏与帕提亚人作战，阵亡于卡莱战役。当然，他不是第一个在东方惨败的罗马人。从波斯领土上兴起的各个族群，对罗马帝国构成了相当大的威胁。

帕提亚人

帕提亚人以重骑兵闻名，是令罗马人恐惧的斯基泰敌人。帕提亚人的帝国于公元前246年建立，一直到公元224年，才被萨珊人推翻。从民族上来说，他们是斯基泰人。他们实行封建制度，以尚武而闻名，还组建了一支优秀的骑兵部队。他们的军队似乎是根据任务编制的，但也可能将所有能调集的军队部署在战场上。重型弓骑兵不会出现在每次战斗中，而是根据具体情况部署。

◀公元 2 世纪—公元 3 世纪，帕提亚弓箭手。在萨珊人之前，帕提亚人统治着波斯，他们以使用轻型武器的弓骑兵而闻名。帕提亚弓箭手能够转身向后开弓，这被称为"帕提亚射箭术"。即便是在马匹全力奔驰的时候，他们也能精确地射中目标。

帕提亚弓骑兵以"帕提亚射击术"闻名，这种战术被包括东罗马人在内的其他东方军队模仿。帕提亚弓骑兵会在马匹疾驰时，转身向后方射箭。虽然看上去很简单，但对骑手的骑术要求很高（此时还没出现马镫）。另外，弓骑兵还必须是技艺高超的弓箭手，这样才能命中目标。

帕提亚弓骑兵装备轻型武器，不穿护甲。与之形成鲜明对比的是，帕提亚重骑兵穿着重甲，其坐骑也披甲。帕提亚人还使用龙旗作为军旗。有些历史学家认为，龙旗最初的用途是风向标，是弓骑兵用来判定风向的。

罗马人从未征服帕提亚人，而他们的将军克拉苏，也就是击败了斯巴达克斯起义军的那位将军，在与帕提亚人的交战中丧生。到了公元3世纪初期，帕提亚人被萨珊人推翻。从此以后，萨珊人统治了波斯将近400年。在这段时间里，萨珊人挡住了西方世界最强大的帝国的进攻。

战象

萨珊人训练大象在战场上作战。有时候，大象也披上鱼鳞札甲。但通常来说，它们的防护较少。萨珊人在与罗马人作战时，通常使用重骑兵与战象协同作战。一般情况下，战象可以威慑敌人。但如果罗马人部署正确，且使用高明的战术，是可以击败战象的。在对抗拥有大象的军队时，尤其需要高昂的士气。

◀公元3世纪，萨珊战象部队。萨珊，或者称作萨珊王朝，是波斯帝国的一个朝代。他们建立的这个帝国，是东方最强大的两个帝国之一。萨珊人除了用弓骑兵和重骑兵作战之外，还使用战象。士兵们坐在战象背部的象轿里，操纵战象进行战斗。

萨尔马提亚人

另外一个源自波斯且对罗马构成威胁的势力，是游牧民族萨尔马提亚人。在公元85年—公元88年与公元101年—公元105年的达契亚战争中，罗马人与萨尔马提亚人进行了深度接触。在此期间，萨尔马提亚人与达契亚人结盟，共同对付罗马人。罗马人与萨尔马提亚人的冲突，贯穿了整个戴克里先时代。不过后来，罗马人允许萨尔马提亚人在帝国境内定居，以平衡哥特人造成的问题。萨尔马提亚人在这一时期沿着多瑙河定居，一般来说，不与日耳曼部族居住在一起。

萨尔马提亚重骑兵身穿鳞甲或者札甲，戴着圆锥形头盔。这些出色的骑兵装备着长枪，他们在战斗中双手使用长枪，用膝盖控制马匹作战。他们的坐骑也披甲。萨尔马提亚人弓骑兵也穿护甲，不过他们的马匹没有护甲。他们是专业的弓箭手和骑兵，采用了"帕提亚射箭术"，也就是当马匹全速驰骋的时候，在马鞍上转身，朝身后方向射箭。

阿兰人

阿兰人是萨尔马提亚人的另外一支，公元73年第一次与罗马人遭遇。2世纪早期，阿拉人统治了本都草原。不过到了大约公元215年—公元250年，哥特人的军队横扫了这片地区。阿兰人最终与哥特人并肩作战，和罗马人以及匈人交战。有些阿兰人与罗马人联合，共同对付其他蛮族。但是到了后来，他们与汪达尔人结盟，后者在大约公元416年的时候攻击阿兰人，屠杀了众多人口。不过，还有一些阿兰人并没有进入罗马帝国，这些人随后被匈人吸收。

与此同时，帕提亚人被萨珊人击败。公元224年，萨珊王朝建立，他们的君主自称"万王之王"。萨珊军队组织严密，训练有素，指挥得当，表现出高超的战争艺术，在围攻战中经验丰富。能在战场上与之旗鼓相当的，只有东罗马军队，后者也发展了自己的骑兵。

萨珊人还掌握了冶金技艺，被认为是中东地区最好的铸甲师。他们铸造了绝佳的武器，总的来说优于他们的敌人。

◀*公元4世纪，萨珊铁甲重骑兵。这是穿着全套盔甲的萨珊重骑兵，其战马披着分段式护甲。这对罗马人产生了极大的影响，他们在5世纪时仿造了这些盔甲。多年之后，罗马重骑兵和他的萨珊敌人一样极具战斗力。最初的时候，他们穿着全副盔甲，但没有马镫，这需要骑兵具有高超的骑术。6世纪引入马镫之后，铁甲重骑兵的战斗力进一步提升。*

始装备链甲，一直延伸到大腿中部。他们佩戴尖顶头盔，头盔中央有一根铁条，把头盔整合在一起。头盔还配有链甲面罩，只露出一双眼睛。这一时期，他们的主要武器是骑枪和剑，马甲又一次简化，马匹的后腿不披甲。

▲公元3世纪—公元4世纪，萨珊弓骑兵。这个萨珊铁甲骑兵既是重骑兵，又是弓骑兵。如此精良的骑兵装备，需要相当的财力去负担。

弓骑兵

萨珊弓骑兵的装备，与帕提亚弓骑兵非常相似。实际上，萨珊人在最初就是帕提亚人的附庸民族，大批萨珊弓骑兵是帕提亚人训练的。

萨珊步兵

当萨珊骑兵成为军队的主要进攻兵种的时候，步兵没有被忽视。步兵由轻步兵和重步兵组成，通常的武器是剑、匕首和投石索。米底人（Medes）是一个与萨珊人结盟的伊朗部族，他们是标枪

铁甲重骑兵

萨珊铁甲重骑兵是逐渐发展而来的，其武器和盔甲非常精巧。3世纪时，萨珊铁甲重骑兵装备一把剑和一根棍棒，还有一副弓箭。他们穿着链甲，戴着壶形头盔，不过头盔没有任何面部或者颈部防护。马甲可能是用厚毛毡制成的，后来被扎甲取代。马匹只在身体前半部分披甲，从马嘴一直延伸到马鞍。从公元5世纪开始，铁甲重骑兵全身披甲，并佩戴尖顶头盔和铁面具。马匹也全身披甲，一直延伸到马鞍后方。至此，铁甲重骑兵不再携带弓箭。

到了7世纪时，萨珊铁甲重骑兵开

▶公元4世纪，萨珊步兵。萨珊步兵的防护比不上他们的重骑兵，但精于使用武器。这幅画中的步兵携带一面盾牌以及二到三支标枪，让人回想起装备投射武器的罗马早期轻步兵。

▶公元 4 世纪，
萨珊铁甲重骑兵。
这名铁甲重骑兵的马甲
值得注意，它只保护马匹
的前半部分。虽然这使马匹
的速度和耐力有所增加，不过在
被敌人的骑兵追击时是劣势。护
甲和头盔的设计更加现代。这幅画
中的形象，显然和东罗马的铁甲重骑
兵类似。

杀害。他在被俘囚禁期间的细节没有定
论。瓦莱里安可能是唯一被生俘的罗马
皇帝，这是罗马人深深的屈辱。沙普尔
二世最终击败了罗马皇帝背教者朱利安，
后者在萨马拉（Samarra）之战中阵亡。

帝国间的碰撞

　　萨珊人是富有侵略性的民族，他们
企图扩展自己的帝国。而且，在有
些时候，他们在与罗马人的战争
中取得了胜利，击败了罗马军队，

▼公元 4 世纪，萨珊步兵。很明显，这是
一名"较为重型"的步兵。装备着长
矛和盾牌。根据盾牌的形状判断，
他肯定是奋战在前线的。不过，萨
珊军队是骑兵军队，他们的主要作
战力量，是弓骑兵支援下的铁甲重
骑兵。

专家，将标枪作为主要的投射武器。伊
朗人在重步兵中占了很大比例，罗马人
描述了他们的外表，认为他们和角斗士
类似。

中东帝国

　　萨珊王朝一直持续到公元621年，是
阿拉伯人征服波斯之前，最后一个伟大
的古波斯文明。

　　无论东罗马还是西罗马，都在军事
上受到了萨珊的很大影响，并在他们手
中遭到屈辱的失败。由萨珊人统治的帝
国幅员辽阔，包括现在的伊拉克、伊朗、

阿富汗、叙利亚和高加索，并延伸到小
亚细亚地区、波斯湾地区、阿拉伯半岛
以及巴基斯坦和印度的部分地区。

　　萨珊国王沙普尔一世多次在战场
上击败与之为敌的罗马皇帝。公元244
年，戈尔狄安三世在马西切（Misiche）
之战中被沙普尔的军队击败，他本人阵
亡。戈尔狄安三世的继任者，阿拉伯
的腓力也被沙普尔一世击败。与萨珊
人作战的罗马军队，大部分在巴巴利索
（Barbalissos）之战中被消灭。

　　最终，瓦莱里安皇帝在埃德萨
（Edessa）被击败，被俘虏囚禁，最终被

占领了罗马的领土。罗马人和萨珊人之间的第一次冲突发生于公元230年——萨珊人突袭了罗马人控制的领土。罗马人立即对突袭进行了反击，试图占据上风，但双方都没有获得决定性优势。

30年后，也就是公元260年，复仇的罗马人在安纳托利亚的决定性会战中击败了萨珊人，夺回了全部失地。罗马皇帝戴克里先继续向萨珊人发动进攻，洗劫了波斯首都泰西封（Ctesiphon），征服了波斯人统治五十多年的亚美尼亚地区。

战术

公元293年，两个帝国的战争继续进行。公元298年，通过巧妙地利用地形，罗马军团击败了波斯的铁甲重骑兵和弓骑兵，罗马皇帝克劳努斯获得了对萨珊的决定性胜利。在随后的条约中，萨珊人割让了大片土地。不过，萨珊帝国比西罗马帝国的寿命长，此后还与东罗马帝国进行了长期战争。

波斯军队有着极佳的声誉，是萨珊帝国的支柱。步兵由轻步兵和重步兵组成。轻步兵是训练有素的标枪兵，也是才能出众的投石兵。重步兵的武器和盔甲十分精良，是训练有素且纪律严明的军队。

萨珊骑兵由铁甲重骑兵和铁甲具装骑兵组成。这两种骑兵都是重骑兵，他们的部署如果得当的话，确实能够"横扫战场"。他们一旦冲锋起来，很难停止或者转向，而且如果这么做了——就如公元298年在亚美尼亚与克劳努斯皇帝的罗马军团作战时那样，很容易被击败。另外，萨珊人也会部署轻骑兵，通常是弓骑兵。

◀**公元 4 世纪，萨珊旗手。**萨珊旗手是衣着华丽的骑兵，他拿着特色非常鲜明的萨珊旗帜，他的剑毫无疑问是用来防御的。这名骑兵可能不会参加进攻，而是留在萨珊指挥部附近。他的另外一个突出特点是缺乏护甲。

沙漠中的敌人

罗马军团在北非、中东和波斯的沙漠中进行了许多战争。第一次是布匿战争，罗马人在此期间入侵了迦太基，并曾远赴扎马作战。罗马军团熟悉沙漠，他们曾在世界上最恶劣的地区进行战斗，尤其是犹太人起义期间的朱迪亚沙漠。

罗马的沙漠敌人数量众多且形形色色。罗马军团在交战中充分展现了自己的坚韧、耐力与适应环境的能力。他们在亚洲和非洲的沙漠战场与敌人作战，虽然并不总能胜利，但还是征服了他们。他们在亚洲和非洲被征服的土地上建立了行省，其中有些成为帝国最富裕的行省。

罗马人在北非和中东遇到的有些民族很是棘手，比如柏柏尔人（Berbers）和一些阿拉伯部族。其他人是更加严重的威胁，比如巴尔米拉的居民、犹太人和帕提亚人，以及他们更加致命的继承者萨珊人，这一部分已经在前文叙述过。无论如何，大部分沙漠民族最终接受了罗马的宗主权，成为罗马人。

非洲战士

许多沙漠民族在军事方面是不成熟的。他们穿着本地服装，按

▶ 公元2世纪—公元5世纪，阿拉伯骆驼骑兵。在东方的沙漠中，骑乘骆驼的军队很常见，罗马人无疑在辎重队中使用了骆驼，但没有模仿敌人建立骆驼骑兵部队。骆驼骑兵可以通过大部分地形，在干燥的东方沙漠是理想的坐骑，还可以出其不意地进攻或突袭敌人。骆驼弓骑兵很值得注意，比起运动中的马匹，坐在骆驼上射击也许更加稳定。

罗马的标准被认为是原始居民。非洲的沙漠民族主要有柏柏尔人、加拉曼特人（Garamante）、苏丹原住民、坦努希德人（Tanukhids）和纳巴汀人（Nabateans）。纳巴汀人的武器和服装很简陋，是出色的单峰骆驼战士（单峰骆驼只有一个驼峰，双峰骆驼有两个），苏丹人也是好战的沙漠战士。他们普遍使用长矛和粗糙的盾牌，纳巴汀人还使用一种短弓。

还有三个文明程度较高的族群，分别是巴尔米拉人、叙利亚人和努米底亚人。阿拉伯民族此时还没有联合起来（直到公元7世纪时，他们才在穆罕默德的领导下建立强大的国家，使东罗马的处境日益艰难）。巴尔米拉人、叙利亚人和努米底亚人以穿着链甲而闻名，他们携带椭圆形的盾牌和锋利的阔剑。他们的军队里还有来自哈特内利（Hatrene）的重骑兵，其装备十分精良。也门人（Yemenis）和埃塞俄比亚人（Ethiopians）的装备也不逊色于罗马人。

巴尔米拉人

巴尔米拉是叙利亚东北的一个富裕的贸易城市。公元3世纪，巴尔米拉人征服了罗马统治的叙利亚，建立了一支令人生畏的军队。他们有1000名重骑兵和大约9000名弓骑兵，是非常出色的军队。除了长枪和盾牌之外，巴尔米拉人的重骑兵还装备了骑兵长剑和匕首。在芝诺比阿女王（公元240年—公元274年）的领导下，巴尔米拉人继续朝着罗马控制的领土进攻，征服了埃及。当时的埃及，是罗马的重要粮食产区。

罗马人进行了报复，

布伦米人

布伦米人（Blemmye）是游牧民族，可能与努比亚人类似，后者在公元3世纪以后，持续与罗马帝国发生冲突。布伦米人的领土一直延伸到埃及南面，他们在公元253年和公元265年败于罗马人，被置于帝国的控制之下。公元273年，布伦米人在巴尔米拉女王芝诺比阿的支持下起义反抗罗马。不过，布伦米军队再次失败，几乎被全歼。

布伦米人是顽强的敌人。公元298年，在戴克里先皇帝统治时期，罗马人再次对他们进行了镇压。布伦米人是狂热的袭击者，能独立发起军事行动。甚至在多次战败之后，他们也能很快准备好再次战斗。

布伦米人以多次使用小规模的战象部队而闻名，他们的骑兵使用马匹和驴子。很明显，直到公元1200年，布伦米人也很少将骆驼直接用于战争，而是作为运输工具。布伦米人穿着鳞甲和白色长袍，有时以蓝色图案作为装饰。他们的武器是刀、锤和标枪（与布匿战争时期努米底亚人使用的类似）。布伦米步兵通常也是弓箭手。

▲公元3世纪—公元5世纪，布伦米战士。阿拉伯半岛以及其他地方的阿拉伯部族，还没有在一个领袖的领导之下联合起来。画中的部族士兵有着实用的武器和盔甲。他穿着的这件链甲，可能是在一次突袭中从某个运气用尽的倒霉蛋那里缴获的。

▶公元3世纪，巴尔米拉步兵。巴尔米拉是个富裕的叙利亚城市，有着完善的政府机构，这反映在这个步兵的武器和护甲上。此人身穿札甲，携带着剑和长矛，还有一面制作精良的盾牌。他的头盔明显是东方风格。

对巴尔米拉人发起进攻，不仅击败了芝诺比阿女王和她的骑兵部队，还夺取了巴尔米拉，终结了巴尔米拉的威胁。芝诺比阿女王被俘，并送到罗马囚禁。不过，她没有遭到虐待，而是相当舒服地过完了一生。

阿拉伯敌人

也门人和阿曼（Oman）人是沙漠中的阿拉伯聚居民族，由闪族部落居民组成。在7世纪阿拉伯帝国建立之前，他们只有弱小的政权，或者完全没有。他们如游牧蛮族一样生活，以抢劫其他人或外来者作为副业。

据说，古代也门人由兼有国王身份的宗教祭祀阶层统治。他们被称为穆卡里卜（Mukarrib），不过一段时间后，他们的祭司职责和地位被废除，也门君主成为世俗职位。这种形式的政府逐渐退化为由酋长或者公爵统治，不过他们也许只是小军阀，而担不起公爵这样荣耀的头衔。然而，古代也门能够制造高质量的武器，以及用"硬化皮革"制成的盔甲，后者类似于顶级皮甲，用熬制的方法增加了硬度，但这只是猜测。这些顽强的也门士兵是标枪专家，这是他们的主要武器。此外，他们也佩剑。

最终，也门人和阿曼人都成为萨珊帝国的一部分，阿曼水手尤其得到萨珊海军的赞誉。

莱赫米人

莱赫米（Lakhmids）王国可能是公元2世纪时，由从也门地区移民而来的阿拉伯部族建立的。它最初是一个独立王国，组建了一支强大的军队，甚至在这个地区建立了海军。他们向周围地区发动突袭，一直远至波斯。萨珊帝国被持续不断的突袭激

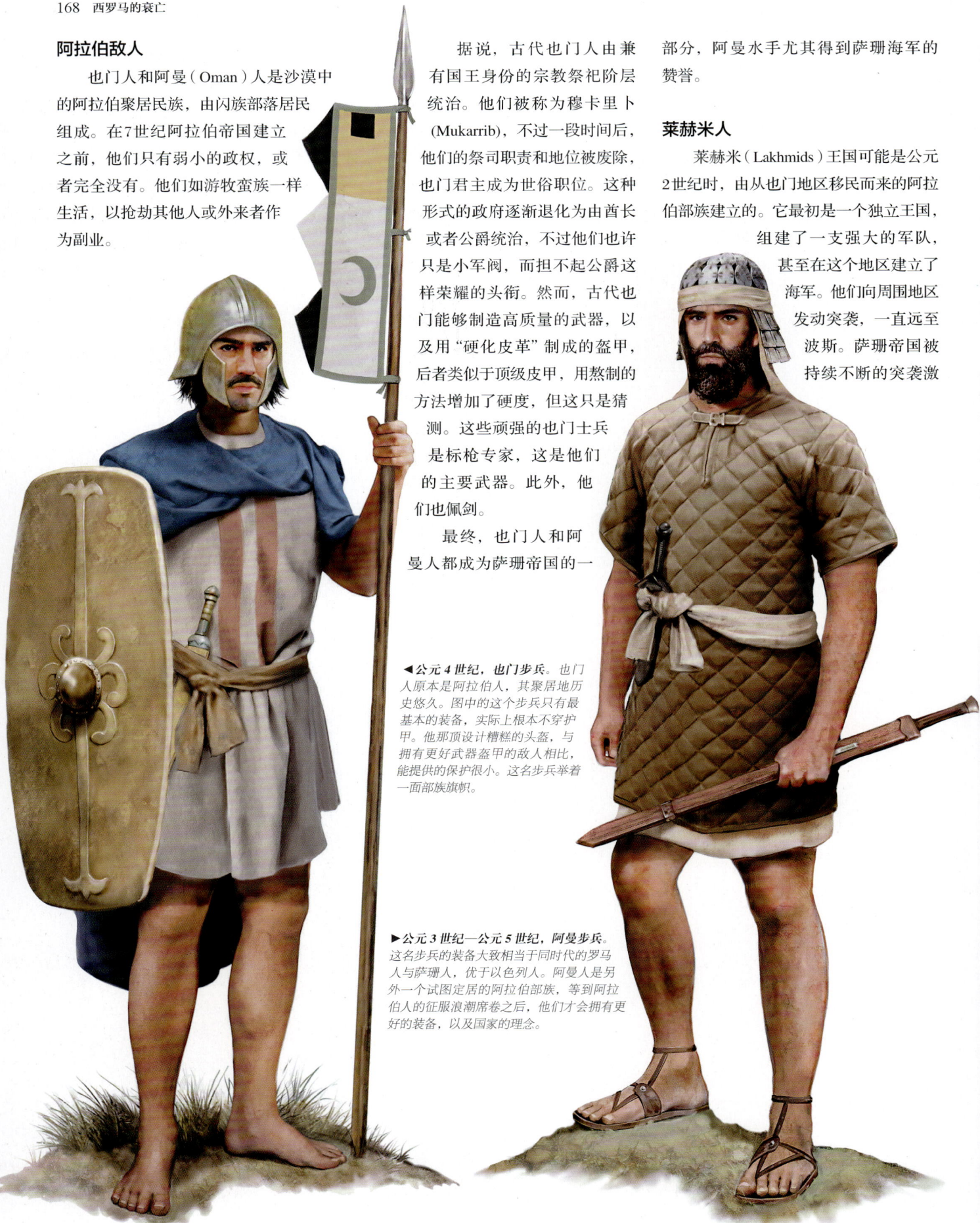

◀公元4世纪，也门步兵。也门人原本是阿拉伯人，其聚居地历史悠久。图中的这个步兵只有最基本的装备，实际上根本不穿护甲。他那顶设计糟糕的头盔，与拥有更好武器盔甲的敌人相比，能提供的保护很小。这名步兵举着一面部族旗帜。

▶公元3世纪—公元5世纪，阿曼步兵。这名步兵的装备大致相当于同时代的罗马人与萨珊人，优于以色列人。阿曼人是另外一个试图定居的阿拉伯部族，等到阿拉伯人的征服浪潮席卷之后，他们才会拥有更好的装备，以及国家的理念。

怒了，公元325年，萨珊人出动大军进攻莱赫米王国。莱赫米人被击败，成为了萨珊帝国的附属国。公元4世纪的莱赫米王国位于米拉附近，在现代伊拉克南部，本质上是萨珊帝国统治下一个半独立的附庸国。后来，到了7世纪初，萨珊人废除了莱赫米王国，将其彻底吞并。

　　莱赫米王国军队的装备，优于这个地区的阿拉伯人。他们模仿了萨珊的军事编制，经常依赖流放者、雇佣兵以及附庸部族的年轻人质。但这并没有妨碍他们成为优秀的军队，普罗科皮乌斯将其描绘为"罗马最顽固和最危险的敌人"。他们的皮制帐篷被认为是同时代最好的，而与阿拉伯的羊毛帐篷不同，后者是财富和声望的象征。

阿拉伯服装

　　阿曼人和也门人的服装和武器受到萨珊人的很大影响。每个部族的旗帜上都有自己的独特标志。在武器方面，阿拉伯人一般使用剑与矛，剑是短剑样式，而矛的长度较长。弓的样式不得而知。但是，弓是用一整块木头制成，和其他地区的弓箭不一样，特别是东罗马与帕提亚弓骑兵使用的复合弓。

　　阿拉伯人通常徒步或骑骆驼战斗，他们拥有的少数马匹被当作运输工具。由于阿拉伯人不愿损失马匹和骆驼，所以在面对弓箭手时，不愿意使用任何类型的骑兵部队。阿拉伯人在袭击外国领土后，会缴获了一些武器与盔甲，并将其为己所用。

　　阿拉伯"军队"似乎有相当的军纪，以各个部族组成的"师"为基本编制，并以部族旗帜为标志。战场上的阿拉伯人完全没有模仿希腊军队，虽然亚历山大大帝征服了许多阿拉伯领土。他们似乎受到古老的闪族传统的影响。

◀公元4世纪，莱赫米弓骑兵。弓骑兵是亚洲特有的兵种，这个阿拉伯弓骑兵有着精良的装备，他的坐骑被现代人称为阿拉伯战马。

罗马不列颠的终结

公元前43年，罗马成功入侵不列颠。到了公元122年，他们征服了不列颠的大部分地区，而且修筑了哈德良长城以构建北方边境线。它的长度是119千米 /74英里（80罗里），横穿了整个岛屿，是唯一一处罗马军队扎防了300多年的地方。其南面是不列颠尼亚，北面是未征服的领土，属于皮克特人和苏格兰人。多年以来，这里是罗马帝国的最北端。长城北面的布立吞人在罗马军队驻防不列颠期间，一直对罗马人抱有敌意。

皮克特人

长城北面的蛮族被称为皮克特人。这些蛮族是袭击者、战士和部族士兵，他们从未向罗马屈服，抓住每一个机会与罗马人作战。他们是凯尔特人，和长城南面的布立吞人一样，拒绝成为罗马人。

皮克特战士像他们的凯尔特祖先一样作战，用菘蓝染料涂在皮肤上，通常是赤身裸体。他们的服装可能是格子样式，穿着长袍或者长裤。他们和其他蛮族士兵一样，偏好使用短斧，短斧既可以投掷，也可以作为近战武器。凯尔特人有时完全不用盾牌，特别是在冲锋的时候。这个好战的民族特点显著，罗马人与罗马化的凯尔特人，在罗马占领时期都与其打过交道。

◄公元 4 世纪，皮克特战士。整个罗马时代，不列颠北部的皮克特人保持着自己的武器和服装，一次又一次地使用菘蓝和其他颜料涂抹他们的身体。

►公元 4 世纪，皮克特战士。皮克特人和不列颠的其他凯尔特战士一样，是凶猛而坚定的战士。缺乏指挥的罗马人很容易在皮克特人的突袭面前遭到重大伤亡。

罗马的不列颠驻军

罗马步兵仍然是罗马驻不列颠军团的主要力量，而罗马骑兵仍然在长城以北发挥着支援、侦察和突袭的作用。到了罗马时代末期，不列颠军队可能引入链甲作为主要的铠甲。他们佩戴各式各样的头盔，有些有马鬃盔缨，有些没有。

▶在罗马军队撤离之后，有些坚固的建筑，比如哈德良长城的博多斯沃德（Birdoswald）堡垒，被当地的酋长继续使用。

他们的战袍延伸到大腿中部，裤子收拢并绑在脚踝上，或是绑着某种裹腿。战袍是亚麻或羊毛制成的，取决于季节和天气。所有官兵都穿军用斗篷，还穿鞋子或袜子，传统的罗马军鞋被更适合不列颠北部气候的鞋子取代。

步兵和骑兵都装备着罗马长剑，还有各种各样的标枪或长矛。盾牌是圆形或者椭圆形的，上面有各式各样的图案，有些源自罗马，有些是本土风格。这个时期的骑兵部队携带着龙旗。

最终，罗马军团由罗马化的凯尔特人、罗马人与本地布立吞人的后代组成。当罗马驻军被召回本土，一些人继续守卫着这个岛屿。

▶公元5世纪，罗马–凯尔特步兵。被罗马占领的不列颠地区的居民，在语言、服装和文化方面已经罗马化。他们被驻不列颠的罗马军队招募为辅助部队，发挥了很好的作用。当罗马军队离开的时候，这些战士利用自己的技能抵抗撒克逊入侵者。

◀公元5世纪，罗马–凯尔特骑兵。这名罗马–凯尔特骑兵是罗马军团撤离之后留下的军队，是亚瑟王传说的原型。亚瑟，或者叫阿图鲁斯，可能是不列颠最后一个罗马式的战争公爵，以及罗马化凯尔特人的领袖。这些部队保持了罗马传统，但骑兵这个兵种变得越来越重要。

武器和护甲

罗马帝国后期，罗马军队在编制和作战方式方面发生了巨大变化。在战场上，骑兵变得更加重要。那些曾以纪律严明的步兵大队为单位作战，列成令人生畏的战斗队形的罗马步兵，在兵源质量和作战能力方面都开始下降。罗马的武器和盔甲无疑也发生了改变。

蛮族受到罗马装备的影响，经常缴获罗马人的武器与盔甲作为战利品，并在战场上继续使用。同时，罗马人也受到他们敌人的装备的影响。

从3世纪中叶到5世纪下半叶的西罗马帝国末期，武器与盔甲等军事装备经历了一次独特的变化。3世纪的军团可能不会意识到，到了西罗马帝国末期，这支职业军事力量已经无法与时代相匹配了。西罗马帝国崩溃之时，东罗马军队与西罗马军队残部已经大不一样，也与之前的罗马军队完全不同。不过，这支军队将在接下来的1000年里保卫东罗马帝国，而且这个国家始终认为自己就是罗马帝国。

头盔

传统的老式罗马头盔，最终被样式更简单、形状更接近圆锥形的头盔取代。这类头盔可能配有护颊，也可能没有。这些较为新式的头盔，是中世纪圆锥形头盔的先驱。有些头盔装饰着彩色盔缨，固定在头盔顶部中央。它们比早期军团步兵的头盔要简单些，圆锥形设计可以减弱武器的打击，起更好的防护作用。

旗帜

罗马帝国后期的旗帜借鉴自他们的敌人，可能由为罗马而战的外族带入军队。在罗马人采用龙旗之前，它已经被蛮族使用了数个世纪。罗马灭亡之后，西欧各个民族仍在使用它。

亚洲游牧民族使用马鬃旗帜。这是一种简单的旗帜，很容易在战场上观察到，一般为骑兵部队所使用。后来，这种旗帜传播到了东方，并得到普及。到了19世纪初期，拿破仑在东方结束征战之后，又将它带出埃及，作为法国军队里的马穆鲁克骑兵的旗帜，它因此又回到了西方。

盾牌

罗马人原有的矩形或椭圆形盾牌被淘汰，取而代之的是圆盾或者略微成椭圆形的盾牌。部队或部族的标志画在盾牌正面，有些图案有宗教色彩。

有一份罗马官方文档，也就是《百官志》，叙述了从公元4世纪晚期到5世纪初期的东罗马与西罗马的政府组织。在这份文档中，还有关于这一时期罗马军队的详细叙述，其中非常有价值的部分是阐述罗马军队编制的，它介绍了戴克里先时代之后那种较小规模的罗马军队是如何组建和编制的。

▲公元3世纪—公元4世纪的头盔。1. 贝尔卡索沃（berkasovo）头盔，这是一种脊式头盔，配有罗马式的护颊和护颈。2. 这是施潘根式（spangenhelm）头盔的一种类型，没有6那么多装饰，护颊和护颈是罗马人添加的。施潘根式头盔基本取代了高卢式头盔。3. 帝国时期使用的最后一种高卢式头盔，这种罗马军团步兵头盔是铜制的，公元3世纪之后，它被逐步取代。4. 公元4世纪，罗马人开始使用脊式头盔，并在国家作坊中大量生产。这是一种样式简单、防护良好且容易生产的头盔，没有护颊与护颈。5. 莱登（Leiden）式头盔也是从公元3世纪开始装备的，配有一个链甲式护颈。6. 这种带有装饰的哥特头盔是施潘根式的，也许源于萨尔马提亚。这种头盔分成若干部分，用铜制的装饰片连接在一起。7. 这种铁制的壶形头盔设计简单，是西哥特风格，由罗马头盔改进而成。8. 莱登式头盔的后期样式带有更多的装饰，包括马鬃盔缨，也可能带有部队识别标志。

投射武器

这一时期使用两种标枪，一种较长，可以在战斗队列中使用，另一种较短，用于突袭、埋伏和侦察。用于投掷的标枪是标准装备，存储在盾牌后面特制的"夹层"中。这样的设计很方便，使军团步兵可以随时准备好投掷标枪。

对于罗马人来说，弓骑兵是极其恐怖的对手。后来，罗马人，特别是东罗马人，也开始使用弓骑兵。这是一种轻型骑兵，不参加决定性的战斗，而是骑在马上在远处朝敌人射击。在马匹跑动的时候，弓骑兵也能射箭并命中目标。他们使用的是短而强大的复合弓，通常不穿护甲。复合弓不是用一块木头制成的，而是由多层木头或骨头黏合在一起，这使它以不大的尺寸获得了巨大的强度。弓骑兵的弓比步兵弓箭手要短一些，在经验丰富的弓骑兵手中，它是非常有力的武器。

蒙古式拉弓法，有时称为蒙古式射箭法，是一种只使用拇指，而不是多个手指的拉弓方法。这种方法让射手用最强力的手指拉弓，并控制放箭的时机，对弓骑兵来说特别有用。还有一种用两或三根手指拉弓放箭的方法，一般称之为地中海拉弓法。这种拉弓法用上了所有手指，不能精确地同时松开，所以有时候会影响精度。

▲公元 4 世纪—公元 5 世纪的军旗。
1 是马鬃军旗，可能源于亚洲游牧蛮族的骑兵，比如匈人。它是一种简单的旗帜，能很容易从战场上各种颜色的旗帜中识别出来。2 和 3 都是龙旗，可能源于萨尔马提亚人，像采用其他一些东方风格的事物一样，罗马人也采用了龙旗。这些旗帜的顶端是铸造的旗杆顶，也就是龙，其余部分是风向标，会随着微风或者大风飘动，或者在骑兵冲锋的时候飘动。有些风向标是彩色的，比如 2 所示。毫无疑问，这是部队识别标志，通常作为部队近战之后的集结点。携带龙旗的骑兵被称为龙旗手。

▶公元 4 世纪—公元 7 世纪的盾牌。罗马《百官志》记录了从公元 4 世纪起的各种盾牌的设计。图中展示的大部分图样，来自这部重要而富有启发性的文献，只有三个例外（5、6 和 9）。1. 潘诺尼亚。2. 忒拜（Thebai）。3. 小阿米杰里亚（Armigeri Junio）。4. 大切利（Celli Senio）5 努梅里乌斯·费里库姆·狄奥多西阿库斯（Numerus Felicium Theodosiacus）。6. 这面罗马步兵盾牌的背面展示了存储标枪的方法。7. 小阿斯卡利（Ascari Junio）。8. 赫拉克勒斯。9. 一种带有装饰的日耳曼盾牌，直到公元 6 世纪—公元 7 世纪才使用。10.《百官志》里把这种盾牌称为约米亚尼（Joumiani）。

1

2   3

4

5

6   7   8   9   10

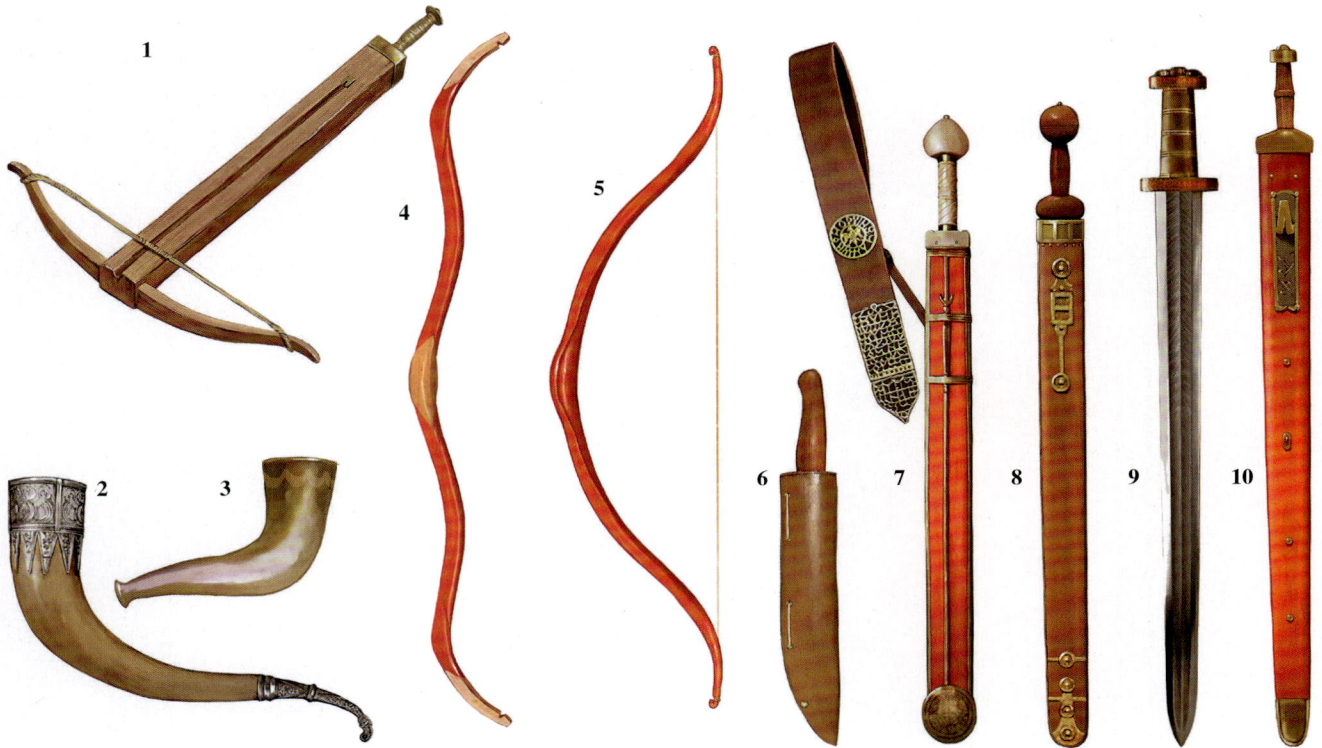

▲ 3世纪，武器。1是粗糙的早期弩箭。4与5是复合弓，分别为上弦与不上弦的样子。2和3是两支号角，用动物的角制成。6是大型匕首或者短剑。7、8、9和10是长剑的不同款式，日耳曼人和其他蛮族首先使用了这些武器，然后被罗马骑兵采用，并最终取代了步兵短剑。东罗马的步兵和骑兵也使用这种长剑。图中的所有武器，包括弓和剑，都不是罗马人发明的。

▼ 4世纪，铁甲战马。这匹东罗马的铁甲重骑兵坐骑，配有全副护甲。1. 这顶圆锥形骑兵头盔有链甲面罩。2 东罗马铁甲重骑兵使用的双刃剑，一种是重型剑，另一种是略微弯曲的轻型剑。马具如此设计，是为了骑兵能够方便地抽出任何他需要的武器。

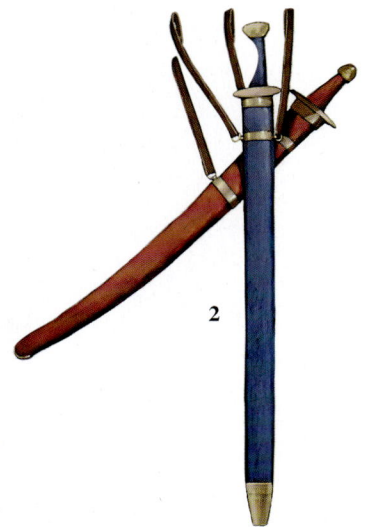

1

2

近战武器

这一时期罗马人的武器，与他们的敌人使用的没有什么不同。军团步兵早期使用的主要武器短剑，已经让位于罗马长剑或阔剑，而这种武器原本是骑兵的武器。骑兵和步兵的盾牌都变成了圆形或椭圆形。虽然帝国后期依然使用罗马式头盔，但也借鉴使用其他类型的头盔。那些在罗马军队中担任辅助部队的蛮族，仍使用自己本民族的头盔。长剑可以佩戴在腰带上，但似乎使用肩带的情况更加普遍。

◀公元4世纪，穿着阅兵盔甲的骑兵。这名罗马骑兵穿着阅兵盔甲，这种盔甲在部队之间举行的比赛中使用，比如用标枪射击静止目标的比赛，而这名骑兵明显已经做好了参赛的准备。图中士兵携带着配有全尺寸面甲的精美头盔，这肯定戴着不舒服。这支部队的龙旗，将在阅兵场或训练场上展示，以此与其他部队区别。

铠甲

随着骑兵在战场上取得主导地位，罗马人引入了使用全副盔甲的骑兵，或者叫铁甲重骑兵。多年以来，帕提亚人、萨珊人和亚美尼亚人都使用铁甲重骑兵，他们的冲锋确实能横扫战场。铁甲重骑兵的骑手与马都穿护甲，能抵挡近战武器和投射武器的攻击。到了7世纪，东罗马重骑兵将这种优势发展到顶峰。

环片甲消失，彻底被东方的链甲、札甲和鳞甲取代。4世纪和5世纪的时候，罗马士兵的外观看起来非常像曾与他们战斗的蛮族。

服装

传统的罗马战袍被亚麻布和刺绣纹样的服装取代，这些服装更像是日耳曼风格，而不是罗马风格。裤子成为代表某件服装而不是军事装备的术语，不过依然是军队常服。士兵们带上了围巾，以保护脖子免受盔甲摩擦。

骑兵

罗马骑兵的武器和护甲都有鲜明的蛮族风格。头盔是圆锥形的，有些有面罩。护甲是鳞甲，表明罗马人决定模仿东方的铁甲重骑兵。他们的服装包括腿部护甲，以及一件及膝长袍，还有某种军用斗篷。武器通常包括长矛或骑枪，还有挂在肩带上的一把长剑。

▶公元3世纪，帕提亚弓骑兵。帕提亚弓骑兵是致命的神射手，即便在马匹全速奔驰时，也能射中目标。他们通常轻装，带着轻型武器，他们的复合弓无疑是罗马人遇到的最好的远程武器。这些顽强的轻骑兵发明了"帕提亚射箭术"。也就是在全速奔驰之时，朝坐骑的左后方射箭。

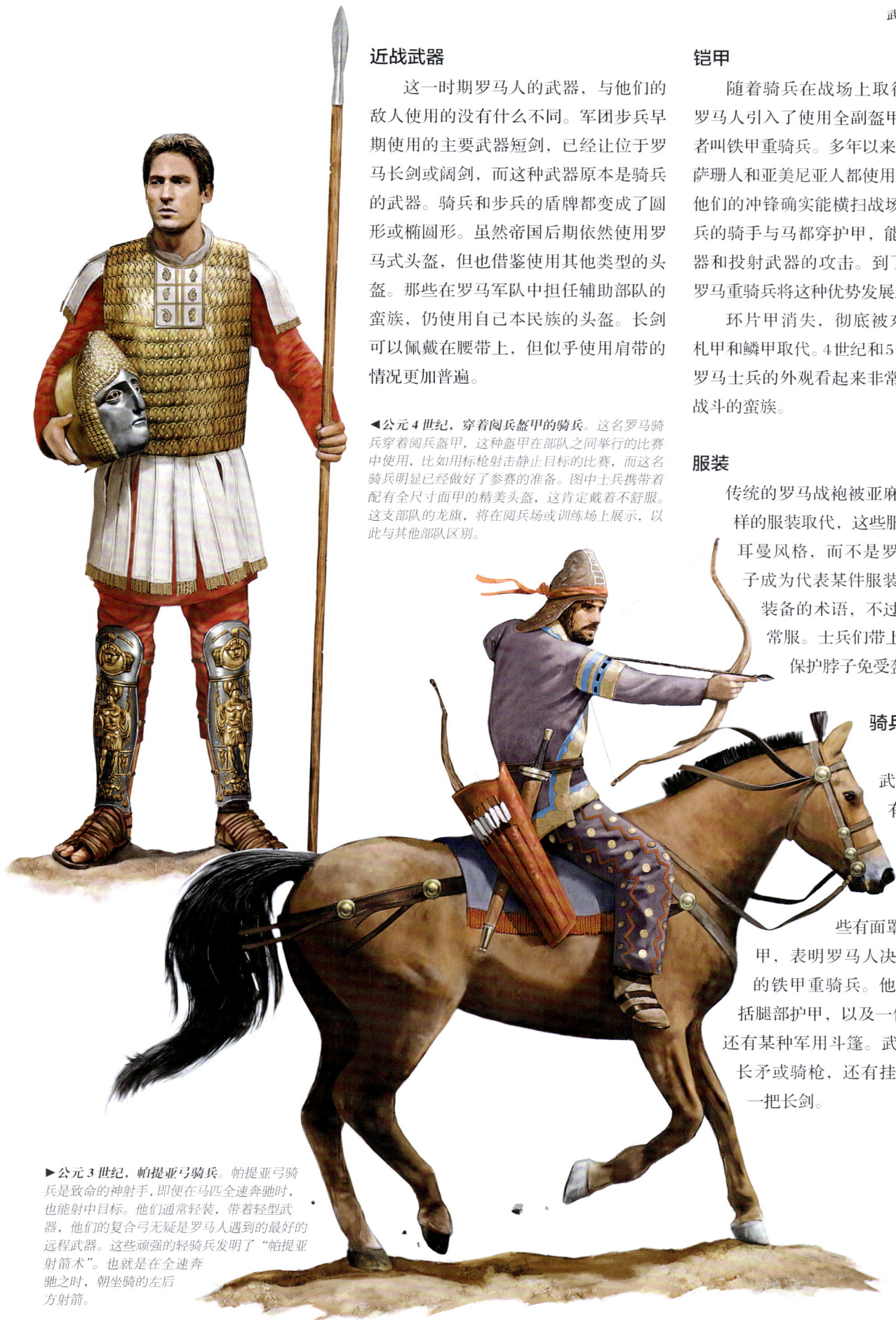

MAXIM

东罗马人

公元 474 年—公元 1453 年

西罗马已经灭亡。罗马人先是将帝国首都迁往意大利北部的米兰，再迁往拉文纳，帝国的灵魂就此丧失。不过在东方，君士坦丁堡的统治又维持了一千年。虽然东罗马帝国被称为拜占庭帝国，但这不是正确的称呼。这是 16 世纪的德国作家希罗尼穆斯·沃尔夫（Hieronymus Wolf）给东罗马帝国起的名字。东罗马人在思想、语言和文字方面都认为自己是正宗的罗马人。从各方面看，东罗马帝国都是罗马帝国的真正继承者。

▲公元前 600 年，君士坦丁堡地图。这幅图展现了君士坦丁堡的城防，特别是狄奥多西城墙。这座城市两面环水。

◀这幅镶嵌画中有查士丁尼一世和贝利撒留将军。查士丁尼站在中间，贝利撒留在他左边。两个人都穿着宫廷服装。

东罗马帝国

3世纪末，戴克里先皇帝的改革将帝国分为东西两个部分。君士坦丁皇帝则更进一步，将君士坦丁堡作为帝国的新首都。

戴克里先和君士坦丁

大约286年，戴克里先把帝国划分为四个行政管理地区。西方的两个行政区的首府是米兰和特里尔，其管辖范围包括西欧和埃及之外的北非；东部地区的首府是塞尔维亚（Serbian）的斯雷姆斯卡–米特罗维察（Sremska Mitrovica）和土耳其的伊兹米特（Izmit），这个行政区包括埃及、巴尔干半岛和中东地区。戴克里先死后，帝国发生了内战，然后又重新统一。不过，罗马帝国东西两部分之间的分裂原则已经确立，东部即将出现一个新帝国。

君士坦丁堡

东罗马帝国的首都是君士坦丁堡。这座城市呈三角形状，两面环水，而陆地那一侧筑有城墙。从狄奥多西时代到

查士丁尼一世时代，城市的三侧都建造了坚固的防御工事。君士坦丁堡巨大的城墙承受了各种敌人的多次围攻，只有两次被攻陷。第一次是1204年，当时正在进行第四次东征的西欧军队占领了城市。第二次是1453年，奥斯曼土耳其人用大炮轰塌了城墙。

东罗马早期的皇帝

东西帝国的皇帝们在权力与威望方面是相同的。公元476年，西罗马落入蛮族之手，奥多亚克称帝，东罗马帝国开始独自对抗蛮族。

西罗马灭亡的时候，芝诺是东罗马的皇帝。474—491年执政的芝诺，成为当时唯一的罗马皇帝。其中有个短暂的间隔，即475—476年，篡位者巴西利斯库斯在此期间占据了帝位。与西罗马相

▼波尔菲罗格尼图斯（Porphyrogenitus）宫，后来被称作泰克福尔（Tekfor）宫，是君士坦丁堡最后一座完整的东罗马后期建筑。它以米哈伊尔八世的儿子君士坦丁·帕莱奥勒古斯（Palaiologos）命名，于1453年遭到破坏。

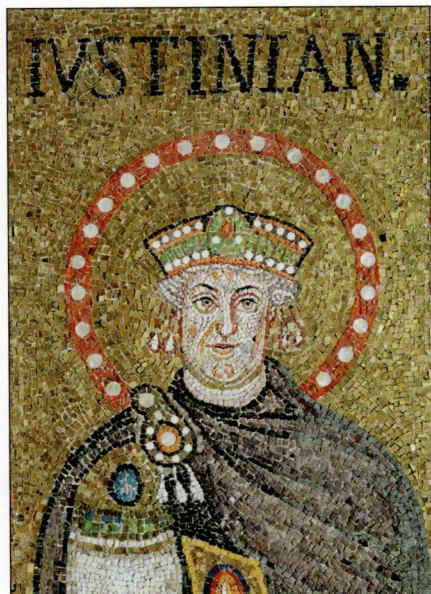

▲查士丁尼一世。画中的他，头上有一圈光环。查士丁尼有很多与众不同的方面，在东罗马皇帝中显得很特别。

比，东罗马更频繁地遭遇阴谋、暴乱和内战。他们最终在庞大而完善的官僚系统的支持下，建立了稳定的君主制。

查士丁尼一世（527—565年）

"东罗马的第一位伟大皇帝"是6世纪的查士丁尼一世。他指挥了伟大的再征服运动，夺回了昔日罗马帝国在意大利、北非和西班牙的大部分领土，是伟大的君主和立法者。

查士丁尼的统治漫长而稳定，他不仅以治理国家而闻名，还娶了一位曾是演员和妓女的妻子——狄奥多拉，并将她立为皇后。狄奥多拉证明自己配得上皇后之位，曾不止一次挽救了查士丁尼的统治。虽然他们没有子嗣，却是完美的皇室夫妇。

《查士丁尼法典》，即《民法法典》，是公元529年—公元534年制定的，改善了罗马法律的混乱与矛盾之处。这是法

律世界的一大进步。查士丁尼本人并没有撰写这部新法典，而是任命一位法学家特里博尼安（Tribonian）完成这个任务。后者组建了一个团队去编写这部新法典，其成果是伟大的。

明君、昏君

自查士丁尼以来，东罗马皇帝的名单中就包括了明君与昏君，其中包括一些颇有政绩的篡位者。有些东罗马皇帝是成功的将军，或是从军队中发迹，成为表现杰出的军官，然后紫袍加身（东罗马皇帝穿紫袍）。值得一提的是，莫里斯和希拉克略都是军人皇帝。

莫里斯（582—602年），查士丁尼的继承者，他统治国家20年，留下了一部高价值的军事著作，对东罗马军队的战术和编制发表了深刻的见解。莫里斯被篡位者福卡斯（602—610年）废黜，后者又被另外一位成功的军人希拉克略（610—641年）推翻。希拉克略最终击败了萨珊帝国，但在阿拉伯人入侵时，丧失了大片领土。

另一位伟大的军人皇帝是巴西尔二世（976—1025年），在他的统治下，帝国的国力达到了巅峰。不过，巴西尔的远亲继承者罗曼努斯四世于1071年输掉了至关重要的曼齐克特之战，这使东罗马开始了漫长的衰落，并引发了毁灭性的10年内战。

阿历克塞一世于1081年紫袍加身，建立了科穆宁王朝，内战就此终结，东罗马开始复兴。阿历克塞一世的事业被儿子约翰二世继承，约翰的儿子曼努埃尔一世又被称为"大帝"，他是最后一个统治着强大帝国，并继续收复失地的皇帝。不过，科穆宁王朝在曼努埃尔一世死后5年就灭亡了。1185年，这个国家被平庸无能的安格鲁斯王朝继承，从此开启了战败和毁灭之路。

▼约翰二世·科穆宁，这是东罗马最后一个强权皇帝。这幅画的中间是圣母玛利亚，两侧分别站着约翰二世皇帝与艾琳皇后。

东罗马帝国的战争
公元 502 年—公元 1453 年

502—506年 以君士坦丁堡为首都的东罗马，与东方强国萨珊波斯发生了战争。

526—532年 第二次波斯战争。

533—554年 东罗马皇帝查士丁尼试图收复意大利、北非以及西罗马在地中海周围的其他旧地。东罗马军队在贝利撒留与纳尔西斯的领导下，取得了极大的成功。东罗马帝国的疆域面积达到了极致。

628年 阿瓦尔人未能夺取君士坦丁堡。

634—638年 阿拉伯人征服了叙利亚。

637年 耶路撒冷落入阿拉伯人手中。

638—639年 美索不达米亚和亚美尼亚在阿拉伯军队的大举入侵中陷落。

653年 塞浦路斯岛和克里特岛落入阿拉伯人手中。

▼ 蓬特－索拉里奥（Ponte Solario），横跨台伯河支流阿涅内（Aniene）河的罗马桥梁。565 年，东罗马将军纳尔西斯在征服昔日罗马帝国大部分地区之后将其重建。

668—677年 阿拉伯人反复进攻和围困君士坦丁堡城，不过每次都失败了。

860年 罗斯人（俄罗斯人）进攻君士坦丁堡失败。

867年 马其顿王朝的君主巴西尔一世致力于东罗马政治与军事的复兴，并开始进行领土扩张。

902年 东罗马海军在克里特岛大胜阿拉伯军队。

907年 罗斯人再次进攻君士坦丁堡，战败。

941年 罗斯人又一次进攻君士坦丁堡，再一次战败。东罗马舰队使用希腊火击败了罗斯舰队。

944年 巴西尔二世在叙利亚的战争中战胜了萨拉森人。

999年 巴西尔二世在叙利亚的战争中再次战胜了萨拉森人。

1000—1118年 巴西尔二世在与保加利亚人的作战中获胜，在格鲁吉亚和亚美尼亚也获得了胜利。东罗马进入自查士丁尼一世以来最强盛的时代。

1071年 东罗马在曼齐克特惨败于塞尔柱突厥，安纳托利亚的大部分地区落入突厥人之手。

1071—1081年 帝国发生内战，军队两败俱伤，再也没有恢复战斗力。这是东罗马历史的转折点。

1087—1091年 与佩切涅格（Pecheneg）人发生战争。

▲ 金币上的"保加利亚屠夫"巴西尔二世。有些东罗马硬币上只有皇帝的头像。

▼ 1096—1254 年，西欧军队对中东地区发动了七次东征。最初，正是在东罗马皇帝阿历克塞一世的帮助下，西欧人进行了第一次东征。

▲ 1204 年，威尼斯人领导的西欧军队转而进攻东罗马帝国，围困了君士坦丁堡。

1122年 在旧萨格拉（Eski Zagra）之战中击败了帕济纳克（Patzinak）人（佩切涅格人）。

1122—1126年 威尼斯战争。

1128年 击败了入侵的匈牙利人。

1136—1139年 东罗马征服了吉里吉亚—亚美尼亚（Cilician Armenia）和叙利亚北部，并巩固了从突厥人手中收复的安纳托利亚的大部分地区。

1146年 与塞尔柱突厥人发生战争，结果并非决定性的。

1149—1152年 塞尔维亚人起义。东罗马在与匈牙利的战争中获胜。

1155—1156年 匈牙利人再次失败。

1155—1158年 在安德里亚（Andria）之战中击败诺曼人。不过，东罗马最终于1158年从意大利撤退。

1158—1161年 东罗马对塞尔柱人发动远征，获胜。

1165—1167年 在与匈牙利的战争中获胜。东罗马人收复了巴尔干的省份。

1171—1177年 在与威尼斯人的战争中获胜，东罗马舰队的行动对战争的结果起了决定性作用。直至1183年，双方才签署合约。

1176—1180年 东罗马与塞尔柱突厥作战，在密列奥塞法隆（Myriokephalon）战役中惨败。安纳托利亚的大部分地区再次沦陷于突厥人。

1185年 击败了诺曼人的入侵，但德拉齐翁（Dyrachion）和塞萨洛尼基被洗劫。

1204年 西欧人发动第四次东征，基本征服了东罗马帝国。君士坦丁堡被攻陷后，西欧人建立了拉丁帝国。

1204—1302年 最终，拉丁帝国被复兴的东罗马人击败。此后，东罗马帝国内部分裂，各个势力之间发生了连续不断的内战。帝国疆域不断缩小，只剩下一些较小的飞地，以及君士坦丁堡周围的小片领土。

1302年 帝国最终也是最致命的敌人——奥斯曼土耳其，在巴菲乌斯（Bapheus）之战中击败了东罗马人。

1329年 奥斯曼人在佩勒卡伦和菲洛克雷内之战中击败了东罗马人。

1354—1364年 奥斯曼不断入侵，使帝国疆域缩小至君士坦丁堡城、摩尼亚（Morea）半岛、塞萨洛尼基与一些小岛。

1366年 阿德里安堡成为奥斯曼土耳其的首都。

1371年 奥斯曼人征服塞尔维亚。

1372年 保加利亚成为奥斯曼附属国。

1373—1385年 东罗马帝国发生内战。

1384—1387年 奥斯曼围攻塞萨洛尼基，并夺取了这座城市。

1395年 奥斯曼在摩尼亚击败东罗马。

1453年 君士坦丁堡在奥斯曼人的第四次围攻中沦陷。

▼ 1453 年，君士坦丁堡陷落。最后一位东罗马皇帝君士坦丁十一世在保卫自己的城市时阵亡。穆罕默德二世宣布自己是新的罗马皇帝，不过随着东罗马帝国的灭亡，这个头衔已经没有意义。

东罗马军队

西罗马帝国灭亡的时候，留在东部地区的军队直接成为东罗马军队。最初，他们的编制、武器、护甲与指挥方式，和西罗马军队并无差别。

编制的发展

但是没过多久，东罗马军队的编制发生了变化，从以步兵为主变为以骑兵为主的武装力量。这可能归因于公元378年，东罗马在阿德里安堡惨败于哥特骑兵。随着帝国向东扩张，东罗马遇到的敌人都有精锐的骑兵，尤其是亚洲式弓骑兵。西罗马沦陷后，重骑兵成为东罗马军队的主力。

军事著作

东罗马的一些军事著作流传了数个世纪，现代人可以根据这些著作，研究东罗马军队是如何组织和训练的。这些著作强调军事情报，并致力于研究帝国的敌人，以便在战场上知己知彼。他们的几乎每一部著作，都强调在与敌人作战时，要对上帝抱有虔诚的信仰。

莫里斯皇帝出身行伍，是位出色的皇帝，留下了著名军事著作《战略》。这本书不仅记录了帝国敌人所有已知的情报，还总结了他们的实力和弱点。比如，进攻山地部族的时机应是深冬，因为他们吃苦耐劳的马匹此时会缺少可用的饲料，且并非处于最佳状态；进攻生活在沼泽里的斯拉夫人，通常要等到河流和沼泽结冰之时，这样敌人就无法利用自己的优势了。

▶公元4世纪，罗马重步兵。戴克里先改革之后，旧式罗马军队进行了重要变革。军团的武器和盔甲也发生了改变，原有的分节式胸甲和短剑被淘汰。在东罗马军队中，长剑是步兵和骑兵的标准武器。

▶公元4世纪，罗马轻步兵。这是东罗马的轻步兵，一般来说被用于小规模战斗。他的武器和盔甲不如自己的重步兵战友。这顶特色鲜明的帽子是有历史依据的，不过其来源尚存疑问。

东罗马军队力量　300—1453年

以下兵力仅为估计，是东罗马在战场上能部署的兵力。

年份	野战兵力
300	310000
450	300000
520	270000
540	340000
570	150000
640	100000
670	100000
770	80000
800	90000
840	120000
960	140000
1020	250000
1050	200000
1080	20000
1120	20000
1140	50000
1180	40000
1200	30000
1280	20000
1320	3000
1453	8000

▶**公元4世纪，弓骑兵。**东罗马军队发现，与东方的骑兵部队作战有巨大的困难，特别是与萨珊帝国作战。后来，弓骑兵成为东罗马骑兵的组成部分。画中人物穿着鳞甲背心，虽然防护作用有限，但能够自由活动胳膊。

利奥六世写下了军事著作《战术》，特别阐述了如何应对阿拉伯人的威胁，尤其是使用哪一种骑兵能够击败强大的阿拉伯骑兵。利奥在自己的杰作中强调的战术和技巧，被东罗马军队运用得很好，他们在与这一最致命的敌人作战时，取得了很大成功。

存世的东罗马军事著作中还有三本佚名的，已经被翻译成英文，以与存世原文对照的方式出版了。这些佚名著作也是关于战略、战术和编制的。所有东罗马军事著作，都阐述了东罗马军队的作战方式，值得

现代人仔细研究，以此了解东罗马数个世纪以来，至少在1071年曼齐克特惨败之前获胜的原因。在曼齐克特之战中，东罗马军队几乎被彻底摧毁。

风格迥异的新军队

旧式罗马军团使用短剑和长盾，穿着金属盔甲和红色战袍，这一切已经不复存在。此时的东罗马军队身穿链甲，手持长剑和圆盾，还穿着长袍、裤子或长裹腿。东罗马与西罗马的头盔变得更加标准化，和他们面对的蛮族军队类似。

武器

东罗马军队的主要武器是长剑，这曾是罗马辅助骑兵的剑，但此时已经在罗马骑兵和步兵中普及。东罗马步兵还使用重型双手剑与双手斧，后者是著名的瓦兰吉（Varangian）禁卫军最喜爱的武器。

东罗马人使用复合弓，这源于亚洲的游牧民族，比西方军队使用的单体弓更有威力。它由木头和骨头制成，有着惊人的力量和穿透力，甚至骑兵使用的那种较小的复合弓也是如此。这是东罗马的主要远程武器。

东罗马的武器受到帝国本土居民与敌人的影响。骑兵锤是一种复杂的棍棒类武器，在近战中非常有效率，常被铁甲重骑兵装备。曲剑最初是东罗马敌人的武器，但东罗马的雇佣轻骑兵也会使用它。剑和锤通常挂在腰带或饰带上，也可能挂在马鞍上。东罗马轻步兵还能以高超的技巧使用投石索。

东罗马步兵和骑兵都使用长矛，步兵还会使用标枪。有时候，东罗马轻骑兵也使用标枪，就像古代努米底亚人那样。步兵的长柄武器类似长戟，适合密集步兵编队。他们有时出现在类似方阵的阵列中，以6人或8人的纵深列成矩形队形。在敌人面前，这是令人恐惧的景象，特别是方阵中的长矛，看起来像是茂密的树林。

最初，东罗马军队延续着千年以来罗马军队的

传统。然而，鉴于与东方敌人的作战经验，加之西罗马已经被打垮，东罗马军队开始改变。

戎服和盔甲

4—公元5世纪，旧式罗马军团依然存在于东罗马帝国，不过发生了显著的改变。罗马军团步兵使用的分节式胸甲，也就是甲片拼接起来的铁制胸甲被废弃。他们改穿链甲，就像共和国时期的士兵那样。带弧度的矩形盾牌被淘汰，东罗马人更喜欢扁平的圆牌，盾牌上依然画着帝国的标志，但不再是昔日的山巅和鹰翼。

原来的军团步兵头盔，无论是羽饰还是盔缨，都被更加与时俱进的头盔取代。新式头盔对脖子的防护没有原来完善，有些饰以多种颜色的马鬃盔缨，通常是红色或蓝色的。原有的那种老式的，也就是色彩更华美且盔缨与肩膀平行的头盔，要么逐渐停止使用，要么完全被淘汰。

步兵

这一时期，东罗马步兵有重步兵与轻步兵两种类型。在作战时，重步兵穿着全套盔甲，手持剑、矛或标枪。矛一般是用来投掷的短矛，存储在盾牌背面。一些部队的轻步兵军官会戴头盔，但不穿护甲。步兵在植被茂密或地形崎岖的地区执行侦察、突袭、伏击和其他非常

◀公元5世纪，披甲步兵。东罗马步兵虽然不是军队主力，但仍旧训练有素。盾牌上的图形是"奇罗"（chiro），这是君士坦丁在米尔维亚桥之战获胜的象征。

▶公元5世纪，轻步兵。在东罗马军队中，轻步兵通常会占有一席之地。当军队主力部署在其他地方，或者阵列被打乱的时候，他们会出现在战场上。通常来说，他们的作战方式类似于游击，非常善于突袭与埋伏。

规作战任务时，会使用轻型标枪，这种标枪比列阵时常用的标枪要短。在行军的时候，步兵如果不戴头盔，就会戴上圆锥形毛皮帽。这种用于娱乐与狩猎的轻便装束，经常会出现在镶嵌画中。

东罗马军队更加频繁地与弓骑兵接触。弓骑兵使用轻型装备，骑在小而灵活的战马上，随着东方无穷无尽的移民而来。如果没有恰当的战法对付弓骑兵灵活的战术，他们确实是机动性很强的恐怖敌人。装备着复合弓的弓骑兵，成为东罗马军队的重要组成部分。

铁甲重骑兵

罗马帝国在向东方扩张时，已经遭遇过铁甲重骑兵了，这些骑兵非常有战斗力。随着东罗马军队独立发展，他们也组建了铁甲重骑兵部队。东罗马的铁甲重骑兵是战场上的决定力量，并有轻装的弓骑兵进行支援。

骑兵

铁甲重骑兵的战马与骑手都会穿上重甲，尤其是在引入马镫之后。马镫让马背上的骑手坐得更稳，铁甲重骑兵的战斗力得到很大提升。

东罗马的骑兵和步兵都普遍穿盔甲，其样式更趋向于东方，而不是欧洲。鳞甲取代了分节式胸甲，但实用的链甲依然非常普遍。东罗马头盔的形状更偏向圆锥形，取代了罗马军团步兵通常使用的圆壶形，并且普遍带有链甲面罩和护颈。

▶ **5世纪初期，铁甲重骑兵。**铁甲重骑兵首先出现在罗马的东方敌人中间，西罗马帝国采用了这个兵种，然后被东罗马帝国继承。罗马铁甲重骑兵能够有效地对敌人进行反击，特别是对波斯人。东罗马铁甲重骑兵发展到了相当精锐的程度，特别是在引入马镫之后，成为东罗马军队的主力。他们与轻装弓骑兵配合作战，在战场上所向披靡。

阿德里安堡之战

不过，问题依然存在。罗马军队的主力，为何会从军团步兵变为骑兵？是什么原因让骑兵在罗马的地位后来居上？

若要明白在西罗马帝国灭亡之后，东罗马军队是如何以自己的方式演变的，很有必要探究瓦林斯皇帝率领的罗马军队在阿德里安堡之战的惨败。这次战役发生在君士坦丁堡附近地区，当时的罗马军队基本还以旧式战术作战，即以军团步兵为主力，以骑兵为辅助。

对手

罗马军队由瓦林斯皇帝指挥，而蛮族由哥特人菲列迪根（Fritigern）指挥。在某些历史学家看来，这次战役充分展现了骑兵对步兵的优势，终结了罗马军团在战场上的统治地位。最初，交战双方是两支步兵部队，哥特骑兵因为外出征粮而缺席，此时的罗马人占据了优势。不过，随着哥特骑兵归来，以及罗马骑兵的逃窜，战役发生了决定性变化。哥特骑兵从罗马步兵阵列的中央突破，将其全部屠杀。

战役

阿德里安堡有时也被称为哈德良波利斯（Hadrianopolis），即现代土耳其的埃迪尔内（Edirne），位于博斯普鲁斯海峡西面的色雷斯地区。在从亚洲

◀约公元 312 年，君士坦丁大帝。这幅画像依据英格兰约克郡巨大的君士坦丁雕像绘制。君士坦丁选择皮制胸甲是可以理解的，这种胸甲比金属胸甲更轻更舒服，特别是在穿着者不参加战斗，但需要穿戎装的时候。他靴子上方的装饰，表明了他军队指挥官和皇帝的身份。

▶公元 380 年，阿德里安堡之战中的瓦林斯皇帝。这是典型的罗马皇帝战场着装。此时的罗马虽然划分给两个皇帝统治，但军队的武器与盔甲很相似。值得注意的是老式肌肉胸甲，这是罗马皇帝在战场上的常用装备。

而来的民族迁徙浪潮的影响下，哥特部族带着一些附属的阿兰人沿多瑙河迁徙。他们向罗马人请求，希望能够定居于罗马境内，以此免受游牧蛮族的侵扰。罗马人同意了哥特人的请求，但双方的关系很快变得紧张起来，还发生了武装冲突。瓦林斯皇帝决定不等西罗马的支援，就直接向哥特人进军，似乎不愿与西罗马共享击败哥特人的战功。战役刚开始的时候，瓦林斯的罗马步兵成功击退了敌人。哥特骑兵到达战场之际，瓦林斯刚刚成功攻入哥特营地。

哥特骑兵立即发起进攻，击退了左翼的罗马骑兵。罗马军队右翼的骑兵看到半数战友逃离战场，决定和他们一起撤退，抛弃了中央战线的步兵，以及皇帝瓦林斯。剩余的罗马步兵不得不以寡击众，对抗合围他们的哥特骑兵。

哥特人从四面猛攻，罗马步兵被迫聚集在一起。防守营地的哥特人，也在哥特骑兵袭击罗马左翼的时候，向瓦林斯发动了正面反击。

根据某些记载，罗马军队被包围，并在哥特步兵和骑兵的施压下拥挤在一起，根本无法有效使用自己的武器。罗马士兵被屠杀殆尽，瓦林斯也阵亡于此。

事件影响

在东罗马帝国的文献里，阿德里安堡之战是西罗马衰亡的预兆。这次惨败之后，东罗马帝国恢复了过来，此后又变得强盛。但是，西罗马帝国从此陷入混乱状态，成为蛮族反复入侵的唯一目标，最终土崩瓦解。

最初，东罗马军队由本土部队和雇佣军组成。阿德里安堡战役之后，东罗马开始大力发展骑兵。从步兵军队到骑兵军队的变化，表明罗马人多年来受到东方民族的极大影响。东罗马有两种骑兵，即弓骑兵和铁甲重骑兵。他们的出现，是东罗马与众多的东方敌人，包括帕提亚人、萨珊人与亚美尼亚人，在相同条件下作战的需要。

◀公元378年，罗马步兵，阿德里安堡之战。这是瓦林斯麾下的一名军团步兵，使用着帝国后期典型的作战装备。此时，罗马盾牌是圆形的，上面依然有部队标志。头盔是典型的4世纪中期风格。简化的作战肩带用纯皮革制成，上面挂着旧式短剑。链甲垂到大腿中部，几乎盖住了常规的战袍。在这一时期，链甲与胸甲比之前的样式要长，提供了更多的保护。

▶公元378年，罗马骑兵，阿德里安堡之战。这位帝国后期骑兵的装备，拥有特色鲜明的东罗马风格，这样的穿着将继续发展下去。札甲样式的胸甲显然是东方风格，裤子和靴子也与旧式罗马军队的装备截然不同。此外，头盔是日耳曼样式，4至5世纪的罗马装备，受到了日耳曼与凯尔特风格的影响。

东罗马的敌人

东罗马军队坚定地守卫着欧洲的东部边界，在西罗马被蛮族攻陷之后的一千年里，他们挡住了各种各样敌人的入侵。东罗马皇帝和将领们意识到，他们无法同时和每一个敌人作战，也已经得不到外部支援。西罗马已经被征服，蛮族酋长们自立为王，在西罗马的废墟上建立起一个个新王国。

东罗马的敌人拥有不同的文化背景，其战斗方式也各不相同。这些敌人包括阿瓦尔人、保加利亚人、斯拉夫人、罗斯人、诺曼人、波斯人、法兰克人与阿拉伯人。东罗马人想要战胜他们，不仅需要研究战争的艺术，还需要研究敌人的优势和弱点，了解敌人的战斗方式与战斗习惯。

为了推动研究，东罗马人编写了多部军事著作。他们不仅撰写了如何指挥和赢得战争，还提及如何在两条战线上作战，如何在特定的时间里避免作战，然后等待时机成熟，再直面最初的困难。他们总结了在沙漠、山脉与沼泽等不同地形中对抗不同敌人的方法，这与现代军队类似。现代军队会与敌人进行常规战争，但有时候也会和东罗马军队一样，与一些特殊敌人进行非常规作战。

不幸的是，东罗马的战例、编制和灵活的军事学说在现代被彻底轻视。他们的军事著作仍具有极大价值，但已经淡出主流军事学的视野。

▼公元 8 世纪—公元 9 世纪，保加利亚骑兵。这名骑兵的战袍一直延伸到大腿上部。为了增强正面保护，他在链甲外面穿了札甲。他的头盔能使刺向头部的剑偏斜，还搭配着护鼻，以及覆盖脖子和面部的链甲。他装备着曲剑、短斧和长枪。

◄公元 5 世纪—公元 6 世纪，阿瓦尔骑兵。这是一名从亚洲迁徙来的游牧弓骑兵，他戴着护膝，没有穿铠甲，也没戴头盔。他穿着长裤与齐膝高的靴子，还有一件垂到大腿中部的战袍。他的马具相当先进，马缰绳是中亚游牧部族的样式。他的弓由木头和骨头制成，其长度较短，适合在马匹高速奔跑时使用。为了拿取方便，他将弓挂在左侧的马鞍上。

阿瓦尔人

阿瓦尔人源自亚洲，最早可能是印度的游牧蛮族，后来发展为横跨欧亚的部落联盟，并参与到民族大迁徙的浪潮之中。他们与波斯帝国结盟，并于626年在波斯人的帮助下围攻君士坦丁堡。在这次围攻战中，阿瓦尔人被东罗马人击败，其威望和实力也大打折扣。此后，他们再也无法威胁东罗马，最终被东欧其他民族吸纳。

阿瓦尔人在战场上是出色的弓骑兵和重骑兵。他们本族的服装通常由裤子和长袍组成，延伸到大腿中部。阿瓦尔服装拥有独特的风格，且无疑是舒适的，适合骑兵作战。弓箭手不穿护甲，戴着钢制或铁制

▶ **公元 6 世纪，斯拉夫战士。** 斯拉夫人遍布东欧与俄罗斯地区，但这时的他们还是游牧蛮族。这名轻步兵除了佩戴一顶精良的头盔之外，没有穿护甲，而且头盔也可能是战利品。他的武器包括用于投掷的长矛与用于近战的短斧，还装备着圆盾。他没有鞋袜，但可能在下一次作战或劫掠中缴获。

◀ **公元 6 世纪，保加利亚战士。** 保加利亚人是好战的民族，若有出色的领袖，他们将是顽强而可怕的对手。保加利亚人的武器与护甲都十分精良。这名步兵穿着一直垂到大腿根部的鳞甲，携带着与突厥弯刀类似的弯剑。他的头盔非常实用，长枪也是步兵专用的。

头盔，一般是尖顶或圆顶样式。所有骑兵都携带剑和匕首，装备链甲的重骑兵还会携带长枪。

保加利亚人

保加利亚人是另外一个源自亚洲，并向欧洲迁徙的蛮族。芝诺执政时代，他们与东罗马结盟，开始在东欧定居。后来，他们在东欧和东南欧建立了自己的王国，并与东罗马作战，直到被巴西尔二世击败。

保加利亚人的武器和服装与阿瓦尔人类似，两个民族之间可能有联系，或者从一开始就结为盟友。长枪、剑、匕首和圆盾，以及钢制或铁制的头盔，都是保加利亚军队常用的装备。在10世纪或者11世纪初期之前，他们是令东罗马望而生畏的敌人。

后期的保加利亚人

随着时间的推移，保加利亚士兵采用了更加复杂的武器和盔甲，东罗马人越来越恐惧他们。保加利亚骑兵普遍使用长链甲或其他种类的铠甲，经常大规模出现在战场上。保加利亚人没有东罗马人那样整齐的编制，也没有他们那么老练，但其战斗力无疑更强一些。后来，东罗马皇帝巴西尔二世击败了保加利亚人，彻底歼灭了保加利亚军队。

斯拉夫人

斯拉夫人也是印欧语系族群，他们向西迁徙，最终定居于东欧和中欧。不过，他们并非全体迁徙到欧洲，还有一部分人留在了西伯利亚和中亚。很明显，斯拉夫人向东欧和中欧迁徙，是由于公元5世纪—公元6世纪的民族大迁徙浪潮。在此期间，他们紧跟着日耳曼人、匈人、保加利亚人和阿尔瓦人的脚步。

据东罗马的史书记载，斯拉夫部落的实力非常强大，他们将所到之处洗劫一空，使肥沃之地变为不毛之地。斯拉夫人一边迁徙，一边与其他部族战斗。毫无疑问，他们在战斗时依赖自己与生俱来的机动性。他们的武器与盔甲，类似保加利亚人和阿瓦尔人。

雇佣兵

阿拉伯战士并不都在哈里发军队之内，也不一定在萨拉丁军队以及最终征服君士坦丁堡的奥斯曼军队之内。阿拉伯战士可能受雇于西欧或本地封建领主，还有很多人为东罗马帝国作战。

◀公元 8 世纪，突厥弓骑兵。突厥弓骑兵似乎有着完备的护甲，这名弓箭手的武器与护甲几乎是中国式的。从外观上看，他绝不是轻骑兵，而是铁甲重骑兵。他还装备着源自东方的强力复合弓。他同时穿着链甲和鳞甲，其盔甲对弓骑兵来说太沉重了。他的链甲一直延伸到脚踝，甲袖则从前臂一直延伸到手腕。他的头盔没有护鼻，头盔顶部的羽饰既是装饰，也是部队识别标志。

▶公元 8 世纪，阿拉伯雇佣兵。东罗马在公元 7 世纪以后遇到的阿拉伯人不是统一的整体，他们当中还包括一部分突厥人，使用相同的武器和护甲。他们可能隶属于不同的哈里发和彼此敌视的王朝，经常爆发内部冲突。在争权夺利的过程中，很多士兵最终会为东罗马人而战。画中的这个士兵穿着鳞甲和链甲，其上身被保护得很好。头盔搭配链甲，可以全方位保护头部和颈部，这是东方盔甲的常见组合。他的裤子扎在绑腿里面，上面有装饰图案，也许是刺绣。

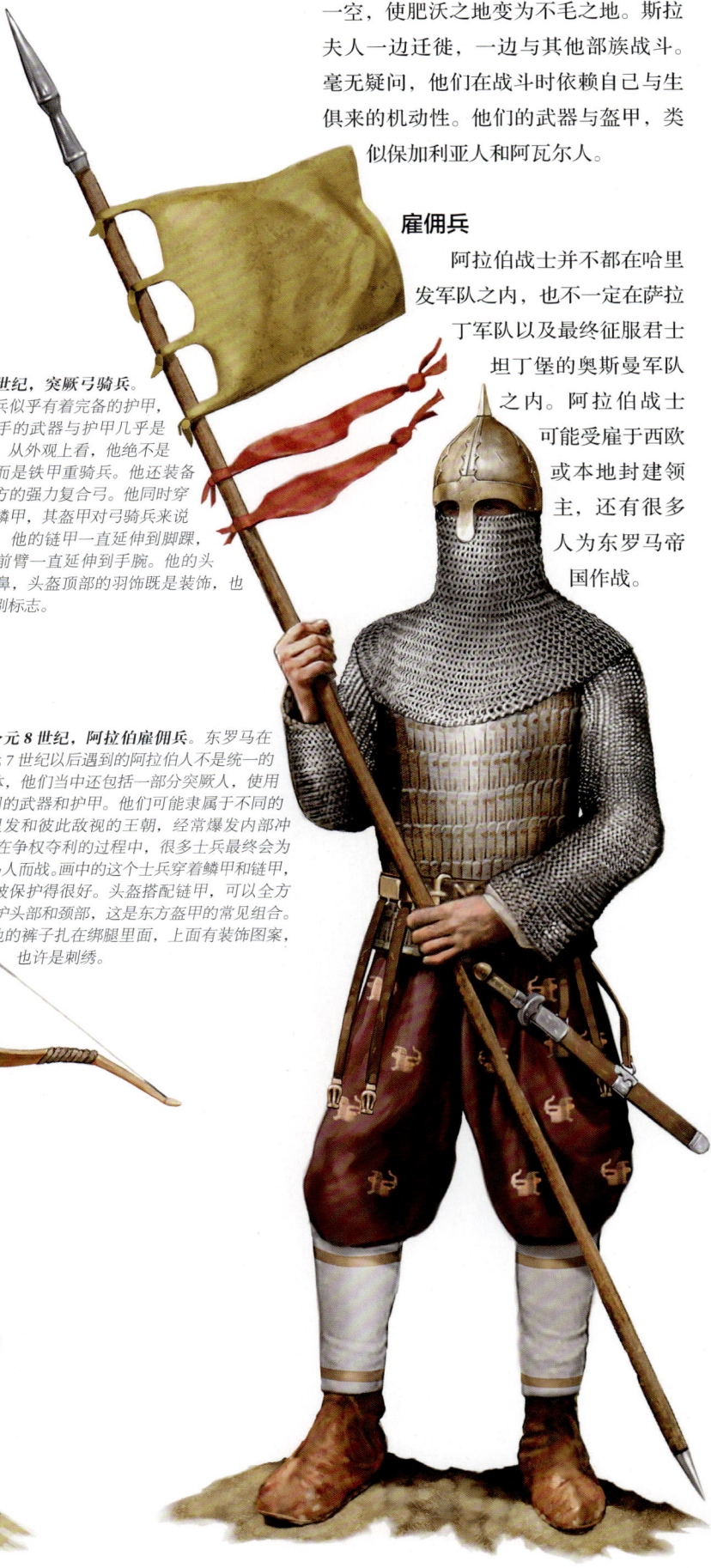

一般来说，在7至8世纪，阿拉伯人的装备都很相似。他们使用链甲、鳞甲与札甲，还戴着保护小腿的胫甲，就像东罗马人那样。另外，他们还装备着钢制或铁制的头盔。他们的武器包括：长枪、刀（通常是短弯刀，而不是欧洲人使用的阔剑或长剑）和匕首。

盔甲下面的衣服通常很舒适，也许会装饰着彩色的刺绣。他们会在头盔之下戴兜帽，这在盔甲精良的骑兵中很普遍。

突厥人

突厥人源自中亚和西伯利亚。他们非常好战，向西方和南方迁徙，建立了两个大帝国。其中一个最终发展为横跨欧洲、小亚细亚和中东的奥斯曼帝国，另外一个最终发展为印度的莫卧儿帝国。第二个帝国由"跛子"帖木儿创立，对东罗马的影响很小，甚至可以认为完全没有影响。第二个帝国持续了7个世纪，以繁荣的文明、丰富的文化与高效的统治而闻名。帖木儿与其继承者巴布尔（Babur）都是出色的军人，他们将莫卧儿帝国扩张到印度次大陆之外。

从亚洲腹地迁徙而来的突厥人定居在中东，成为西欧军队与东罗马帝国的敌人。最终，他们征服了君士坦丁堡，并将其定为首都。这是亚洲军队的第二波进攻，突厥人已然超越自己的前辈阿拉伯人。

突厥骑兵的盔甲一般是类似长外套的鳞甲与札甲。有时候，他们还会在内层穿上链甲，并在头盔里面戴链甲罩帽。他们使用东方游牧民族的武器，包括曲剑、弯刀、匕首、盾牌和长枪。有趣的是，一些突厥弓骑兵也披重甲，只是不拿长枪。一些钢制或铁制头盔上还有羽饰，正如共和国时代的罗马军团那样。

波斯人

无论哪个王朝的波斯人，都在作战中使用轻甲的弓骑兵。他们除了弓箭之外，还带着某种样式的长枪用于近战，也可能用于自卫。他们能在马上紧握长枪，并精准地射箭，这简直不可思议，特别是在6至7世纪引入马镫之前。这些来自亚洲的骑兵在铠甲外面罩着长外套，其样式类似于欧洲骑士发明的铠甲外衣。这种外衣色彩斑斓，使用了大量的装饰图案，但不知这些图案是否是个人或者部族的标志。

萨珊帝国在与东罗马持续不断的战争中耗费巨大，最终在战场上败于希拉克略皇帝。两个帝国都不知道的是，阿拉伯人第一次征服浪潮即将到来，萨珊帝国没能在波涛中幸存。阿拉伯人在

▶ **公元8世纪，突厥重骑兵。** 突厥人，尤其是塞尔柱突厥人，是好战的游牧蛮族，总是无差别地在波斯和东罗马土地上烧杀抢掠。这名突厥骑兵属于具装骑兵，与东罗马铁甲重骑兵非常类似。就是这样的军队击败了阿拉伯帝国的哈里发，成为东方世界的支配力量。这些骑兵要么穿鳞甲，要么穿札甲。两种铠甲的防护力差不多，从肩膀一直延伸到小腿中部。他的头盔是这个时期的典型样式，上面的羽饰可以追溯到罗马共和国时期。他的坐骑全身披挂札甲，头部还配有铁制面甲。

▲ 732年，10月10日，图尔战役结束之日。这次战役的交战双方是绰号"铁锤"的查理·马特率领的法兰克人与北非的摩尔人，这是从古到今最具决定性的战役之一。

新哈里发的领导下，夺取了萨珊帝国的大部分领土。

法兰克人

法兰克人是西欧蛮族，在西罗马帝国的废墟中建立了家园。他们不是骑兵，但通常会骑马去战斗，然后徒步作战。732年，墨洛温（Merovingian）王朝的宫相查理·马特，率军在图尔之战中击败了入侵法国的摩尔人（Moors）。

7世纪，阿拉伯人的征服战争开始，他们从阿拉伯半岛向北面和西面进攻。这股东方的新势力发起进攻之际，东罗马帝国并不是唯一毫无防备的国家。当时，希拉克略皇帝刚刚战胜了萨珊帝国，无法召集足够的抵抗力量。东罗马人相继与阿拉伯人、塞尔柱突厥人和奥斯曼人作战，直到1453年帝国陷落。

阿拉伯大军向西横扫北非，将东罗马帝国的北非领土全部吞并，一直延伸到直布罗陀海峡。这个被称为摩尔人的北非民族，穿过海格力斯之柱，攻入西班牙，征服了这个半岛的大部分地区，在那里建立了帝国。732年，摩尔大军越过比利牛斯山，进入法兰克领土，一直

◀大约公元500年，萨珊弓骑兵。萨珊人和罗马人一样，最终将重骑兵作为主要进攻兵种，这和帕提亚人将弓骑兵作为主力的做法不同。弓骑兵使用轻型装备，仍旧是萨珊军队的一部分。直至7世纪被阿拉伯人打垮时，他们依然是充满战斗力的部队。

深入到法国南部的普瓦捷（Poitiers），靠近图尔的地区。

好战的法兰克人，和他们的东罗马兄弟一样，联合起来应对这个新威胁。他们在法兰克王国的实际掌权者查理·马特的带领下与摩尔人交战，并在图尔之战中大获全胜。摩尔人退回西班牙，再也没有集结大军越过比利牛斯山。他们将在西班牙继续与当地人作战，直至1492年被逐出西班牙。

法兰克人的武器和服装，与这一时期西欧其他民族的战士基本相同。他们最喜爱的武器是长柄双手斧、阔剑和圆木盾。他们一般穿链甲，戴着铁制或钢制的头盔。此外，许多人还带着匕首用于近战（或吃饭）。他们的腿部不穿护甲，而是穿着这个时期常见的衣服。

▼公元8世纪，亚洲骑兵。这个阿拉伯骑兵在盔甲外面穿着五颜六色的大衣，上面有漂亮的刺绣，其装备和东罗马骑兵类似。值得特别关注的是，他带着一把铁锤。

◀大约公元700年，法兰克战士。公元732年，查理·马特率领法兰克人击败了入侵法兰西的摩尔人。他们是身穿铠甲的步兵，会骑马到达战场，然后下马徒步作战。东罗马人曾遭遇这些顽强的西方战士，这一时期东罗马人的战争艺术要比法兰克人高明得多。这个步兵穿着标准样式的链甲，戴着日耳曼式头盔，其装备是8世纪的西欧风格。值得注意的是，他们还会携带稍小一些的刀具，这可能是用来切割食物的，也可能是武器。他们打着绑腿，从膝盖一直延伸到脚踝。

东罗马的再征服

6世纪时，东罗马人开始试图夺回西罗马帝国的故土。这一行动在查士丁尼皇帝时代，在两位最著名的将军贝利撒留和纳尔西斯的指挥下达到高潮。虽然查士丁尼的那位坚强而能干的皇后狄奥多拉在治国方面给了他很大的帮助，但对这两位将领始终怀有猜忌之心，经常左右查士丁尼的判断。

贝利撒留的战争

贝利撒留是东罗马帝国最富有才能的将军之一，常被称为"最后的罗马将军"，但这并不准确，也反映出对东罗马人的不了解。贝利撒留可能是效命于东罗马帝国的将军里最有才能的，不过几个世纪以来，所有东罗马将军都算罗马人，他们也自认为是罗马人。贝利撒留遭到查士丁尼不公正的责难，其建功立业之路因此受阻，但他依然保持着忠诚。

533年，贝利撒留先是在与萨珊人的5年战争中取胜，又镇压了反对查士丁尼的暴动，接着被派去对付汪达尔王国。他成功为东罗马收复了迦太基，并因此获得了在君士坦丁堡举行凯旋式的奖赏。此后，贝利撒留率军进攻意大利的东哥特

▶ **公元4世纪，罗马步兵。** 这一时期，东、西罗马步兵的装备是相同的，所以这就是公元378年阿德里安堡之战中罗马步兵的样子。在此之后，西罗马军队还是如此着装，东罗马军队开始改变。他的链甲比罗马人过去装备的长，且没有袖子，这是不同寻常的。他的盾牌不再是矩形，而是椭圆形。他只装备了一杆长矛，用于近战戳刺。为了防止盔甲擦伤，他脖子上戴着围巾。

◀ **法维乌斯·贝利撒留（500—565年）。** 这幅画改编自马赛克镶嵌画，描绘了伟大的贝利撒留，画中的他穿着宫廷服装。贝利撒留有时被称为"最后的罗马将军"，事实上还有很多罗马将军取得了类似的成就。画中的他没有穿盔甲，但作为军队指挥官，他在战场上肯定会穿盔甲，且会选择容易被部下识别的着装。这把沉重的阔剑，与君士坦丁大帝佩戴的类似。

王国。536年，他成功夺取那不勒斯，然后又夺取了罗马。一年后，他在罗马抵挡了哥特人的进攻，然后向北攻占梅迪奥兰姆（Mediolanum），以及东哥特首都拉文纳。不久之后，东哥特人提出拥立贝利撒留当皇帝。贝利撒留假意接受，带着自己的部队进入了拉文纳，但他进城之后就宣布以查士丁尼的名义占领这

座城市。不幸的是，这一诡计增强了查士丁尼的疑心。东罗马皇帝立刻派遣贝利撒留到叙利亚去，贝利撒留只得与敌人停战，草草结束了这次战役。等到贝利撒留重返意大利之时，东哥特人已经夺回包括罗马在内的意大利大部分地区。由于皇帝的猜疑，贝利撒留的部队缺乏补给和援军，因此他的第二次意大利战役未能获胜。查士丁尼用纳尔西斯换掉了贝利撒留，纳尔西斯也拥有出色的军

事才能。在皇帝的支持下，纳尔西斯取得了最终的胜利。公元559年，贝利撒留被短暂召回，但他实际上已经退休。贝利撒留在自己的最后战役中击败了库提吾尔人（Kutrigurs）和保加利亚人。

史学家在研究贝利撒留及其战役的时候，有一点是非常幸运的，因为

贝利撒留经常带着自己的编年史作家，也就是东罗马历史学家普罗科皮乌斯，此人是贝利撒留的秘书。作为与贝利撒留同时代的人，普罗科皮乌斯得到了这位东罗马将军的信任，在相当长的时间里以清晰的语言记载了这段历史。普罗科皮乌斯写下了自己目睹的事件，其作品极具史料价值，对研究这一时期的东罗马军队有很大帮助。

◀公元5世纪，铁甲重骑兵。在西罗马灭亡之前，罗马人已经从早期波斯人那里见识了铁甲重骑兵的威力。但是，这一兵种还需要一段时间才能成为东罗马帝国的主要战争武器。早期铁甲重骑兵穿着延伸至膝盖的链甲，还戴着链甲罩帽，但不戴头盔。他的战马全身披甲，甚至包括眼部。他装备着常见的长枪，这种武器为冲锋而设计。此时，马镫尚未引入欧洲，骑手的平衡完全依赖于腿部肌肉与灵巧性。

东罗马军队的军事面貌

当贝利撒留、纳尔西斯和其他罗马指挥官征服西罗马帝国故地之时，这支东罗马职业军队由本土士兵组成，他们在帝国初期以寡击众，几乎战无不胜。雇佣兵也是军队的一部分，并且忠于付给他们钱的指挥官，而不是皇帝和中央政府，这可能也是查士丁尼猜疑贝利撒留的原因之一。

再征服时代的东罗马步兵，和西罗马帝国末期的步兵看起来非常相似。不过，步兵不再是军队主力，骑兵已经取代了他们的地位。在东方遭遇重骑兵敌人之后，东罗马也组建了自己的铁甲重骑兵部队。随着时间的推移，东罗马军队的主力从步兵转变为骑兵。此外，东罗马帝国还效仿东方民族组建了弓骑兵部队，以配合铁甲重骑兵作战。重骑兵与轻骑兵相辅相成，是东罗马向西方进行再征服的主要力量。

东罗马骑兵

到4世纪时，铁甲重骑兵已经被引入东罗马帝国。这种骑兵比此前的罗马骑兵穿着更厚重的盔甲，虽然他们还不是东罗马之后发展出的那种能左右战局的重骑兵，但已然是罗马军队从步兵军队向骑兵军队转变的开始。

此时的铁甲重骑兵在东罗马军队中越来越重要，而且其外表越来越东方化而不是西方化。正如上文所述，全套护甲越来越普遍，包括链甲、札甲与鳞甲。随着新式盔甲的发展，武器也在演化。东罗马士兵在身体左侧佩戴两把剑，一

◀公元6世纪—公元7世纪，色雷斯骑兵。这是中型的地方骑兵。三种东罗马骑兵，不仅武器和盔甲不同，其马匹的体型也有差别。中型骑兵的马匹，介于弓骑兵那种小而敏捷的战马与铁甲重骑兵的大型战马之间。这位东罗马骑兵类似于后来的龙骑兵，除非必须徒步作战，否则他不会下马。

把是长剑，另一把较短，且稍有弯曲。部分铁甲重骑兵偏爱使用战锤，但长枪仍旧是他们的主要进攻武器。有些文献声称，铁甲重骑兵会同时装备长枪与弓箭，就像突厥重骑兵那样。但这似乎是一种不准确的估计，东罗马骑兵部队里肯定有专门的弓骑兵。

东罗马军队还发展出一种中型骑兵，既不是弓骑兵，也不是铁甲重骑兵。这种骑兵能与其他骑兵进行近战，还能执行铁甲重骑兵无法适应的任务，并与弓骑兵协同作战。

新结构

贝利撒留等东罗马将军率领军队重新征服了西罗马帝国的大部分故土（包括意大利、北非和西班牙部分地区），这支军队并不是后来那种典型的东罗马军队。虽然帝国边境线上招募、训练和部署的本土士兵一直在增加，但东罗马人依然使用了大批雇佣军。

东罗马步兵的基本编制被称为"达格马"，骑兵的基本编制被称作努麦里（numera）。达格马是营级单位，兵力在300人到400人之间。两支或者更多的"达格马"组成现代人称之为旅的单位，名叫"莫伊拉"（moira）。"莫伊拉"再进行整合，至少两个莫伊拉组成"美罗斯"（meros），也就是现代人称之为师的单位。至少两个美罗斯组成一支军队。

东罗马有五种部队：禁卫军、野战军、边防军、同盟军和雇佣军。禁卫军组建于君士坦丁堡，既负责保卫皇宫，也是应对紧急情况的中央预备队。戴克里先时代重组的军团的名称，此时依然在使用。野战军是东罗马正规军，主要从帝国的本土省招募，贝利撒留麾下的希腊重骑兵就属于野战军。

▲公元6世纪—公元7世纪，禁卫军步兵。东罗马人对带有"禁卫军"称号的部队的态度有些奇怪。在帝国的鼎盛时代，东罗马军队的主力是在小亚细亚当地招募的本土士兵，以及在巴尔干半岛招募的欧洲士兵。禁卫军通常从蛮族佣兵中招募，这种体系对东罗马人来说效果很好。他的盔甲穿在战袍里面，战袍一直垂到膝盖。这是一种札甲，轻便而坚固。他背着自己的盾牌，这是一种非常舒适的携带盾牌的方式，方便随时取用。他小腿上戴着胫甲，下面还有护垫，这是对腿部最好的防护。

▶公元6世纪，铁甲重骑兵。东罗马骑兵在这个时期无疑保留着罗马式外观，但他们已经开始朝着真正能以冲锋"横扫战场"的重骑兵方向演变。这种长链甲的下摆开叉，以便士兵骑马，这似乎是东罗马的改进。另外，他的头盔上有彩色盔缨，这是他所在部队的标志。这位铁甲重骑兵兼有重骑兵和弓骑兵的武器。通常而言，铁甲重骑兵会把弓放在腰带的保护套里，但有时他们会将弓放在马鞍上，腰带上只挂着箭袋。

和戴克里先时代一样，边防军仍然驻扎在帝国的边界。东罗马同盟军一般为骑兵，从居住在帝国境内或帝国周边的各式各样的蛮族中招募。通常来说，同盟军的军官是东罗马人，而士兵都是蛮族志愿兵。

这一时期的东罗马军队经常使用同盟军，正如昔日的罗马帝国那样。这些蛮族骑兵十分好战，在战场上能够辅助东罗马本土军队。他们如果表现优秀，就能获得土地。

最后一种是雇佣军，也就是东罗马将军的私人军队，由将军自己支付军饷，从忠于将军个人的士兵中招募。他们一般是骑兵，负责东罗马将军的个人安全，也经常守卫辎重，还在紧急情况下成为战场上的预备队。

再征服的土地

东罗马人同时也在东方进行再征服战争，特别是在叙利亚和巴勒斯坦，也就是西方称之为圣地的地区。东罗马的戎服根据地形和气候而变化，至少在行

▶ **公元 6 世纪—公元 7 世纪，亚美尼亚贵族**。亚美尼亚是小亚细亚的一个地区，这里的战争至少持续到 1071 年的曼齐克特之战。这些贵族可能会亲自率军参战，也可能会派遣属下去执行战斗任务。这幅画展现了当时亚美尼亚贵族典型的行军装束。

◀ **公元 7 世纪，东罗马高级军官**。东罗马高级军官可能穿着这种服装，或者像贝利撒留那样在闲暇时光穿宫廷服装。这种长及脚踝的战袍非常华美，展现出军官的地位，而且穿起来十分舒适。

▼ **公元 7 世纪，高级官员的装备**。东罗马高级军官的武器和盔甲，与他麾下的官兵类似，但做工更好，也更加精美。1. 穿在链甲外面的战袍。腰间有两把骑兵剑，这是铁甲重骑兵的佩剑方式。2. 外层护甲。3. 马甲，保护了马匹的头与脖子。5. 重骑兵头盔。4、6. 中型骑兵与弓骑兵戴的两种头盔。

军时会有所改变。士兵的衣服通常很舒适，也许是亚麻布的。在严寒的冬季，他们也会穿棉衣。有些高级军官在战斗中穿戴盔甲，而在平时穿着昔日罗马保民官或元老院议员样式的便装。

东罗马骑兵，特别是来自亚洲地区的中型骑兵，习惯于轻装上阵。当战斗迫在眉睫之时，他们可以穿任何种类的盔甲参战。在伏击战或突然发生的小型战斗中，他们会处于劣势。不过，东罗马人对所有敌人进行了深入研究，其军队高度职业化。即使是一支仅有少量护甲的东罗马部队，

也可以在战斗中取得胜利。

东罗马步兵训练有素，装备着精良的武器和盔甲。他们不仅组织完善，而且指挥有方，在战场上是骑兵的辅助，也是东罗马军队"坚实的肩膀"，使东罗马骑兵——弓骑兵、铁甲重骑兵和中型骑兵——能够将战斗力发挥到极致。不过，即使在西线的战役中，步兵也不是军队最重要的部分。

指挥官和军队

东罗马高级军官可能是贵族，而中下级军官可以通过出色的战功与上级的欣赏获得晋升。无论是在战场上，还是在休假时，军官和贵族都会穿着舒适而精美的服饰。相比普通士兵，他们的武器也更好。

这一时期，东罗马军队的规模一般较小，通常每支部队的兵力为15000人至25000人。东罗马军队最主要的进攻力量是骑兵，但他们的人数通常不到整支东罗马军队的一半。贝利撒留和纳尔西斯率领这样的小规模军队，先后击败了哥特人、汪达尔人和波斯人，收复了广阔的地区。

贝利撒留在北非用兵如神，不仅摧毁了汪达尔王国，还成功将汪达尔人同化，这个民族就此从历史上消失。

再征服时代的东罗马军队，并不是

▲公元7世纪，骑兵。通常来说，只有弓骑兵在战场上不穿护甲。图中的东罗马骑兵穿着便装，也可能是宿营时的服装。这种服饰精美而暖和，是典型的罗马风格。

◀公元6世纪—公元8世纪，重甲步兵。这幅图展示了东罗马步兵斗篷的穿法，以及佩剑的方式。这把剑是相当古老的骑兵长剑的改进型，士兵就算穿着斗篷，也可以随时将它拔出来。值得注意的是，这幅图还展示了盾牌的背面。

此后那种组织完善、训练有素的战争机器。他们是一支由本土士兵与冷酷的雇佣军组成的军队，正处在变化发展时期。此外，他们还拥有许多军事才能出众的优秀将领。正是这支军队和这些统帅，使东罗马帝国在这个纷乱的年代生存下来，并逐渐走向繁荣。

保卫帝国

东罗马帝国与其敌人相比是很富足的,但其资源并非无穷无尽。当政治局势动荡之时,帝国的财政会出现亏空。得不到军饷的部队常发生暴乱,无论是雇佣军还是本土的军队都会如此。就像昔日的罗马帝国那样,部分军队根据好恶而擅自废立皇帝。各个对帝位有野心的人,也会在相互敌视的势力的支持下进行内战,这是帝国真正的危险。

东罗马帝国面临着种种麻烦,要么在进行战争,要么在准备战争。这个帝国被敌人或潜在的敌人觊觎,总是四面受敌。因此,帝国必须以战争求生存,有时可能同时在数条战线上面对不止一个敌人。

帝国时代的服装

东罗马皇帝的日常服装非常华丽,不仅有着丰富的刺绣,还镶嵌着黄金和宝石等装饰品。东罗马官僚与宫廷人员的穿着打扮,主要是为了显示他们的身份。这些服饰非常昂贵,是国家资源的负担。

旗帜

东罗马军队也使用龙旗,这无疑继承自西罗马帝国,也被其他民族广泛使用。在每一次交战中,旗手都是敌人的目标,因为夺得敌军旗帜会获得奖赏和晋升。同样,在战斗中丢失军旗的军队,除非为了保护军旗全体战死,否则就是帝国的耻辱。

◀公元6世纪,东罗马旗手。东罗马人仍旧使用龙旗,这位步兵的武器和护甲,皆是这一时期的典型风格。值得注意的是盾牌上的图案,这是"君士坦丁的标志"。公元312年,在米尔维亚桥之战中,君士坦丁击败了与他争夺帝位的马克森提乌斯。此战之后,君士坦丁采纳了这一标志,作为自己的旗帜图案与个人徽章。

▶公元6世纪—公元9世纪,这位服饰华美的东罗马皇帝,可能是穿着宫廷盛装的查士丁尼一世。他的威严装束,使臣民备受鼓舞,也让敌人充满敬畏。这一时期,东罗马的官方语言依然是拉丁语,拉丁文化对帝国的影响依然很大。后来,希腊语和希腊文化开始占据主导地位,但帝国的统治者们仍然自认为是罗马人。

7—11世纪的东罗马军区
（根据军区建立的时间排列，建立年份写在了括号里）

7世纪	8世纪	9世纪	10世纪	11世纪
亚美尼亚 (668)	西西里 (700)	马其顿 (802)	萨摩斯 （Samos）(900)	保加利亚 (1014)
		凯法利尼亚 （Cepohellenia）(809)	尼哥波立 （Nicopolis）(900)	塞尔曼 （Sirmium）(1020)
安纳托利亚 (670)	西瓦拉瑞特 （Cibyrrhaeots）(720)	伯罗奔尼撒 (811)	美索不达米亚 (911)	
色雷斯 (680)	克里特 (767)	帕夫拉戈尼亚 （Paphlogonia）(820)	赖根多斯 （Lykandos）(916)	
奥西里安（Opsician） (680)	布切拉里亚 （Bucellaria）(768)	卡帕多西亚 (830)	塞琉古 (934)	
			塞浦路斯 (965)	
色雷斯西安斯 （Tharesians）(687)	奥普蒂马特斯 （Optimates）(775)	克利马塔 （Klimata）(833)		
塞萨洛尼基 (690)		迦勒底 （Chaldea）(840)	塞巴斯蒂亚 （Sebasteia）(911)	
希腊 (690)		科洛尼亚 （Koloneia）(863)		
		斯特律蒙 （Strymon）(840)		
		都拉基乌姆 （Dyrrhachium）(842)		
		爱琴海 (840)		
		沙尔西亚农 （Charsiannon）(863)		
		达尔马提亚 (899)		
		隆戈巴尔迪亚 （Longobardia）(892)		

◀**公元6世纪，步兵**。这幅画中的士兵与右图士兵是同一时期的，但二者看起来截然不同。他的武器与盔甲，是西罗马帝国灭亡之时军队的普遍装备。不过，相比旧时的罗马军团士兵，他的战袍更长，与11—13世纪的西欧骑士盔甲外衣差不多。

▶**公元6世纪，步兵**。这是一名贝利撒留时代的步兵，举着宗教旗帜。东罗马人非常虔诚，甚至常在军事著作中提及上帝。这名步兵戴的帽子，类似于1789年法国革命军的"弗里吉亚"帽。

东罗马军队的轻步兵，和他们的西罗马前辈一样，在战斗中使用轻型装备，只携带盾牌和兵器。这一时期，东罗马军队已经不戴马鬃盔缨，各支部队通过不同的羽饰互相区别。

▼**公元6世纪—公元7世纪，东罗马军官。**这名步兵军官率领下徒步作战，他的装备和士兵们一模一样，但有些特定的武器装备，比如图中的头盔，在细节上更为精美。他的盾牌上的标志很有意思，可能是个人标志，也可能是部队或者宗教标志。

10世纪的军区

下面的图表中展示了10世纪时，东罗马使用的典型军区军事架构。东罗马军区的满编状态下应有9600人的兵力。

名称	兵力	下属机构	指挥官
军区	9600	4个师	军区将军
师	2400	6个大队	师长
大队	400	2个旗队	大队长
旗队	200	2个百人队	旗队长
百人队	100	10个十人队	百夫长
十人队	10	2个小队	十人队长
前卫	5	无	前卫队长
后卫	4	无	后卫队长

军区

7世纪上半叶的军事变革，对东罗马的命运产生了很大影响。戴克里先建立的旧罗马行省被废除，取而代之的是东罗马特有的新行省。新行省制度充满军事色彩，围绕着军事组织建立起来。新行省被称为"军区"，这个词语不仅意味着领土本身，还表示本地区的军事组织。

因此，每个军区的指挥官都是行省的总督。各个军区的组织方式都不相同，其军事力量也不一样，以此迷惑敌人的情报工作。东罗马在小亚细亚设立了6个军区，在帝国的欧洲部分也设立了6个军区。随着帝国的扩张，中央政府又建立了新军区。最初的军区是亚美尼亚、安纳托利亚、奥西里安、色雷斯和卡拉比斯海军军区，后者在8世纪时将西瓦拉瑞特也包括了进去。东罗马为了维持其海上势力，还在小亚细亚沿岸建立了海军军区。

▶**公元7世纪，东罗马弓骑兵。**东方敌人对东罗马帝国的影响体现在弓骑兵上。这样的盔甲显然受到东方民族的影响，他的战袍也是如此。

东罗马指挥官

战场上的东罗马指挥官，可以穿他们选择的任何盔甲，携带他们自行挑选的武器。指挥这样一支以骑兵为核心的军队，指挥官必须骑马才行，且还得穿着醒目，以便士兵识别。例如阿历克塞一世皇帝，他像铁甲骑兵一样装备，还在必要时参加战斗。东罗马统帅和各级军官一样，必须要有能力自卫。另外，军官们如果想要赢得部队的尊敬，必须是优秀的领导者和才能出众的战术家。

弓骑兵

7—公元9世纪期间的东罗马弓骑兵身穿作为衬垫的战袍，具有一定的防护效果。当然，他的主要防御手段是机动性和充足的训练。他的战马不穿护甲，通常从耐力和速度皆优的马匹中挑选，一般来说较为顽强，体型也更小。

中型骑兵

这一时期的东罗马中型骑兵，已经发展成为一种野战兵种。他们的马比弓骑兵的大，比铁甲重骑兵的小。马匹披着轻型护甲以防御敌人的投射武器，而骑手也装备着铁盔与护甲。骑兵们的武器包括剑、匕首、长枪和盾牌。他们接受了与其他兵种协同作战的训练，擅长在战场上配合步兵和其他骑兵。

步骑协同

东罗马战术的基础是军队的两个主要兵种，即步兵和骑兵之间的合作。步兵在战斗中组成屏障，骑兵可以借此获得保护。如果东罗马人与骑兵数量超过自己的敌军交战，这一点就尤其重要了。步兵部队的战斗队形之间留有间隙，使骑兵可以向前移动，也可以利用空隙返回，进行再次集结。当敌军主力是步兵时，东罗马军队作战的方式就不一定是这样了。但两个兵种之间的合作，仍旧是取得胜利的关键。

三种骑兵之间的协同也很重要。铁甲重骑兵是制胜的兵种，如果在恰当的时机出动，他们就能横扫战场。铁甲重骑兵训练有素、指挥有方，很少有军队能抵挡他们的强力冲锋。中型骑兵是用作快速支援的预备兵种，他们的武器和盔甲比铁甲重骑兵轻便，但在必要的时候也可以进行大规模冲锋，这一点非常关键。中型骑兵的机动性比重骑兵更强，他们在战场上能够对阵形变化的命令做出更快的反应。

▶ 公元7世纪—公元8世纪，铁甲具装骑兵。铁甲具装骑兵的所有方面都很像铁甲重骑兵，这两个术语实际上就是同义词，至少在描述东罗马骑兵的时候是如此。这种骑兵被认为是东罗马重骑兵的终极形态。他配备有全套的武器和盔甲，并做好了战斗准备。他的战马也披着全副马甲。他的长枪上飘着三角旗，颜色和盔缨相同，通过这两处装饰可以识别出他所在的部队，也许还能知道他的指挥官。他的盾牌是希腊风格，展现出希腊对东罗马的影响。

罗马弓骑兵的技能像他们的敌人那样娴熟。他们的职责是削弱敌人的防御，为中型骑兵和重骑兵寻找可以进攻的突破口。另外，他们还能在重骑兵撤退或溃败时提供掩护，牵制追击的敌军，直至重骑兵和中型骑兵重新集结并再次投入战斗。

"保加利亚屠夫"巴西尔

9世纪晚期和10世纪初期是皇帝巴西尔二世统治时期（957—1025年），他以"保加利亚屠夫"的绰号而闻名。此时，帝国面临着最危险的敌人，也就是阿拉伯人的威胁。阿拉伯人成功地占领了东罗马大片领土，但被巴西尔二世击败。巴西尔的事业最初遇到了困难，但他从失败中吸取了经验教训，成为东罗马最优秀的皇帝和统帅之一。在他统治末期的1025年，东罗马的国力达到了自查士丁尼一世以来的巅峰。

保加利亚人再次入侵帝国，巴西尔亲自率军抵抗。1014年，巴西尔在克莱迪奥之战中彻底击败保加利亚人，俘虏了大部分敌人。据说，巴西尔将所有俘虏（至少14000人）分组，每100人编成一组，给每组中的一个人留一只完好的眼睛，其余人则全部刺瞎，让那个独眼的人带其他人回家。保加利亚国王在看到其军队的残部之后，大为震惊，以至于立即倒地身亡。巴西尔征服了保加利亚人，为东罗马帝国赢得了暂时的喘息时间。不过，他们与保加利亚人的冲突，还将在接下来的数个世纪里持续。

◀**公元10世纪，帝国步兵**。这是一名装备精良的重步兵，是旧罗马军团的遗产。虽然他们不是东罗马军队的主力，但依然是军队的基石，有着自己的作战风格。与骑兵一样，他们的招募和训练都非常谨慎。通过他们头盔上的彩色盔缨，可以识别其所属部队。双手斧不是罗马人的传统武器，而是从瓦兰吉禁卫军的兵源所在地借鉴而来的。

▶**公元9世纪，多瑙河军团的军官**。罗马必须如保卫东部边境一样，小心地经营和守卫多瑙河边境。守卫河流有时比守卫开阔的平原或沙漠更容易，但却是同样的危险。可以通过军官们华美的衣服、盔甲、武器与军用斗篷识别出他们的身份。这名军官的武器和盔甲都是这一时期的典型。他的武器包括单手斧和匕首，匕首的鞘悬挂在腰带上。

巴西尔二世经常穿着精美的皇帝服装出现在战场上，其装备是用最昂贵的材料制成的。毫无疑问，如此装束的巴西尔，很容易被自己麾下的官兵认出来。巴西尔二世是一位真正的军人皇帝，他取得的成就很快被继任者挥霍一空。他的统治同时体现了东罗马政治制度的优势和劣势，帝国非常依赖统治者的性格。

无论他坚强的个人品质，还是他精明的治国手腕，都无法弥补帝国专制制度的内在弱点。

帝国的巅峰

巴西尔军队的步兵穿着与弓骑兵一样的棉外套，但不戴头盔，而是戴包裹头巾的尖顶帽。他们穿着牛皮高筒靴，把裤脚塞进里面。长枪更像是标枪，而不是长矛。步兵在防御时，会排成类似旧希腊方阵的密集队形来支援骑兵。他们穿札甲或鳞甲这样的重甲，装备剑和匕首（那些使用长矛的步兵也会如此），还会携带战斧。

在帝国东部作战时，东罗马组建了配备轻型武器盔甲的骑兵部队，他们在战场内外出没。这些非职业军人是颇有价值的情报搜集军队，能对敌人的袭击做出早期预警。

帝国的禁卫军是另外一种形式的铁甲重骑兵，以类似的方式配备了武器与盔甲。他们不是隶属于军区，而是作为预备队驻扎在君士坦丁堡及其周围。他们效忠于皇帝，在战场上跟随皇帝行动。

◀ **公元 9 世纪，帝国禁卫军。** 这名东罗马士兵的服饰有东方风格，外观却是西方式。这就是驻扎在首都君士坦丁堡及其附近地区的禁卫军的形象。帝国禁卫军会支援驻扎在军区的各支部队，并在首都面临威胁的时候执行防御任务。

▲ **"保加利亚屠夫"巴西尔（958—1025 年）。** 在 1071 年曼齐克特灾难之前，巴西尔二世是东罗马帝国最后一位伟大的统治者。他是位才华横溢的统帅，终结了保加利亚人的威胁，收复了很多失地。只有 12 世纪中兴东罗马的科穆宁王朝，才产生了与巴西尔二世比肩的统治者。图中的他身穿典礼服装，而不是作战服饰。

曼齐克特之战

巴西尔二世的继任者们并没有继承他的雄才大略，军队的战斗力也开始下降。无论任何时代，优秀的指挥官都不多。到了1068年罗曼努斯四世执政的时代，贵族遍布东罗马官僚机构，还控制了军队，对军队的素质造成了干扰。另外，东方出现了比以往更加致命的新威胁。塞尔柱突厥人曾经只是一小撮骚扰帝国东部边界的势力，但现在他们已经在阿拉伯地区掌权，并开始挑战帝国在近东地区至高无上的地位。在阿尔普·阿尔斯兰（Alps Arslan）苏丹的领导下，他们已经发展为一支侵略大军。

1071年8月的曼齐克特之战是东罗马帝国国运的转折点。训练有素而秩序井然的东罗马军队遭受失败，帝国及其军队在此之后进入衰落期。曼齐克特的东罗马军队损失惨重，就连统帅罗曼努斯四世也被俘获。然而，东罗马还是有许多军队完好无损，没有受到获胜的突厥人的干扰，完整地从战场上撤了下来。罗曼努斯后来被释放，但他的"归国"是一场灾难，引发了一系列内政问题，加之领土的丧失，使整个帝国陷入了困境。

战役过程

罗曼努斯率领军队出击，前去对付突厥人，双方于1071年8月26日在亚美尼亚要塞城镇曼齐克特对阵。罗曼努斯的某些下属摇摆不定，还有一人在战前带着部队离去，罗曼努斯不得不花费精力去应对这些事情。战斗开始后，东罗马军队占据了优势，但有些东

◀ *11世纪，步兵*。这是一幅步兵的后视图，他的帽子为头部和脖子提供了很好的保护。这就是巴西尔二世时代东罗马重步兵的形象。

▶ *11世纪，步兵*。东罗马步兵戴着不同种类的帽子，图中步兵的外观非常突厥化。这幅画是对这一时期步兵的衬垫"外衣"的绝佳描绘。长矛或长枪由一整根木头来制作，充分利用了木头的自然属性，其长度没有延长。此时的盾牌是笋形的，类似于西欧的样式，这无疑展现了西欧对东罗马的影响。

罗马贵族背信弃义，抛弃了军队与皇帝，从战场上临阵脱逃，战场局势很快发生了逆转。罗曼努斯麾下的大批军队被包围，遭受了惨重的伤亡。包括皇帝本人在内的大量官兵被俘，被迫向获胜的苏丹屈服。东罗马在亚美尼亚的权力和威望被粉碎，战败的影响波及整个小亚细亚。

▼ *11 世纪，步兵*。这幅画中的步兵戴着圆锥形铁盔，盔顶没有马鬃盔缨。值得注意的是，他的靴子厚实而舒适，是最主要的作战装备之一。

▶ *12 世纪，步兵*。这名步兵有着完备的盔甲。他身穿札甲，戴着形状有些古怪的弗里吉亚式头盔。他携带着剑盾，这套武器是专为近身肉搏准备的，而长矛对于近战来说又太长了。值得注意的是，他穿着高过膝盖的靴子，在这一时期，这种样式的靴子变得越来越普遍，不过主要还是在骑兵中流行。

战争影响

这次战败影响深远。东罗马在曼齐克特的损失非常惨重，以至于无法立即恢复实力，小亚细亚大部分地区随后都落入突厥人手中。军区的大部分制度体系从此不复存在，东罗马人数百年来使用的训练场地也被摧毁。雇佣军再次占据主导地位，成为军队的支柱，而东罗马本土士兵几乎完全被消灭。

罗曼努斯因为战败和被俘而蒙受屈辱。他返回君士坦丁堡之后，在政治斗争中被强大的多卡斯家族击败。于是，他被废黜、刺瞎和流放，而失明最终导致了他的死亡。突厥人的损失（对比他们之后遇到的战争，以及11世纪90年代后期第一次西欧军队东征时重骑兵的损失）非常之小，甚至可以完全忽略不计。东罗马的损失不仅包括被杀或被俘的官兵，还包括一落千丈的威望。

与此同时，东罗马帝国陷入为期10年的内战，军队实力就此下降，漫长的衰败过程就此开启。此后，东罗马再也没有恢复巴西尔二世时期的强盛。

总而言之，在曼齐克特之战后，东罗马帝国如果没有陷入灾难性的内战，是可以恢复过来的。直到1081年科穆宁王朝统治之时，帝国衰退的趋势才停止。内战不仅使军队实力下降，还使国家陷入混乱，突厥人得以肆意地征服和掠夺。

罗马步兵

这一时期，罗马步兵在外观上并没有改变。在曼齐克特战役之后的恢复期，军队一些旧的标准被重新引入。不过，步兵的武器和护甲依然保持不变，其编制也是如此。在曼齐克特灾难性的失败之后，阿历克塞一世皇帝小心翼翼地允许第一次东征的西欧军队越过帝国领土，并趁机收复了一些被突厥人占领的东罗马故土。

后曼齐克特时代的军队

东罗马在曼齐克特战败之后，开始和进犯的诺曼人接触。这些渴求土地的诺曼人居住在意大利南部和西西里，他们也是西欧军队东征的成员。诺曼人渴望夺取东罗马的领土，但东罗马人最终挡住了他们。

科穆宁王朝（1081—1185年）

曼齐克特之战的惨败，以及紧随而来的毁灭性的10年内战，催生了东罗马的复兴。科穆宁王朝的创立者阿历克塞一世能力出众，为其子"美男子"约翰二世打造了舞台。东罗马人很幸运，因为约翰二世也是一名杰出的统帅。

新皇帝对危险的突厥人发动了进攻，不仅夺回了曾是罗马领土的小亚细亚重要地区，还在实战中证明自己擅长攻城战。约翰二世为达到自己的目标，继续父亲的事业，重建了衰退中的罗马军队，恢复了原有的训练标准与组织编制，使东罗马军队再次成为不容小视的力量。

重建并革新的东罗马军队打赢了小亚细亚、巴尔干和埃及的战争，还在巴勒斯坦与匈牙利取得胜利。总的来说，在约翰二世与其子曼努埃尔一世的领导下，东罗马军队的素质和信心都在增长。他们收复了旧行省，进行了再征服，本土军队再一次聚集在东罗马帝国的旗帜下。

不幸的是，在1180年曼努埃尔去世后，东罗马帝国的国势急转直下。他的继任者根本无法维持这支改良军队，也没有能力保卫这个来之不易的帝国。

诺曼人

阿历克塞一世统治时期，西欧军队的东征开始了。阿历克塞一世希望西方援助东罗马，共同抵抗阿拉伯人。当西欧大军穿过东罗马帝国的领土，这位皇帝还是产生了警觉。在此期间，东罗马遇到了好战的西欧力量——诺曼人。这群令人生畏的敌人，因1066年对英格兰的入侵，被盎格鲁－撒克逊人铭记。阿历克塞对他们的提

◀ **10—11世纪，中型骑兵**。这种罗马骑兵的外表更像是中世纪西欧骑士。与铁甲重骑兵相比，他们的武器和护甲更轻，所以能更为持久地作战。而且马匹也不会很快耗尽体力而气喘吁吁。有时候，他们会被错认为是铁甲重骑兵。在弓骑兵的支援下，中型骑兵也能对敌人发动冲锋。

▶ **11—12世纪，步兵**。曼齐克特惨败之后，紧接着是10年内战，这对帝国军队的损害更大。从曼齐克特战役中逃离的军队残部，又在内战中遭受极大损失，科穆宁王朝只得重建军队。这是科穆宁王朝初期的步兵，他的装备比不上曼齐克特战役之前的军队。他携带着较大的盾牌，类似于旧时军队的风格。

◀ *11—12 世纪，科穆宁王朝军队，铁甲重骑兵。* 内战之后，科穆宁王朝重建了东罗马军队，依然使用优秀的重骑兵，但外表更加东方化。铁甲重骑兵的多层护甲在防护力方面非常出色，每一层用不同的材料制成。这种精良的护甲，几乎无法被同时代的西方武器穿透。

▶ *10—12 世纪，弓骑兵。* 几个世纪以来，弓骑兵一直是东罗马军队的中流砥柱。他们有精良的武器、护甲和坐骑，还装备着优秀的东罗马复合弓，可以在战场上与中型骑兵、铁甲重骑兵协同作战，提供机动火力支援。这一时期，这种骑兵的服装更有东方风格，而且足够轻便，兼顾机动性和防护作用。

防是可以理解的。诺曼人垂涎东罗马帝国的土地，希望在东方建立家园，就像他们在英格兰、意大利和西西里岛做的那样。1081 年，罗伯特·吉斯卡尔（Robert Guiscard）领导下的诺曼人，已经与阿历克塞多次交手。战争一直持续到 1085 年，吉斯卡尔死亡。

在此之后，东罗马收复了被诺曼人夺取的故土，但这些地方遭到远道而来的西欧军队的威胁，其中一支由罗伯特的儿子，后来被称为"安条克亲王"的博希蒙德（Bohemond）领导。阿历克塞立

即警惕起来，并做好了战争准备。随着博希蒙德继续向东行军，东罗马才度过了危机。阿历克塞因此能够去处理更紧迫的问题，与各个地区的敌人作战，努力重建帝国。

科穆宁王朝的军队

这一时期东罗马步兵的盔甲和武器，都比不上自己的前辈。此时的盾牌是筝形的，可能是受西方的影响。步兵一般只穿较少的护甲，以此保护上身。头盔的设计和功能也要简单得多。步兵的武

器包括剑、矛或者长枪。这些就是他们的全副装备。

骑兵依然是东罗马军队的主力，军队依然使用三种骑兵作战。曼齐克特战役之前，三种骑兵的外观和功能都未曾改变。但随着军队中的本土士兵减少，雇佣兵开始占据主导地位。骑兵部队开始劣化，战斗力迅速下降。

安格鲁斯王朝和旧帝国的终结
公元 1185 年—公元 1204 年

科穆宁王朝的继承者是安格鲁斯（Angelus）王朝，其统治从1185年到1204年。简而言之，他们昏庸无能。在安格鲁斯王朝的统治下，受到忽视的军队屡屡战败。在伊萨克二世与其子阿历克塞四世统治期间，帝国遭到西欧军队的侵袭，这源于西欧军队的背信弃义，尤其是威尼斯人的贪婪和背叛。

由于新王朝的昏庸无能，尤其是对海陆军队的忽视，帝国的敌人们开始蠢蠢欲动，最终实施了致命一击。

西欧军队的第四次东征非常不合时宜，他们的进攻可能仅仅冲击了东罗马人，却让帝国的其他敌人获利。

远征军骑士从海上突击君士坦丁堡，最终攻破了城墙。瓦兰吉禁卫军为保卫城市战至最后一人，但未能阻止欧洲远征军。这座城市，这个帝国随之沦陷，取而代之的是拉丁帝国。拉丁帝国仅仅延续到1261年，当时东罗马人收复了君士坦丁堡及周边地区。但损害已不可挽回，作为西欧各国抵御东方敌人的壁垒，东罗马帝国终将倒下，这只是一个时间问题。

重骑兵旗帜

除了少数例外，铁甲重骑兵部队可以说是东罗马帝国中期重骑兵的缩影。有一个点值得关注，那就是东罗马军队的重要象征——军旗，也就是带"尾巴"的织物旗帜。通常，这种骑兵旗帜有三到五个尾巴，表示对应部队的规模，而颜色则用来鉴别部队。

盾牌

这一时期的盾牌不是圆形就是筝形，且尺寸各不相同。筝形盾牌对东罗马来说是新事物，毫无疑问是与

◀ **11 世纪，骑兵。** 东罗马的中型骑兵在战斗序列中的数量，可能多于更加昂贵的铁甲重骑兵。不过，其武器和盔甲依然花费高昂，让国家难以承受。注意骑兵头盔和肩膀上的彩色马鬃羽饰，与他携带的盾牌相匹配。

▶ **10 世纪，中型骑兵。** 在对抗东方的骑兵敌人时，东罗马骑兵的效用，以及各个种类的骑兵（弓骑兵、中型骑兵和铁甲重骑兵）协同的重要性，再怎么强调也不为过。图中是一名中型骑兵，他的护甲有些不同，不过他的长枪三角旗和盔缨上依然是所在部队的颜色。有时候，骑兵的盾牌和图中所示的一样小，这样易于携带，且能更好地使用武器。

西方接触以后引入的。这种接触可能是结盟，也可能是与侵犯帝国领土的军队作战。

部队标志

头盔上的彩色盔缨和长枪上的三角旗都是部队的标志，并与旗帜颜色相对应。

这一时期，所有骑兵的盔甲无疑都是东罗马风格。由于1071年曼齐克特的灾难性战败，以及紧随而来的动荡，还有之后的10年内战中东罗马军队的重组，骑兵盔甲开始因外来影响而改变。

▼ *11—12世纪，步兵。* 这一时期的服装变得更加精致，甚至步兵服装也是如此。刺绣很常见，军队呈现出鲜明的东方风格。虽然这名步兵的武器和装备更加新式，但他依然是帝国的普通步兵。他的头盔能够对颈部进行特别保护，以抵挡剑的戳刺。

▶ *11世纪，骑兵。* 除了盔缨和长枪三角旗是部队的标志之外，每支部队还有标志旗，供指挥之用。队旗的尾巴数量，代表这支部队控制的下属部队数量，不同颜色的尾巴对应不同的下属部队。这些细长的三角旗，在混战之后或者召集战败士兵时特别有用。

阿拉伯人的威胁

亚洲各部落是东罗马最严重的威胁，正是他们最终征服了君士坦丁堡。阿拉伯人从沙漠中崛起，横扫北非并攻占西班牙。他们是强大的征服力量，士兵都是英勇的战士。当希拉克略率军击败波斯帝国，东罗马精疲力竭之时，阿拉伯人乘机进攻。

阿拉伯人在东方的崛起

第一次征服狂潮是阿拉伯沙漠部族发起的，比如倭马亚人（Umayyads）、阿拔斯人（Abassids）和阿塞拜疆人（Azarbayjanis），他们在哈里发的旗帜下团结起来。阿拉伯帝国将各部族联合于自己的领导之下，是阿拉伯世界从未有过的壮举。此时，阿拉伯军队骑在马匹和骆驼上，将面前的一切敌人一扫而空。

势不可挡的阿拉伯军队向北进发，穿过中东一直抵达东罗马帝国的边界以及其他地区。732年，查理·马特在法国的图尔附近挡住了他们，而摩尔人对西班牙的控制直到1492年才被斐迪南（Ferdinand）国王和伊莎贝拉（Isabella）女王终止。

阿拉伯军队一派令人生畏的景象。各个不同的部族和民族集合起来，并悉数保留了他们自己部族、部落或者家族的旗帜。这既使阿拉伯军队丰富多彩，也使他们的战斗力更加强大。众多的旗帜和条幅，可能使人高估战场上阿拉伯军队的数量，这是一种心理优势。

阿拉伯军队

阿拉伯人一般穿札甲，以及多彩而精致的服饰，兼具舒适性与实用性，既有阿拉伯人的特点，也有其他亚洲民族的特点。他们联合起

◀公元8世纪—公元9世纪，安萨里（Ansari）战士。最先追随阿拉伯领袖的人来自麦地那，后来被称为安萨里或"支持者"。他们武器精良，端坐在马镫上，击败了许多敌人并占领了大片土地。传统头饰被改进用于军事目的，当他们作战的时候，通常在头盔外面缠绕头巾。

▲公元8世纪，倭马亚步兵。倭马亚家族是古莱氏（Quraysh）部族的主要部落之一。这个阿拉伯步兵在很多方面都与他的东罗马敌人相似，而且可能优于北非的其他敌人。

来组成了一支几乎不可战胜的军队，在领袖的旗帜下纵横亚欧非三大洲。其武器和盔甲，类似于那些冲出亚洲大草原与东罗马帝国交战的游牧民，且没有统一标准。阿拉伯军队既有重甲部队，也有轻甲部队，弓骑兵也是他们在战斗中的主要进攻力量。

阿拉伯弓骑兵是杰出的骑手，甚至在学会走路之前就学会了骑马，为战斗而千锤百炼。随着他们进入被征服地区，缴获并使用敌人的盔甲和武器，其外观愈发多样化。

阿拉伯人的征服（637—827年）

阿拉伯人的征服令人印象深刻，可能完全出乎东罗马的预料。精疲力竭的波斯帝国在5年内倒下，东罗马紧随其后，其在中东的大部分领土落入阿拉伯人手中。637年，叙利亚被阿拉伯军队攻占。639年，亚美尼亚和埃及陷落。

北非于652年陷落，塞浦路斯岛于654年陷落。随着埃及和北非的丢失，君士坦丁堡也失去了他们每年所依赖的大量船运谷物。阿拉伯人两次围攻君士坦丁堡：第一次是在674—678年，第二次是在717—718

年，但两次都未能成功。他们在东罗马的反击中丢失了北非，但在665年又重新夺回。711—718年，西班牙落入阿拉伯人之手。736年，格鲁吉亚也被占领了。820年，克里特岛被阿拉伯人夺取。827年，意大利南部也沦陷了。

突厥人的崛起

当新兴的突厥军队征服阿拉伯人及其盟友时，东罗马帝国的敌人变得更为强大。阿拉伯人始终无法攻下君士坦丁堡，而塞尔柱突厥人很快在阿拉伯人的土地上建立

◀公元9世纪，阿拔斯人旗手。第一批阿拉伯军队由许多部族联合组成，每个部落都在其领袖的旗帜下作战。这就使阿拉伯军队的某个特定部队中有多少组成部族，就有多少旗帜，并且可能给敌人造成多于实际兵力的印象。

▶公元10世纪，阿塞拜疆步兵。阿拉伯军队虽然以骑兵部队为主力，但还是有重步兵和轻步兵。他们不仅是各个部族的联合军队，还包括被他们击败的敌人与归附者。阿拉伯人征服波斯帝国之后，得以接触到伟大的文化和先进的技术。

起强大的帝国。在亚洲各部族团结一致的表象之下，数代哈里发兴衰更替，各个苏丹相互征伐，但东罗马的皇帝们没能抓住机会进攻敌人。

尽管如此，来自亚洲的征服浪潮一次比一次致命。塞尔柱突厥人的进攻超过了最初的阿拉伯人，此后的奥斯曼人有着无情而高效的政治军事体制，其实力已经强大到可以对付衰弱的东罗马人。他们组建了一支高效的海军，随着曾经令人生畏的东罗马海军的消失，土耳其海军成为地中海的可怕力量。奥斯曼帝国的崛起，敲响了东罗马帝国的丧钟。

塞尔柱突厥

塞尔柱突厥人在向罗马人发动进攻之前，被罗马统治了差不多1000年。他们的步兵通常穿着札甲，骑兵的装备更为完善。他们一般装备着剑、长矛和盾牌。盾牌是圆形，头盔通常为尖顶，头盔的盔檐经常用头巾缠绕。他们有时候会在盔甲外面穿斗篷或者长外套，看起来好像没有护甲，以此制造出欺骗性的致命假象。

突厥弓骑兵是令人生畏的敌人，看起来和10世纪的东罗马弓骑兵类似。他们的武器和护甲都是按照骑马弓箭手的标准配备，指挥有方，纪律严明，是战场上的出色打击力量。

奥斯曼人

到了1328年，继承了阿拉伯帝国的奥斯曼土耳其人，一心想要摧毁东罗马帝国的残存部分。从1328年到1341年，东罗马人在安德罗尼库斯三世皇帝的领导下，试图在地中海东部建立某种程度

◀ **12世纪，突厥弓骑兵。**塞尔柱突厥人从游牧战士和袭击者转变为一流的征服者。这种长及脚踝的突厥长袍，应该会带来骑马的困难。他的弓是弓骑兵常见的东方式短复合弓，弓鞘挂在剑带上，箭挂在臀部另外一侧。他带着皮革护腕，这在经验丰富的弓箭手里很常见。

▶ **14世纪，突厥斯帕希（Spahi）骑兵。**奥斯曼人取代塞尔柱人，成为东方世界的主导力量，最终在1453—1461年摧毁了东罗马帝国的残余部分。斯帕希骑兵是奥斯曼的精锐重骑兵，如图所示，他们全副武装，身着重甲。这名骑兵背着自己的盾牌，带着战锤，这是这一时期的突厥人普遍使用的武器。护腕有两个功能，既可以在射箭时保护手腕，也能在近战中起防护作用。他的弓鞘挂在左侧臀部，弓鞘里还放着剑。

◀ 14世纪,奥斯曼加齐(Ghazi)。阿拉伯语中的加齐,翻译过来是斗争、渴望或者施行。其关联词加齐旺(ghazawan)由这个词根派生,意思是"进行军事远征"。加齐战士依靠劫掠为生,其组织松散,在不同的酋长和势力之间来回流动。奥斯曼加齐的武器与盔甲,和他们的东罗马敌人差别很小。

那样部署中型骑兵,且具有相同的功能,能够灵活地扮演不同角色。

奥斯曼步兵

奥斯曼帝国有着数量众多的正规军步兵和非正规军步兵,他们的武器和护甲反映了奥斯曼帝国境内各民族的传统。最著名的无疑是奥斯曼禁卫

军。奥斯曼禁卫军是坚强勇敢且训练有素的步兵部队,于1453年带头对君士坦丁堡发起突击并最终获得胜利。这些从奥斯曼的非突厥人中招募的禁卫军,最终会成为君主的拥立者,如同古老的西罗马禁卫军一样。从长远上看,禁卫军削弱了苏丹的权力,并使帝国成为别人的猎物,比如18世纪的俄国人。

◀ 11世纪,费尔干纳骑兵。费尔干纳是古丝绸之路上的战略要地,对于阿拉伯哈里发政权来说很重要。费尔干纳的军队是否西行至巴勒斯坦,我们不得而知。不过,这些骑兵的外表和许多阿拉伯骑兵很接近。

的霸权。东罗马人尽管取得了初步成功,但在奥斯曼人强大的实力面前很快就失去了冲劲。东罗马再次发生内战,整个国家空有帝国头衔,成为奥斯曼帝国的附庸国。

奥斯曼骑兵

奥斯曼土耳其重骑兵,或称斯帕希骑兵,与东罗马鼎盛时代的铁甲重骑兵类似,主要区别在于盔甲风格。除了近战武器,他们总是配备强有力的弓箭。他们的马也是披甲的。奥斯曼人也像曾经的东罗马人

瓦兰吉禁卫军

无论是在东罗马军队还是在整个帝国之中，瓦兰吉禁卫军都是最著名的部队。不过，非常遗憾的是，他们给后人留下了"东罗马人主要依靠雇佣兵来保卫国家"的印象。瓦兰吉禁卫军是可靠而忠诚的优秀军队，但他们在持续千年的东罗马帝国中只存在了三个世纪。尽管瓦兰吉禁卫军值得人们欣赏和学习，但他们从来都不是东罗马军队的中流砥柱。

第一批瓦兰吉禁卫军是君士坦丁七世时代（约930—950年）服役的外籍士兵，是信仰基督教的罗斯人和斯堪的纳维亚人。在巴西尔二世统治时代，从基辅罗斯地区招募的部队被编为一支独立的部队，这就是后来的瓦兰吉禁卫军。这支最早的部队究竟是由斯堪的纳维亚人还是斯拉夫人组成，仍然存在争议。从瓦兰吉禁卫军成立起，一直到11世纪末，该部队确实主要由从罗斯公国招募的斯堪的纳维亚人组成。后来，这支军队又从瑞典、挪威、冰岛、丹麦以及逃离诺曼－英格兰的盎格鲁－撒克逊难民中招募士兵。

独特的禁卫军

瓦兰吉禁卫军不是典型的东罗马军队，尤其是在巴西尔二世于大约988年建立这支部队的时候。虽然他们被归类为禁卫军，但他们似乎还在战场中担任突击队。他们顽强地作战，几乎从不投降，有时候甚至战斗到最后一个人。1066年，当撒克逊人在英格兰被诺曼底的威廉（也被称作征服者威廉）击败之时，撒

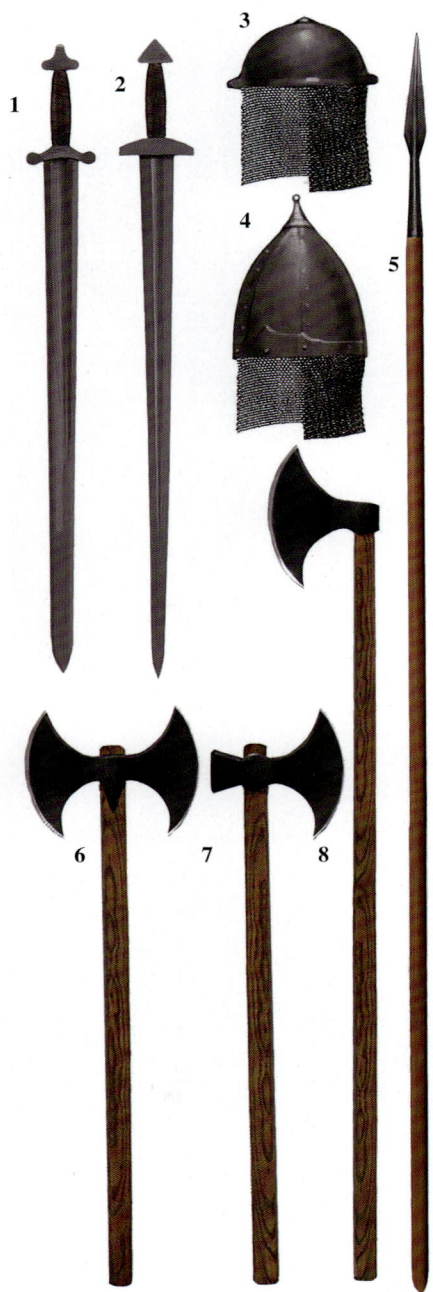

◀ 10世纪，瓦兰吉禁卫军。东罗马禁卫军常常是雇佣兵，而非本土士兵。战场上的皇帝和将军受益于此，因为雇佣兵只要按时获得报酬，就会忠于自己的雇主。这名禁卫军的武器和护甲完备而昂贵。斧头是最受欢迎的武器，通常是双手斧，这种武器在战斗大师手中威力惊人。

▲ 11世纪，瓦兰吉禁卫军的武器和头盔。1和2是两把阔剑，一把显然是阔刃（1），还有一把是锥形剑刃（2）。3和4是两种东罗马头盔，都配有护颈（保护脖子的链甲）。3的样式源自东方，而4的样式受到西欧的影响。5是这一时期的一种长矛，在军队中很常见。6是双刃的单手斧，使用者如果要想在不伤到自己的情况下挥舞自如，需要具备相当的技能。7是样式更加典型的单手斧。8是双手斧，它在战斗大师手中是致命的武器，据说有些人能在战斗中用它砍掉马头。

▲ *11 世纪，盾牌*。这些盾是圆盾和筝形盾的典型。它们带有各种标志，是东罗马军队从 11 世纪起使用的各种样式的盾牌。筝形盾牌借鉴了西欧风格，而圆盾是东罗马及其敌人长期以来使用的普遍样式。这些标志可能是盾牌主人的标志，也可能是盾牌主人所属部队的标志。

▼ *11 世纪，瓦兰吉盾牌*。这是典型的源自西欧的筝形盾。盾牌上绘制的可能是使用者个人的标志，但考虑到持有者是一名瓦兰吉禁卫军士兵，所以这也可能是部队的标志。飞鸟形象十分常见。

克逊人拒绝效忠威廉，转而寻找新的家乡，因此参加了瓦兰吉禁卫军。很显然，在威廉征服之前，撒克逊军队里就有斯堪的纳维亚人，他们也来自撒克逊英格兰。毫无疑问，这些幸存者跟随他们的撒克逊战友一起向东进发。

东罗马原本招募的瓦兰吉人可能高达 6000 人之多。很明显，在东罗马帝国复兴之后，这支部队没有进行重组。

双手斧

瓦兰吉禁卫军最钟爱的武器是长柄斧或者双手斧。他们装备精良，还配备有其他的辅助武器。不过，他们最擅长双手斧，这种武器在他们手中威力惊人。

服装

瓦兰吉禁卫军士兵穿着东罗马的彩色刺绣外衣。作为罗斯人、盎格鲁－撒克逊人和北欧人，他们当中的很多人都是金发，而且那个时代的人金发比例很高。随着时间的推移，大多数士兵也很可能是撒克逊人或盎格鲁－撒克逊人。

▶ *11 世纪，瓦兰吉禁卫军*。这个禁卫军士兵装备着双手斧。瓦兰吉禁卫军通常不带盾牌作战，或者把盾牌背在身后，以便在作战中丢失斧子后还有武器能使用。他的外表总体上接近英格兰哈罗德（Harold）国王的撒克逊禁卫军。此外，他穿着东罗马样式的带有刺绣的裤子，前臂和小腿上都佩戴着护甲。他的头盔是盎格鲁－撒克逊样式。

帝国覆灭

东罗马帝国的最后一位皇帝是帕拉约洛古斯王朝的君士坦丁十一世。此时，奥斯曼人开始进攻君士坦丁堡，实际上意味着进攻帝国剩余的全部领土。君士坦丁堡此时已经陷入人口下降与建筑损毁的

困境，这座城市在1346—1349年的瘟疫中损失了几乎半数居民。

虽然东罗马皇帝试图尽快和奥斯曼苏丹议和，但此时的奥斯曼帝国已成为一个不断扩张的帝国。在奥斯曼人看来，与君士坦丁堡的任何停战，都只是喘口气的机会而已，直至他们掌握了足够的力量去夺取这座城市。奥斯曼苏丹穆罕默德二世和东罗马皇帝君士坦丁十一世彼此都很厌恶对方。君士坦丁十一世

▲ *12 世纪，铁甲重骑兵*。这位骑兵装备着近战用的剑盾，盾牌上是希腊式的标志，展现了希腊文化与罗马文化在东罗马帝国的融合。

◀ *11 世纪，弓骑兵*。在曼齐克特战役期间，东罗马弓骑兵依然穿着传统服装，携带着传统武器。弓骑兵是东罗马人在公元 5 世纪时，从东方敌人那里模仿而来的兵种，他们成为帝国在战场上与各种数量庞大的敌人作战时的决定力量。

在希腊的军事行动，干扰了穆罕默德二世在巴尔干地区的战略意图。穆罕默德二世决定亲自解决东罗马这股衰弱的力量。此时，奥斯曼人已经兵临城下，开始对这座城市进行围困，而东罗马军队不过是昔日那支强军的残影而已。东罗马海军已经不复存在，就算有热那亚和威尼斯的海军前来帮助防御，也无法与奥斯曼帝国的海军匹敌。

君士坦丁堡陷落之后，直到1460—1461年，东罗马人才被奥斯曼人全面征服。不过，这个千年帝国只剩下零星的几个罗马前哨。

西方的军事影响

东罗马帝国末期，军队已经呈现出鲜明的西欧特征。重骑兵部队中再也没有东罗马铁甲重骑兵，而更像是西欧的重骑兵。此时，步兵和骑兵都装备了板甲。

早期的铁甲重骑兵有着精美的盔甲和战袍，加之全套的个人武器，清楚地表明了东罗马重骑兵的身份。然而，他们最终使用了更具西方风格的盔甲和武器。到了12世纪末，他们普遍装备了西方式筝形盾牌。链甲成为铠甲的首选。虽然类似铁甲重骑兵的部队依然存在，但帝国鼎盛时期那种训练有素、装备精良的重骑兵已经永远消失了。

从许多方面可以看出，东罗马军队正在破产，其规模缩减至10000名常备军，而且几乎全部由雇佣兵组成，本土士兵已经消失殆尽。尽管如此，在城市以及帝国残余地区的保卫战中，这支军队依然表现得很好。

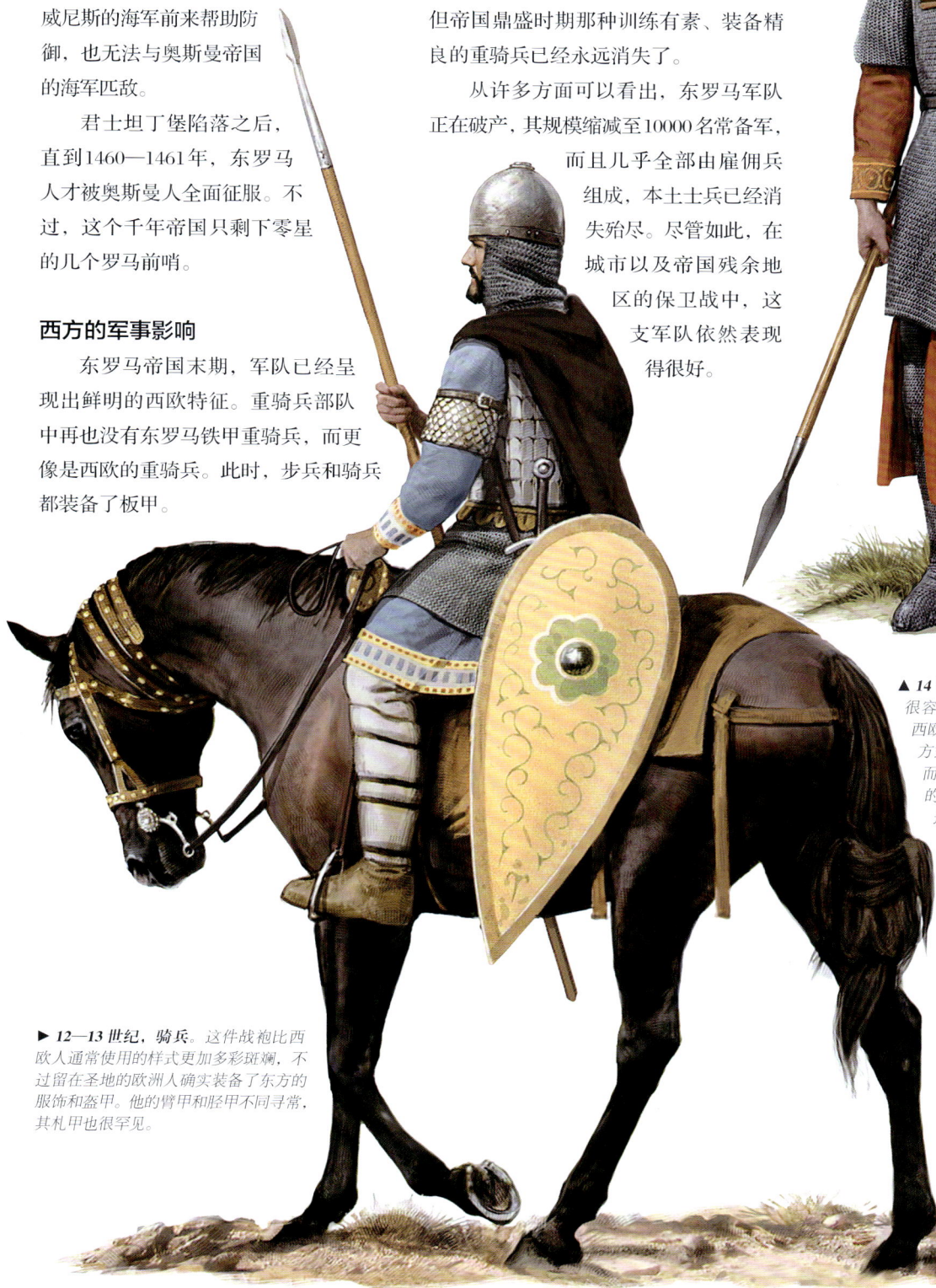

▲ **14 世纪，骑兵。**后期的东罗马骑兵，很容易因为其盔甲和武器被错认为是西欧重骑兵。不过，根据他穿战袍的方式，也就是把长衬衣穿在盔甲里面，而不是套在盔甲外面，可以判断他的身份。这位骑兵在马背上作战时，还会佩戴腰带和剑，并将盾牌挂在马鞍上，这比步行时更灵活。

▶ **12—13 世纪，骑兵。**这件战袍比西欧人通常使用的样式更加多彩斑斓，不过留在圣地的欧洲人确实装备了东方的服饰和盔甲。他的臂甲和胫甲不同寻常，其札甲也很罕见。

罗马的投射武器、堡垒和海军

公元前 753 年—公元 1453 年

　　罗马军队修筑工事的能力，体现在结束一日征程时修建宿营地，也体现于哈德良长城或特里尔的黑色城门。他们擅长军事建筑，而且在攻城器械领域具有卓越才能。罗马人创建了一支强大而实用的海军，先是与迦太基人争锋，而后控制了地中海，使之成为属于罗马的海。罗马海军有多种职责，首先是清剿海盗，阻止海盗劫掠罗马商船或沿罗马海岸线袭击城镇；其次是在中欧部署内河舰队；最后也是最重要的是——与敌军舰队交战。通过履行这些职责，罗马人获得了成为海上强权的知识。

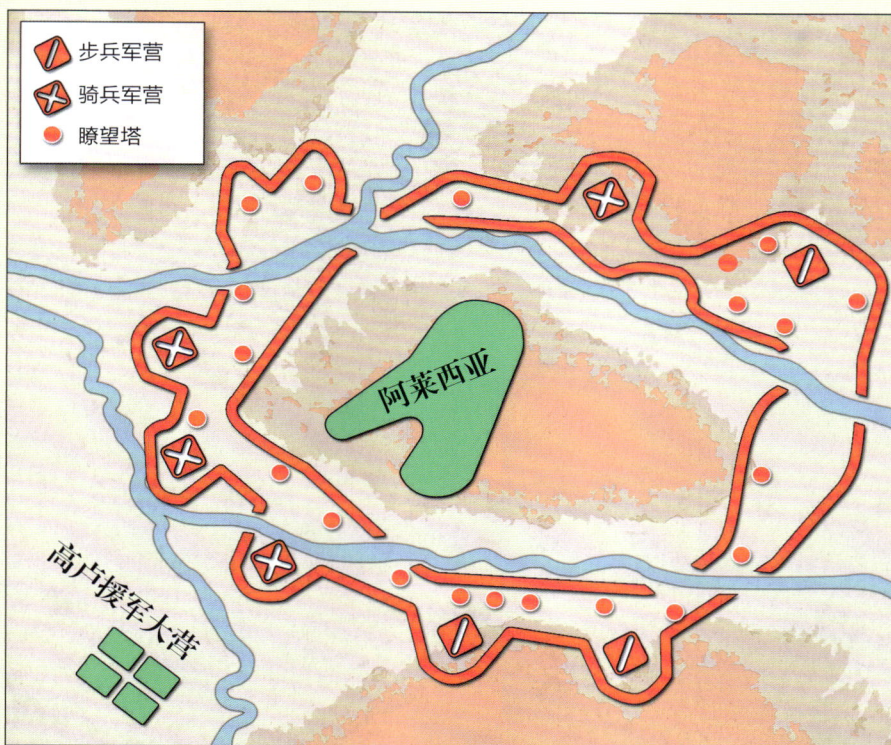

▲公元前 52 年，尤利乌斯·恺撒修筑围城工事以围困阿莱西亚。内围墙被另一层面向外侧的防御工事所围绕，使其免受来自外侧的进攻。

◀戴克里先是罗马皇帝中少数能够退休的帝王之一。他在克罗地亚的斯普利特（Split）港修筑了宫殿／要塞。从公元 305 年起，他在那里享受舒适的退休生活。

罗马的工程技术和制海权

罗马帝国的力量以其军团作为象征，但罗马不仅仅只依靠重步兵建立了这个庞大帝国——囊括了从直布罗陀到巴勒斯坦与埃及的地中海世界，同时向北进入日耳曼尼亚，并最终抵达不列颠。

罗马军团携带的投射武器——各种各样的投石机，在防御战和攻城战中为军团提供支援。出于战略需要，罗马人建立并发展了海军——起初战斗力拙劣，但日益增强。东罗马继承了这一海军传统，他们的海军击败了所有来犯者，最终主宰了地中海。

罗马的投射武器

投射武器既非现代的发明，亦非火药演化的产物。投射武器源自古典时代，但罗马的投射武器，无论何种类型，都是革命性的，旨在尽可能地杀伤他们的敌人，以支援军团步兵。罗马人是投射武器的积极倡导者，随着军团发展为常备军，投射武器成为军团不可或缺的一部分。

▲一幅描绘罗马攻城战的绘画，展示了罗马军队使用撞城锤破坏城门的情形。罗马人派三队龟甲阵进攻城墙，还配备了一具弩砲和一架早期抛石机。

罗马时期的投射武器通常被称为投石机，并在野战和攻城战中使用不同类型的砲弹。最终，罗马军团装备了所有类型的野战及攻城投射武器。在一段时期，每个罗马军团可以配置64门各种类型和规格的投射武器。这些武器随军团行军时，可以分解成零件以便运输。投射武器隶属于军团，绝非军团编制之外的辅助部队。

▼罗马海军桨帆战舰的浮雕。这艘船被艺术家缩小了，真实的战舰是修长而美观的桨帆船。

▼罗马军团步兵修筑的标准"行军营地"，图拉真记功柱的一部分描绘了这一场景。

罗马海军

罗马人在陆地上取得的成就，也得益于他们强大的海军。这支海军战胜了罗马的海上敌人，他们击败优秀老练的迦太基海军，剿灭海盗舰队，并在莱茵河与多瑙河等可通航的欧洲河流上支援罗马军团。罗马海军还支援了罗马对不列颠的入侵，使罗马能将不列颠超过一半的地区纳入帝国版图。

罗马最初在意大利本土展开了一系

列征服行动，直至形势迫使其发展海上力量。罗马人以他们那些善于航海的邻居为榜样，迅速建立了一支拙劣的海军，来面对地中海强权迦太基几乎压倒性的威胁。罗马人愿意学习并决心取胜，逐渐掌握了足够的技艺建造自己桨帆战舰，在海上挑战"迦太基强权"。罗马人认识到自己在海上是新手，尤其是海战方面，于是改进了战舰，以便发挥陆战优势。

随着时间的推移，罗马海军的实力

▲这是描绘阿莱西亚围攻战的另外一幅优秀画作。攻城塔楼配备有野驴式投石机，投石机在投射石弹时，投臂会弹跳起来，因而被罗马士兵戏称为"野驴"。

逐渐增长，最终在船舶制造和水手培养方面取得了巨大的发展。当西罗马沦陷的时候，罗马人在海战方面无疑是令人生畏的，并且已经发展出相当的两栖作战能力，并提升了海上后勤能力。这些技艺被后来的东罗马帝国所传承，在那里继续发展。

▼一幅艺术家创作的公元前2世纪罗马桥梁的绘画。罗马的军用桥梁建造技术相当先进，他们建造的桥梁既坚固又简便。

▼一幅关于罗马战舰的14世纪绘画。值得关注的是画中的作战塔楼，或者说战舰舰楼上的"城堡"，弓箭手可以从那里居高临下向敌人射击。

投射武器和攻城战

罗马的砲分为两种截然不同的类型，即后来所谓的野战砲和攻城砲。野战砲便于军队运输，并在野战中使用。攻城砲的体积更大些，一旦制造完毕，就无法移动了，其目的是削弱或摧毁敌人的堡垒。它比野战砲的威力更大，需要花费更多人力来运输。尽管如此，两种武器有着同样的操作技巧——它们都投掷石弹，以此杀伤或摧毁敌人。它们部署在野外战场前线，或是攻城时部署在防线后方。

投石机和弩砲能够分解为零件以便运输，在抵达战斗位置后，砲兵根据命令展开行动，然后由砲手们将各种零件组装起来。

▲公元1世纪，野驴式投石机。"野驴"尽管尺寸各有不同，但基本设计都是相同的。它既可以部署在陆地上，也能部署在船上，还能部署在战舰上。野驴式投石机在投射石弹时，其投臂会弹跳，故而得名。这种投石机在整个中世纪被西欧人和东罗马人沿用。

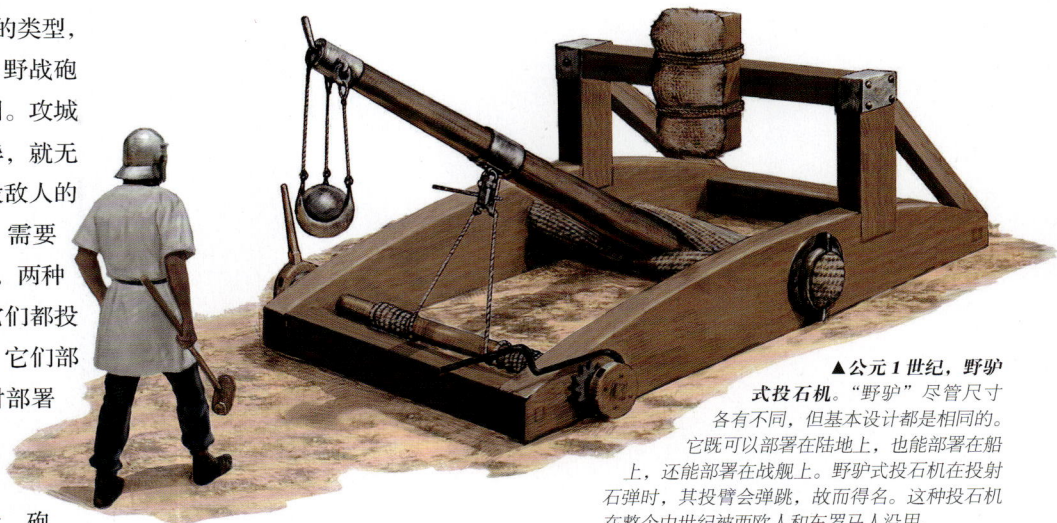

▼公元1世纪，弩砲。弩砲是大型箭矢投射武器，在野战和攻城战中都很有用，它比弓弩和腹弩都大，因此操纵它的砲组规模也较大。为了便于运输，所有攻城器械都能分解并打包，并能在必要时就地组装。

砲手的服装和盔甲

没有明显证据表明罗马砲手有特别的制服。他们是从军团所属的百人队和步兵大队中选拔出来，与其他军团士兵相比，并没有什么特殊之处。他们战袍的颜色与样式和军团士兵相同，武器和盔甲也是如此。

投石机

罗马投石机由希腊投石机发展而来，经过罗马工程师多年的改进，发展为数个不同的类型。野驴式投石机的结构和演化是非常典型的。它被安置在矩形底座上，可以在投臂末端安装投石索，或在投臂上安装一种"勺子"，能够容纳石弹。石弹通过杠杆"投掷"出去。大部分证据表明，投石机的矩形底座上没有车轮，但后期的设计增加了车轮，增加车轮的时间可能在西罗马帝国后期。

投石机的绰号是"野驴"，原因是发射的时候，它会发生弹跳。有些文献认为，投石机直至公元4世纪才投入使用，但令人难以理解的是，为什么这种简单有效的投石机没有在更早的时候发明。

野驴式投石机发展出不同的规格，可能是以投射石弹的重量进行分类（火炮的分类方式是在14世纪之后，甚至19世纪才出现）。随着大型投石机的出现，砲手人数无疑会增加。它是卓有成效的投射武器，并用金属进行加固，这种武器一直在东罗马军队以及中世纪的欧洲军队中沿用。

弩砲

弩砲或者"射矢弩"是能投射多种规格大型箭矢的器械，箭矢规格取决于弩砲大小。这一类器械的例子有很多，其砲手的数量取决于弩砲的规格。早期的希腊弩砲被称作"石弩"。无论是否可以

▼公元1世纪，射矢弩。射矢弩是一种简单的弩砲，通过类似大型弓弩的方式发射箭矢般的砲弹。砲手由一人或两人组成，既可以部署在要塞或营寨的墙垣上，也可以部署在桨帆战舰上。

▲公元1世纪，腹弩。腹弩是射矢弩的放大版本，可以发射两枚较大的箭矢。这也是一种简单的弩砲，其优点是可以部署在任何地方。它的弓弦仅靠人力无法拉开，需借助其尾端配置的绞盘。

投掷各种重量的石弹或者箭矢，它们全部都被设计成大型弩的样式。

最常见的弩砲可以投掷60磅"砲弹"。这是一种以扭力为"动力"的投射武器，随着罗马帝国在战争和攻城技术方面的进步，它变得越来越精密。它和小型的箭矢发射器一样，采用了一种组装之后十分坚固的弩机结构，并且用金属部件加强，加固了所有应力点。这种类型的弩砲既有效又致命，是罗马军队在攻城战中如此成功的原因之一。

射矢弩

罗马人也使用这种发射箭矢的小型扭力弩砲，在战斗中由两名砲手操作。这是一种简单的弩砲，在近距离内非常有效。这种"型号"的弩砲既是一种全新设计的野战武器，也是对旧弩砲的改进，可以使用不同重量的箭矢。军团可能会为所属的每个百人队都配置一具射矢弩。它有时会部署在战场的显要位置，有时则部署在能够掩护砲手的掩体"阵地"中，因为射矢弩本身并无法为砲手提供保护。

腹弩

　　腹弩是一种以复合弓作为动力的早期弩炮。这类武器可能是在公元前4世纪发明的，由于体积较大，在部署之后便很难移动。有些型号一次发射一支弩箭，而另一些能够一次发射两支。这种弩炮只使用少量金属部件，使用"尾部"配置的绞盘上弦，这点与之后的投石机相同。

扭力手弩

　　木制的扭力手弩大约在公元100年左右开始使用。木材是所有弩炮的主要制作材料，但后来更多使用金属材料，因为它比木材更坚固，能更好地保障弩炮的结构强度。投石机在持续射击后会磨损，因此需要专业的武器工匠，以保证投射武器能持续工作，尤其是在攻城战等需要长期持续火力的场合。扭力手弩得益于金属结构和以金属加固的木质结构，这无疑能为军团带来技术上的飞越。

▶ 公元1世纪，扭力手弩。
扭力手弩是另一种比弩炮和射矢弩更加先进的弩型投射武器。它使用绞盘上弦，体积小到足以部署在营地墙垛上。值得注意的是，由黄铜制成的扭力机匣象征着投射武器的技术进步，较老的型号则是木制机匣。

蝎子弩

　　小型的蝎子弩是另外一种能够"投掷"两英尺长标枪的投射武器。它早在公元前50年就投入使用，虽然与扭力手弩有着相似结构，但不如后者有效。

砲弹

　　砲弹通常有两大类：石头或特定重量的石球，以及不同规格的箭矢或标枪。石头可以从战场上获取，如果时间允许，可以将其打磨得更光滑圆润，以便更远更快地轰击预定目标，或是更快地装填发射。

　　箭矢、弩箭和标枪通常使用硬木制成（白蜡木是首选，也可选用其他木材），再加上铁制箭头，其结构适合用木材制造。罗马人使用不同

▲公元1世纪，蝎子弩。蝎子弩是一种小型化扭力弩，它"投掷"短小而致命的标枪，使用绞盘上弦。

的箭头（通常采用扁平或椎体的形制），并用皮革或者木头制成的"羽翼"保证飞行的稳定性。有时砲手会将石弹涂色以蒙蔽敌人，使其无法察觉石弹的弹道轨迹。在战场上，弩砲和小型射矢弩可以使用就地取材的简易弹药，它们可能使用磨成尖刺形状的木制箭头，如果时间允许，则通过火烤加强硬度、耐久性和穿透力。

野战砲

　　扭力式投射武器具有很强的适用性，无论是发射石弹还是箭矢，这种类型的武器都具备两个优点：首先，士兵们可以就地取材进行制造；其次，它可以分解成零件以方便运输。罗马人可以使用当地获取的木材，很轻易地修复在运输或战斗中损坏的部件。然而，这种措施在匮乏木材的沙漠地区必定是无法完成的，例如发生在朱迪亚沙漠中部的马萨达攻城战。罗马指挥官、砲手和工程师在这里可以说是"难为无米之炊"。这次攻城战的胜利应该归功于罗马人的聪明才智、灵活应变以及高超技能。

攻城塔

对于任何攻城的军队来说，足够多的攻城塔是不可或缺的重要器材。建造这种塔楼是为了让部队能够逼近敌军要塞城墙，以便寻找城防的薄弱点。如果这一作战企图成功，军队将通过城墙顶部的一个小入口突入要塞，打垮守军，并尽快让尽可能多的军队攻入城市。这些塔楼的顶部都建有一座吊桥，吊桥降下时，桥面会搭在城垣的胸墙上。然后，在塔顶层待命的军队将冲过这条通道，攻占要塞城墙。其他友邻部队将从攻城塔背面的楼梯登上城墙，不惜代价保证攻城部队的兵力数量。

这些塔楼比靠墙部署的云梯更加有效，能够在突击部队登上敌方城垣之前，为其提供

相当保护。塔楼的外侧三面披有兽皮，以保护它免受敌方火攻，而且塔楼是可以移动的，能够在敌军投射武器和砲石的射程之外建造并组装。借助安装在塔底的大型车轮，士兵可以将攻城塔推至被围攻的要塞城墙前。

攻城锤

攻城锤是自古典时代以来的攻城武器，其设计是为了撞塌敌人的城门（首选战术）或是在城墙上撞出一个洞，导致城墙上部因为自重而坍塌，形成突破口，让攻城部队能从地面突入堡垒。有趣的是，许多古代攻城锤都使用铁制锤头，整个罗马时代都沿用了这一设计。

攻城锤适合在开阔地上使用，但这并非理想的使用环境。这种器械很容易遭受火攻，而操纵它的士兵也暴露在敌人投射武器的威胁之下。因此，设计者增加了一层由兽皮覆盖的木制防护棚，它如同"房屋"般笼罩着攻城锤，士兵能够借助这样的掩护完成任务并撤退。

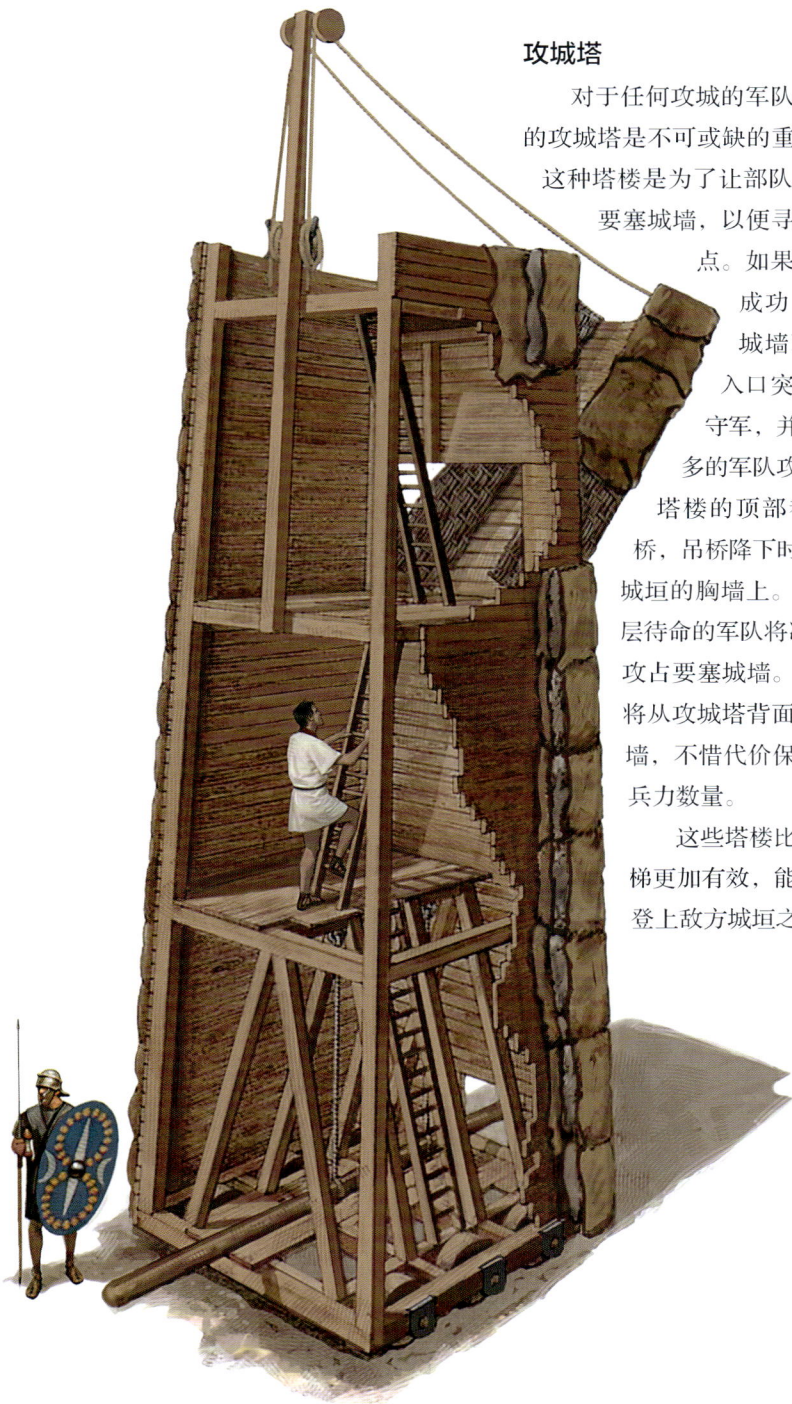

▲公元1世纪，攻城塔。对于研究中世纪战争的人来说，这种被希腊人及其他古代军队所使用的攻城塔，是令人熟悉的经典设计。罗马攻城塔与西欧军队在攻城战中使用的设计有着明显的相似之处。它的使用很简单：将它推到城市或堡垒的墙壁附近，然后放下吊桥，搭在敌方城垣上，军队越过吊桥进攻，在城墙上占领立足点。

▶公元前1世纪，攻城锤。攻城锤是一种古老且简单的攻城武器，用来撞塌城墙或者城门。它是在开阔地上使用，操纵者会暴露在投射武器的威胁之下。所以最佳的使用方式是在其四周加设防护棚，以提供一些保护。

东罗马投射武器

东罗马军队依然保留着西罗马军队的投射武器和工程技术。东罗马也研发了新型攻城器械，例如早期的配重式抛石机或牵引式抛石机。

东罗马弩砲

新式弩砲改进自早期的罗马弩砲，增强了杀伤力。它使用木材和金属制造，结构简单，其构造可以上下仰俯，也可以左右移动。它没有机动能力，一旦部署，就不能轻易移动，但它却是东罗马砲兵的支柱。

抛石机

抛石机被东罗马人称作"alakation"，其灵感可能来自阿拉伯人的投石器。无论如何，这是抛石攻城武器的标志性发展。它并不像后来的抛石机那样使用配重，而是由人力驱动，投掷臂另一端的人向下拽拉连接在投掷臂自身"T"型结构上的绳索。发射命令下达的时候，所有人都会立即同时拉拽，使投掷臂向上摆动，将挂在投掷臂另一端投石索上的弹药释放。东罗马人此后还在牵引绳上附加大型配重，使武器的射程和杀伤力增加。

抛石机可以在外部覆盖兽皮，以此具备防火性能。随着东罗马军队越来越擅长使用火焰武器，他们也小心谨慎地保护己方士兵与木制器械免遭火攻。

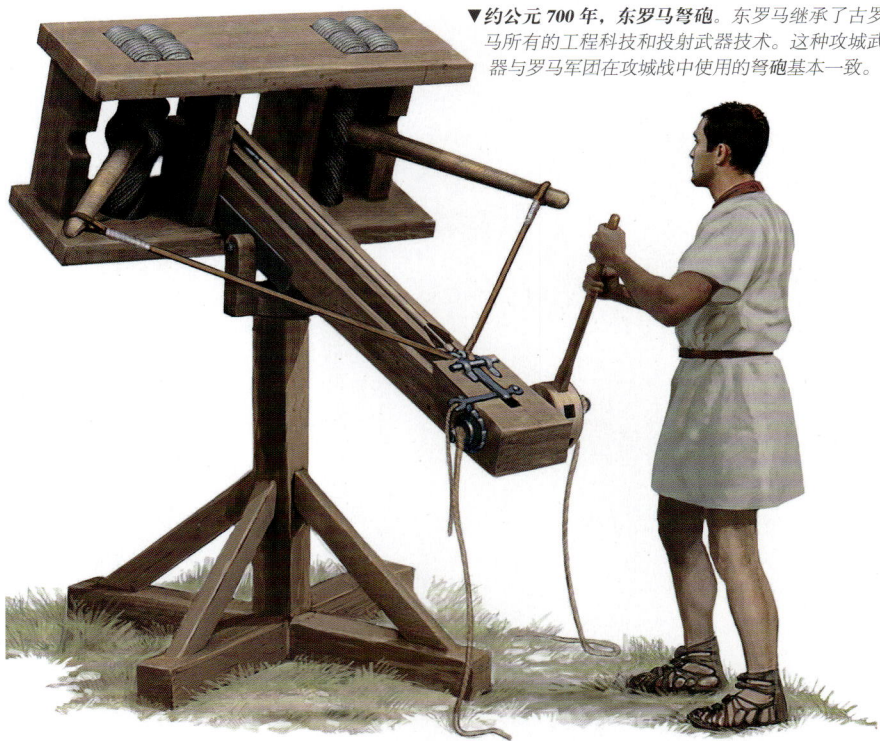

▼约公元700年，东罗马弩砲。东罗马继承了古罗马所有的工程科技和投射武器技术。这种攻城武器与罗马军团在攻城战中使用的弩砲基本一致。

▼约公元800年，东罗马抛石机。当这种攻城机械／投石机被"官方"定义为牵引式抛石机的时候，它其实只是一种早期抛石机。然而，这种武器并非利用配重进行发射，而是用人力驱动的投石机。投掷臂前端的绳索由砲手们操纵，当投石机装填砲弹之后，只要发出信号或命令，前方的砲手就会猛力拉动绳索，从而使投掷臂摆动，将投石索上的砲弹发射出去。投掷臂迅速而猛烈的运动，为发射石弹提供了巨大的推动力。砲手的力量和体力，对于这种机械的成功运作至关重要。毫无疑问，砲手成员们需要经常休息替换。

◀约公元 700 年，东罗马冲车。冲车用于突破堡垒或者城市的城墙。这是一个缓慢的过程，需要一定时间方可奏效，因此需要配备具有防护性能的轒辒。

械，基本上是一种配有车轮的木制战棚。顶部为水平或是坡面，外层覆盖兽皮以防火攻。较高的一端朝向敌人的城池。部队在它的掩护下逼近城墙或者城门，使用攻城锤或其他攻城器械进行攻击。东罗马人将它称呼为"foulkon"。

龟甲阵 / 轒辒（fén wēn）

龟甲阵并非是一种武器，而是一种为了让军队在通过城防突破口时避免伤亡所采用的战术技能。Testudo 在拉丁语中意为乌龟，在罗马军事术语中有两种用途。起初，龟甲阵是指一种阵形，士兵们把盾牌举至前方、侧面和头顶，可以免受敌人投射武器的攻击。在攻城战中使用这种阵形，能够保护军队免受从城墙上扔下的石头以及其他投射武器的杀伤。这种阵形在战场上则用于抵御敌人的冲锋。Testudo 同时也指一种攻城器

冲车

冲车用来破坏堡垒或者城市的城墙。它由攻城锤演化而来，不过并非用来撞击城墙，而是用来在墙面上掘孔，使城墙因为自重而发生坍塌，以此形成突破口。冲车也与攻城锤一样使用防护棚，这是攻城战术的重大进步。

罗马，无论是西罗马帝国，还是罗马城陷落后的东罗马帝国，都是古代世界工程技术的伟大倡导者和实践者。

▼约公元 700 年，东罗马轒辒。轒辒是一种具有防护作用的木制"战棚"，能够推进到城墙墙脚。所有的木制攻城器械，例如轒辒和攻城塔，其正面通常用兽皮覆盖，以保护其免受来自敌军堡垒的火焰武器攻击。有时，轒辒配有朝向前方的盾牌，将防护面汇聚于中央，并与左右两侧互相成 90 度。

▲公元 1 世纪，龟甲阵。龟甲阵非常有效，西罗马和东罗马都世代沿用。

罗马的工程技术

野战堡垒

罗马人是积极的"建筑工人"，每当夜幕降临，他们就会修筑工事保护营地。每天的行军计划会安排好日落时分的营地修筑工作。

罗马的营寨无论在什么地方，都是以相同的设计来修建。营寨是由先遣队在每天的行军途中"安排"好的，如果需要在营寨里长时间驻扎，或是将其作为永久性基地，则在营寨的基础上逐步升级改造。这不仅强化了营地抵御敌人进攻的能力，还使其成为该地区的永久性象征。它能够震慑潜在的敌人，但同时也让军团疲于奔命。

军营一般呈几何形布局，通常形状是矩形，拥有指定的军官营区、指挥部建筑以及士兵和牲畜的生活区。出入罗马营地和要塞的大门一侧，至少有一道城墙，大门位于中央。营地道路以几何形状分布，有两条贯穿营地的主干道，

连接四座营门。通常来说，营地与要塞的四周环绕堑壕，而挖掘出的泥土则用来修筑墙垣。壕沟底部可能会设置障碍物，以阻碍敌人的突袭，堑壕前方可能会放置蒺藜。弓箭手的开阔视野总能得到保证。墙壁用泥土或草皮修筑，如果时间允许，则会用木头加固。

永久性营地

罗马人会根据所处环境修筑壁垒。营寨最初用草皮垒筑墙垣，并用尖木桩

▼公元前 1 世纪—公元 3 世纪，建筑工具。罗马的建筑工具与现代类似。1 是防御用的拒马桩。2 是切割泥炭或草皮的工具。3 和 4 是鹤嘴锄，和铁锹一起作为挖掘工具。5 和 6 是两种铁制蒺藜，散布四周（5）或是钉入地面（6）以阻挡进攻。

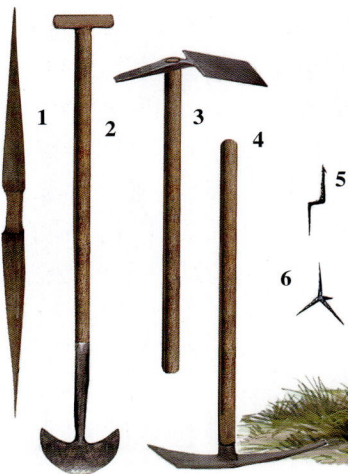

▼公元前 1 世纪—公元 3 世纪，工程师与"格罗马"（Groma）。工程军官正在使用一种名为"格罗马"的测量工具，它的精度即便按照现代标准也堪称精确，是测角盘和经纬仪的前身。

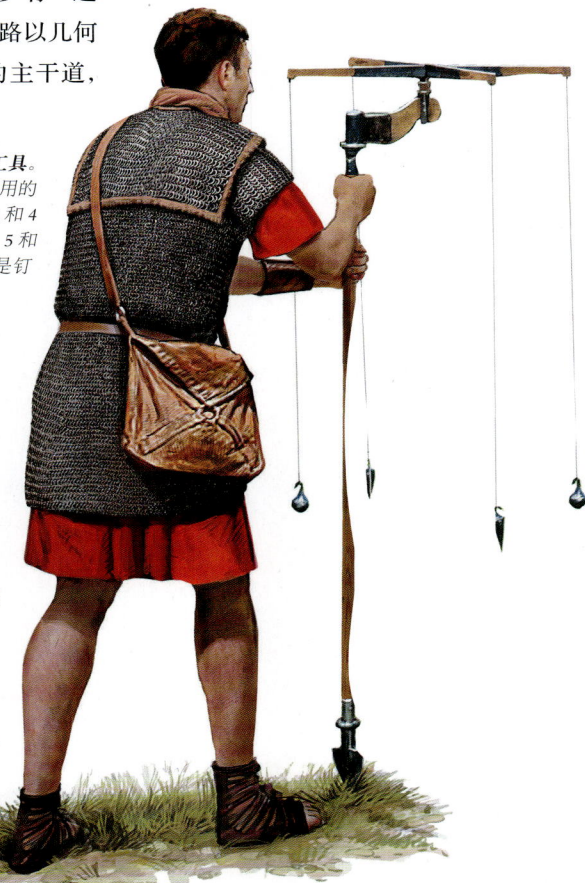

▲公元 2 世纪，罗马城门和塔楼。永久性防御工事，例如罗马城墙或特里尔黑门，通常都很雄伟。这是通往罗马的主要城门之一，伴随岁月流逝与日益滋长的威胁，高城深堑与日俱增。其中一些城门保存至今。

制成的栅栏加固其顶端。堑壕之上的墙垣可能会设置拒马，以此阻碍敌军突袭。如果营寨逐步升级为永久性工事，则先用木料敷设墙面，并在之后用石材或砖体砌筑墙壁。石材或砖砌墙壁的内部通常用泥土或碴砾填充，而非全部使用石块或砖块修筑。

最令人印象深刻的罗马城墙，是修建于公元3世纪的奥勒良城墙，其大部分城垣屹立至今。奥勒良城墙宏伟壮丽，上面有方形或矩形的塔楼，现存既有建筑都被纳入城防之中。另一个令人瞩目的建筑是凯乌斯·塞斯提乌斯（Caius Cestius）的金字塔坟墓，它建于公元前1世纪，至今保存完整。诸位先帝的凯旋门，也与新的城墙和防御体系融为一体。

城门通常为木制，有时会在表面铺设金属材料以强化其结构。永久性堡垒的城门会非常雄伟，沿边境修筑的半永久性堡垒的木制城门两侧，通常建有方形木制塔楼。

塔楼

罗马人通常会沿城墙及城门的位置修筑塔楼，以增强城门入口的防御并为监视敌情提供哨位。这种建筑在罗马的古城墙及一些欧洲城市中依然可见，例如现今位于德国特里尔的著名黑色城门。塔楼有各种形状，包括正方形、圆形或椭圆形，有些甚至是十六边体。它们的设计旨在增强城墙防御，让弓箭手、投石手以及投射武器能够沿城墙正面进行射击。任何可能成为攻击目标的潜在弱点，例如城门，其两侧都会建造坚固的塔楼。无论是罗马还是君士坦丁堡，抑或是军团营地与要塞的大门，都会采用这种设计。

哈德良长城

罗马人建立了一系列横跨不列颠的防御工事，将罗马不列颠与蛮族部落所在的今日苏格兰地区划分开来。这一防御体系被称作哈德良长城，由哈德良皇帝于公元122年下令修筑。这道绵延

◀公元1世纪，罗马城墙。罗马的堡垒，无论是永久性的还是临时性的，都经过精心设计和建造。这是由木材与草皮修筑的半永久工事的剖面图，壕沟内挖掘出的泥土用于修筑墙垣。墙垣顶部的栅栏为木制。

◀这座墙垣与上图遵循相同的理念，但采用不同的设计。壕沟内挖掘出的泥土用于修筑墙垣，也使用木桩支撑来强化墙壁。

▼公元1世纪，栈桥。军用栈桥不同部分的三视构造图。这种在战场上修建的桥梁足以跨越水上天堑。这样的桥梁横跨莱茵河和多瑙河。如有必要，这些桥梁可以拆除，以防止被敌军利用。

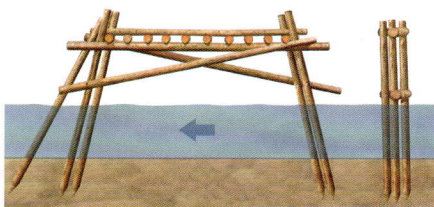

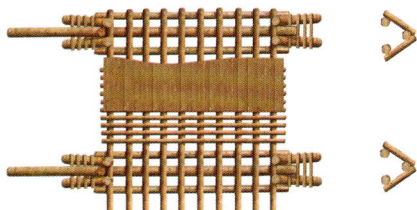

▼这幅哈德良长城遗迹的照片展示了烽燧的地基。这一建筑始于军团士兵在勤务期间修建的泥炭墙，然后逐步由砖石砌筑而成。此处遗迹证明了其结构的强度。

的长城横跨不列颠岛，长达135公里，高3.6米，厚2米。

长城沿线建有堡垒，供守卫城墙的军队驻屯。这些堡垒由石块砌筑而成。每隔大约1公里建有一座烽燧，呈正方形布局，驻扎有小规模的辅助军团（16—20人）。烽燧南北两端各有城门。

一些构筑相当严密的大型城堡，同样是长城沿线修筑的永久性兵营。这17座要塞相隔不远，彼此之间可以相互支援（大约半天的行程）。他们的布局非常相似，与军团要塞相比也别无二致。很显然，城墙最初由泥土修筑，之后则用石块砌筑。城墙北侧挖掘堑壕用于防御。

狄奥多西城墙

罗马工程技术最优秀的一些案例位于帝国的东部，最为著名的乃是君士坦丁堡的防御城墙。

君士坦丁堡的防御

君士坦丁堡在帝国历史上遭受了至少十次来自各种敌人的围攻，但其历史上仅有两次被攻陷。第一次发生于1204年，当时西欧军队准备前往巴勒斯坦与萨拉森人作战，从阿拉伯人手中收复这一地区。后来，西欧军队被威尼斯人说服，转而进攻君士坦丁堡。西欧人从城市靠海的一侧发动突袭，最终登上了城墙，打开了突破口，扫清了障碍。随着越来越多的西欧人冲进城市，东罗马守军被打垮，西欧人夺取并洗劫了城市。第二次，也是这座城市的最后一次陷落，发生在1453年，这次战役象征着帝国的终结。这一次，东罗马帝国再也无法复兴，君士坦丁堡最终成为奥斯曼帝国的都城。古老的东罗马帝国在罗马城陷落之后存续了一千年，但终究消逝于历史中。

坚固的堡垒

君士坦丁堡的防御工程规模宏大，拥有双重城墙、塔楼以及环绕城市的护城河。城市朝向内陆的一侧面临的威胁最大，因而此处的防御最为强大。

君士坦丁堡的城市形态大体呈三角形，三面环水：南面是马尔马拉海，东面是博斯普鲁斯海峡，北面是金角湾。在城市的这几个方向上，都筑有防波堤作为防御。这些已经足够有效，无须修筑像城市西面那样的复杂城垣。

内陆一侧的城垣被称作狄奥多西城墙，是多层次的防御体系。首先，有一道护城河保护城垣，这是攻入城市必须

▼约公元1000年，君士坦丁堡三重城墙的侧视图。狄奥多西城墙分为三层，每一层都比其外层的城墙更高、更厚。内侧两层城墙的塔楼呈棋盘状分布，以免遮挡彼此的火力范围。堑壕是敌人首先要面对的障碍，即使是干燥的护城河，依然是非常有效的障碍设施。白线标示的是从第三道城墙高处延伸出的排水管道，水从一侧注入护城河，而后经另一侧流回城市。

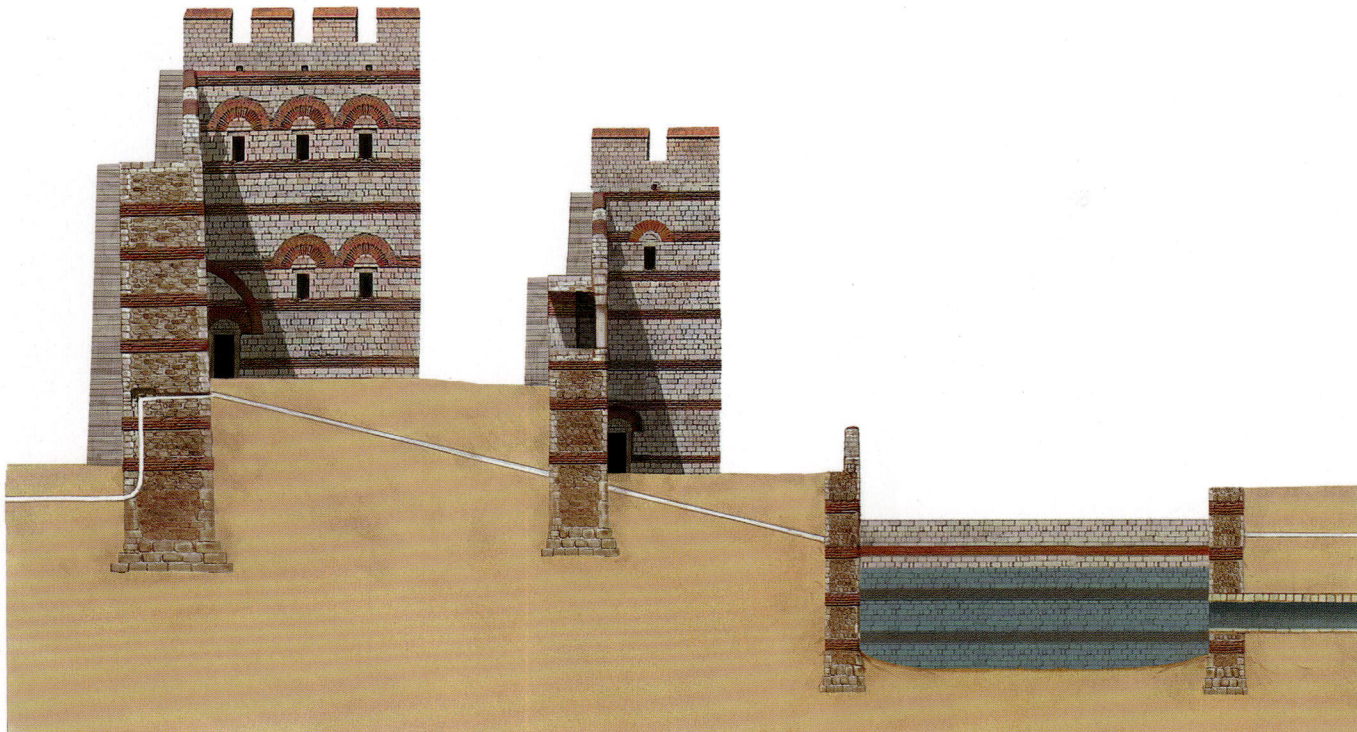

▲约公元1000年，城垣。君士坦丁堡的内墙顶部是利于驻守的宽阔城垣。军队可以沿着城墙行军调动，并轻松地部署到众多的塔楼和城垣的附属设施之中。

▲约公元1000年，城墙、塔楼与雉堞。君士坦丁堡的城墙和塔楼呈现出令人印象深刻的景象，这对于任何来犯者来说，都是一道无法逾越的难关。从潜在的进攻者角度来看，这正是三重城墙与雉堞组成的防御体系的威慑作用。

克服的第一道障碍。护城河"边缘"是与护城河平齐的胸墙。之后是外墙，外墙掩护着护城河和前文所述的胸墙。在外墙的后方，是有塔楼掩护的巨大内墙。这座城市的城墙壮丽而坚固，无疑是古代和中世纪最令人印象深刻且固若金汤的防御工程。

这座城市在攻城战中坚守或击退敌人的记录令人瞩目。从公元626年起，阿瓦尔人和波斯人开始围攻这座城市。阿拉伯人在674—678年以及714年发动了两次进攻。811年，东罗马皇帝尼基弗鲁斯在与保加利亚人的战斗中阵亡后，保加利亚人于813年围攻这座城市。860年，罗斯人围攻城市，第一次东征的西欧军队于1097年发动进攻并被击败。第四次东征的成功上文已经提过。奥斯曼人围攻城市四次，最后一次由穆罕默德二世苏丹于1453年发动，最终获得胜利。此时，曾经强大的东罗马帝国，其领土已经萎缩至君士坦丁堡与其周边地区。随着城市的陷落，这道保护欧洲长达一千年的防波堤也不复存在了。

塔楼

内墙与外墙都有增强防御的塔楼，它们的布置有利于相互支援。尽管外墙的塔楼足以掩护护城河，但内墙规模宏大的塔楼才是主要防御带。两道城墙的塔楼并非相同的形状，它们可以是方形、圆形或五边形，所有建筑工程都是为了从城墙上投射火力。

城门

外墙有13座城门，且它们也都穿越内墙。城市靠海一侧的城墙也有许多城门，另有数座"港口"以及供军舰和商船

停泊的锚地。著名的金色大门（拉丁语Porta Aurea）位于城墙最左侧，远离防守者的视野。这座城门始于公元390年皇帝狄奥多西一世（大帝）修建的凯旋门，最初并没有拱卫它的城墙。这座大门拥有三座拱门，主门较大，中央拱门两侧有两个较小的拱门。此后，随着拱门被整合入城防体系，两个较小的拱门被砖围砌起来并关闭。显然，这座大门由纯金构成，因此获得了这著名的称呼。

公元423年，当狄奥多西二世完成他那宏大的防御工程之时，拱门本身尚未配备门扇，而是在拱门前建造一个较小的大理石城门。大门本身并不是城防体系的一部分，而是受城防工程的保护。这座大门被那些功成名就的东罗马皇帝作为凯旋门，以炫耀在与无数敌人的战斗中所获得的胜利。它是这座城市的胜地，装饰有大量雕像，其中最为著名的应该是公元850年建造的雕塑，由小型拱门上的两座胜利女神像和四座精美绝伦的大象雕塑构成。

▼约公元900年，金色大门。这座恢宏壮丽的城门是狄奥多西城墙最南端的建筑。对比入口旁边渺小的士兵，可知这座城门的规模多么宏大。

早期桨帆船

桨帆船源自地中海东部，最终发展为战舰。这种被称为三层桨座战船的战舰可能是古代腓尼基人发明的，他们是生活在现今黎巴嫩与以色列地区的海上民族。他们建造了豪华而漂亮的航海船，由船桨和风帆提供动力，船体中央的主桅杆上有一道横桁，并悬挂着一面船帆。船的转向则是通过船艉的两支桨进行。正是腓尼基人建立了迦太基，他们把这片殖民地发展为一个强大的海洋帝国，在地中海与罗马争霸。

三层桨座战船

古希腊城邦使用桨帆船作为战舰。根据修昔底德（Thucydides）的说法，科林斯是第一个建造桨帆船的城邦，大约在公元前700年左右，他们开始使用三层桨座战船。桨帆船是为海战而建造的。对桨帆船来说，远渡重洋非常危险，因为它们并不是坚固的船只。它们具有高度机动性，并且只为一个目的而建造——在战斗中撞击对方船只并使其沉没。它们具有高速航行能力，这是进行有效撞击所必需的，但只能在短时间内高速航行。而且，成功的撞击取决于桨手

的训练，以及对船只的有效指挥。

早期桨帆船的尺寸较小，算不上重型船只。有证据表明，它们能被人力拖离水域。为了让船入港靠岸，它们通常停泊在浅水中，并加盖顶棚以防水火侵害。

三层桨座战船的桨手分为三层，即上层、下层和中层———分别是甲板层（thranatai，62名桨手）、船舱层（thalamioi，54名桨手）和横梁层（zugioi，62名桨手）。船上有10名重步兵或者更常见的水兵，还有4名弓箭手、16名军官及其他水手。一艘桨帆船载员大约有200人。有时会有多达40名重步兵部署在船上，不过这似乎更像是战时措施而非标准配置。

冲角表面包裹青铜，是三层桨座战船的主要武器。冲角的建造方式有助于船艏穿浪航行。桨帆船的设计很简单。

船上有属于桨手的船舱，船舱之上是单层甲板，供其余船员使用。这使桨帆船能够在很短的时间内大量建造，特别是在紧急情况下，例如在波斯两次入侵时。

桨帆船可以单独作战，但以舰队方式行动更有战斗力。例如发生在温泉关战役之后的萨拉米斯海战，时间是公元前480年，这是希腊海军抗击波斯人的伟大胜利。

海港有时呈圆形，例如比雷埃夫斯（Peiraieus）港，停靠在那里的战舰可以得到双重保护：一是船棚，它能让战舰在冬季保持良好状态，直至下一次出航；二是港口自身的城防所提供的全面保护。

希腊三层桨座战船有时候会涂刷颜料，不过通常会让木料保持天然颜色。希腊战船的一个典型特征是在船艏涂上眼睛，以此作为船员的护身符。

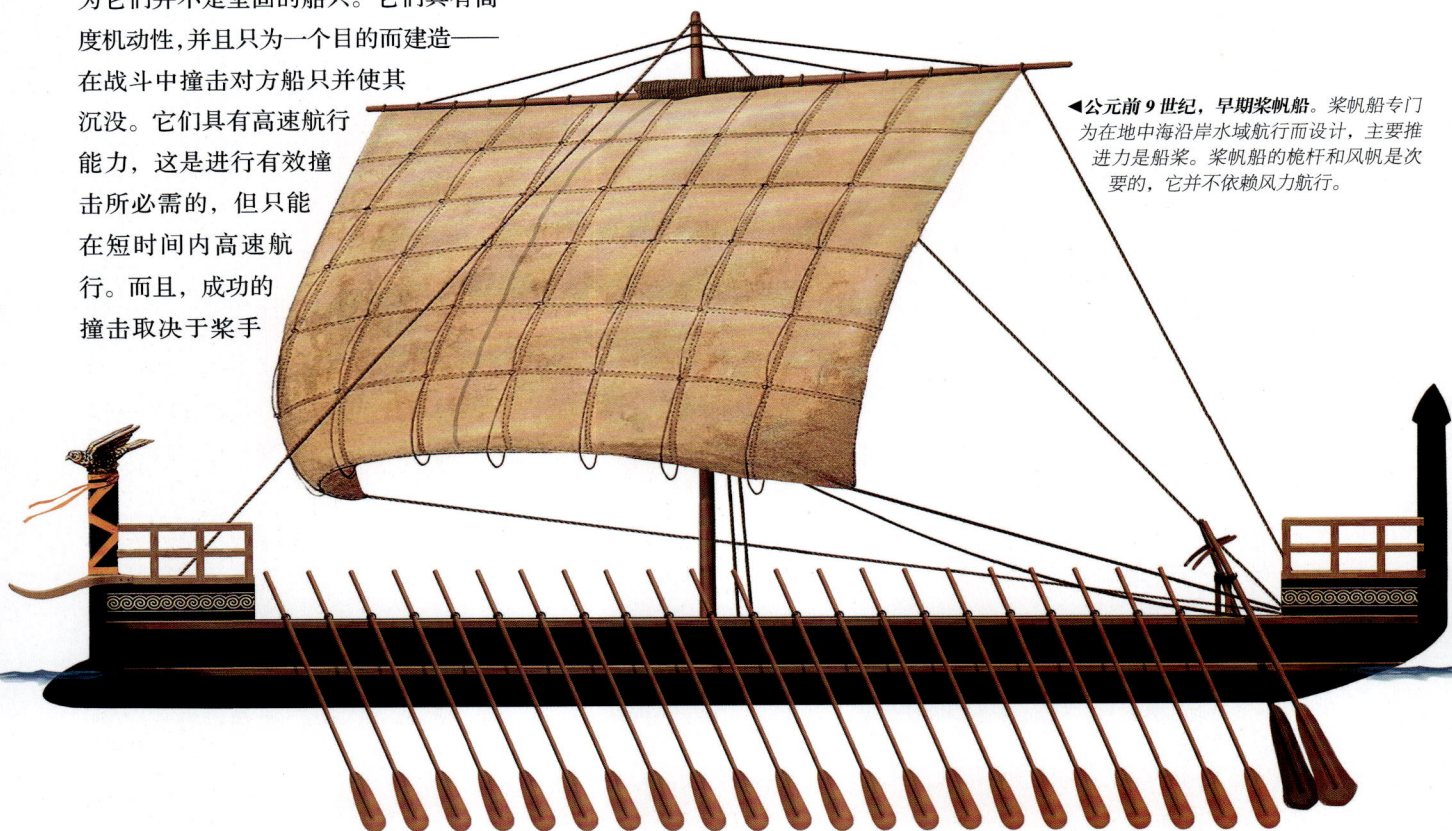

◀公元前9世纪，早期桨帆船。桨帆船专门为在地中海沿岸水域航行而设计，主要推进力是船桨。桨帆船的桅杆和风帆是次要的，它并不依赖风力航行。

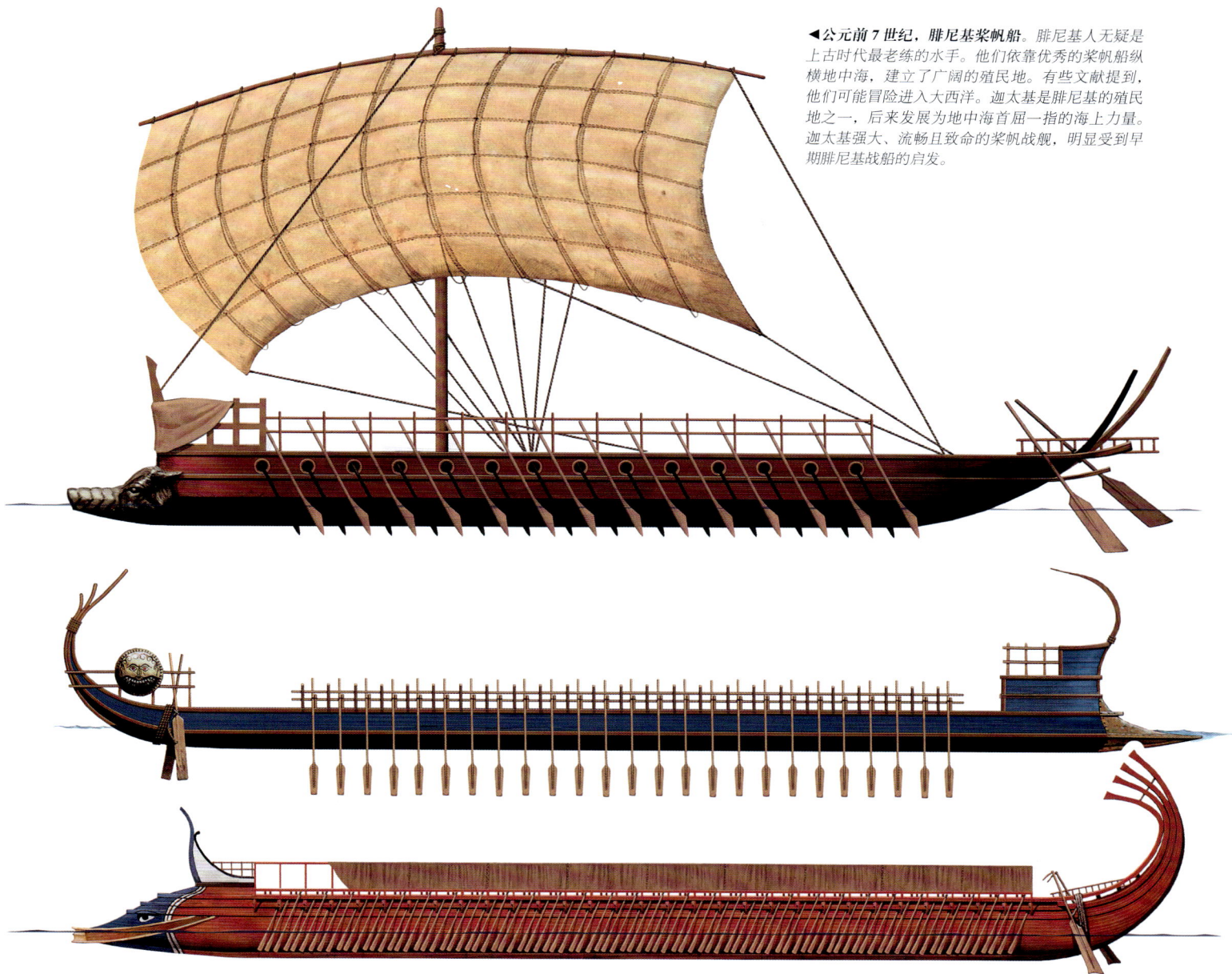

◀公元前 7 世纪，腓尼基桨帆船。腓尼基人无疑是上古时代最老练的水手。他们依靠优秀的桨帆船纵横地中海，建立了广阔的殖民地。有些文献提到，他们可能冒险进入大西洋。迦太基是腓尼基的殖民地之一，后来发展为地中海首屈一指的海上力量。迦太基强大、流畅且致命的桨帆战舰，明显受到早期腓尼基战船的启发。

▲（中图）约公元前 480 年，希腊式桨帆船。希腊人是专业的水手，他们的桨帆船非常适用于他们的海战模式。战舰的冲角位于水线以下，以追求最大程度的破坏力。船员中的海军步兵，能方便地使用桨帆船的上层甲板。

▲（下图）约公元前 480 年，希腊式桨帆船。希腊海军最大的胜利，无疑是公元前 480 年的萨拉米斯海战。这次战役摧毁了波斯国王薛西斯的海军力量，导致波斯对希腊长达 10 年的第二次侵略战争以失败告终。毫无疑问，这场战役使用的桨帆船都采用这种设计。

桅杆，每根桅杆上都挂着船帆，但这种狭长的船还是要依靠两侧的船桨提供的动力。为了战斗而拆掉船帆的时候，可以把帆留在岸上。训练有素的桨手提供了所有推进力，也提升了桨帆船的战斗力。三层桨座战船在使用全部桨手的情况下，能对其目标造成致命伤害，在某些时候甚至将另一艘船撕成两半。一旦冲角撞入敌军船体，进攻的战舰上的士兵就会用木板和抓钩把双方的船连接在一起，以便进行近战。

早期希腊人卓有成效地运用桨帆船，雅典海军在相当长的一段时间内成为希腊的主要海军力量。从古希腊到古罗马，再到东罗马帝国末期以及之后的岁月里，桨帆船一直是地中海地区的主要战舰，直到被风帆战舰彻底取代。风帆战舰的侧舷装备着能摧毁船只的火炮，而晚期桨帆船只能在船艏与船艉配备火炮。

桨帆船的发展

　　罗马桨帆船与希腊桨帆船基本差不多，其船身是流线型，速度很快，在海战中非常致命。如果不是特别设计，地中海的海战中的桨帆船都差不多。

　　三层桨座战船可以保持高达 7.5 节的速度，其青铜冲角重量超过 181 公斤（400磅）。虽然所有舰船都配备了一根或两根

迦太基海军的威胁

迦太基人是海上民族，是建立了这座殖民地城市的腓尼基人的后代。他们的主要目标是制海权，以便控制地中海的贸易。当布匿战争开始的时候，他们的战舰在这片海域是无可匹敌的。

迦太基海军基地

迦太基巨大的海军基地，是他们在海军与海上贸易方面取得卓越成就的证明。在海上强权与陆上强权之间的任何一场战争中，如何进攻敌人是首要问题。

布匿战争初期的迦太基无疑是海上霸主，而罗马是意大利新兴的陆上强国，并将整个意大利半岛置于其统治之下。

迦太基的策略是派遣雇佣军入侵意大利。罗马的对策最初收效甚微，但他们在后来组建了一支海军，在海上击败了迦太基，并入侵迦太基本土，消灭他们的军队，占领他们的首都。在军事史上，很少有帝国或民族能够同时在海上和陆上占据优势地位，但罗马帝国与其继承者东罗马帝国在这一方面取得了成功。

迦太基海军在舰船和人员方面都有优势。迦太基船坞的设计与功能也很优秀，让人回想起希腊的海军基地。不过，迦太基海军基地更加雄伟。迦太基海军拥有成为第一流海军所必需的一切：造船厂、船棚、不间断的修理能力和令人生畏的防御，以及能迅速完成任何任务的出色工匠和领导者。

海军战术

不幸的是，迦太基海军指挥官们未能洞察罗马新锐海军指挥官与经过改造的战舰咄咄逼人的攻击性。罗马人设计出别出心裁的乌鸦吊桥——一种能登上

▼约公元前220年，迦太基战舰。这是一艘线条流畅的强大战舰，由迦太基人设计和建造。鸟瞰视角下（底图），船体的流畅线条清晰可见。训练有素的船员驾驶着他们的战舰，用致命的冲角贯穿敌舰的侧舷和船舱，制造惨烈的破坏效果。船艇配备有两具"弩砲"。由于桨帆船内空间狭小，士兵们的盾牌沿着船舷侧面放置。

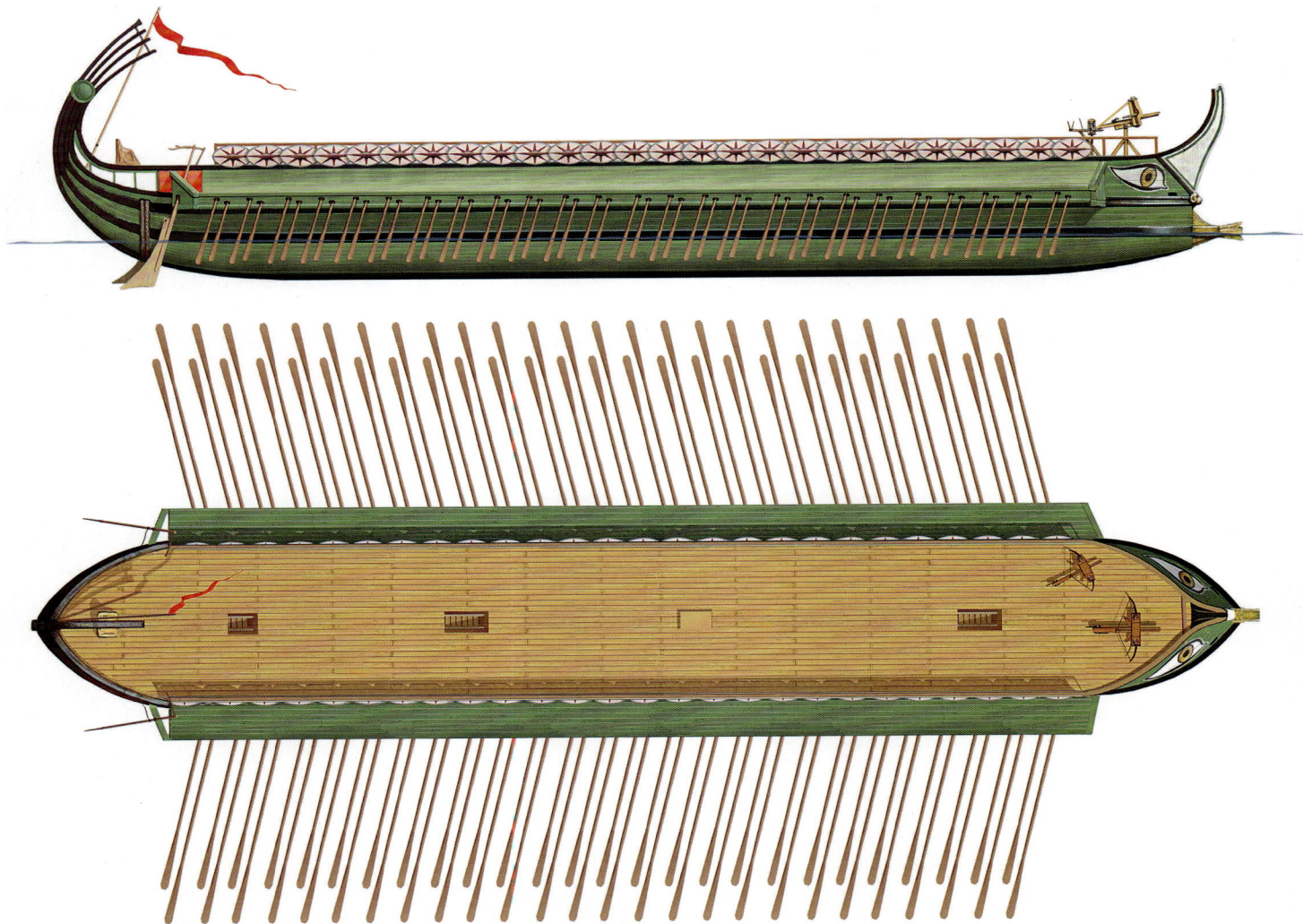

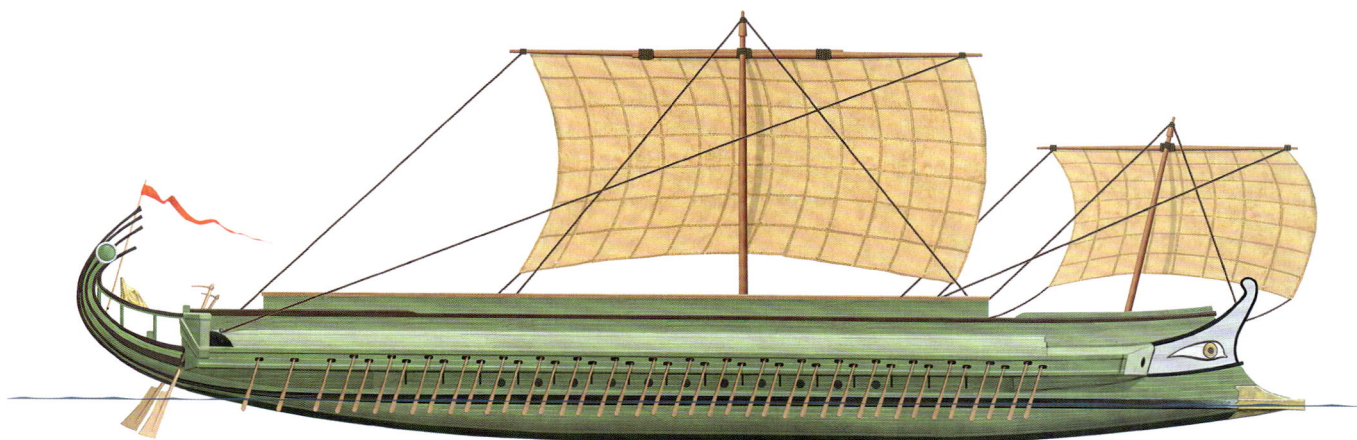

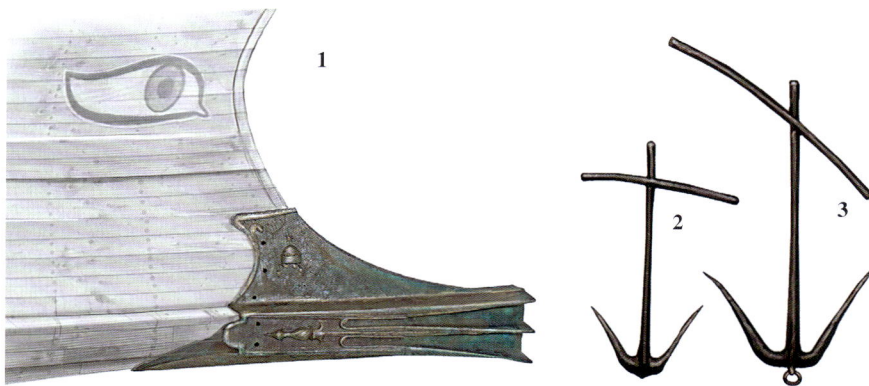

▲约公元前 215 年，迦太基战舰。这艘战舰清晰地展示了当时掌控地中海的迦太基海军战舰所具有的力量与优雅。

◄ 1 是铁制冲角，安装在桨帆船的木制船艏上。这是根据古代冲角的残骸绘制的。2 和 3 是铁制船锚，也是根据古代文物绘制。

敌军舰船的吊桥。罗马人并不撞击敌军战舰，而是逼近迦太基战船并与之平行，用乌鸦吊桥和长钉将双方船只固定在一起。此后，罗马步兵会登上敌船，与敌人短兵相接。

自雅典海军的伟大时代以来，冲角的技术从未发生改变。所谓的技术进步，通常只是提升了舰船的体积与适航性。在布匿战争期间，海军唯一的革新是罗马的乌鸦吊桥。

桨帆船结构

腓尼基人发明了这种船型，希腊人和波斯人将其当作主力战舰，桨帆船的结构长期以来并没有发生太大变化。在希腊和罗马时代，基本上有两种建造船体的方式。第一种是先放置龙骨，即位于船体中央从船艏至船艉的"脊柱"。然后开始建造船肋，这是连接在龙骨上的垂直支撑，并与龙骨保持正确的角度。最后铺设木板将船肋覆盖起来，或以首尾相连的方式铺设，或是从一侧向另一侧铺设，使船体表面光滑流畅。

第二种方式用于地中海的桨帆船。先铺设龙骨，在不安装肋骨的情况下，直接制造船体的外轮廓。然后安装船板，充实船体外结构。这些船板以首尾相连的方式铺设，赋予船体流畅的表面，既提升了其航速，也减少了水的阻力。此后，再建造与船板连接的肋骨。

船体建造完成后，开始建造船体内部，包括划桨手的舱室和顶层的甲板。船桨和桨手的数量取决于所建造的桨帆船类型。例如，三层桨座战船的每侧船舷有三排划桨手。主甲板上竖立桅杆，通常配有一根桁端与一面大型单帆。

大部分船员都是桨手，而战船上也会配属军团步兵或者舰载步兵。一艘希腊式的三层桨座战船拥

有170名桨手，分三层配置在两侧船舷，其中两层各有27人，一层为31人。船员总数为200人，包括船长在内的11人操纵船只，另外19人负责作战。罗马的桨手不是奴隶，而是水手和自由民。

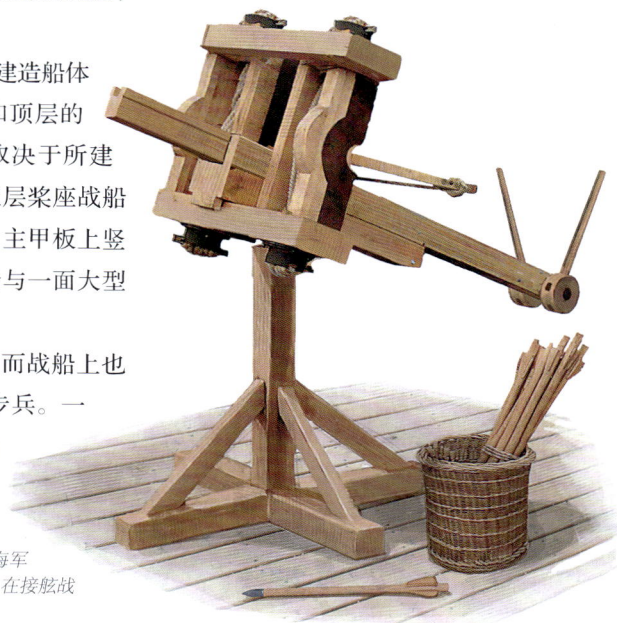

▶约公元前 220 年，海军弩砲。无论共和国时代还是帝国时代，罗马海军都会配备类似弩砲的小型投射武器，在接舷战斗中使用。

罗马海军应对迦太基的策略

第一代罗马战船如同其经验不足的船员一般笨拙。罗马人吸取军团的主要战术，用以改进海军的作战技巧。他们发明并采用的战术是乌鸦吊桥。

乌鸦吊桥

每一艘罗马桨帆船在船体的前方都有大型跳板。这一坡道通过滑轮系统升降。罗马人在战斗中不撞击迦太基人的桨帆船，而是将他们的桨帆船与迦太基战船并列，然后摆动乌鸦吊桥——一端固定在罗马的桨帆船上——钩住迦太基

▼约公元前220年，罗马桨帆战船。这幅罗马战船的侧视图展现了安装和搭载乌鸦吊桥的方式。安装乌鸦吊桥之后，战船只能在风平浪静的海域航行。不过，这一革新赋予罗马人胜过迦太基海军的优势，乌鸦吊桥及其作战方式是迦太基人始料未及的。

敌人的战船甲板。这一系统给了罗马步兵一个登上迦太基船的坡道。然后，罗马人依仗舰载步兵对敌人的桨帆船发动冲锋，像在陆地上一样进行肉搏战。

虽然这种新奇的海军发明奇袭了迦太基人，并取得了成功，不过依然存在问题。乌鸦吊桥是一种笨拙的装置，毫无疑问会对桨帆船的正常航行造成各种困难，尤其是在海面不平静的时候，此外，如果乌鸦吊桥未能击中敌军舰船的甲板，即使是一瞬间，也会使罗马战船在海战中处于极大劣势。如果在捕获敌人的船只之后，没有迅速把乌鸦吊桥底部的大型铁钉从敌船甲板中拔出来，那么乌鸦吊桥可能会落入海中，使战船失

▼约公元前220年（底图），罗马桨帆战船。这幅罗马战船的俯视图清晰展示了乌鸦吊固有的笨重。战船的船艏非常沉重，而乌鸦吊的主要重量都集中在船的左舷（左侧）。另外，没有证据表明罗马人试图增加船艉的相应重量来平衡船艏的负重。

去主要的攻击手段。根据罗马人的经验，无论是操纵驾驶单艘舰船，还是舰队调遣与海上作战，乌鸦吊桥都会成为障碍。事实上，罗马人依仗的是桨帆船的常规武器与海军投射武器，例如特别为海战设计的小型投石机和弩砲。

革新

罗马和迦太基的船只非常相似，双方都使用重型的五层桨座战船。根据波利比阿（Polybius）的记载，这是一种由五层划桨手操纵的桨帆船，由罗马人仿制自被丢弃的迦太基舰船，但其原始设计源自希腊。

波利比阿还告诉我们，在第一次布匿战争中，罗马投入了100艘大型桨帆

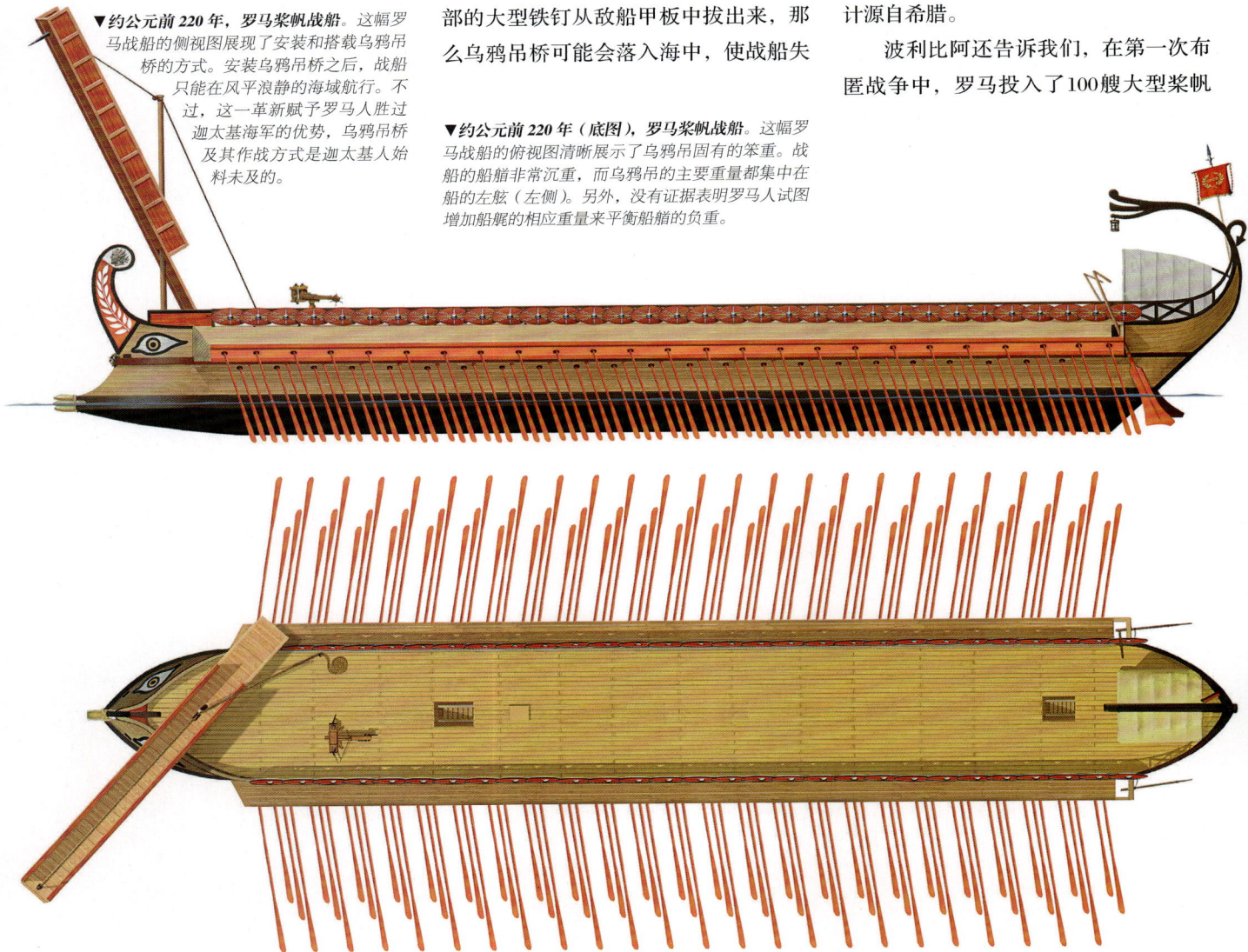

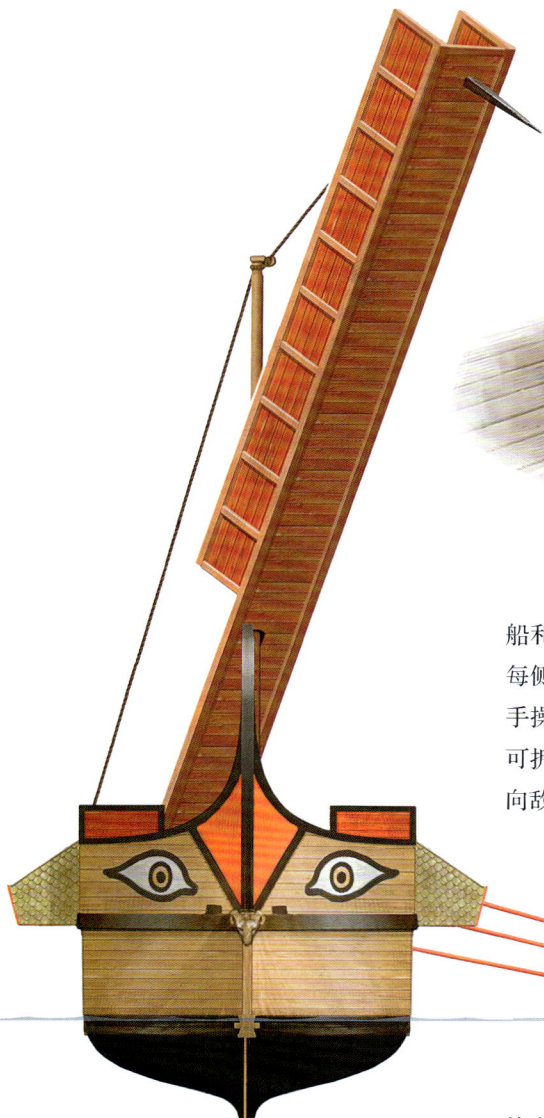

▲约公元前220年，投石机。小型投石机，例如此种类型，可以在舰船上使用。不过，它和大部分海上使用的投射武器一样，以颠簸的船作为战斗平台。它在船上的精确度较差，而在陆地上则更加稳定。熟练且视力优秀的砲手，依然能在海上实战中多次击中目标。

船和20艘三层桨座战船。五层桨座战船每侧船舷有90支船桨，由多达30组的桨手操纵。罗马人还在战船甲板上加设了可拆卸的塔楼，使投射武器可以从高处向敌军舰船倾泻火力。

海军术语。船长是"三层桨座战船长"（trierarchs），分舰队司令成了"船队首领"（navarchs）。不过，舰队司令的称呼是彻底的罗马式头衔，也就是"总督"（prefect）。

▲约公元前220年，罗马乌鸦吊桥。大型乌鸦吊桥是笨重的，必然会让装备它的罗马战船变得头重脚轻。这导致战船只有在风平浪静的海域才具备适航性。不过，这种武器是成功的，一直使用到罗马海军发明新战术为止。

罗马人最初以自己所能理解和擅长的方式组织海军，就是以军团的方式来编组罗马舰队。当舰队准备好作战的时候，指挥官采用的战术是将战舰一字排开成横队，这些横队用数字命名，也称之为"军团"。早期罗马舰队有时会以共和国时代的步兵中队军团的方式命名，比如青年兵、壮年兵和预备兵。

伴随着罗马海军的成长与胜利，海军术语取代了早期使用的陆军术语。对于海军高级军官的军衔，则采用了希腊

船员和舰载步兵

第一批进入罗马舰队的步兵是从军团中选拔的，他们的装备无疑和留在岸上的军团步兵一样。在许多现代论著中，这些军队被命名为"海军陆战队"，但这个名词从历史和现实来看，都被滥用了。罗马指挥官在船上部署了大批士兵。马克·安东尼在前往亚克兴的舰队上搭载了20000名军团步兵。

▼约公元前220年，罗马五层桨座战船。五层桨座战船其名称中的"五"令人瞩目，这是一种五层排桨的大型桨帆船。它不仅是比普通三层桨座战船拥有更多的船员，还能搭载更多的部队登上敌船。这艘船的甲板上有两座作战用的船楼。

分配到每艘船上的士兵数量不同。波里比阿声称，五层桨座帆船有300个划桨手，最多能再装载120名士兵。一艘四层桨座帆船有大约70名士兵。这些人似乎能从船员的军官那里接受一些训练，无疑增加了海上作战的经验。罗马海军部队可能和驻扎在陆地上的兄弟部队看起来不同，其战斗方式、作战目的与基本编制都不相同。不过，当他们在岸上

▼ **公元前3世纪，罗马舰载步兵（百夫长）**。船上百夫长的装备和陆地上的类似，特别是在海军建立初期。他的护甲是这个时期的典型样式，不过他的剑鞘在身体左侧。他的胫甲样式很有意思，可能是按照他个人的喜好设计。他的盾牌上没有标志，这是很不寻常的。

▲ 这是桨帆船航行的现代复原图，描绘了这种船以全部划桨手航行的画面。早期桨帆船配有一个帆，在必要的时候，船帆可以降下或者存储起来。主桅杆有一个帆桁，上面挂着大型主帆。桨帆船的主要武器是冲角，船上的作战塔楼清晰可见。

▶ **公元前2世纪，罗马海军辅助兵**。罗马辅助部队通常使用札甲。这个弓箭手装备着复合弓，他的箭囊绑在身后以便快速取用。他的近战武器是短剑，还带着护颈，防止盔甲擦伤。

作战时，将起到同样的作用。

由于船上的空间有限，小分队的数量将更多，他们的个人作用就降低了。百人队、步兵大队和军团分布在各艘战舰上，这对较低级别的军官和军团步兵来说，就意味着要承担更多的责任，特别是在海上混乱的肉搏战中。

尽管"舰载步兵"这个术语指在船上服役的军团步兵，但罗马人没有这样的兵种。这些船上的步兵是从陆军中派出的，其服饰、盔甲和武器与特定时期的军团步兵相同，很少甚至根本没有海军步兵的特种装备。他们以百人队为单位进入舰队，通常由百夫长和副手率领。

最终，无论是分配到主力舰队、分舰队，还是分配到海岸或内河舰队支队的军团步兵，都在

长期而顺利的服役期里称呼自己为"海军步兵"，以此区别于其他部队。这些全副武装的罗马步兵可能会游泳，也可能不会，这在海战中是突出的劣势。如果罗马军团步兵不幸掉进水里，沉重的装备可能将他拖入深水溺死。在海上交战中，通常有严重损坏

的战船残骸和废弃物，这些碎片会分布在舰船附近海域。如果水手或士兵从船上掉下来，抓住任何一个漂浮物，就可能会活下来。他也许会被战友解救，也许会被敌人遇到，登上敌军的救援船。罗马水手或者军团步兵如果被幸存的敌人搭救，在如此特殊的作战环境中，几乎没有机会活下来。

▶**公元前3世纪，罗马舰载步兵。**在海军创建初期，被派去担任"海军陆战队"的罗马步兵想要登上敌船无疑是很艰难的，直到他们获得了"海上之腿"。从此之后，他们能在海上生存下来，并在与迦太基舰队的作战中幸存。这一时期，罗马军团的三种重步兵都在左腿佩戴胫甲，这条腿在投掷短矛或者标枪时会向前跨。

▲**公元前3世纪，罗马舰载步兵。**舰载步兵的武器和盔甲类似于陆地上的军团。这位士兵的盾牌上描绘了一头野猪，这是军团喜爱的标志，也是他所属部队的徽章。他的方形胸甲和方形背甲相对应，用皮带相互连接。他的短剑挂在腰带上。他把短剑挂在右侧，以便在需要列阵的时候，能够用左手举起沉重的盾牌。

罗马海军步兵

罗马人建造了军舰，并发明了适合他们的海军战术，用陆地上的军事力量进行支援。他们的战术是让己方步兵登上敌舰，以便进行肉搏战。最初的罗马海军步兵，只是被分配到舰队的陆军步兵。罗马舰队成功地战胜迦太基人之后，进一步组建驻扎在各种舰船上的步兵部队，并且长期培养职业海军步兵。到了现代，他们被称为"海军陆战队"。

戎服

按照我们到目前为止所知道的，罗马水手没有戎服。他们的穿着可能彼此相似，但基本上都是普通水手打扮。海军步兵比长年驻扎在陆地的步兵穿得更好。他们的衣服可能是防水的，以便在海上航行时保持良好状态，因为海盐和波浪会损坏普通衣服。他们穿短战袍，还有各种短款和长款的披风。这些服饰与陆上部队所穿的类似，但更加适合海上环境。他们穿各种短裤或长裤，水手们还戴着一种已经使用了几个世纪的尖头帽。弗里吉亚头盔也是常见装备。战袍和其他衣服最常见的颜色似乎是灰色、浅蓝色和深蓝色，当然也有红色。

武器和盔甲

舰队指挥官和海军步兵使用的护甲，通常是陆军官兵使用的样式。目前已发现他们使用肌肉胸甲与链甲的证据。很明显，皮甲的使用最为普遍，它不

▲公元前31年，屋大维的舰载步兵。这是亚克兴之战中屋大维舰队的一名海军步兵，在他身上可以明显看到希腊的影响。他穿着一件皮制肌肉胸甲，戴着希腊式头盔。他的盾牌是椭圆形，这种三叉戟图案无疑是海军步兵专用的。

◀公元前70年，罗马百人队副官。百人队副官是百夫长的副手，由他的战友们推举。他穿着链甲，携带常用的曲面盾牌。他的短剑挂在肩带上。

仅重量更轻，也方便在舰船的狭窄空间中移动，还不会有溺水的危险。金属盔甲的重量会使穿戴者下沉，而皮甲可能使他在获救之前保持漂浮状态。

海军步兵使用普通头盔，和陆军步兵佩戴的类似。随着时间的推移，他们

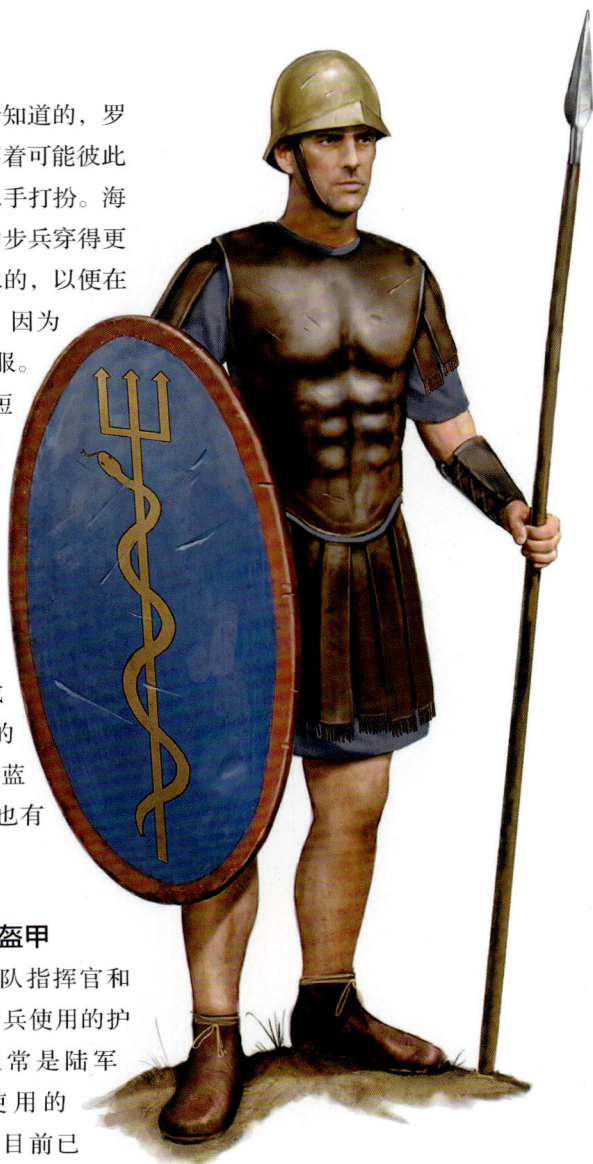

◀公元2世纪，罗马保民官。保民官作为高级军官，其戎服和装备比百夫长要精美得多。这没有例外。画中的这个人在多瑙河舰队服役，其装备适用于陆地作战。这面六边形盾牌有些奇观，通常是辅助部队的装备。毫无疑问，这个三叉戟图案是海军标志，他可能因为长期在海上服役，所以增添了相对应的标志。盔甲外面挂得到的勋赏，这是他战功的见证。他精美的头盔上装饰着羽毛，无论在船上还是在陆地上，都能被下属辨认出来。

▶公元3世纪，米塞努姆（Misenum）舰队，海军步兵。这一时期，罗马士兵正在发生变化，特别是武器和盔甲方面。他们甚至不穿链甲，武器也变得简单——一杆长矛或标枪，再加上较小的圆盾。这名步兵驻扎在那不勒斯附近，那正是米塞努姆舰队的基地。

▼这幅画描绘了一艘在港口下锚的罗马桨帆船。这艘船的桅杆已经放下并储存起来。有意思的是，这幅画的左下部分有一艘木筏，可能用来将补给运输到下锚的船上。

和陆军部队一起改变盔甲样式，并根据所在部队选择羽饰和马鬃盔缨。盾牌将变得更小，呈圆形或椭圆形，当然也有矩形盾牌。还有证据表明，一些盾牌可能由皮革制成。海军步兵大都使用长矛或短矛，也有许多士兵携带短剑。此外，他们还可能装备匕首。

屋大维时代的海军步兵可能不是"整齐划一"的，他们与在陆地执行任务的军团步兵有一定差别。但这似乎没有持续多长时间，海军步兵的装备与陆地上的军团步兵趋向一致，只是在服饰的细节方面有所不同。

◀这是描绘大约公元 100 年时，泰晤士河上的罗马属伦敦港的场景模型，根据这条河的考古资料制作。港口本身看起来相当现代化，码头区建有仓库。画面中有一艘平底船，附近的商人正在把货物装船，为下一次航行做准备。

姆和拉文纳的两个帝国军港。罗马获得地中海制海权之后，两支禁卫舰队在皇帝的控制下更像是"海军中央预备队"，因为规模较小的行省舰队与陆军合作紧密，禁卫舰队却并不活跃。

内河作战

除了莱茵河和多瑙河上的主要舰队之外，罗马人还在帝国的其他主要水路部署了内河舰队。

罗马人在地中海有三支主要舰队，分别驻扎在靠近现代马赛的波图斯－尤利乌斯（Portus Julius），还有意大利的拉文纳，以及那不勒斯港北面的米塞努姆。后来，他们被合并为两个禁卫舰队。波图斯－尤利乌斯的舰队被解散，舰船、军队和装备被分到米塞努

▶公元 4 世纪，莱茵河分舰队，海军步兵。他的武器和盔甲表明，罗马人正在受到蛮族的影响。他们接触的蛮族，要么是交战的敌人，要么是雇佣的辅助部队。他装备着长剑与圆盾，头盔的外观更像是日耳曼式，而不是传统罗马头盔。

◀公元 4 世纪，莱茵河分舰队，海军步兵。这名步兵的武器和护甲很简单。这面圆盾在这个时期很常见，其服饰深受日耳曼人的影响。右侧这根箭状物体可能不是武器，而是等级或身份的象征。

▲**莱茵河巡逻艇**。罗马人对水域航行持有乐观进取的态度，他们为了军事目的，将这种态度用于欧洲可航行的大型河流，比如莱茵河和多瑙河。罗马人制造了合适的船用于运输补给，还用于控制河流与附近的陆地。这是莱茵河分舰队巡逻艇的侧视图与顶视图。如果有合适的设施，罗马海军舰船就停泊在港口中。在必要的时候，他们也会停泊在河滩上。有了这些舰船，罗马步兵的登陆行动就变得非常容易。

　　行省舰队负责控制当地海岸线，以及巡逻和管控内陆水道。他们的舰艇通常由既适合其任务又易于操作的小型舰船组成。埃及的尼罗河由驻扎在亚历山大港的舰队控制。英吉利海峡的罗马舰队驻扎在布洛涅（Boulogne），其任务是与罗马不列颠保持联系，并在必要的时候为地面部队提供海上支援。

　　莱茵河和多瑙河沿线有三支小舰队，莱茵河畔的日耳曼尼亚舰队，上多瑙的潘诺尼亚舰队和下多瑙河的默西亚舰队。潘诺尼亚舰队还巡逻黑海，日耳曼尼亚舰队时不时冒险进入北海这片具有挑战性的水域。

　　有些军团会执行水上任务（海军分舰队——可能以部署在内陆水域和帝国沿岸的那些优秀的轻型桨帆船命名）。例如第22军团"普里米吉尼亚"，他们在莱茵河和日耳曼尼亚的主要河流行动；还有第10军团"海峡"，他们在巴勒斯坦的约旦河和加利利（Galilee）海作战。

补给和运输

　　罗马舰队通过水路运输食品、武器、护甲和其他补给。他们还负责运输军队，或增援其他部队，救援遇到麻烦的部队，并协助部队调动。内河舰队的组建，使罗马军队在北部边境的战略机动性与战斗力大为提高。

　　河流原先的港口不仅是运兵船的停泊之地，修建浮桥的船与木筏也会停泊于此。士兵们可以通过浮桥跨越河流，使湍急的河水不再成为障碍。塞克斯萨吉塔－普里斯塔（Sexaginta Prista），即今日保加利亚的劳斯（Rouse），就是韦斯巴芗统治时代修建的一个港口，位于多瑙河最宽的地方。这个港口的罗马名字似乎源于"60只筏子"这一术语，我们可以据此推测当时常备船的种类。奥德修斯（Odessus）、尼哥波立和诺瓦伊（Novae）也用于停泊罗马海军舰船。

▶**公元4世纪，莱茵河分舰队，军官**。这件肌肉胸甲让人回想起更早的年代。他的头盔是东罗马或日耳曼风格。他的军用斗篷是蓝色，这是在海上服役的象征。他的矛杆有许多装饰，可能用于某种仪式，也可能是奖赏。

海军舰船的设计

罗马人掌握了建造更大的桨帆船的技术，但在罗马共和国和罗马帝国时期，海战舰船的基本设计是不变的。虽然他们能够建造更大的桨帆船，但这些船并不实用。

大型木制战舰，即使是在风帆战舰的鼎盛时期，其暴露的问题也从未被完全克服过。而且，当船艏与船尾开始下垂的时候，问题就会变得严重。这是一种危险的情况，可能造成不可挽回的损失。较小的桨帆船价格低廉且易于更换，即使出现问题，也不会影响大局。但对于大型桨帆船而言，就没有如此简单了。

利布里安（liburnian）桨帆船是标准桨帆船的改进型，通常是两排船桨的对排桨帆船。这种舰船比标准桨帆船更短、更轻，吃水也更浅，被罗马人当作舰队的侦察船——很像18世纪和19世纪早期海军使用的快速帆船。这种船并不经常参加战斗，通常不安装冲角。最初，罗马人可以非常迅速地制造这种船，但后来在船艏安装了冲角，其建造速度因此变慢。在帝国时期（公元100年左右），这种船越来越普遍。

用水手充当桨帆船的划桨手，而不使用奴隶，是罗马海军的一大优势。水手们或多或少地自愿加入海军，而不是被迫服役。克劳狄似乎给在舰队服役的男性提供了法律特权，他们在服役26年后，全家都可以得到罗马公民权。

技术兵

这些士兵是海军工程方面的专家，负责设计专门在河流上行驶的舰船。他们是船员的组成部分，当舰船在海上和河流中航行时，其任务是维护舰船。

海军技术兵种要求严格。造船工匠设计船舶，既要确保施工按计划进行，还要保证施工材料的供应。技术兵、木匠、桶匠和铁匠都属于重要的技术人员，他们确保舰船能够在海上与河流中稳定航行。一般来说，设计者不会上船，也不驻扎在港口和海军基地里。不过，一些优秀的海军指挥官会带上经验丰富的技术兵，以便修理激烈战斗或恶劣天气造成的船体损害。海军技术兵也携带武器，但他们的首要任务不是作战。他们的存在意义重大，除非遇上紧急情况，否则不会冒任何风险。

◀公元200年，罗马海军技术兵。技术兵是富有才能的工人，受雇于罗马海军。他们的主要任务是保证罗马海军舰艇在河流和海洋上正常航行。

▼公元前212年，在围攻叙拉古期间，罗马人被阿基米德设计的反攻城装置挫败，也就是所谓的"阿基米德之爪"。这种器械将船拖离海面，然后再将它们扔回去。

▲公元前100年，利布里安桨帆船。利布里安桨帆船是一种比三层桨座战船和五层桨座帆船更轻更快的舰船。这种船通过划桨推进，其速度在侦察和突袭中很有用处。

攻城战中的桨帆船

这一时期，罗马人也建造攻城船。他们在围攻叙拉古等战略性港口时，会使用这种舰船。围攻港口的关键在于，必须在一段时间内进行海上封锁，以此切断港口的外部援助，防止敌人突破围攻。无论哪一个时期的罗马海军，都没有能力封锁整个海岸线。他们有时确实封锁了港口，但聪明大胆的敌军指挥官总会设法在夜间进入被围困的港口。

叙拉古围攻战从公元前214年持续到公元前212年。在此战中，罗马军队全

力进攻城中的希腊人，这是海军与陆军协同作战的经典案例。上图是一艘攻城桨帆船，用来从海路进攻城市。这一次攻城最终失败，因为阿基米德设计的守城机械挫败了每一次从海上逼近城市的企图。罗马人在部署攻城船时表现出了创新精神，但阿基米德与守军的反制措施更加高明。罗马人发明了一种专业船只，适合从海面直接进攻建有大型防波堤的港口。他们能坐船冲到城墙下，然后打开突破口。攻城船快速航行到目标海域，如果水深足够，就直接停在城墙边，甚至在放下吊桥之前发起进攻。这种改进过的桨帆船很难操纵，在靠近岸边和卸载登陆部队时，非常容易受到攻击。

罗马海军的登陆作战令人印象深刻。在入侵不列颠期间，罗马海军的任务是

运输官兵和辎重。他们圆满得完成了任务，毫发无伤地将全部军队送至不列颠海岸。

▼公元前100年，攻城船。当罗马人围攻城市或要塞的时候，如果可以沿海岸逼近城墙，就会建造攻城船。他们在大型桨帆船，比如五层桨座帆船上配备合适的吊桥。当桨帆船移动至城市或堡垒的防御墙下，罗马人会放下吊桥，让士兵登城陷阵。这相当于海军使用的攻城塔。有时候，他们会使用两艘桨帆船部署吊桥。此时，舰船要进行360度转向，如此部署的攻城机械并不稳定，通常无法奏效。

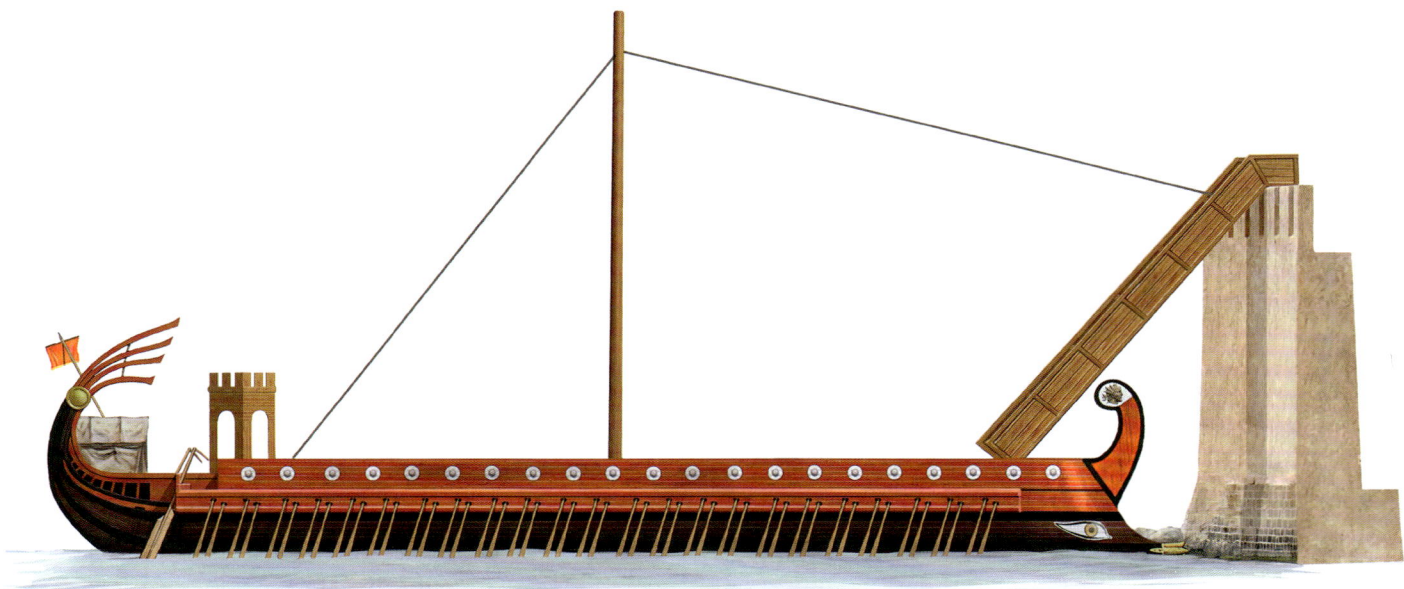

东罗马海军

▲ **希腊火是东罗马海军的秘密武器**。直到今天，这种易燃混合物的实际成分仍然是个谜。此外，将火焰喷射到敌舰表面的具体方法也只是猜测。能确定的是，这种方法极为有效，令东罗马的海上敌人胆寒，且很难被扑灭（它能在水中燃烧）。通过使用希腊火，东罗马海军多次取得决定性胜利。

◀这幅 11 世纪的插图，展现出东罗马桨帆船的鲜明特色，也就是船舷悬挂圆盾。

东罗马帝国的海军在其存在的大多数时间里，都强于自己的所有敌人。几个世纪以来，他们在地中海世界所向无敌。海军是东罗马霸权的基础，特别是在西罗马陷落后的最初几百年，他们的舰队不受阻碍地驰骋于地中海，可以将军队运送到任何目的地。这一战略机动优势，给了贝利撒留和纳尔西斯等罗马将领在他们预想的时间和地点进攻的能力，使东罗马军队能够在北非、西班牙和意大利对敌人发动袭击。

德雷蒙战舰

最初，东罗马桨帆船与地中海其他强国使用的桨帆船相同。经过数个世纪的时间推移，桨帆船逐步发生变化。德雷蒙战舰是一种特殊的桨帆船，从各方面看都是出色的舰船。船上有两个桅杆，每个桅杆都挂着船帆（更可能是三角帆，而不是方形帆）。这种战舰整体呈流线型，设计十分精美，能匹敌任何潜在的敌人。与早期桨帆船相比，德雷蒙战舰得到了极大改进，增强了东罗马海军的战斗力。在东罗马帝国最初的五六百年里，德雷蒙战舰使东罗马海军保持优势。

▼**公元 700 年—公元 1100 年，德雷蒙战舰**。东罗马桨帆船装备着喷射致命的希腊火的装置。在这幅图里，喷火装置位于船艏，呈龙头形状。

希腊火

东罗马发明的最致命的战争武器，是神秘而令人恐惧的希腊火。东罗马海军用这种可怕的武器取得了巨大的战果。它的杀伤效果在这一时期的古代手稿中有所描述，但人们实际上不知道这种液体燃料的确切成分，东罗马桨帆船将希腊火喷射到敌舰表面的方法也无从知晓。有人推测其喷射系统可能是一种泵动机制，它在海战中的作用不言自明。

喷射装置位于船舷附近，有的安装在船艏。在敌船进入射程范围后，东罗马战舰开始喷射液体火焰，大火瞬间燃烧在敌船表面，也可以直接烧死敌军士兵。它实际上是火焰喷射器，燃料成分可能非常像现代的凝固汽油弹。这种液体火焰是否有"黏性"，能否使用常见的消防方法扑灭，也是未知的。当东罗马战舰喷射出熊熊烈火，任何扑灭火焰并拯救船只的企图都是徒劳的。

▼ 公元700年—公元1100年，德雷蒙战舰。东罗马德雷蒙战舰是出色的桨帆船，是帝国舰队的主力。它有两根主桅杆，而不是一根，还用三角帆取代了古代的方形帆。这种船的船体呈流线型，由专业的船员操纵。在长达数个世纪的时间里，东罗马海军控制着地中海东部。

东罗马海军的衰败

虽然东罗马海军战功卓著，但后来被帝国政府所忽略。到了12世纪的时候，东罗马海军已然陷入困境。当时，海军的军区被外国征服，建造舰船和维持海军的必要资金被缩减。东罗马的战略目标，很快变为防御剩下的岛屿和首都君士坦丁堡。

第四次东征的西欧人对君士坦丁堡的进攻，将东罗马海军余部孱弱的战斗力暴露无遗。他们只有凿沉战舰，才能阻止威尼斯桨帆船的进攻。1453年，在君士坦丁堡最后的保卫战中，东罗马在海上完全依靠热那亚和威尼斯的战舰。当奥斯曼人涌入城市，这些西欧战舰带上部分幸存者逃了出去。

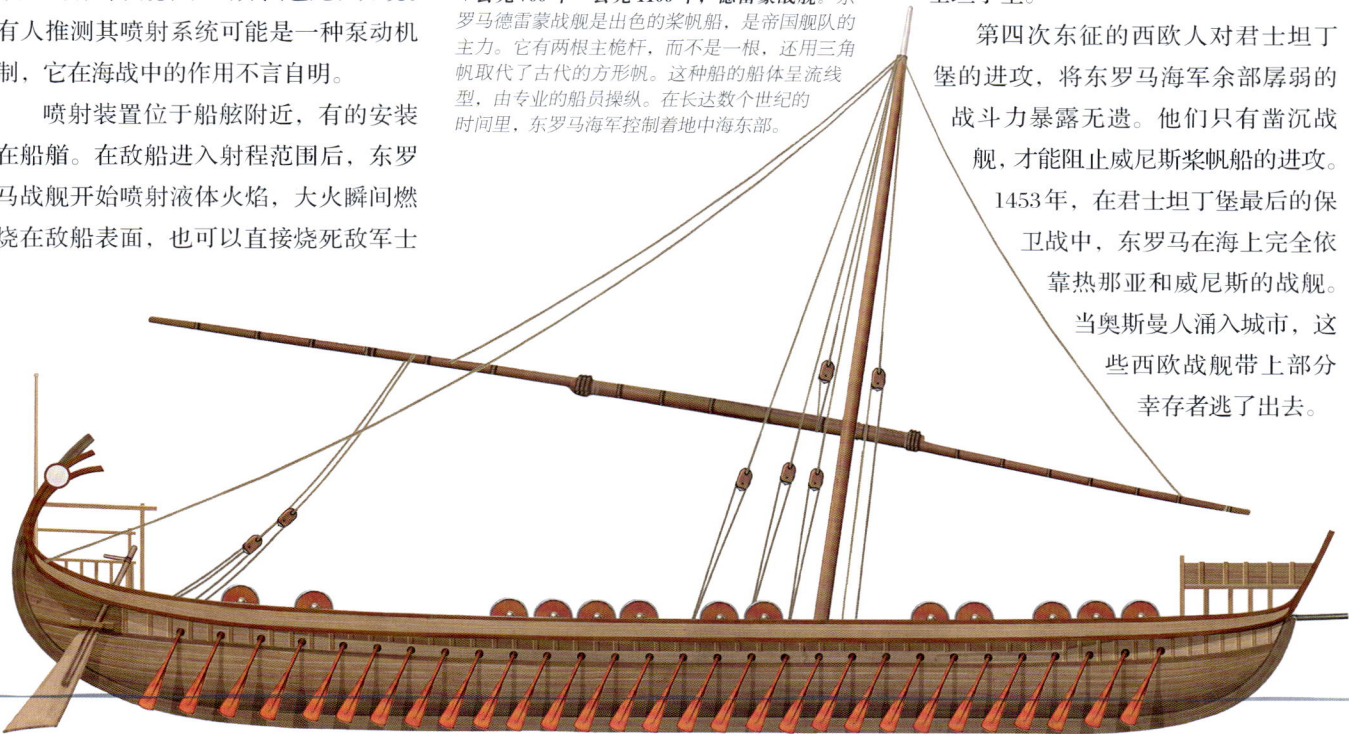

◀公元700年—公元1000年，东罗马桨帆船。这种小型船比德雷蒙战舰要轻，一般用于侦察和通讯。它的装备和操纵方式，也很适合作战。

术语解释

翼（Ala）：罗马骑兵编制，下辖大约30名骑兵。

抛石机（Alakation）：东罗马杠杆式投石机。

前锋官（Antesignani）：战场列阵时，部署在部队旗帜前方的罗马士兵。

鹰旗（Aquila）：罗马鹰旗是公元前1世纪马略确定的罗马军团的标志，最初是银制的，后来用黄金铸造。

鹰旗手（Aquilfer）：鹰旗携带者，也就是举鹰旗的罗马军团步兵。除了武器与盔甲之外，他还穿着兽皮，一般是熊皮或狮皮，从头部一直延伸到后背。

勋环（Armillae）：臂章，一般由黄金制成，作为军事嘉奖下发。百夫长们通常在阅兵和战斗中佩带它们。

辅助部队（Auxiliaries）：这种军队通常在盟友或者被征服民族中招募，不是罗马军团的组成部分，而是在作战中支援罗马军团。这些部队由弓箭手、投石兵、步兵和骑兵组成。

肩带（Baldric）：悬挂剑或者匕首的带子，挂在肩部。

马甲（Barding）：战马使用的盔甲。

罗马军裤（Braccae）：罗马人在寒冷地区使用的军用裤子，比如在不列颠和北方边境地区。

▲这是典型的罗马早期头盔，其冠状盔缨明显受到希腊的影响。

▼马其顿肌肉胸甲和头盔。

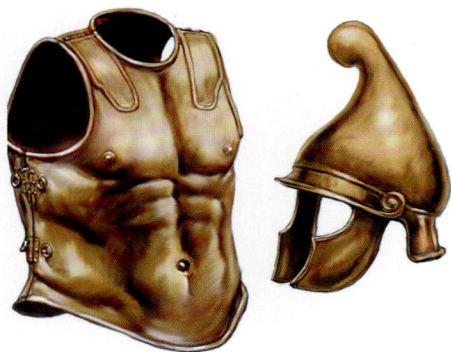

号手（Bucinator）：演奏铜号的军乐手。铜号是一种管乐器，罗马人会在要塞和营地中演奏，以发出换岗信号。

罗马军鞋（Caliga）：罗马的军用鞋子或者靴子。

铁甲重骑兵（Cataphract）：这种骑兵几乎从头到脚都穿着护甲，骑着高大的披甲战马。他们起源于东方，罗马人在与东方敌人交战后，开始组建自己的铁甲重骑兵。这一兵种成为东罗马军队的绝对主力。

百夫长（Centurion）：罗马军队中指挥百人队的中下级军官。

百人队（Century）：罗马军团中的连级单位，在步兵中队时代，其兵力为60人，而在步兵大队时代是80人。

马头护甲（Chamfron）：戴在马匹头部的护甲，可能全部覆盖，也可能部分覆盖。

罗马系带（Cingulum）：罗马军用腰带。

橡叶冠（Civic crown）：罗马的最高军事荣誉之一。从共和国时代延续到帝国时代，一直颁发至戴克里先在位期间。

铁甲具装骑兵（Clibanarius）：描述铁甲重骑兵的另外一个术语。

步兵大队（Cohort）：6个百人队（见百人队）。

混编大队（Cohortes Equitatae）：一种同时编有步兵和骑兵的辅助大队。

野战军（Comatatenses）：晚期罗马的军事术语，始于戴克里先时代，意为罗马机动部队。

乌鸦吊桥（Corvus）：早期罗马桨帆船上的活动式登陆吊桥。

号长（Cornicen）：在作战时吹奏铜卷号（Cornu）罗马军号手，军旗所在之地即是号长的战场。

乌鸦喙（Corvus）：罗马舰船上使用的登船板，带有尖刺。

骑兵十人队（Decuria）：由十名骑兵组成的罗马骑兵部队。

十骑长（Decurion）：指挥骑兵十人队的罗马骑兵军官。令人疑惑的是，十骑长也指挥骑兵翼。

龙旗（Draco）：一种骑兵旗标，由龙形首部及如同风向标的长尾组成。蛮族和罗马人都使用这种旗帜，它可能起源于萨尔马提亚人。

龙旗手（Draconarius）：携带龙旗的罗马骑兵老兵。

德雷蒙战舰（Dromon）：一种东罗马桨帆战舰。

营（Droungos）：一种1000—3000人兵力的军事单位。

骑士（Equites）：早期的罗马骑兵，从骑士阶层招募。

骑士军团（Eques）：罗马骑兵。

探索者（Explorator）：侦察兵，通常在辅助部队的中型骑兵中招募。

法卡特（Falcata）：一种早期的伊比利亚曲剑。

达契亚镰刀（Falx）：一种达契亚镰刀状武器。后来，罗马人使用这个术语来称呼攻城用的弯钩。

围巾（Focale）：一种保护装备，防止士兵的脖子被盔甲擦伤。

同盟部队（Foederati）：由罗马军官指挥的蛮族军队，通常是骑兵。西罗马和东罗马都使用这种部队。

龟甲（Foulkon）：东罗马术语，相当于罗马原来的龟甲阵。

罗马短剑（Gladius）：一种源自伊比利亚的短剑，最早是角斗士使用的。

禾草冠（Grass crown）：罗马最高级别军事荣誉，奖励率领罗马军队突围的指挥官。

胫甲（Greave）：一种保护小腿的护甲。

格罗马（Groma）：罗马勘测工具，类似于现代的经纬仪。

朴矛（Hasta Pura）：罗马旧式步兵中队军团中青年兵携带的罗马式长矛，并非短矛或标枪那样的投掷武器。

青年兵（Hastati）：在罗马步兵中队军团中，站在前排的罗马披甲步兵。

重步兵（Hoplite）：配备重型武器与盔甲的希腊方阵步兵。

希腊式圆盾（Hoplon）：重步兵使用的希腊风格圆形盾牌。

帝像旗（Imago）：装饰有罗马皇帝肖像的旗标。

帝像旗手（Imaginifer）：执掌帝像旗的旗手。

札甲（Lamellar）：一种源自东方的铠甲，用粗绳或细线将许多甲片连接在一起，有时固定在皮革内衬上。

短标枪（Lancea）：旧式罗马标枪，可能是轻型矛或轻型标枪。

副将（Legate）：罗马将军，有时候能指挥一个军团。

利布里安桨帆船（Liburnia）：一种轻型桨帆船，通常用来侦察，也执行其他非一线交战任务。

边防军（Limitanei）：戴克里先改革之后，罗马的要塞防御部队或者卫戍部队。

军用背包（Loculus）：罗马军团步兵携带的亚麻制背包，里面装有私人物品。

罗马胸甲（Lorica）：一种罗马铠甲，属于胸甲。可能有四个主要品种：一是继承自希腊的肌肉胸甲；二是类似于希腊肌肉胸甲，但样式完全不同的罗马铠甲；三是链甲式胸甲；四是大众最熟悉的分节式胸甲，它由金属板连接而成，在作战时非常灵活。

链甲胸甲（Lorica hamata）：描述由链甲制成的胸甲的精确术语。

兜甲式胸甲（Lorica plumata）：一种昂贵的铠甲，本质上是链甲胸甲，上面有金属札甲片，连在链甲的铁环上。

鳞甲（Lorica squamata）：乐手、骑兵及百夫长等人穿戴的鳞片式铠甲。

环臂甲（Manica）：角斗士和部分军团步兵使用的手臂护甲。

步兵中队（Maniple）：由两个百人队组成。也指一种罗马百人队的旗帜，旗杆顶部有张开的手掌标志。

（马略的）骡子（Miles）：对军团步兵的另外一个称呼。

海军桂冠（Naval crown）：军事荣誉，授予在海战中第一个登上敌船的人。

百人队副官（Optio）：百人队里的副百夫长。

方阵（Phalanx）：源于希腊，后来被马其顿重步兵使用。这是一种实心矩

▲ 3世纪出现的凯尔特／日耳曼盾牌，装饰着部族的标志。

形步兵阵形，宽度远大于纵深，他们用长矛和盾牌组成一道墙来防御敌人。这种阵形旨在正面迎战敌人。当方阵面对更加灵活的步兵中队军团时，很快就失败了。

勋章（Phalera）：雕刻的圆盘，包括金制、银制与铜制三种，阅兵时戴在盔甲外面，有时候也在战场上佩戴。

罗马重标枪（Pilum）：配有铅柄和木制矛杆的重型罗马标枪。

罗马重型飞镖（Plumbata）：沉重的重型投掷飞镖，步兵和骑兵都会使用。萨尔马提亚人擅长使用这种飞镖，罗马帝国晚期军队也装备它。

罗马禁卫军（Praetorian Guard）：罗马皇帝的私人卫队。这些"皇室"军队通常并不忠诚，并且会"拥戴"或"废黜"皇帝。最终，他们被君士坦丁大帝解散。

首席百夫长（Primus Pilus）：军队中资历最老的百夫长，指挥第一大队。这个步兵大队的兵力，是军团中其余九个大队的两倍。

壮年兵（Principes）：步兵中队军团的第二横队中的重步兵。

翎带（Pteruges）：罗马士兵手腕或者肩膀上缠着的弹性带，是布制或者皮制的，穿在盔甲里面。

罗马匕首（Pugio）：宽刃的罗马式匕首。

曲面方盾（Scutum）：罗马式盾牌，特指古典罗马军团步兵的盾牌。这种盾为方形，有一定弧度。

罗马旗手（Signifer）：罗马军旗的旗手。

罗马旗帜（Signum）：罗马式的旗帜。

罗马长剑（Spatha）：双刃的罗马骑兵长剑源自凯尔特和日耳曼部族，它最终取代了军团的短剑。东罗马军队的百夫长们也使用这种武器。

斥候（Speculator）：军队里的侦察兵。

东罗马禁卫军（Tagma）：帝国的主力部队，通常驻扎在君士坦丁堡周围。

龟甲阵（Testudo）：罗马的一种防御阵形，士兵们用盾牌在队列前方和头顶组成盾墙，用于攻城战和野战。

军区（Theme）：东罗马的军事行省制度，取代了原有的罗马行省。军区部队的指挥官也是行省总督。

新手（Tiro）：罗马新兵。

饰环（Torc）：源自凯尔特人的一种金属项圈，奖励战场上表现突出的士兵。

预备兵（Triarii）：罗马步兵中队军团中第三排的重步兵。

保民官（Tribune）：罗马军团的高级军官，通常由政府任命，在军团中服役一定的年限。

罗马师（Tourma）：一种军事单位，据推测包含9600人。实际上，它的兵力在3000—10000人之间波动，取决于某个特定军区在调动作战之时能动员多少兵力。

盾帽（Umbo）：盾牌中央的突起。

轻步兵（Velites）：步兵中队军团中不穿护甲的轻步兵。

轻矛（Vericulum）：轻型罗马式矛。

罗马标枪（Verutum）：标枪或者投掷用短矛。

军团掌旗官（Vexillarius）：执掌罗马军团军旗的旗手。

旗手分队（Vexillarii）：军团下属的分队，携带军团的军旗。

军团军旗（Vexillum）：罗马的布制旗帜，通常是红色的，上面有军团番号和标志。军旗悬挂在旗杆顶端的一条横杠上。

守夜人（Vigil）：夜晚值班者或消防队员。

致谢

完成一本新书，特别是如此复杂的书籍，我需要感谢很多人。首先，这是我的第三部作品，项目编辑乔安妮·里平（Joanne Rippin）耐心地纠正我的错误，坚持要努力做好这个困难的项目。她是一位出色的历史学家，也是我亲密的朋友。军事历史作家乔纳森·诺思（Jonathan North）是我多年的伙伴，他付出了时间，给出了许多专业建议，也是一位令人尊敬的朋友。艺术家西蒙·史密斯（Simon Smith）、马特·文斯（Matt Vince）和汤姆·罗夫特（Tom Croft）绘制了精美的插画，他们的艺术才华贯穿全书。像往常一样，如果没有我的妻子黛西和儿子米歇尔的支持，我将无法完成这项工作。此外，我还要向安（Ann）和约翰·埃尔廷（John Elting）致意，虽然他们现在已经离开了，但都曾鼓励我研究军事历史。最后，我要向说出"再拿一根"的那位罗马百夫长致意，他是罗马士兵和罗马军团的化身。

▼罗马军团的百夫长。